ちりめん小物からつるし飾りまで
かわいい縁起物55作品

福々ちりめん動物

定森朗子、美保、加奈

誠文堂新光社

ごあいさつ

手作りが大好きな私たち親子
形を考え、色を考え、布を選んで、
チクチク　コツコツ
出来上がった時は、ニコニコ…と
楽しい、嬉しい、幸せな時間を
過ごして頂ければ幸いです。

奈良愛彩　定森朗子・美保・加奈

もくじ

福を呼び込むかわいい動物

招きねこ（招福来福）……6
福々ねこと振袖ねこ（厄除け、招福来福）……7
ねずみ（子孫繁栄・蓄財）／かえる（子孫繁栄）……8
うぐいす（幸運）／はと（戦勝祈願）……9
おしどり（夫婦円満）……10
ペンギン（夫婦円満）……11

歳時を彩る縁起のよい動物

ちりめん細工の基礎知識

本書で使っている布の種類や、
ちりめん細工を作るときの使い方などを紹介します。

●ちりめん

表面に「しぼ」と呼ばれる細かい凹凸のある織物のことで、しぼの大きさによっていくつかの種類があります。また、絹のほかに綿、ポリエステル、レーヨンなどの素材があります。本書では、なめらかで仕上がりが美しい正絹のちりめんを使用しています。

ちりめんの種類

・一越ちりめん

よこ糸に右撚りの糸と左撚りの糸を1本おきに交互に織り込んだちりめんで、一般的なちりめんよりしぼが細かいのが特徴。本書では主に白無地の一越ちりめんで人形の頭や胴を作っています。

・錦紗《きんしゃ》ちりめん

細糸で薄地に織った三越ちりめん。一越ちりめんよりもさらにしぼが細かく、薄手でしなやかな手触りが特徴。人形の着物などに使います。

・綸子《りんず》ちりめん

綾織りの表と裏を使って地に紋を織り出したもので、紋が光に浮かび上がります。なめらかで光沢のあるちりめんです。

●帯地

唐織、金襴、博多織など様々な種類があり、帯の柄つけも全通柄、六通柄、お太鼓柄などがあります。本書では、帯裏や六通柄の無地部分を使って振袖の帯、男物の袴や裃などを作っています。

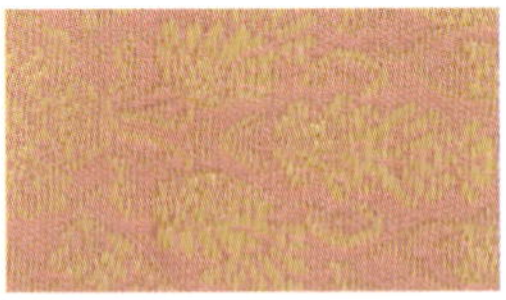

金襴の帯

帯裏

●柄の選び方

◆初心者は小さな柄がおすすめ

小さなお細工物や人形に大きな柄の布を使うと、柄の全体が出ないので何の模様かわからない場合があります。全体的に小さな柄の布なら、どこを使っても模様がきれいに出るので失敗がありません。

大きな柄は、ねじり梅がただの幾何学模様に。

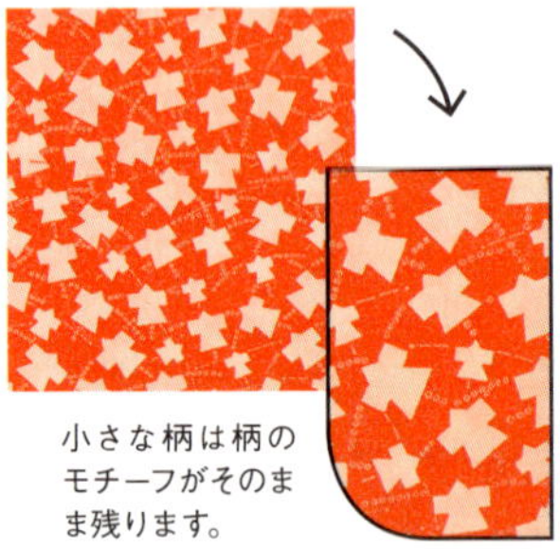

小さな柄は柄のモチーフがそのまま残ります。

◆袖模様は柄の向きに注意して左右対称に

人形作りで布の柄が一番大きく出るのが着物の袖です。布を裁つ際にはまず袖の柄を決めてから、ほかの部分を裁ちましょう。また、袖は左右対称にするために同じような柄にするのがポイント。袖をつけるときは柄の上下の向きに注意しましょう。

●そのほかの材料と道具

・アイスピック

鋭い針状の切っ先が、裁縫用の目打ちよりも長いのが特徴で、つるし飾りのパーツやスチロールボールなどに穴をあけるのに使います。

・ピンセット

小さな返し口から布を表に返したり、綿を入れたりするときにあると便利です。ビーズなどの小さなパーツをつけるときにも使います。

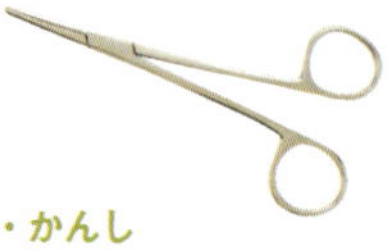

・かんし

はさみのような形状で袋状に縫った布を表に返すときなどに使います。

・ループ返し

ひも状の細いものを表に返したり、つるし飾りの木目込み毬につるしひもを通したりするのに使います。

・ロータリーカッター

同じ大きさの布をまとめてカットするのに便利です。

●糸について

本書では基本的に手縫い用の糸（100% 絹または 100%ポリエステル）を使用しています。糸を強く引いたり、厚手の布を縫ったりする場合には強度のあるキルト糸、表情などを作る刺しゅうには穴糸（ボタンつけや穴かがりに使う太めの絹糸）を使用しています。

●ニット用接着芯

やわらかいちりめんや古布には、伸縮性があり布の風合いを損なわない薄手のニット用接着芯を貼ってから使います。布に張りが出て印つけなどの際に扱いやすくなります。

福を呼び込む かわいい動物

招き猫やくくりざる、おしどり夫婦など、
日々の暮らしに小さな幸福を招いてくれる、
縁起のよい動物たちを紹介します。

招きねこ

招きねこは右手を挙げていると「金運を招く」、
左手なら「人（客）を招く」とされています。
また、白い招きねこは「来福招福」。
かわいい招きねこで福を呼び込みましょう。

高さ13㎝
作り方❖71ページ

福々ねこと振袖ねこ

日本では不吉な象徴とされていた黒ねこも、近年では「厄除け」「病魔除け」のご利益があるといわれます。
福を招く白ねこには振袖を着せて、華やかに飾ってもいいですね。

福々ねこ　高さ7㎝
作り方❖70ページ

振袖ねこ　高さ9㎝
作り方❖110ページ

ねずみ

多産で成長が早いねずみは子孫繁栄の象徴。
また、「寝ず身＝働き者」として
蓄財のシンボルにもされています。

高さ7㎝
作り方❖111ページ

かえる

かえるも子孫繁栄の象徴とされますが、
「無事かえる」「お金がかえる」などの
語呂合わせでも縁起がよいといわれます。

高さ6.5㎝
作り方❖116ページ

帯は文庫結びを開いた華やかな帯結びで。

うぐいす

うぐいすは春を告げる＝良いニュースを
知らせる縁起の良い鳥。
鳴き声も「法法華経」と
当て字されることもあります。

高さ4.5㎝

作り方❖97ページ

はと

愛と平和の象徴とされるはとですが、
日本では勝利を祈願する
八幡宮の使者で
戦勝を告げる鳥とされていました。

高さ各5㎝

作り方❖72ページ

おしどり

「おしどり夫婦」という言葉があるように、
仲良く寄り添っている姿は
夫婦円満の象徴として親しまれています。
華やかな羽を持つオスには金糸でアクセントを。

高さ各4.5㎝
作り方❖73ページ

ペンギン

ペンギンのカップルは
一度ペアになると生涯相手を変えずに
繁殖を繰り返す習性があるといいます。
夫婦円満、良縁、子宝の象徴にぴったりですね。

高さ各9㎝
作り方❖69ページ

跳ねうさぎのピンクッション

うさぎは「飛躍」「向上心」などの象徴とされ、
仕事や学業の成績が
「跳ね上がる」お守りなどに人気があります。
普段使いの小物に取り入れて、
幸運を呼び込みましょう。

幅各8㎝
作り方❖74ページ

ぶたとピンクのうさぎ

富と繁栄の象徴であるぶたは、うさぎとともに子宝の縁起物とされています。
また、ピンクのうさぎは「恋愛成就」、「良縁祈願」のお守りとして人気があります。

振袖ぶたは文庫結びで羽の向きを変えて。

振袖うさぎは古典的なふくら雀で愛らしく。

振袖ぶた　高さ10㎝、振袖うさぎ　高さ13㎝／作り方❖110ページ

ドレスぶた　高さ7.5㎝、ちゃんちゃんこうさぎ　高さ8.5㎝／作り方❖111ページ

ふくろうの衣桁飾り

ふくろうは「不苦労」や「福来郎」などの漢字を当て、「福が来て苦労がない」ということから縁起がよいとされています。五色の玉と一緒に飾って華やかに。

長さ左右各17㎝／中央12㎝（衣桁除く）

作り方❖68ページ

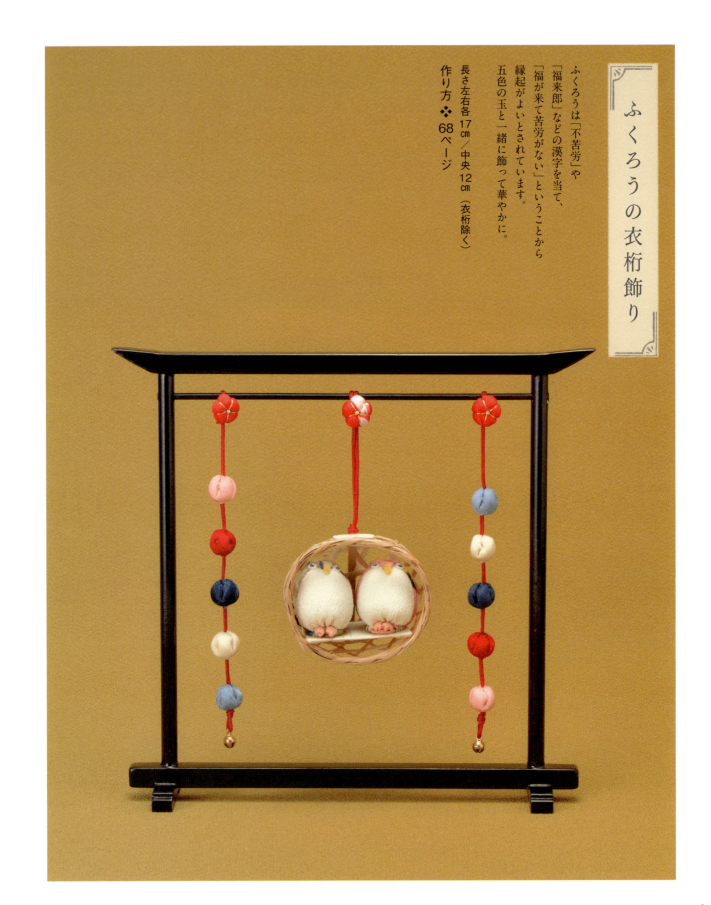

ふくろう

夜行性のふくろうは夜目がきくことから
「世間に明るい」とされ、
商売繁盛の縁起物ともいわれます。
また、「森の賢者」といわれ学業成就のお守りにも。

高さ6㎝

作り方❖69ページ

くがさるの衣桁飾り

猿は「難が去る」「病が去る」に通じることから縁起がよいとされています。くくりざるを9つ下げたお飾りは「九猿＝苦が去る」に通じ、厄除けのお守りに。

長さ各17.5cm（衣桁除く）

作り方❖66ページ

くくりざるとは

くくりざるは、猿が欲望のままに動かないよう手足をくくられている姿を表現した人形やお細工物のこと。庚申信仰ではくくりざるに願掛けをして欲望をひとつ我慢すると願いがかなうといわれています。

ふうせんかずらの九猿とご縁が五猿

ハート型の模様がある
ふうせんかずらの種を
くくりざるの頭に使った
手のひらサイズのお飾り。

幅右6㎝／左4㎝（台紙は除く）

作り方❖85ページ

ご縁が五猿

くくりざるを5つまとめた縁起物。
猿が顔を突き合わせて相談しているようです。

直径右5.5㎝／左4.5㎝

作り方❖84ページ

九猿と七色花毬

猿「九猿＝苦が去る」の下げ飾りと、七色のものは「七難が去る」に通じるといわれることから7色で作った花毬の下げ飾り。厄除けのお守りとして軒下などに飾ります。

長さ右38.5㎝／左37.5㎝

作り方❖65ページ

厄除けや身代り守としてよく作られるくくりざるは、ちりめん細工の基本。
同じ作り方で玉、小花などのアレンジができます。
小さめサイズのくくりざるは、正方形の布を折りながら縫いとめて作ります。
※材料の用尺は各作り方頁を参照。

くくりざる（小）の作り方

※参照作品は p.16 〜 p.18 他

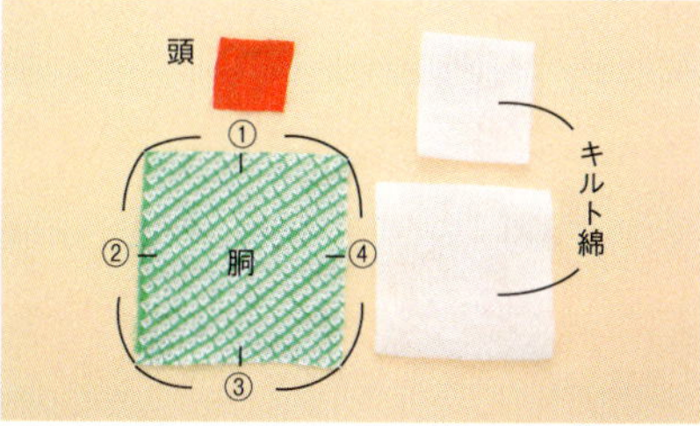

01　頭布、胴布、キルト綿を正方形に裁ちます。胴布には辺の中心に印をつけておきます。

02　胴布（裏）の中心に小さいキルト綿を重ね、その上に大きいキルト綿を重ねます。

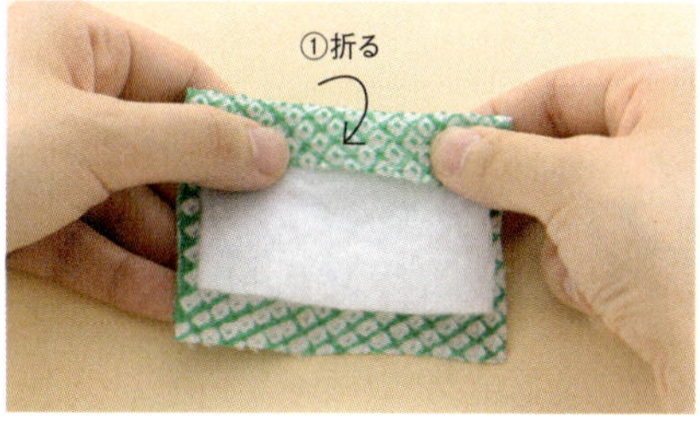

03　布とキルト綿を一緒に持って辺①を辺②、④の中心の印に合わせて折ります。

04　同様に辺②を中心に合わせて折ります。

05　２本取りの糸で裏から針を入れて奥へ出し、針を返して辺①と②が重なった部分で奥から手前に針を出します。

06　辺③を中心に合わせて折り、辺②の中心で手前から奥へ針をさし、針を返して辺②と③が重なる部分で奥から手前に針を出します。

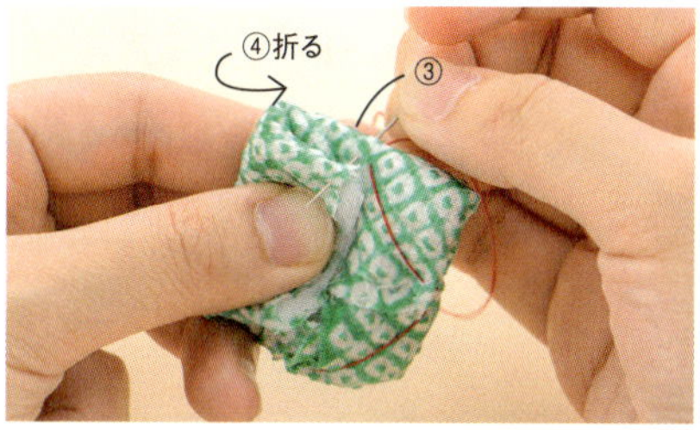

07　06と同様に辺④を折り、辺③と④の折り山の中心をひと針縫います。

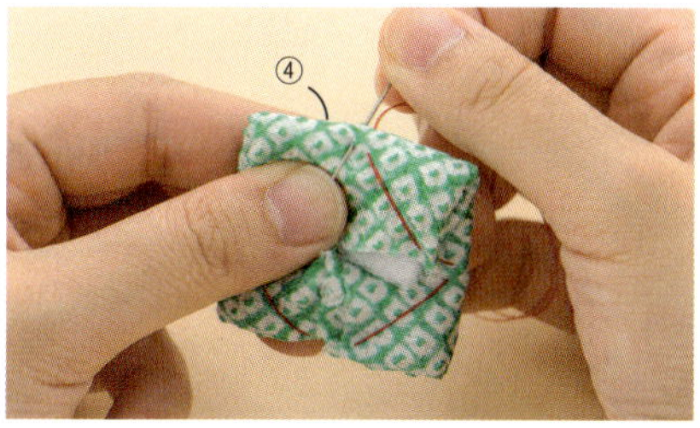

08　辺④の折り山の中心を07と同様にひと針縫います。

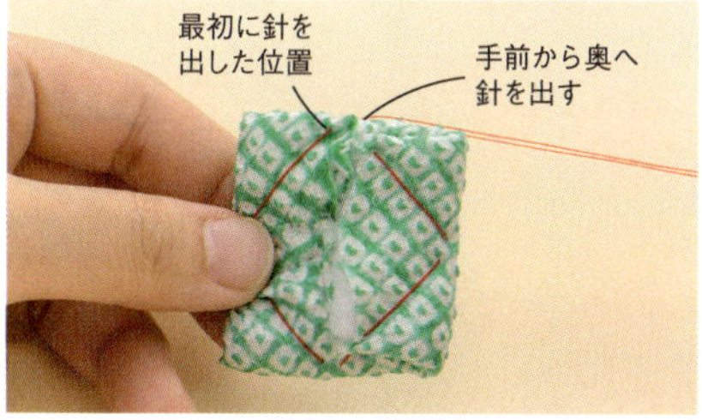

09　辺①の中心と辺④を一緒に手前から奥へ針をさします。

10　糸を引き絞り、針を横にさし通します。

11　針と糸を残したまま、目打ちなどを使って４つの角の形を整えます。これで縫い絞った時にきれいな玉状になります。

12　針を中心から出して玉どめし、針を中心から背中側にさし通し、糸を強く引いて玉どめを中に引き入れます。

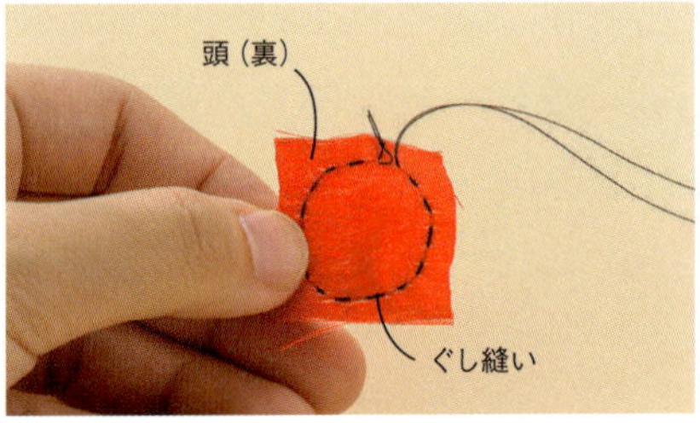

13 頭布を2本取りの糸で指定の直径の円に縫います。

14 綿を入れて糸を引き絞り、2、3回縫い目に巻いて玉どめします。綿は触って固いと感じるまでしっかり詰めます。

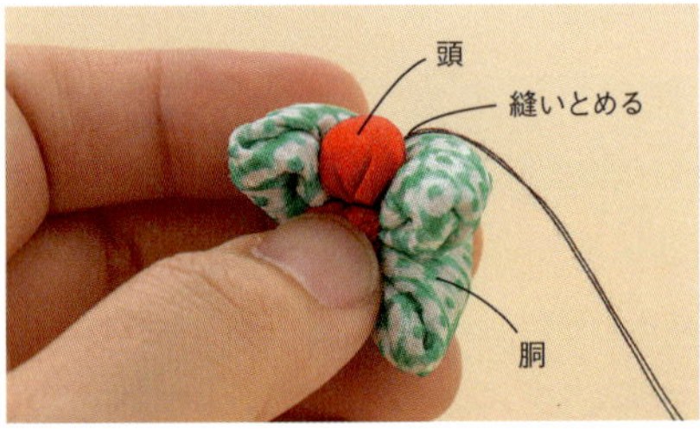

15 頭を胴に縫いとめます。頭が胴から飛び出しすぎないように注意します。

16 胴に帯用の打ちひもを巻いて固結びします。結び目はボンドで固定します。

17 2本取りの糸で胴の4つの角をひと針ずつすくい、糸を引き絞ります。ひも飾りを作る場合は、この工程でひと結びしたひも先を中に入れます。

18 隣り合う角同士をはしごまつり（p.52 参照）で縫いとめます。

小花の作り方

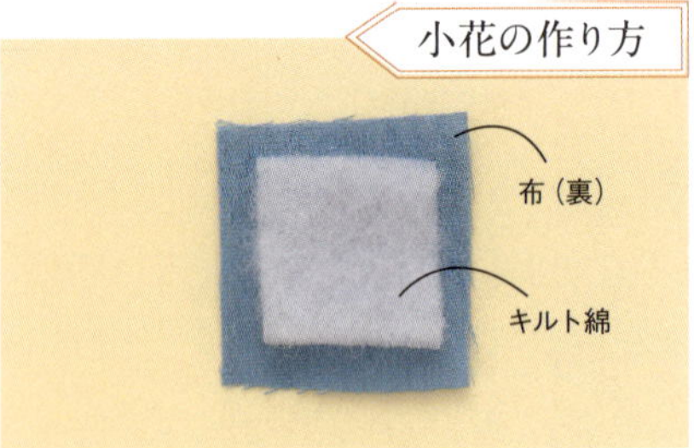

01 正方形に裁った布（裏）にひと回り小さいキルト綿を重ねます。

02 p.19 03 ～ 11 と同様に作り、糸にビーズを通します。

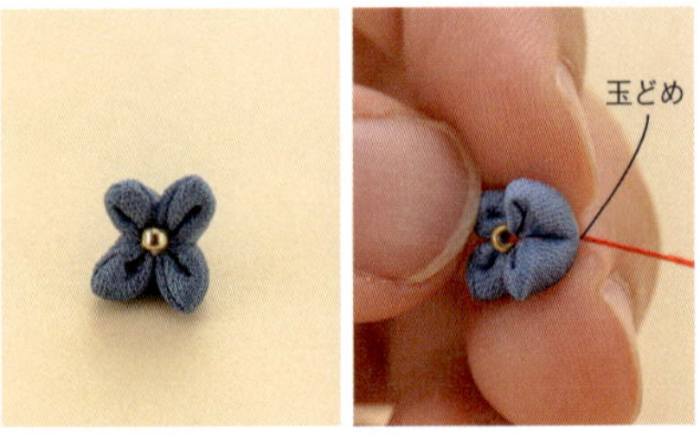

03 p.19 12 と同様に玉どめします。小花の出来上がり。

花毬の作り方

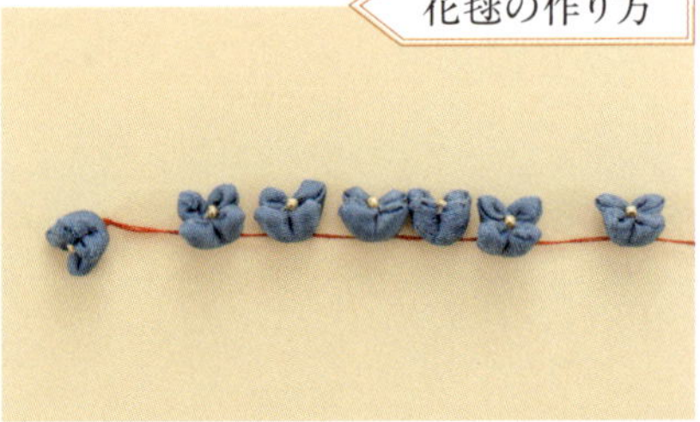

01 小花を必要個数作り、ひと針ずつすくって一列に縫いつなぎ、輪にします。

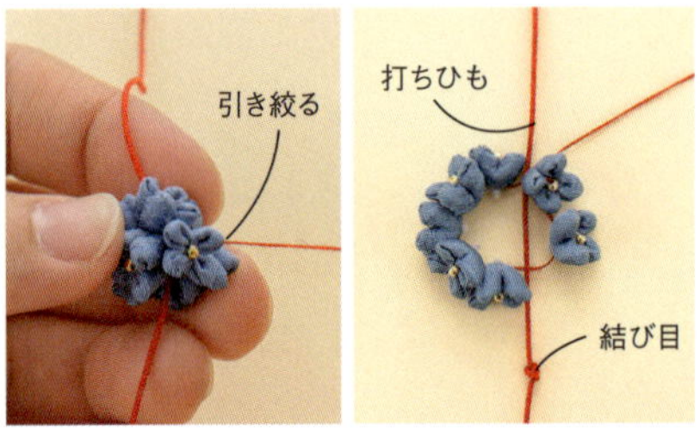

02 糸を引き絞ります。つるし飾りなどの場合は輪の中にひと結びしたつるし用の打ちひもを入れ、結び目を包み込むように糸を引き絞ります。

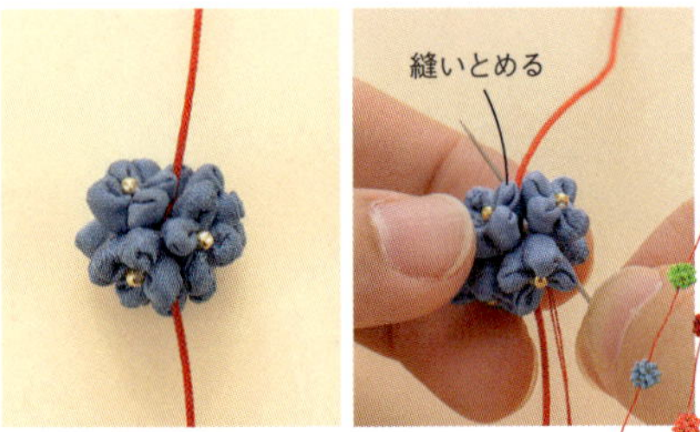

03 小花が開かないよう隣り合う小花同士を縫いとめます。

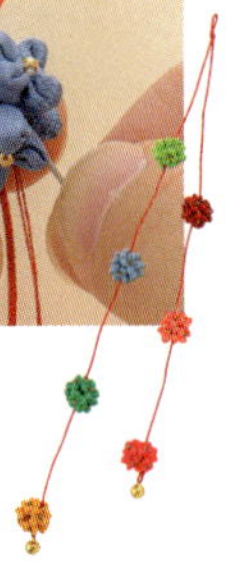

くくりざる（大）の作り方

※参照作品はp.47「くくりざる」

大きめのくくりざるは、四角く裁った布の隣り合う辺同士を縫い合わせることで手、足を作ります。本書ではちゃんちゃんこを着た人形（p8、p.13 他）などにアレンジしています。

※材料の用尺は各作り方頁を参照。

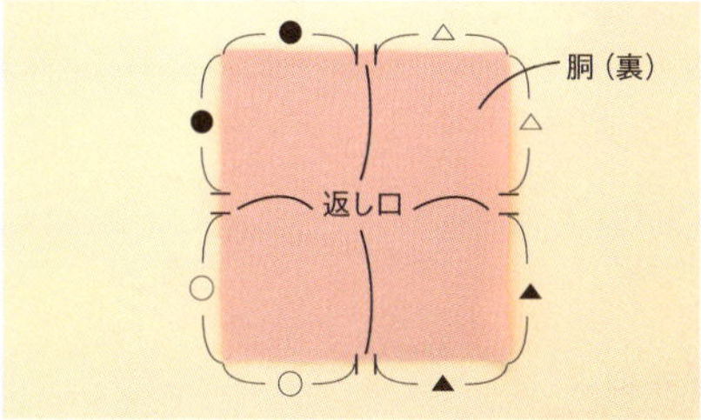

01 胴布の裏にニット用接着芯を貼り、指定のサイズに裁ちます。4辺にそれぞれ返し口の印をつけます。

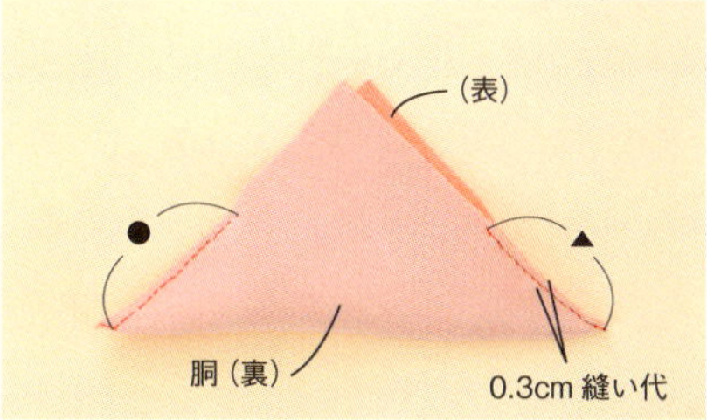

02 隣り合う同じ印同士の辺を中表に合わせ、0.3cm の縫い代で返し口の印まで縫います。同様に反対側の辺を縫います。

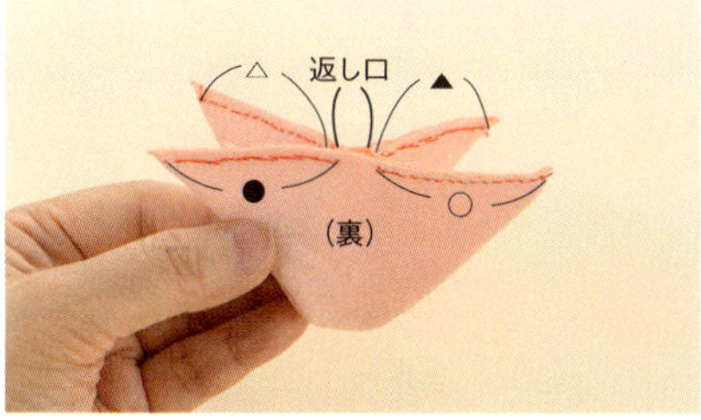

03 たたみ直して同様に隣り合う辺を返し口の印まで縫います。

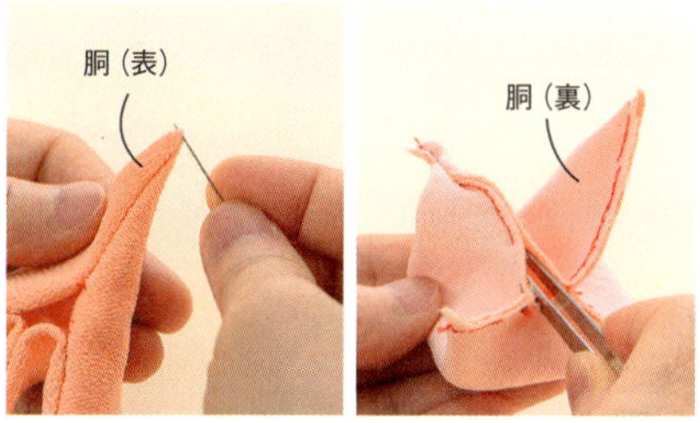

04 かんしやピンセットを使って表に返します。目打ちや針先で角まできれいに出します。

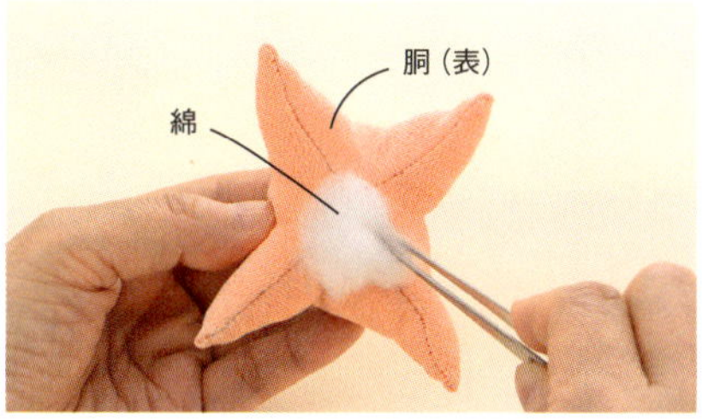

05 返し口から綿を入れます。角の先までていねいに綿を入れます。

06 返し口をとじます。返し口の縫い目がひらいたり、裂けたりする場合は当て布を貼って補強してもよいでしょう。

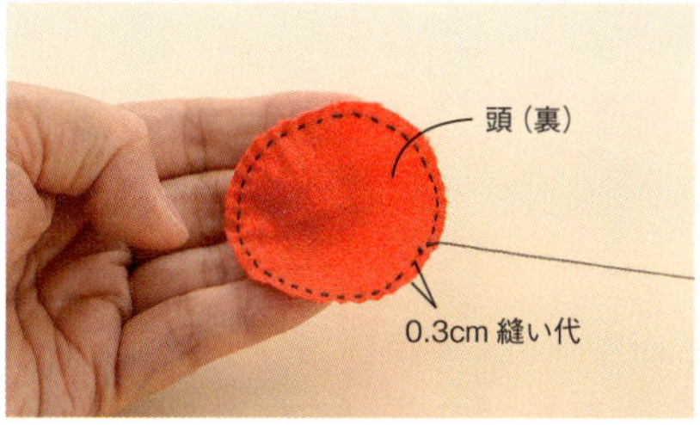

07 指定のサイズに裁ち切りで裁った頭布の周囲を、0.3cm の縫い代でぐし縫いします。

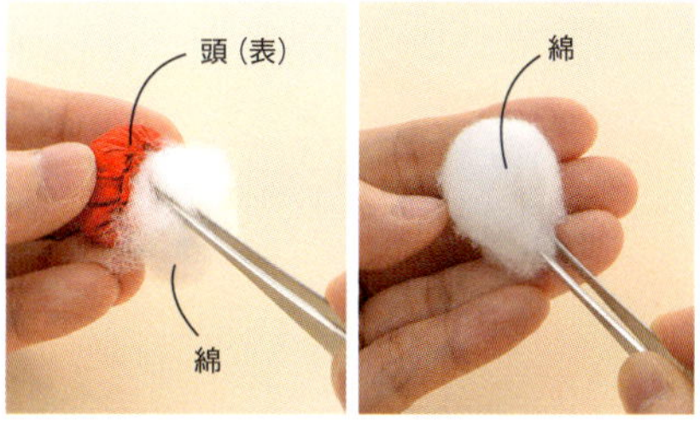

08 出来上がりサイズの直径に丸めた綿と、縫い代を中に入れて糸を引き絞ります。

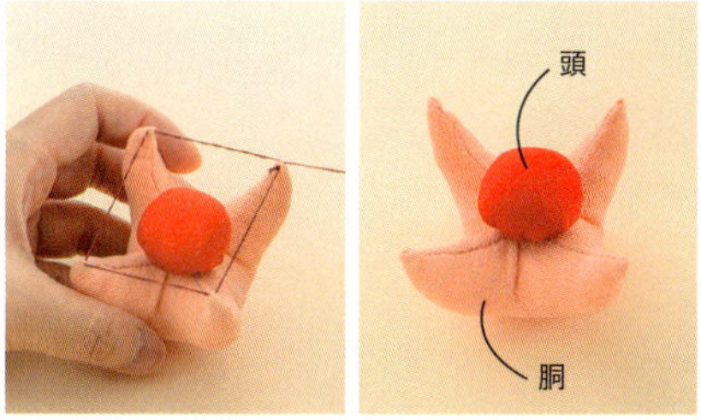

09 胴の中心に頭の縫い代を下にして縫いとめます。4つの角をひと針ずつすくい、縫い始めを再度すくいます。

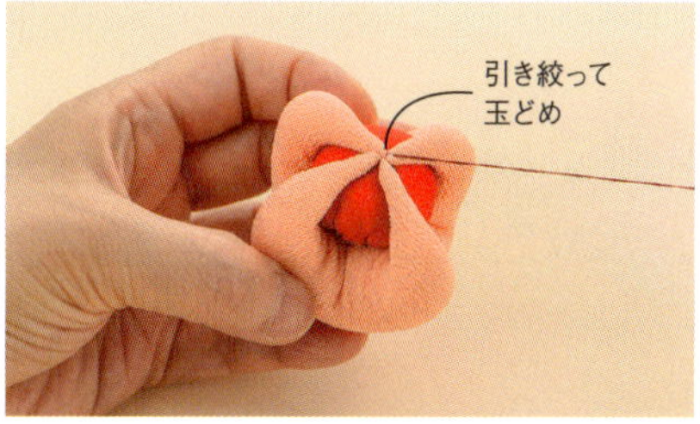

10 糸を引き絞って頭の上で4つの角を突き合わせます。形を整えて、玉どめします。

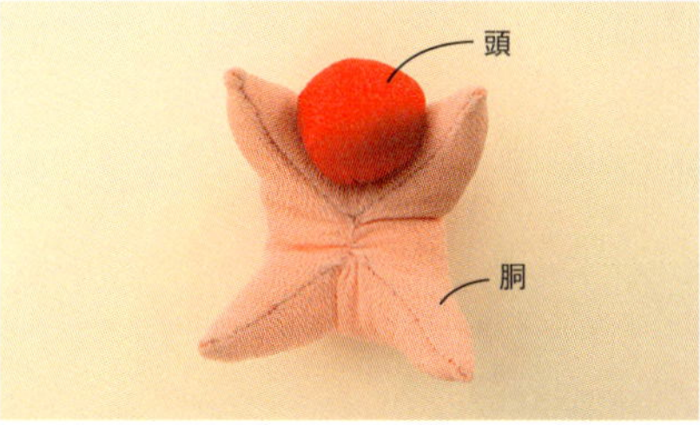

Point
頭の位置を変えると、人形になります。

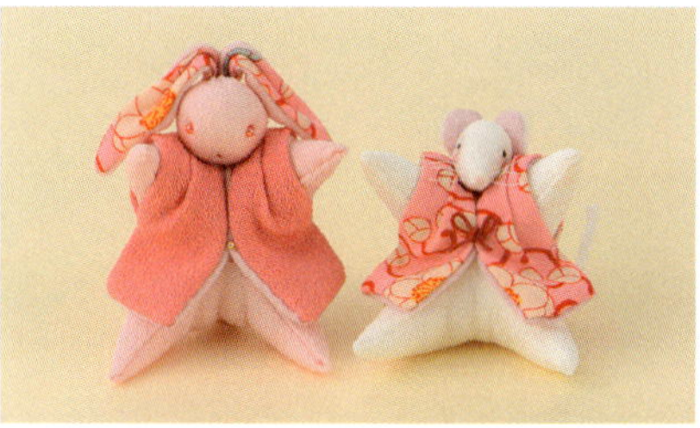

本書ではちゃんちゃんこを着た人形などの胴として使用しています。

鶴と亀の傘福

長寿の象徴とされる鶴と亀に加え、
鯛、ひょうたん、だるま、
米俵などの縁起物もつるして、
長寿と家運隆盛を願う
おめでたい傘福に仕上げました。

長さ35㎝（土台含む）
作り方❖98ページ

鶴

長寿を象徴する吉祥の鳥。つがいは生涯連れ添うことから夫婦円満の象徴とも。

亀

不老長寿の地・蓬莱山の使いで長寿を象徴。甲羅の六角形も代表的な吉兆文様。

鯛

魔除けの意味がある赤い体の色と、名前が「めでたい」に通じることから。

だるま

「七転び八起き」の福を招く縁起物。また、赤い色には魔除けの意味が。

宝袋

物やお金に困らないようにという願い。

ひょうたん

「無病（六瓢）息災」として魔除け、厄除けのお守りに。「家運興隆」「子孫繁栄」も。

紅白梅

厳寒に耐え、かぐわしく咲く梅の花は清純な女性の象徴。

米俵

五穀豊穣をあらわし、食に困らないようにとの願いから。

毬

円満で心おだやかな暮らしを願って。

赤とんぼの傘福

とんぼは前進しかできないことから「不退転」の精神を表す勝負強い虫とされ、「勝虫」と呼ばれていました。キノコや銀杏、柿を持った童とともに秋らしくまとめています。

長さ35㎝（土台含む）
作り方❖76ページ

赤とんぼ

稲につく害虫を食べる益虫のため、稲の守り神とも。

童と柿

子どもの健やかな成長を願う童に、「(お金を) かき集める」に通じる柿を持たせて。

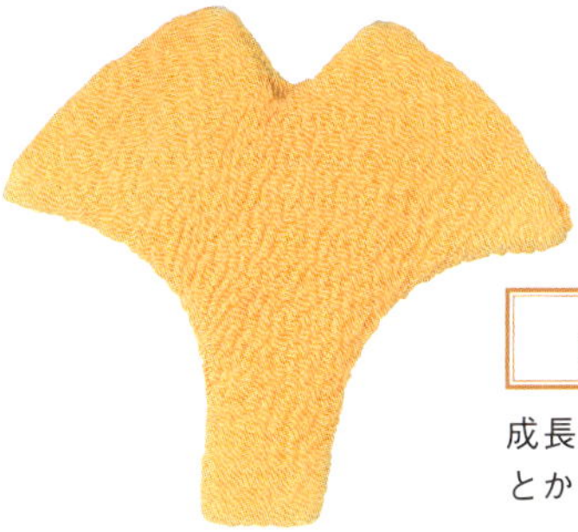

銀杏

成長が早く、樹齢が長いことから繁栄、発展を願って。

きのこ

きのこの中には「マンネンタケ」と呼ばれる縁起が良い種類も。

つるし飾りの各パーツはひもをパーツにさし通し、
ひもに結び目を作って固定します。

つるし飾り・パーツのまとめ方

※参照作品はp.18「九猿」他

01 各パーツに目打ちなどで穴をあけ、つるし飾り用の打ちひもに通します。ぬいぐるみ用などの長くて太い針を使うと便利です。くくりざるの場合は4つの角を縫いとじる前に打ちひもを通します。

02 下のパーツから固定したい位置で打ちひもに結び目を作り、パーツを結び目に合わせます。くくりざるの場合はここで4つの角を縫いとじます。

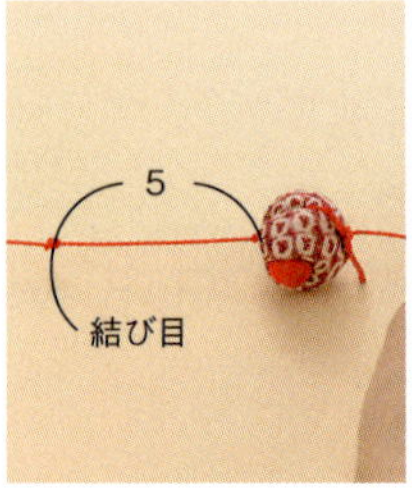

03 02の結び目の反対側で結び目を作ります。パーツのきわに結び目を作ることで上下にずれないよう固定します。指定の間隔をあけて次の結び目をつくります。

かごに下げひもをつける方法をご紹介します。
※材料の用尺は各作り方頁を参照。

つるし飾り・かごの作り方

※参照作品はp.40 他

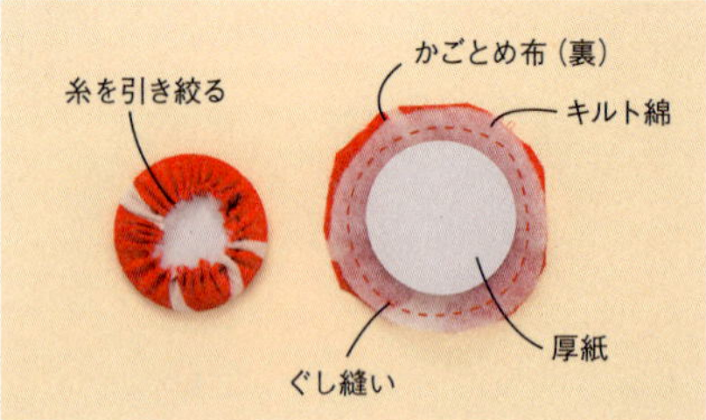

01 かごとめパーツ用の布（裏）の上にキルト綿、厚紙を重ねます。布とキルト綿を一緒に周囲をぐし縫いし、糸を引き絞って玉どめします。同様にもう1枚作ります。

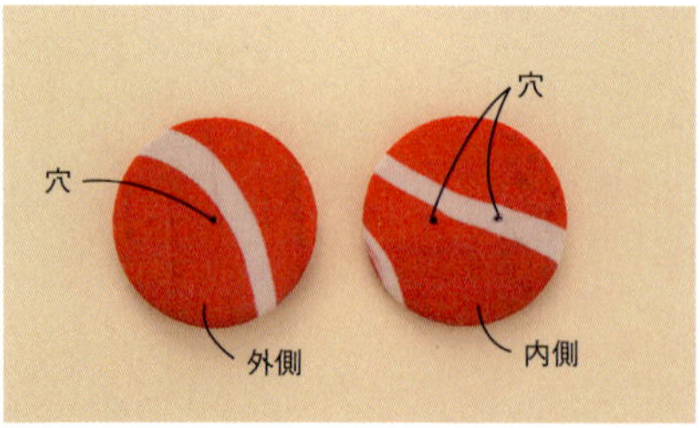

02 かごとめパーツの1枚には中心に1つ穴(外側用)をあけ、もう1枚には2つ穴(内側用)をあけます。

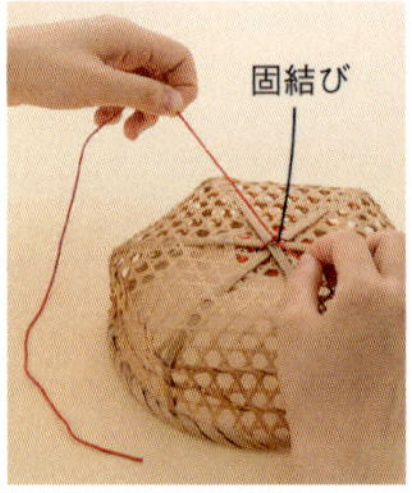

03 内側用のかごとめパーツとかごに打ちひもを通します。下げ輪を作る分を残してかごの外側で固結びします。

04 打ちひもの下げ輪を作る分を二つ折りし、外側用のかごとめパーツに通します。

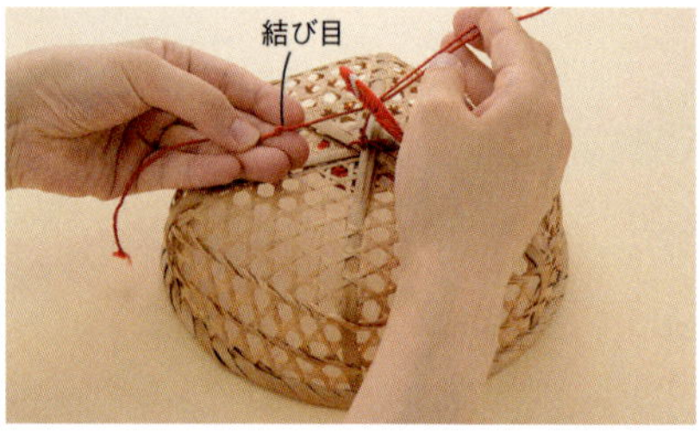

05 下げ輪の長さを調節してかごの外側とかごとめパーツの間でひと結びします。

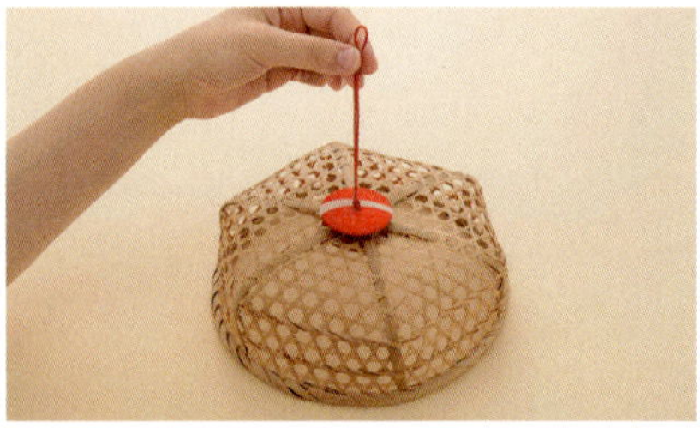

06 ひもの余分をカットし、結び目がほどけないようにボンドで固定します。

歳時を彩る 縁起のよい動物

伝統行事やイベントを、
おめでたい動物たちが彩ります。
小さなお人形からつるし飾りまで、
多彩なバリエーションで楽しみましょう。

十二支

午（うま）
「馬」を反転させた「馬」（左馬）は「まう」とも読まれ、福を呼ぶ縁起物に。

未（ひつじ）
群れをなすことから家族の安泰、平穏無事の意味が。また「人脈」も象徴。

丑（うし）
天神様の乗り物とされ、粘り強さ、堅実さを象徴。健康や家内安全の意も。

卯（うさぎ）
飛躍、向上心を表す。温厚で従順、多産であることから家内安全、子孫繁栄。

酉（とり）
「とり」が「とり込む」に通じることから商売繁盛の縁起物に。

亥（いのしし）
猪の肉は万病を防ぐといわれ、無病息災の象徴とされる。

十二支とは、古代中国の思想に由来しており、
十二支にはそれぞれ動物があてられています。
日本では十二支の動物にはそれぞれ意味や
思いが込められるようになり、
現在では縁起物として広く親しまれています。

辰（たつ）
正義感、信用の象徴。中国では権力の象徴ともされ、富と繁栄、立身出世など。

巳（へび）
生命力、情熱の象徴。脱皮することから死と再生の象徴とされる。稲の守り神とも。

戌（いぬ）
多産で安産、忠誠心があることから安産、子宝祈願や子どもの厄除けに。

子（ねずみ）
白ねずみは大黒様の使いで行動力、財の象徴。子孫繁栄、家内隆盛の意も。

寅（とら）
決断力、才知の象徴。「千里を行って千里を帰る」といわれ、旅の安全祈願に。

申（さる）
「猿＝去る」から「災難が去る」として厄除け、身代りのお守りに。

【ねずみ】

とがった鼻先につぶらな瞳、
小さな耳がかわいいですね。
高さ5.5㎝
作り方❖118ページ

【うし】

天神様は農耕神でもあるため、
牛は稲穂を背負っています。
高さ14㎝
作り方❖126ページ

【たつ】

男物の羽裏などをリメイクし、
ひげと角は打ちひもに
ワイヤーを通して作っています。
高さ12㎝
作り方❖122ページ

【へび】

弁天様の使いといわれる白へびに、
紅白の梅をあしらいました。
高さ9㎝
作り方❖123ページ

【さる】

ちゃんちゃんこと烏帽子で
三番叟（五穀豊穣を祈願した伝統芸能）の
扮装をしています。
高さ10㎝
作り方❖127ページ

【とり】

華やかな羽を持つ親鶏。
ひよこはかわいらしさ、
あどけなさの象徴とされます。
高さ　親鶏7㎝／
ひよこ4㎝
作り方❖119ページ

【とら】

長い尾を巻き上げた姿がたくましいとら。
体の模様はアクリル絵の具で描いて。
高さ12㎝
作り方❖120ページ

【うさぎ】

うさぎの赤い目には邪気、病魔を払う力があると信じられていました。
高さ8㎝
作り方❖118ページ

【うま】

生まれてすぐに立ち上がる馬は「立ち上がりが早い」＝「立身出世」の象徴とも。
高さ12㎝
作り方❖117ページ

【ひつじ】

小さな花柄が巻き毛の羊毛を表しています。
安定感のあるシルエットがキュート。
長さ7.5㎝
作り方❖125ページ

【いぬ】

くるり巻き上げた尾とくりくりの目がかわいい張子犬は、子どものお守りとして。
高さ9.5㎝
作り方❖124ページ

【いのしし】

田や作物の神ともいわれるいのしし。
つぶらな瞳が愛きょうたっぷり。
高さ7.5㎝
作り方❖121ページ

晴れ着姿の十二支

振袖や袴でおめかしした十二支の動物たち。
ずらりと並んでハイ、チーズ！
あでやかな十二支のお人形で
お正月を華やかに飾りましょう。

長さ各7〜13㎝

作り方❖112〜116ページ

記念撮影の後は、楽しいおしゃべり。
晴れ着の帯結びはふくら雀と
文庫結びで娘らしく。
文庫結びは羽の向きや大きさ、
飾りひもなどでアレンジして。

袴姿のうまは赤の絹糸で面繋《おもがい》、
白の絹糸でたて髪を作っています。
ねずみのヒゲとひつじの羊毛は
白い木綿糸で。

たつのヒゲとうしのツノは
打ちひもにワイヤーを通しています。
いのししのキバは
裁ち切りの布を貼りました。

黒目がちないぬの目は
少し大きめのビーズを使用。
とらの模様は黒糸で刺しゅうしています。
きょとんとしたとりの表情になごみます。

跳ねうさぎの熊手

商売繁盛の縁起物に、「飛躍」「向上」を象徴する跳ねうさぎをつけました。
羽子板は「邪気をはねのける」力を持つとされています。
最強の熊手で新年を迎えましょう！

高さ23㎝
作り方❖102ページ

大きな耳がかわいい跳ねうさぎ。

伊勢えびの鏡餅

伊勢えびはその殻が鎧に似ていることから
縁起がよいとされ、長いひげと腰の曲がった姿から
長寿を願う縁起物とも。
赤い色も邪気を払うとされ、
お祝い事には欠かせません。

高さ8.5㎝（三方除く）
作り方❖67ページ

うさぎのおひな様

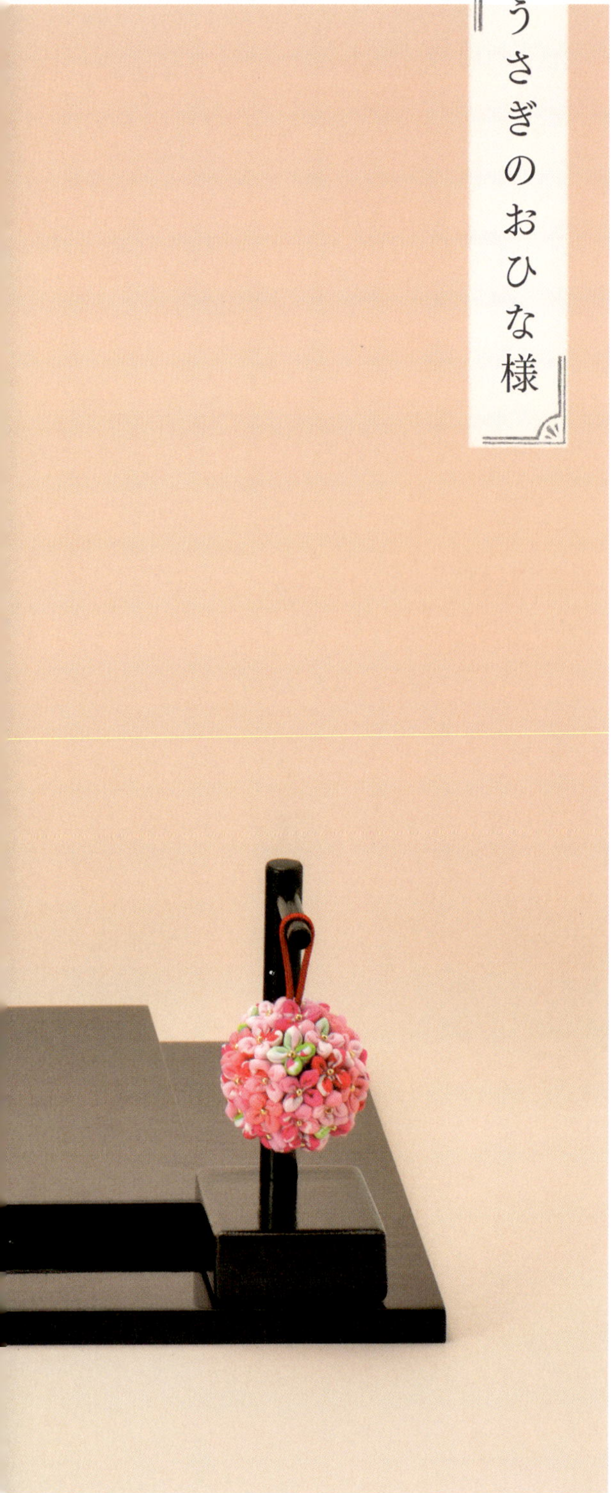

礼冠をつけ、緊張した表情が初々しい男びな。

ほおを紅潮させた女びなは、あざやかな重ね衿であでやかに。冠は座金を使っています。

子孫繁栄の象徴であるうさぎの親王飾り。
着物は一枚の布を
衿に巻いて縫いとめており、
重ね衿で十二単を表現しています。
左近桜と右近橘で華やかさをアップ。

高さ　男びな11㎝／女びな10.5㎝
作り方❖104ページ
直径　左近桜、右近橘各4㎝
作り方❖66ページ

木目込み毬のつるし飾り

子どもの健やかな成長、幸せを願って作られるつるし飾り。ひな人形と一緒に飾って桃の節句を一段と華やかに演出しましょう。

長さ各65㎝（かご含む）

作り方❖86ページ

おくるみ人形

おくるみに包まれた赤ちゃんは子どもを大切に育てる親の想い。

ひよこ

あどけなさとかわいらしさの象徴といわれています。

ふくろう

「福来郎」「不苦労」から、苦労知らずで幸せに暮らせるように。

木目込み毬

角が立たず、円満に暮らせるようにと、女の子の幸せを願って。

とうがらし

かわいい娘に悪い虫がつかないようにというお守りに。

でんでん太鼓

太鼓の音が「悪を払い、福を呼ぶ」とされ、子どもの健康と幸せを祈願。

ぞうり

早く歩けるように、また健康で働き者になれますように。

跳ねうさぎの木目込み毬

子孫繁栄を願うとともに、
邪気を払ううさぎの赤い目に
子どもの幸せと健康を祈って。

長さ30㎝
作り方❖75ページ

這い子と鯉のぼりの木目込み毬

這い子人形は子どもが
元気で丈夫に成長するように、
鯉は男の子の立身出世の願いを込めて。

長さ30㎝
作り方❖75ページ

木目込み毬の作り方

※参照作品は p.40、42 他

市販の筋入りスチロールボールを使った木目込み毬の作り方を紹介します。

※材料の用尺は各作り方頁を参照。

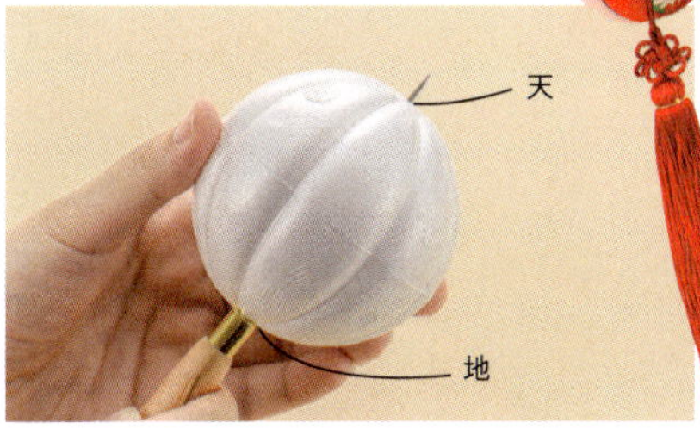

01 筋入りスチロールボールの天と地に印をつけ、千枚通しやアイスピックなどで穴を貫通させます。

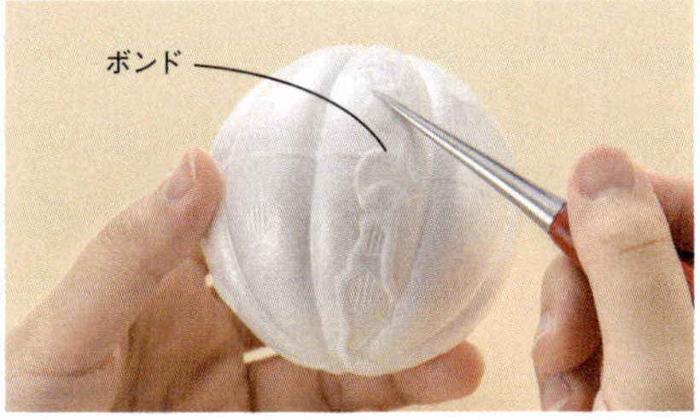

02 スチロールボールの布を貼る面に、ボンドを塗って目打ちの先などで薄くのばします。

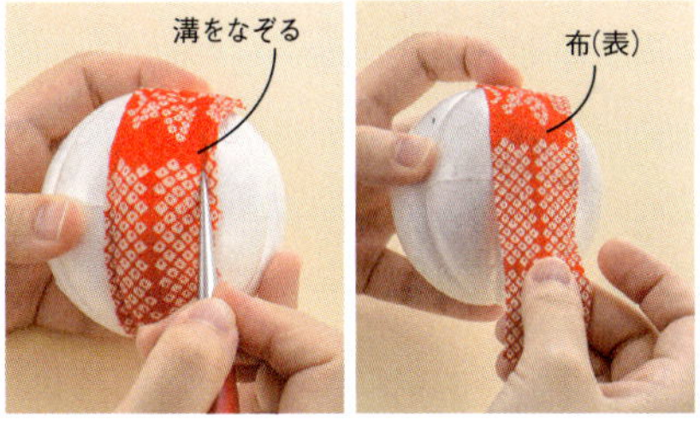

03 粗裁ちした布を、スチロールボールのボンドを塗った面に貼ります。しわが寄らないように引っ張りながら貼り、溝を目打ちでなぞって密着させます。

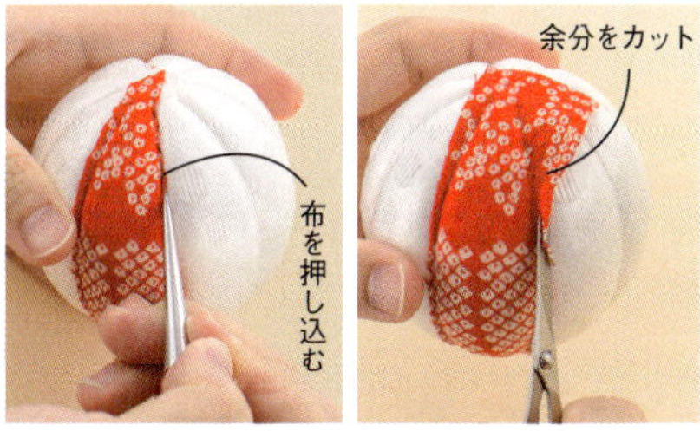

04 布の余分をカットし、目打ちの先で布を筋に押し込みます。

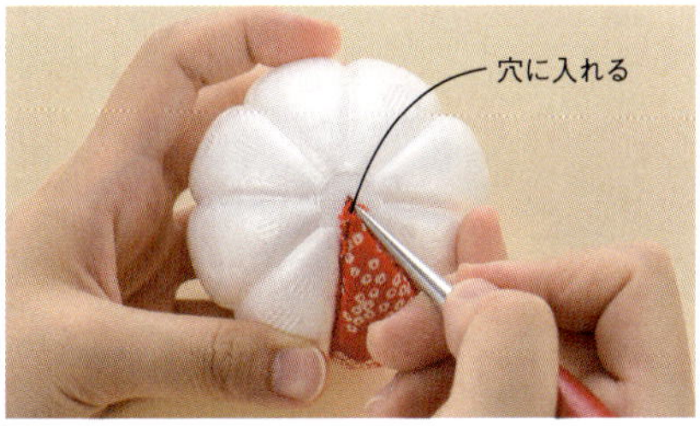

05 布の天、地の端は 01 であけた穴に入れ込みます。

06 同様にしてスチロールボールの残りの面に布を貼っていきます。

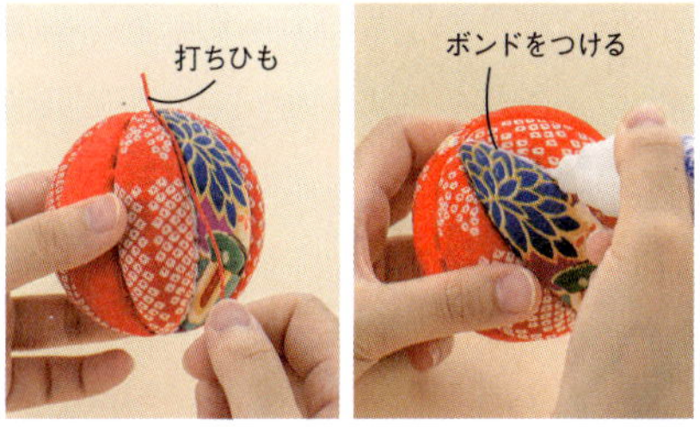

07 溝に沿ってボンドを塗り、打ちひもを貼ります。ひもの両端は 1cm ほど長めに出しておきます。

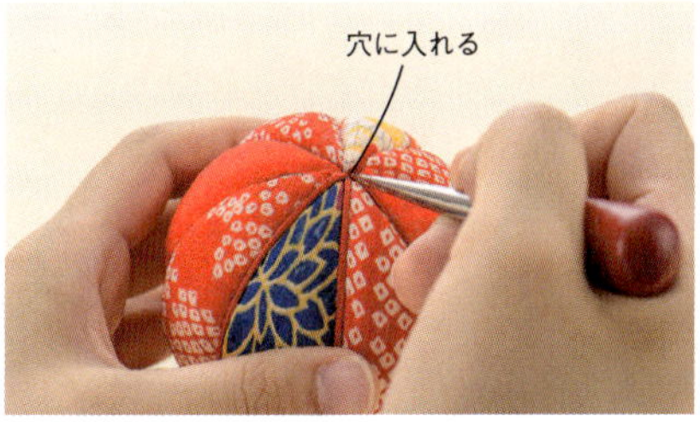

08 01 であけた天、地の穴に目打ちで打ちひもの端を入れ込みます。同様にしてすべての溝に打ちひもを貼ります。

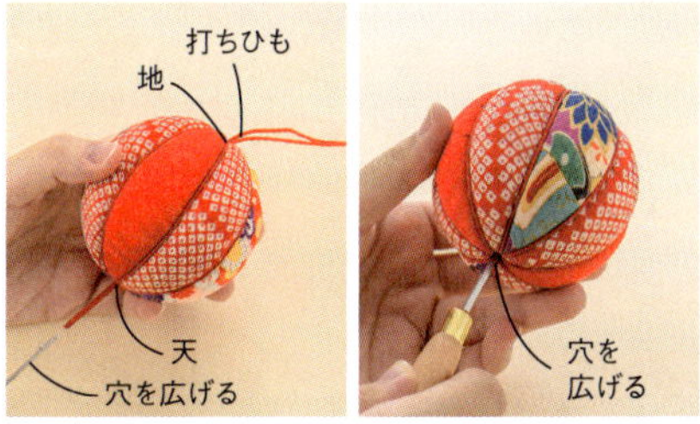

09 千枚通しで穴を広げます。下げひもを二つ折りにし、ループ返しなどを使って地の穴から引き込み、天の穴に出します。

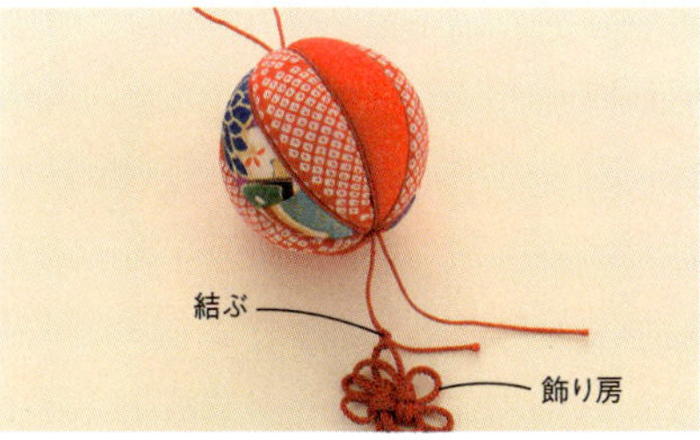

10 下端に飾り房をつける場合は、飾り房の上端の輪に下げひもを通してひと結びします。

11 下げひもを天側に引いて結び目を穴の中に引き入れます。ボンドをつけて固定します。

12 天側はスチロールボールのきわで下げひもをひと結びし、ボンドで固定します。

端午の節句のつるし飾り

端午の節句に男の子が元気にたくましく育ってほしいとの願いを込めて。
鎧、兜にちまき、菖蒲、春駒をつるしています。
鯉にまたがった金太郎が勇ましいつるし飾りです。

長さ58㎝（かご含む）

作り方❖90ページ

柏餅

柏の木は新芽が出ないと古い葉が落ちないことから、「家系が絶えない」＝「子孫繁栄」の象徴に。

這い子人形

子どもの元気な成長を喜び、願う気持ち。

鎧・兜

子どもの身代りとなって災厄を受けるお守りとして。

菖蒲

「菖蒲」＝「尚武」、「勝負」に通ずることから勝負運の縁起物に。

鯉と金太郎

金太郎は身体堅固、無病息災の願いを込めたお飾り。一方、鯉は立身出世の象徴。

春駒

白馬を見て邪気を払う平安時代の宮中の正月行事にちなんだもの。

七宝毬

円満や子孫繁栄を意味する縁起の良いお飾り。

うさぎ

子孫繁栄、飛躍、向上心、厄除けの願いを込めて。

宝袋

お金に困らないようにという願い。実際にお金を入れる場合も。

ちまき

邪気を払う茅の葉で巻いた餅・ちまきを食べて無病息災に。

雄蝶雌蝶《おちょうめちょう》

三三九度の盃事で一対の銚子に蝶の飾りをつけることから縁起が良いとされる。

でんでん太鼓

表裏がないように。また、太鼓の音で邪気を払い、健康に育つように。

桃太郎のつるし飾り

端午の節句によく飾られる桃太郎のお飾りは、桃太郎のようにたくましく健やかに育ってほしいとの想いに加え、家来を従えて鬼退治に向かう知恵と勇気、そして人望を兼ね備えた人になってほしいという願いが込められています。

長さ各64㎝（かご含む）

作り方❖78ページ

陣羽織

戦場で鎧の上から着用した陣羽織。赤い色を入れて厄除けと健康を祈願。

桃

中国では不老長寿の果物といわれ、日本でも魔除け、厄除けに。

扇

開いた時の形から末広がりに通じる縁起物に。

犬、猿、きじ

それぞれ犬＝忠義、猿＝知恵、きじ＝勇気の象徴とされる。

桃太郎

大きな桃から元気よく飛び出す男の子。子どもの健やかな成長を願って。

日本一

子どもの未来に思いを馳せた、「日本一」ののぼり。

宝袋

お金が貯まり、不自由しないように。そして心も豊かになるようにとの願い。

赤鬼、青鬼

愛きょうのある表情が憎めない赤鬼と青鬼。

くくりざる

願いをかなえるお守り。

打ち出の小槌

望みがかなう宝物は、「打つ」が「敵を討つ」に通じる縁起物。

小判

金運アップを願う縁起物。

うさぎの新郎新婦

福を呼び込み子孫繁栄、
子宝成就を象徴する縁起のよいうさぎを、
結婚式のウエルカムドールに。
自分の干支で作るのもいいですね。

高さ　新郎17㎝／新婦16.5㎝

作り方❖106ページ

花嫁衣装に欠かせない５点セット（はこせこ、懐剣、末広、丸ぐけ帯締め、抱え帯）は赤でそろえて。

花嫁衣装の色内掛けは、おめでたい松竹梅の柄。帯結びはお色直しにふさわしく立て矢結びに。

インコの七五三

つがいになれば一生添い遂げるインコは
恋愛成就のお守りに。
また、黄色い羽は金運アップに通じます。
なによりの幸運はかわいいインコの3姉弟に
癒されることかも。

高さ　左、右各9㎝／中8.5㎝
作り方❖108ページ

おねえちゃんは帯をふくら雀で大人っぽく。
男の子も羽織袴で一人前を気取ります。

末っ子は被布を着てかわいらしく。

基本の縫い方

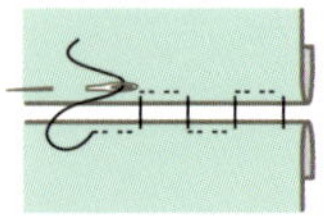

はしごまつり（コの字とじ）
布の折り山を突き合わせ、折り山に対して直角に針をさしながら布を交互にすくいます。針目が目立たず仕上がりがきれいな縫い方です。

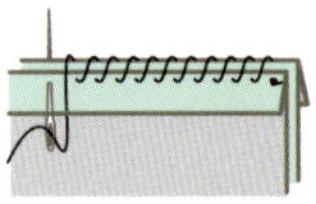

巻きかがり
中表に合わせた布端を小さくすくいながららせん状に縫い進めます。本書では裁ち目同士を大きくすくって縫い合わせています。

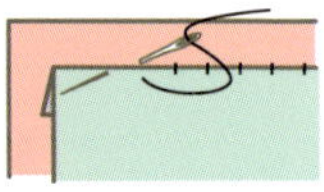

たてまつり
布を重ねて縫いとめる時の縫い方。縫い目は布端に対して直角になります。布端と土台をぴったりと縫い合わせることができます。

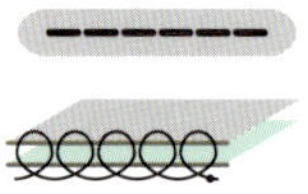

返し縫い
ひと針ずつ返しながら縫う、ぐし縫いよりも丈夫な縫い方。ぐし縫いの時も縫い始めと縫い終わりでひと針ずつ返し縫いをします。

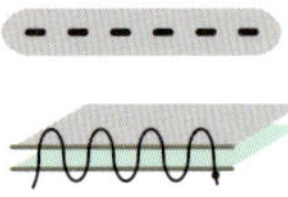

ぐし縫い
並み縫いと同じ縫い方ですが、並み縫いより細かい針目で縫います。本書で縫い方に指定がない場合はぐし縫いで縫います。

刺しゅうのさし方

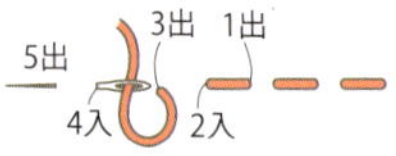

ランニング・ステッチ
等間隔に針目を出しながら進むさし方です。本書では鳥の羽、魚のひれなどに使う場合があります。

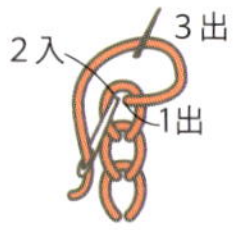

チェーン
連続した輪がくさり状に見えるステッチ。本書では鳥の羽や魚のひれの動きを出すために使っています。

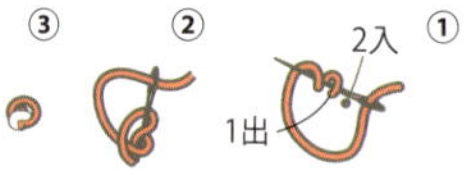

フレンチノット・ステッチ
玉どめの要領で丸い玉を作るステッチ。本書では小さな鼻やおちょぼ口、つぶらな瞳などを作っています。

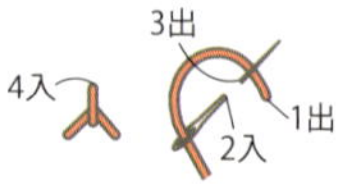

フライ・ステッチ
アルファベットのYの形になるステッチ。本書では男の子などのりりしい口元を作っています。

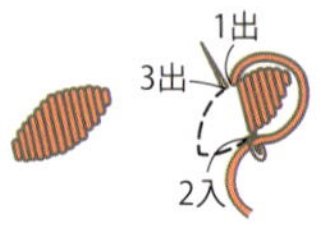

サテン・ステッチ
間隔を空けず糸を渡して面を埋めていくステッチ。本書では動物の鼻などをサテン・ステッチで作っています。

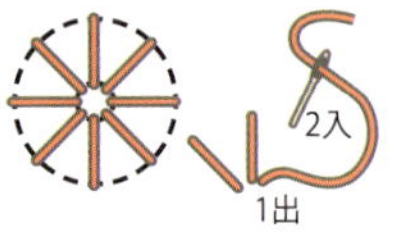

ストレート・ステッチ
まっすぐな線状にさす基本的なステッチ。本書ではゆるく糸を渡してカーブ状にボンドでとめて笑った目元、口元を作ります。

頭の作り方

基本的な頭の作り方をご紹介します。玉状の頭を作る場合は、中に入れる綿をあらかじめ丸めておき、カチカチに固くなるまでしっかり詰めると仕上がりがきれいになります。

※材料の用尺は各作り方頁を参照。

うさぎの作り方

長くてピンと伸びた耳が特徴のうさぎ。おちょぼ口もかわいらしさを引き立てます。（参照作品は p.13 他）

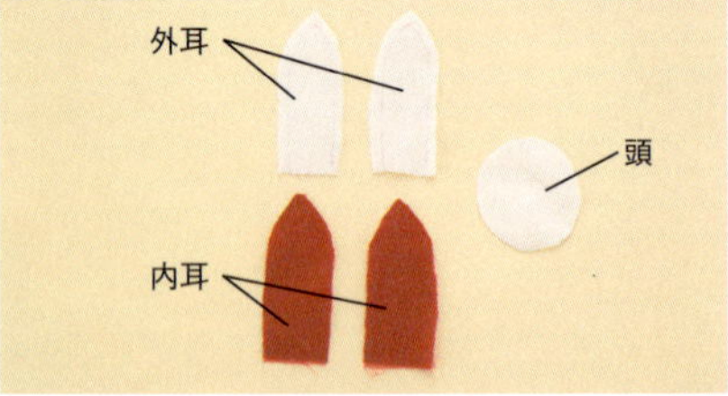

01 布にニット用接着芯を貼り、頭布、耳布を指定のサイズに裁ちます。

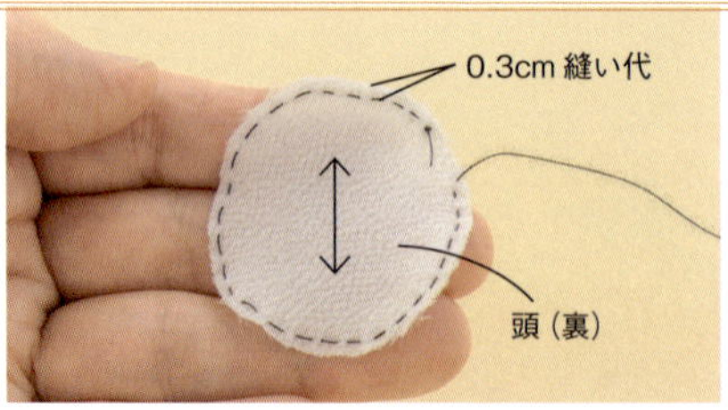

02 キルト糸を使い、0.3cm の縫い代で頭布の周囲をぐし縫いします。指定以外は布目をタテにします。

03 多めに取った綿を手のひらで丸めて玉状にします。

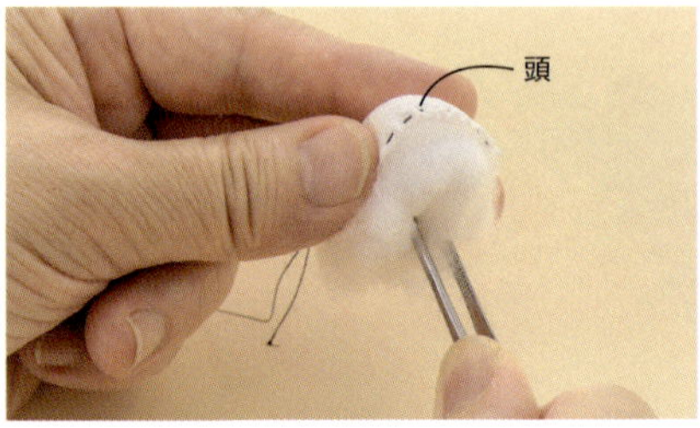

04 03 をピンセットでつまんで 02 に重ね、ぐし縫いの糸を引き絞ります。固くなるまで綿を入れます。

05 再度糸を引き絞り、縫い目の上をもう一度縫い、玉どめします。

目、口を作る

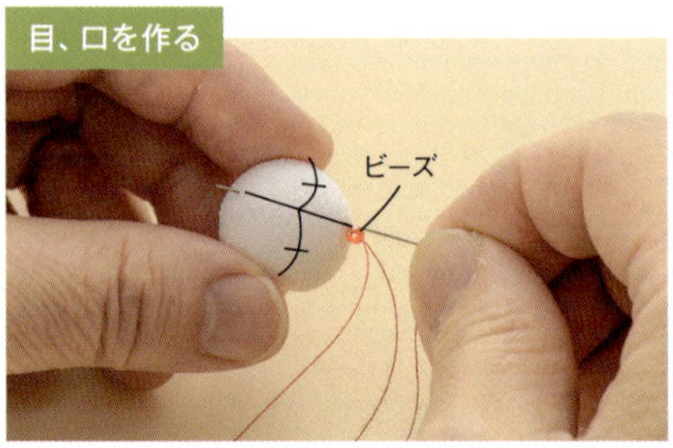

06 2本取りのキルト糸を通した針を頭の後ろから入れ、左目の位置に出してビーズをつけます。目は顔の長さの中心を目安に、少し離れた位置につけます。

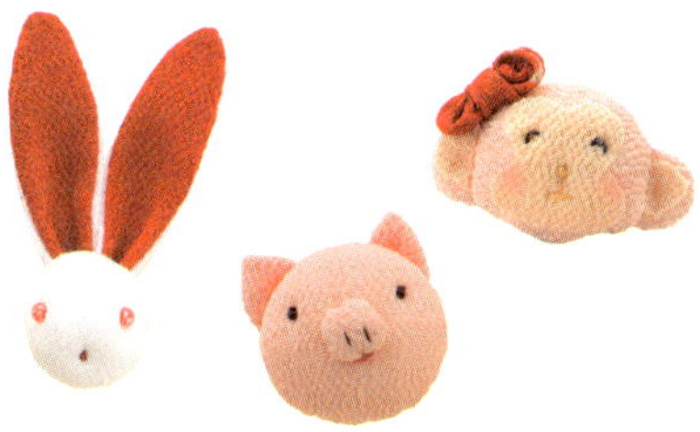

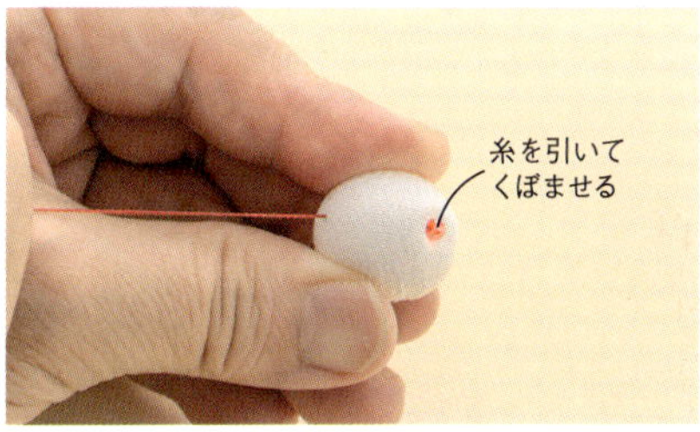

07 左目のビーズをつけたら、針を右目の位置から出してビーズが少しくぼむ程度にしっかりと糸を引きます。

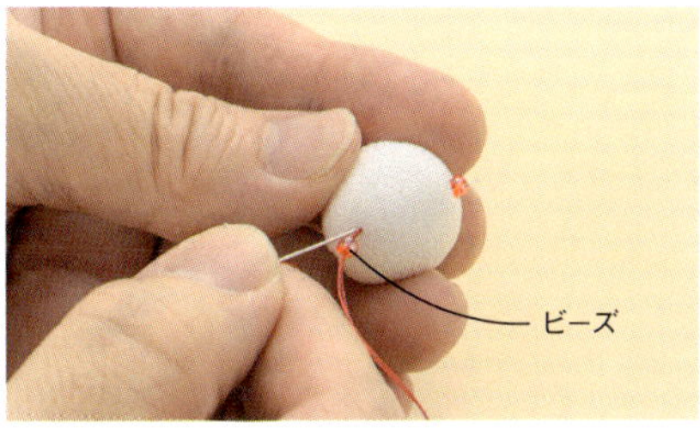

08 06と同様に右目のビーズをつけ、再度針を左目の位置に出して左目のビーズに通します。

09 左目と同様に右目がくぼむくらいしっかりと糸を引きます。

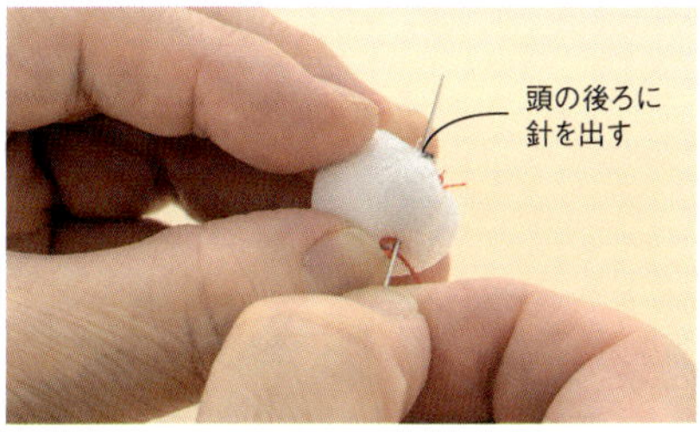

10 左目のビーズのきわに針をさし、頭の後ろに出してしっかりと糸を引き、玉どめします。

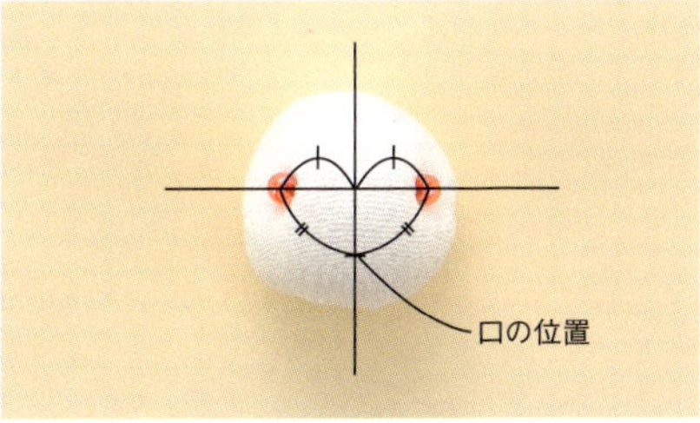

11 2本取りのキルト糸を通した針を頭の後ろから入れ、口の位置に出します。口は目と目の中間で中心より少し下の位置を目安にします。

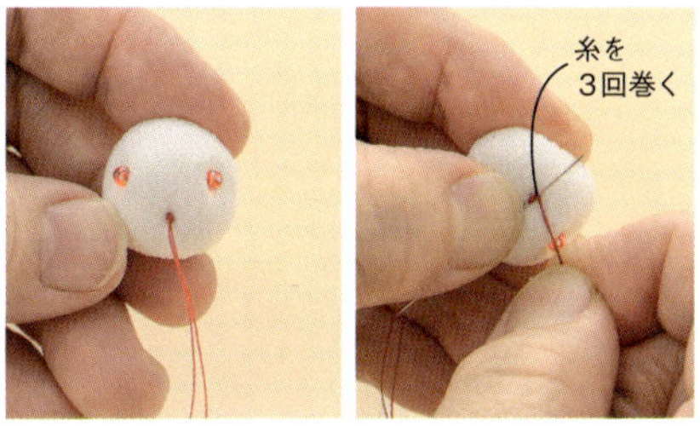

12 3回巻きのフレンチノット・ステッチで口を刺しゅうします。

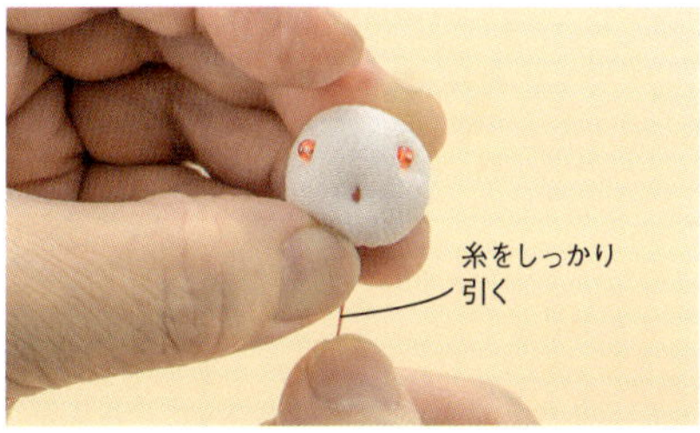

13 10でさした頭の後ろに針をさし戻し、口が少しくぼむくらいしっかりと糸を引いて玉どめします。

耳を作る

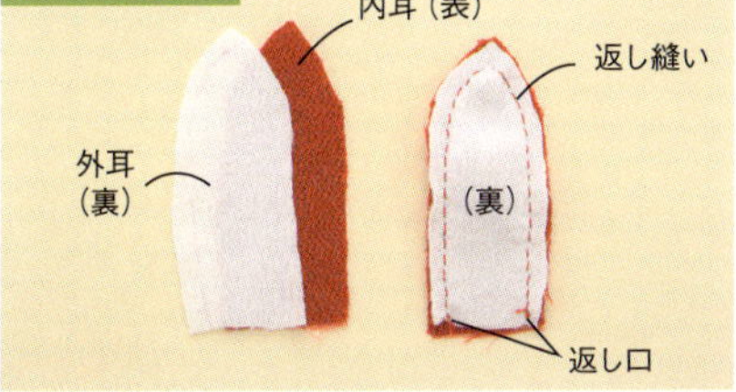

14 内耳布と外耳布を中表に合わせます。返し口を残し、絹用の手縫い糸で周囲を返し縫いします。

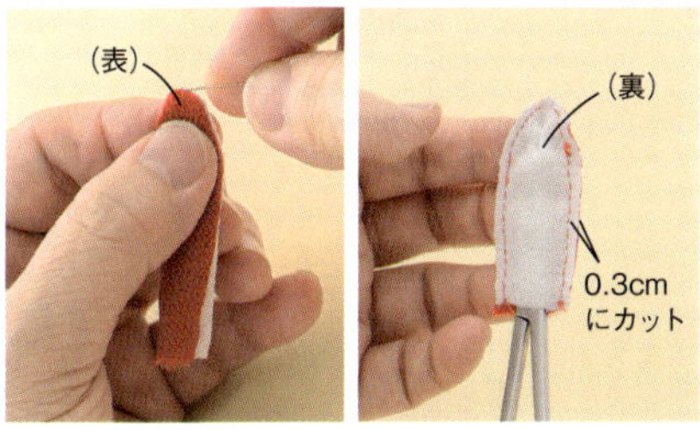

15 縫い代を0.3cmに切りそろえ、かんしを使って表に返します。まち針などで耳の先の角をきれいに出します。

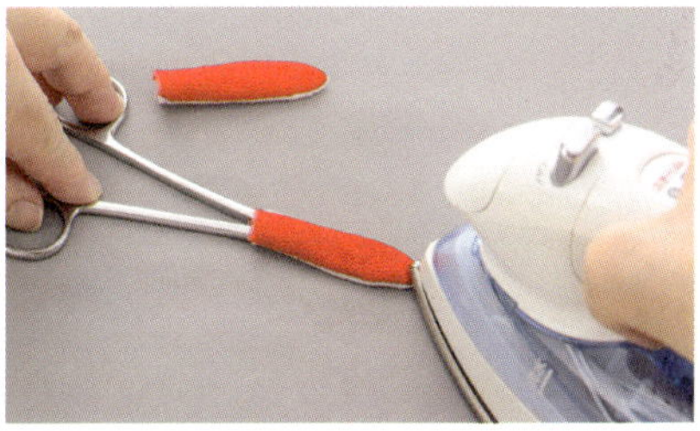

16 かんしを中に入れてひらき、軽くアイロンで押さえて形を整えます。同様にもう1枚作ります。

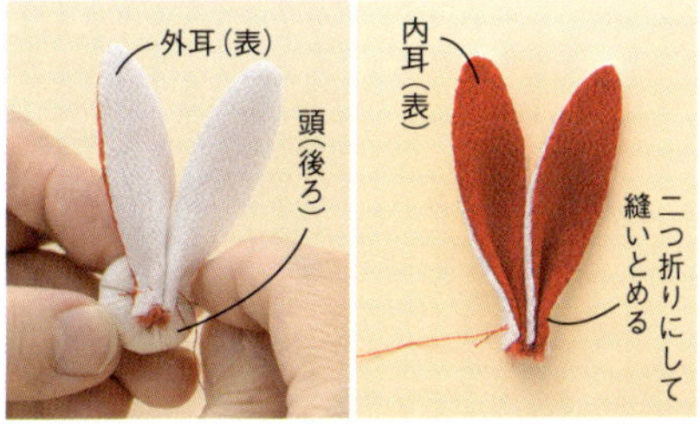

17 内耳を内側にして耳の根元を二つ折りし、2枚を縫いとめます。頭の縫い目に耳を重ねて縫いつけます。

18 耳のつけ根に当て布をボンドで貼ります。当て布は縫い目や耳の大きさに合わせて裁ちます。

ぶたの作り方　三角に折って作る耳はネコも共通。くくりざると同じ作り方で作る鼻が特徴です。（参照作品は p.13 他）

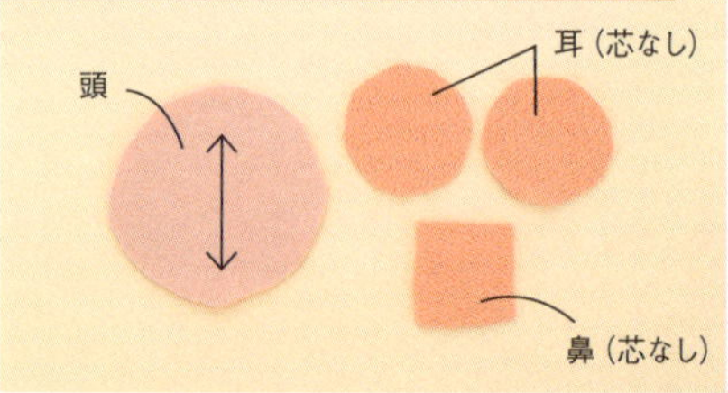

01 頭布、耳布、鼻布を指定のサイズに裁ちます。耳と鼻はニット用接着芯なしで作ります。

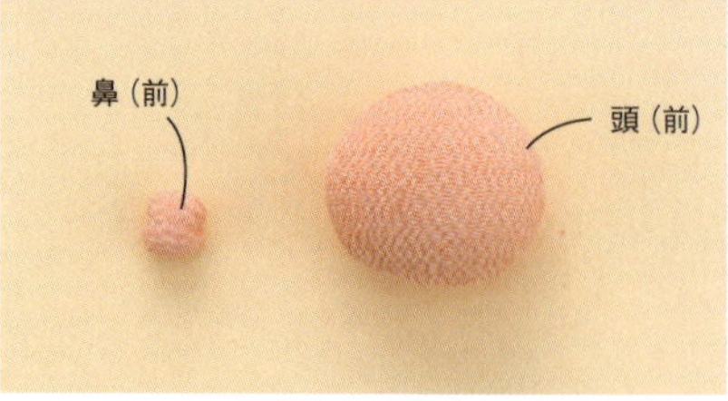

02 P.52 02 ～ 05 と同様に頭を作り、少し横に長い楕円に整えます。鼻は布にひと回り小さいキルト綿を重ね、p.19 03 ～ 12、17、18 と同様に作って玉状にします。

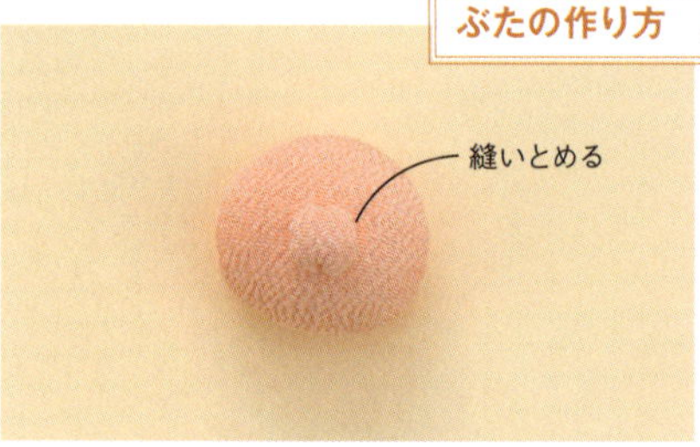

03 頭に鼻をつけます。鼻の位置は顔の中心を目安にします。

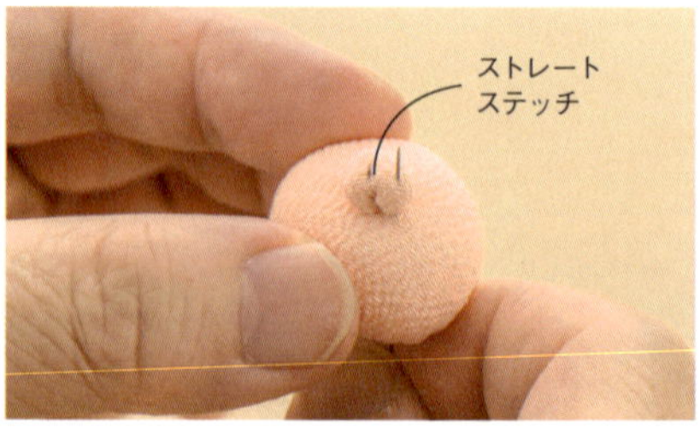

04 頭の後ろ（縫い目）から針を入れ、ストレート・ステッチで鼻の穴を作ります。

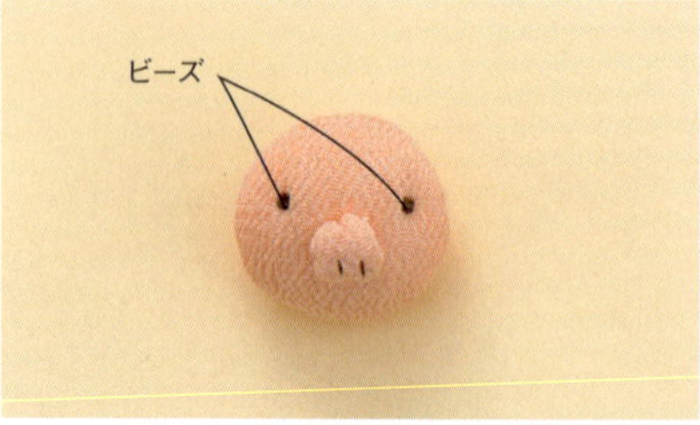

05 p.52 06 ～ 10 と同様に鼻の少し上で離れた位置にビーズで目をつけます。

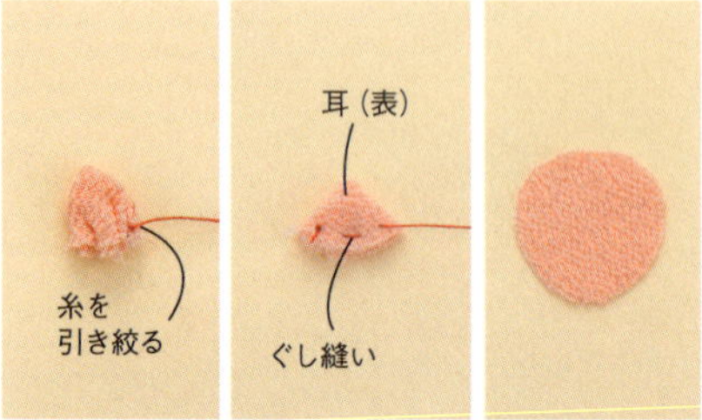

06 耳布を外表に 2 回二つ折りします。2 本取りの糸で裁ち目側をぐし縫いし、糸をひき絞ります。

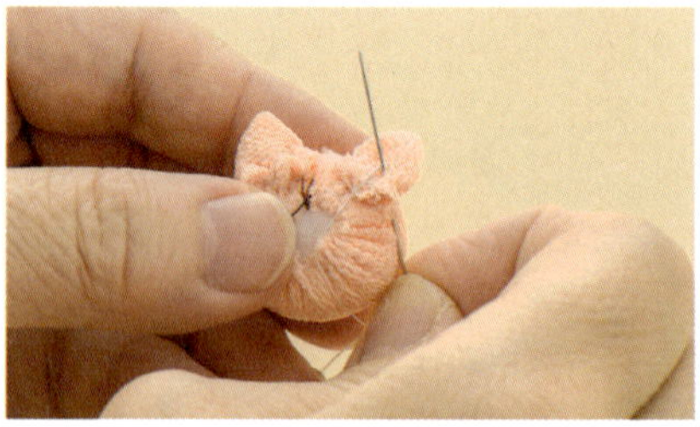

07 耳を頭のカーブに添わせて頭の後ろ側に縫いつけます。前から見て耳の出方を確認します。

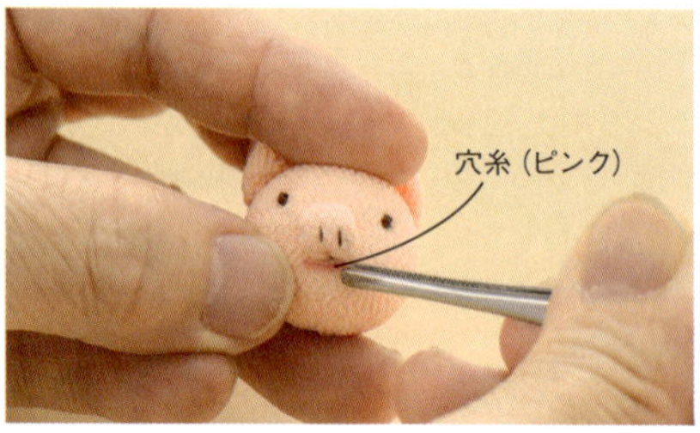

08 口はピンクの穴糸にピンセットの先でボンドをつけ、鼻のすぐ下に貼ります。口角をあげたカーブ状に貼ります。

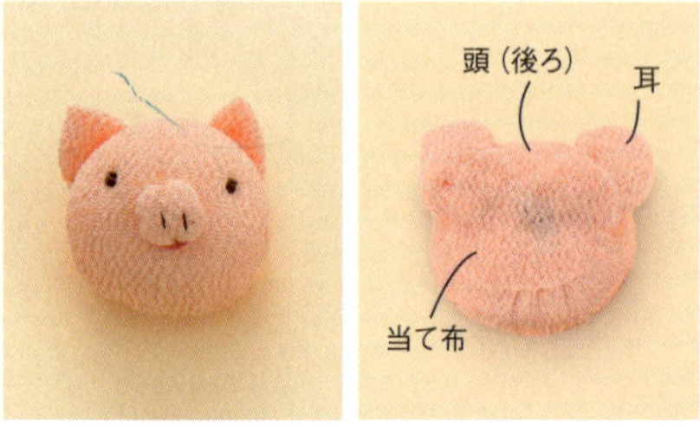

09 頭と耳の縫い目に当て布をボンドで貼ります。

さるの作り方

平たい頭に顔の輪郭布を貼って作ります。笑った目元はボンドでカーブをつけています。(参照作品は p.32 他)

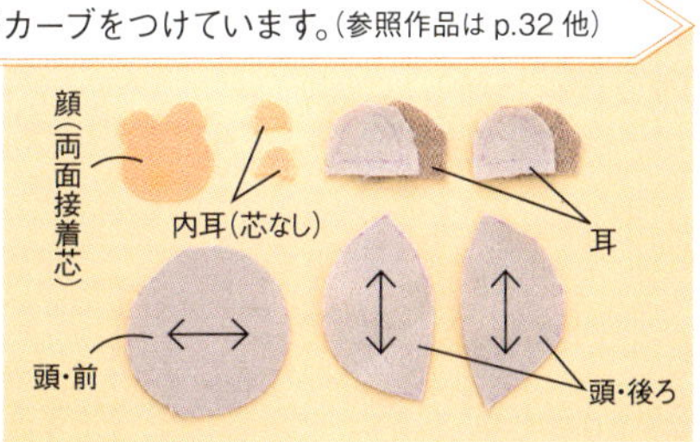

01 頭前、後ろ、耳、顔布を指定のサイズに裁ちます。顔布と内耳布以外はニット用接着芯を貼ります。

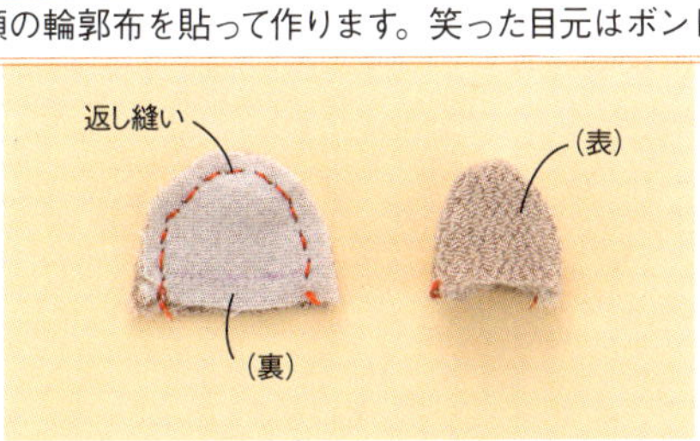

02 耳布を中表に合わせます。返し口を残して返し縫いで縫い、表に返します。

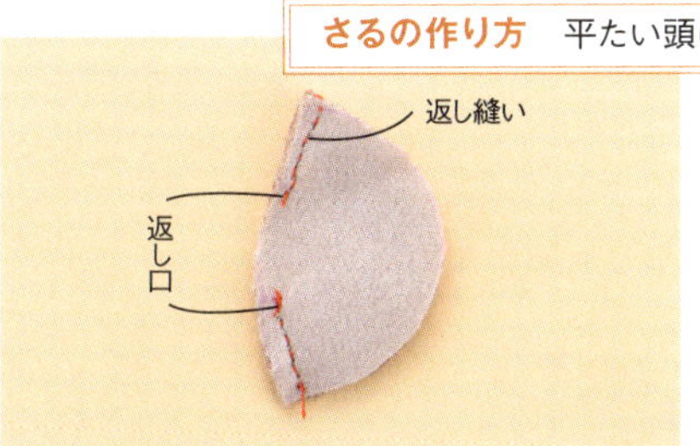

03 頭後ろ布を中表に合わせ、返し口を残して返し縫いで縫います。

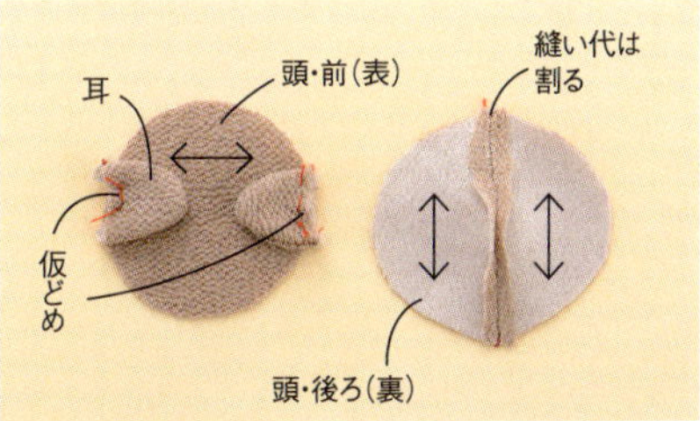

04 頭後ろは開いてアイロンで縫い代を割ります。頭前布に耳を仮どめします。このとき、布が伸びないように頭前、後ろの布目の方向を変えておきます。

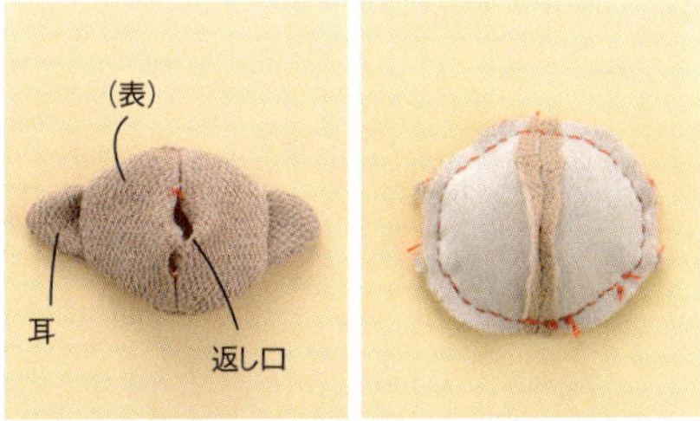

05 頭前と後ろを中表に合わせて返し縫いで周囲を縫い、返し口から表に返します。

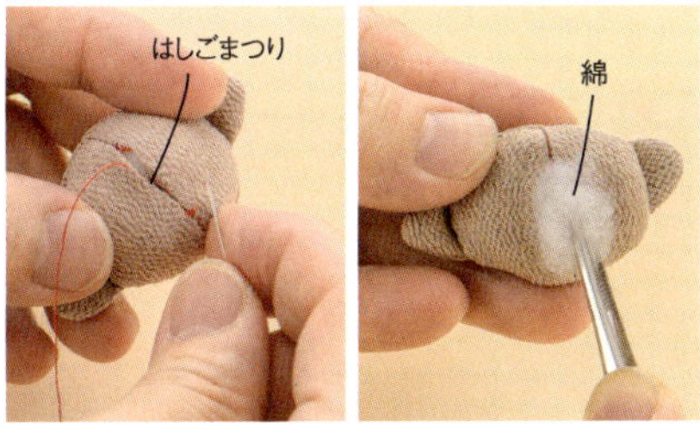

06 返し口から綿を入れ、形を整えて返し口をはしごまつりでとじます。

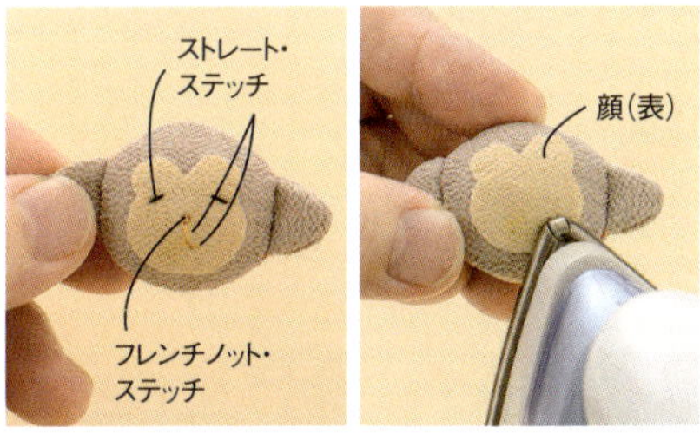

07 両面接着芯を貼った顔布をアイロンで頭前に貼ります。穴糸を使って目と口をストレート・ステッチ、鼻をフレンチノット・ステッチで作ります。

08 目の糸にボンドをつけ、まち針でカーブをつけて貼ります。

09 裁ち切りの内耳布を耳にボンドで貼ります。女の子の場合はほお紅をつけます。

振袖姿の人形の作り方を紹介します。着物は上半分、下半分、袖と分けて作ります。

※作り方 p.106 ～ 110、112 ～ 116 の着物、帯の用尺です。

※用尺図内の「大」「中」「小」「男」は作品のサイズ、種類を表します。各作り方頁を参照してください。

着物の作り方

※参照作品は p.32 他

◉材料
- ちりめんはぎれ各種
- 着物衿 25 × 20㎝（袖、裾分含む）
- 裾裏 20 × 20㎝（袖口、袖裏、じゅばん袖、伊達衿、帯揚げ分含む）
- 半衿（白）10 × 5㎝
- 帯地 20 × 15㎝（立て矢結びは 20 × 20㎝）
- 直径 0.2㎝打ちひも 20㎝
- つまようじ 1 本
- ニット用接着芯、紙粘土、厚紙各適宜

◉作り方のポイント
- 袖以外はすべて裁ち切り
- 帯地はすべて芯なし
- 帯結びのパーツは長めに作っておき、胴の高さや太さに合わせて調節する。
- 手、肩布は頭と同じ布を使う。

実物大型紙は
とじ込み付録 裏 Z -❶

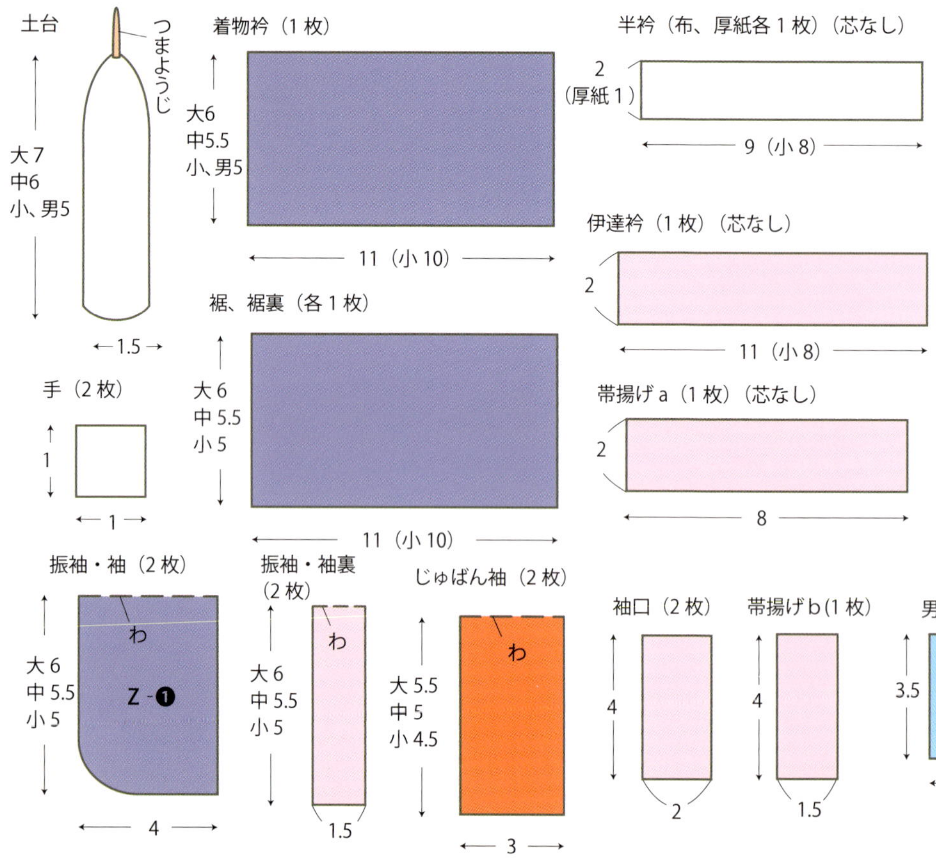

●文庫結び

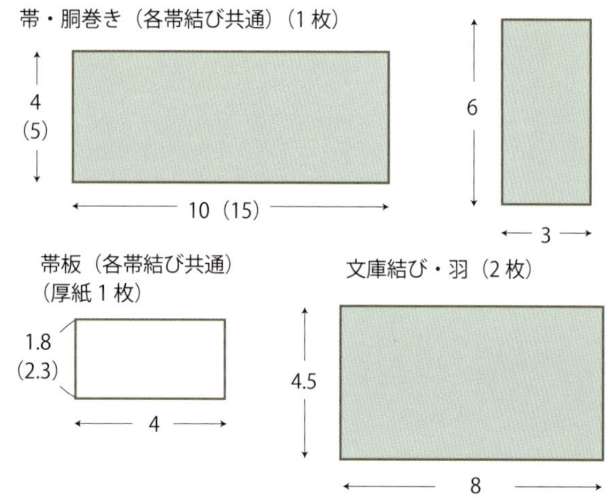

●立て矢結び（p.63 参照）

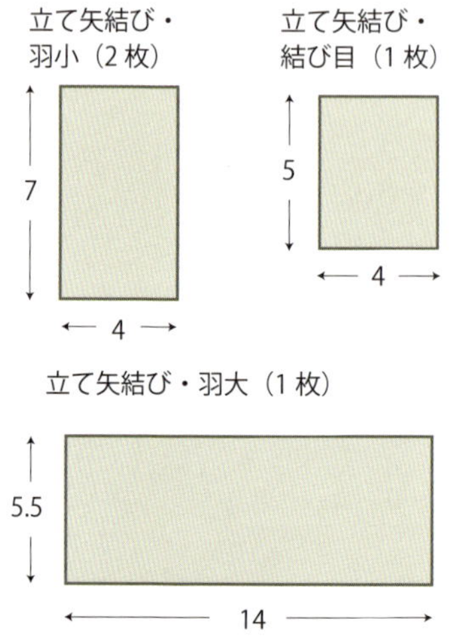

●ふくら雀

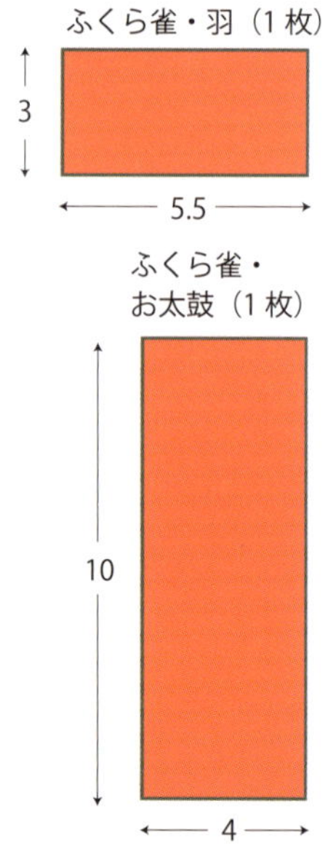

※胴巻き、帯板の（　）内の数字と立て矢結びは
p.48「うさぎの新郎新婦」（作り方 p.106）の新婦の寸法

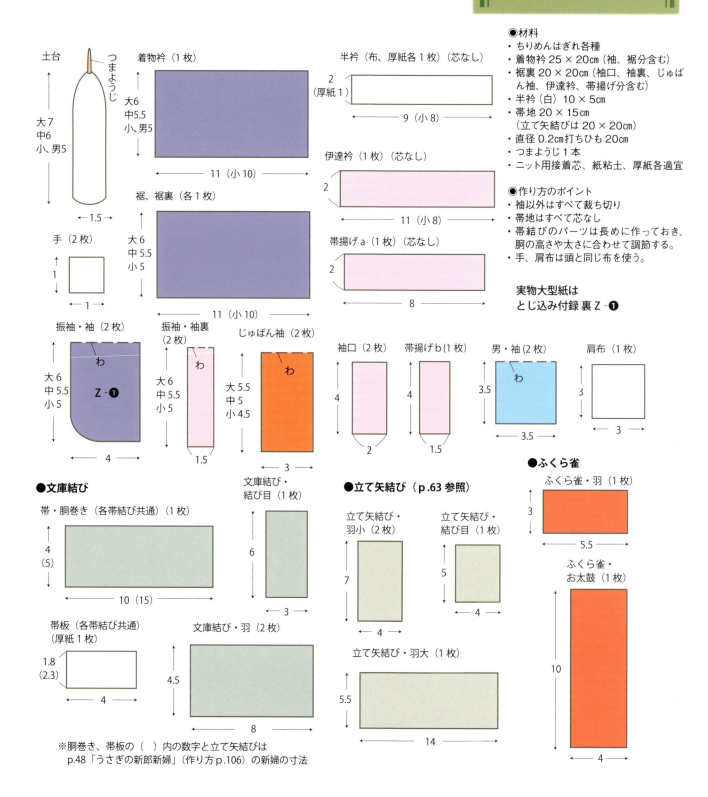

土台を作る

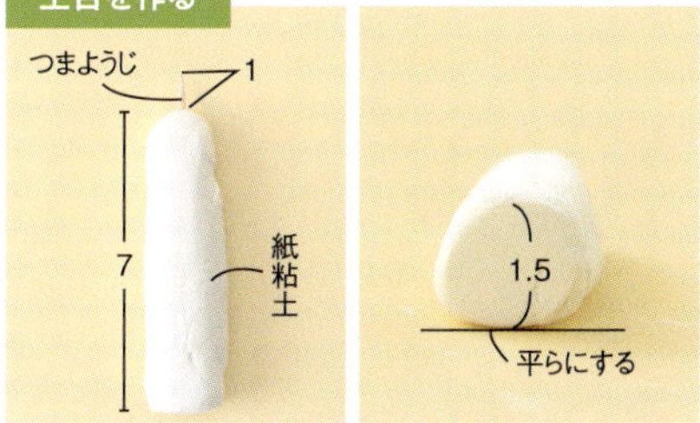

01 つまようじを芯にして紙粘土で直径1.5cm、高さ7cmの円柱を作り、背中側は少し平らにします。紙粘土が完全に乾くまで約1週間乾燥させます。

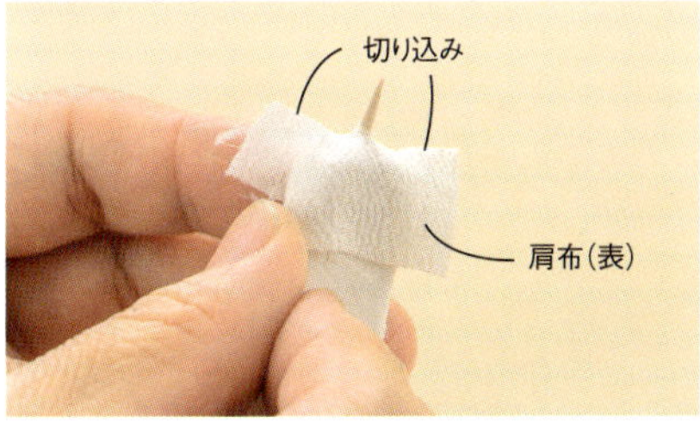

02 紙粘土が乾いたら肩布を貼ります。肩布の中心をつまようじにさし、切り込みを入れてしわを作らないように貼ります。肩布は頭と同じ布を使います。

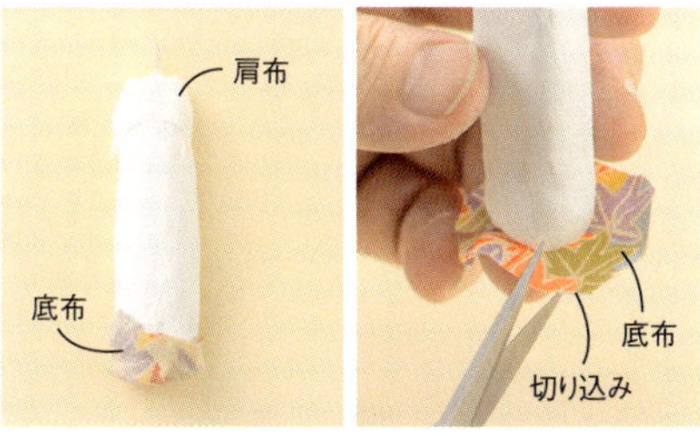

03 土台にのり代1cmをつけた底布を貼ります。のり代は切り込みを入れて土台に貼りつけます。(底布に柄布を使う場合は裏面が表に出るように貼ります。)

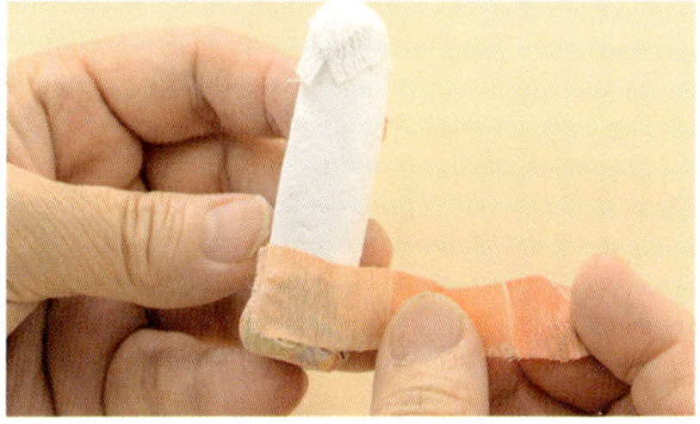

04 幅1cmの布テープを作って土台に巻きます。底側から巻き始め、巻き始めはボンドでとめます。(柄布を使う場合は裏面が表に出るように貼ります。)

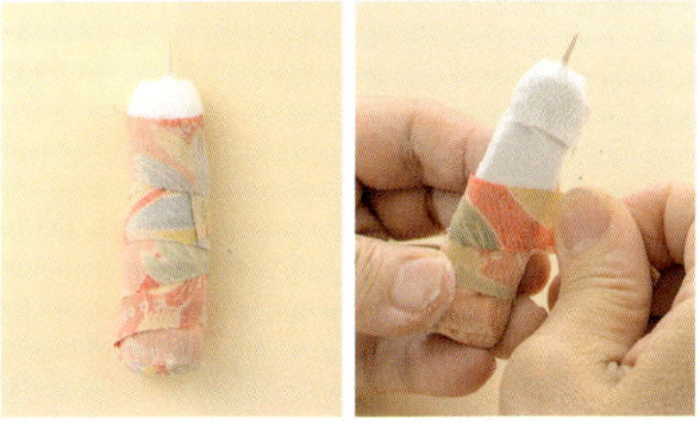

05 全体に巻き、巻き終わりはボンドでとめます。

頭をつける

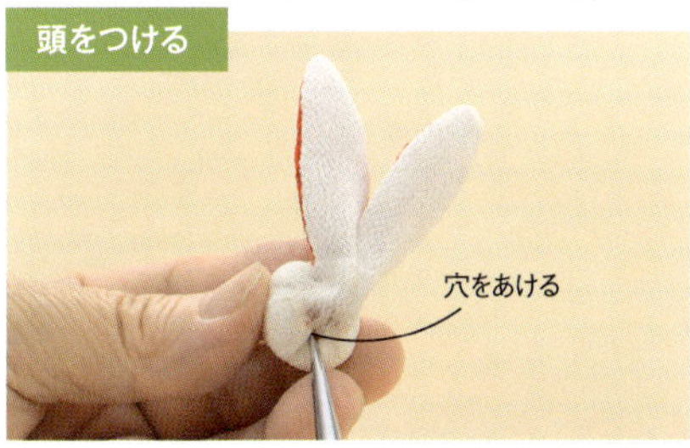

06 顔の向きを確認して頭に目打ちで穴をあけます。

07 土台のつまようじにボンド(瞬間接着剤)をつけます。06 の穴につまようじをさし込みます。

半衿をつける

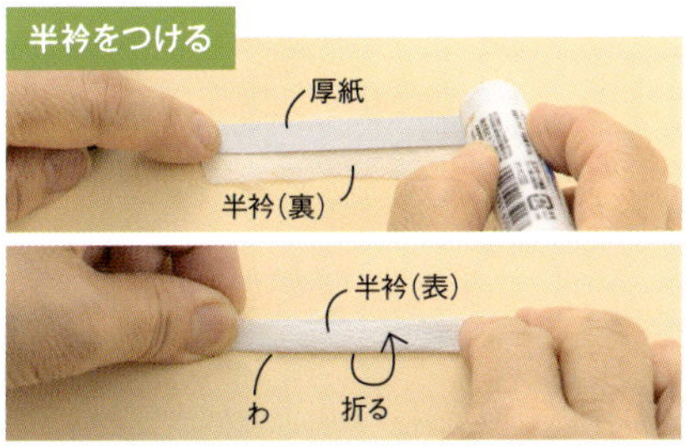

08 半衿用の厚紙にスティックのりを塗り、半衿布に貼ります。半衿布を外表に二つ折りし、厚紙をはさみます。

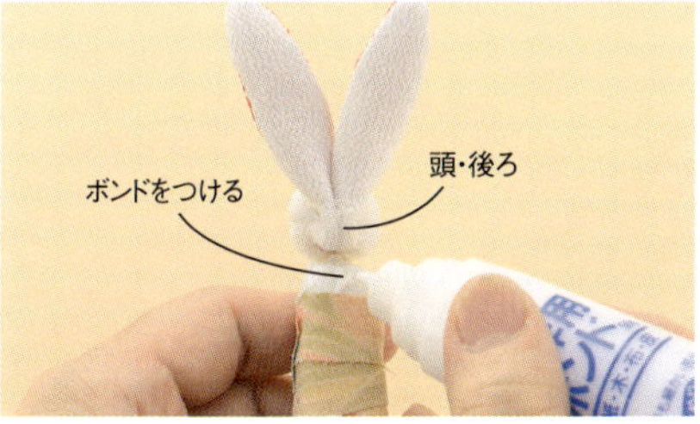

09 07 の背中心、頭後ろのすぐ下にボンドをつけます。

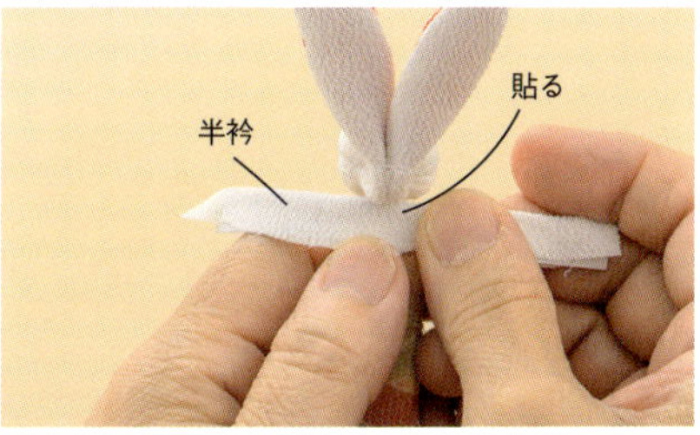

10 半衿の中心を 09 の背中心に貼ります。

11 半衿を前に回します。胴の胸元にボンドをつけ、向かって左側を貼ります。

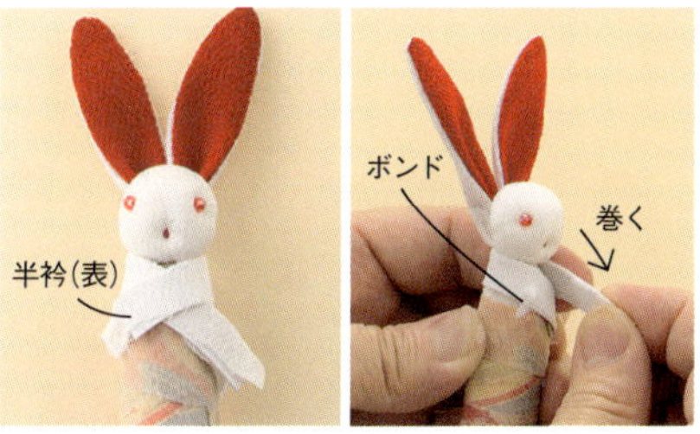

12 向かって右側を上に重ね、ボンドでとめます。

着物衿をつける

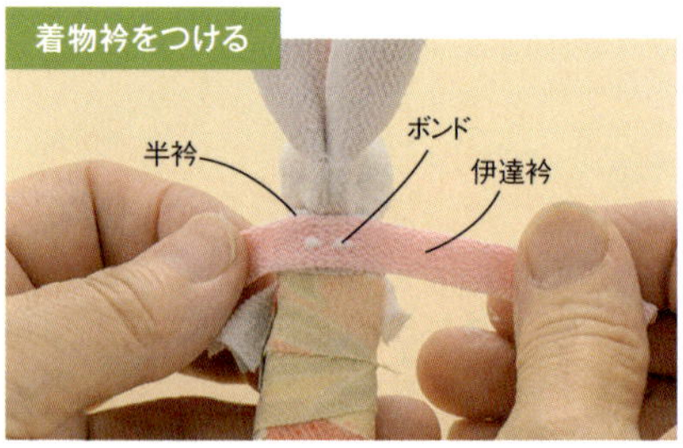

13 伊達衿を外表に二つ折りし、半衿に重ねて背中心をボンドで貼ります。

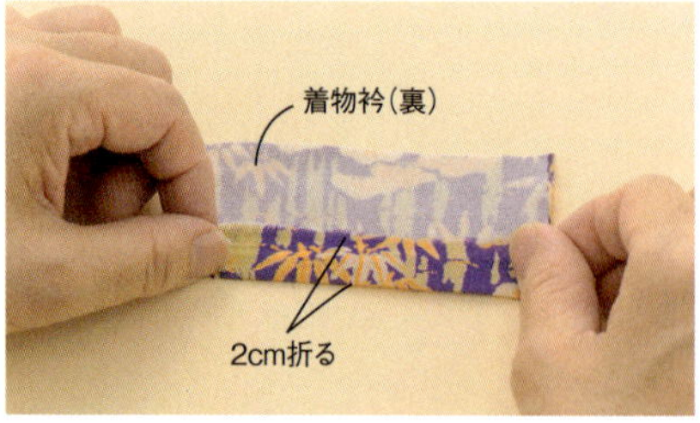

14 着物衿の手前 2cm を裏側に折ります。

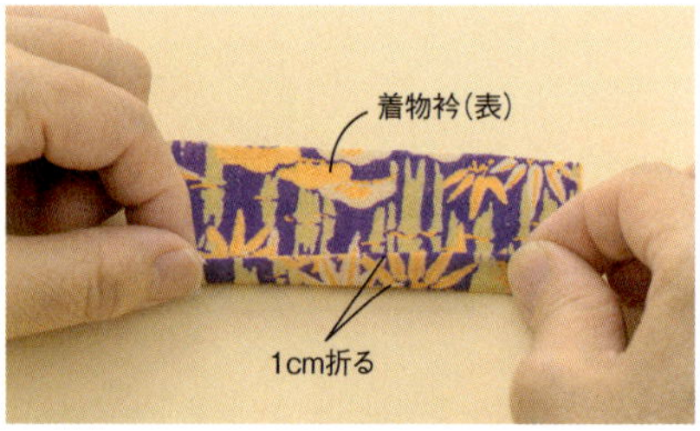

15 表に返して 14 で折った折山から 1cm を表側に折り返します。

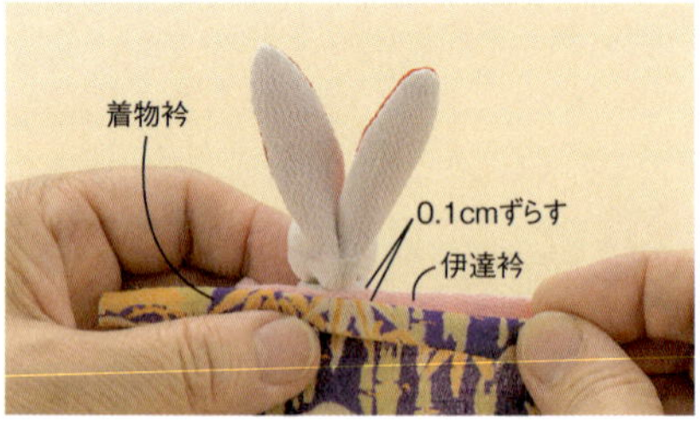

16 伊達衿と 0.1cm ずらして重ね、背中心を押さえて前に返します。

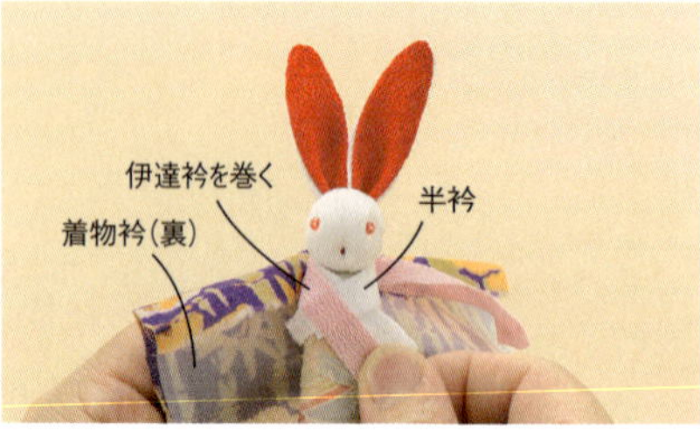

17 向かって左側の伊達衿を半衿から 0.2cm ずらして巻きます。

18 着物衿を伊達衿から 0.1cm ずらして巻きます。ゆるまないように脇でひと針縫いとめます。

19 同様に向かって右側の伊達衿、着物衿を巻き、脇でひと針縫いとめます。

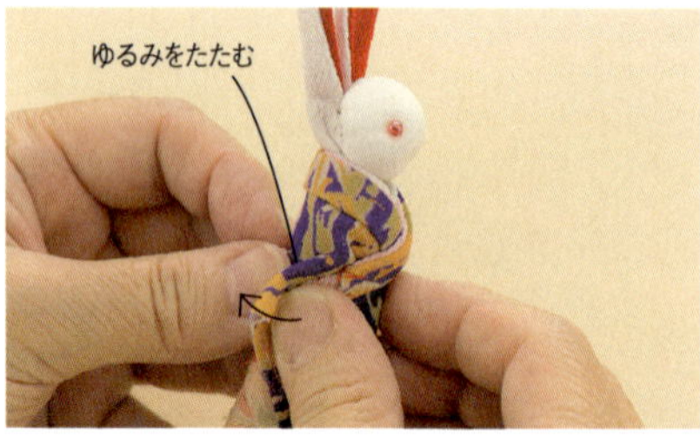

20 着物衿の脇のゆるみをつまんで背中側に折り、縫いとめます。

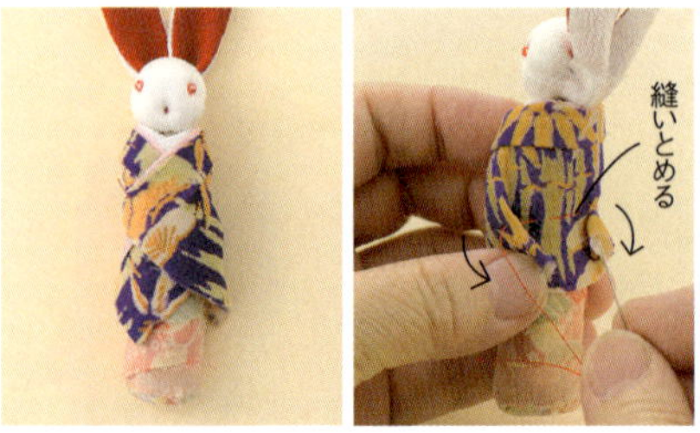

21 反対側の脇のゆるみも縫いとめます。

裾を作る

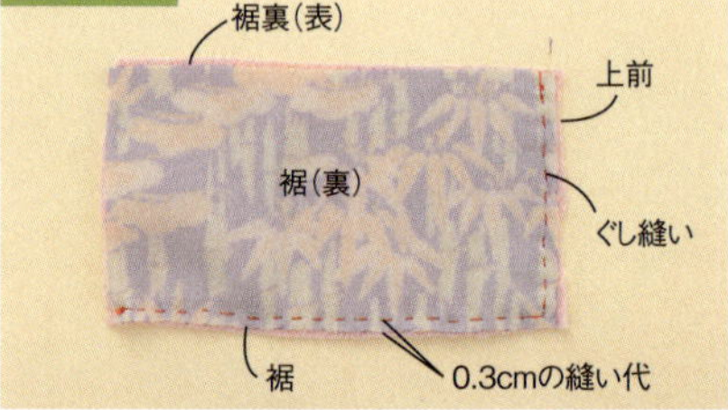

22 裾布と裾裏布を中表に合わせ、裾と上前になる辺を 0.3cm の縫い代で細かくぐし縫いします。

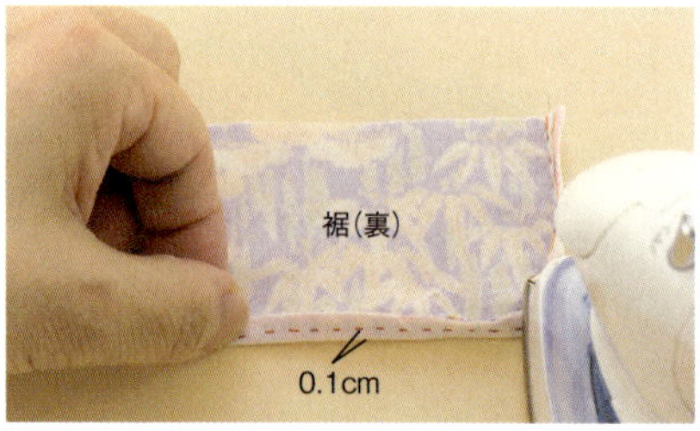

23 裾の縫い目から 0.1cm 内側で折り、アイロンで押さえます。上前の縫い目も同様に折ってアイロンをかけます。

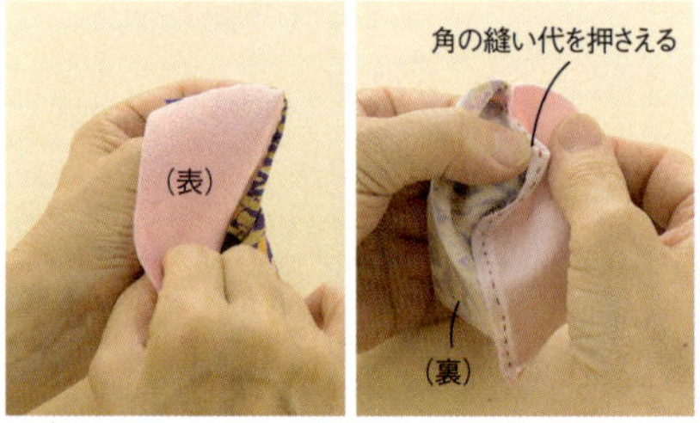

24 23で折った角の縫い代をゆびで押さえ、表に返します。

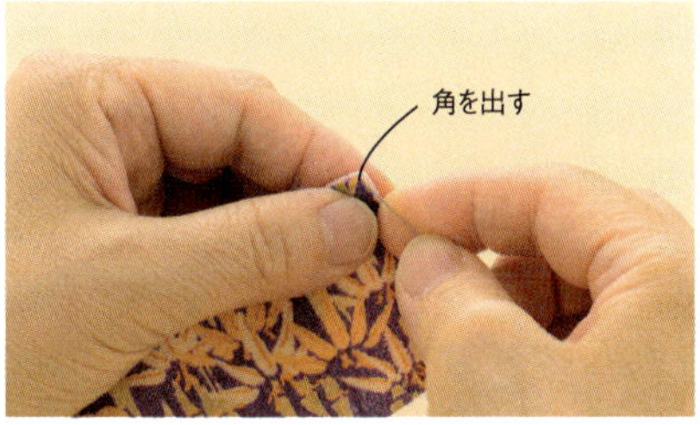

25　針先で角をきれいに出します。

26　表から見て裾と上前から裏布が 0.1cm 出るように整え、裾と上前にしつけをかけます。

27　21 に裾を着せます。まず、上前（向かって右側）を胴に重ねて上前線の位置を決めます。

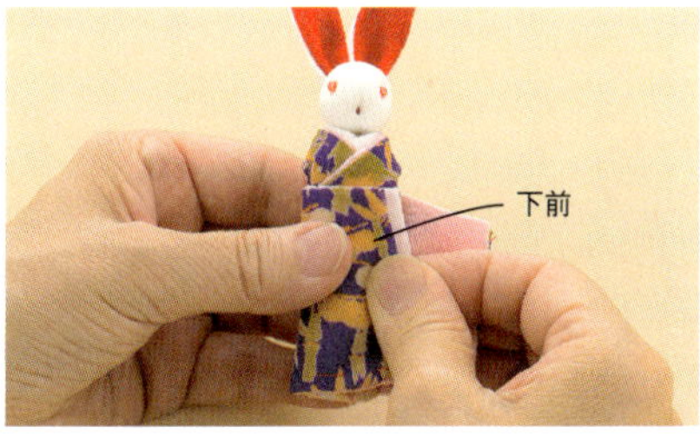

28　上前線の位置がずれないように背中でしっかり押さえ、裾をいったん開いて下前（向かって左側）の位置を決めます。

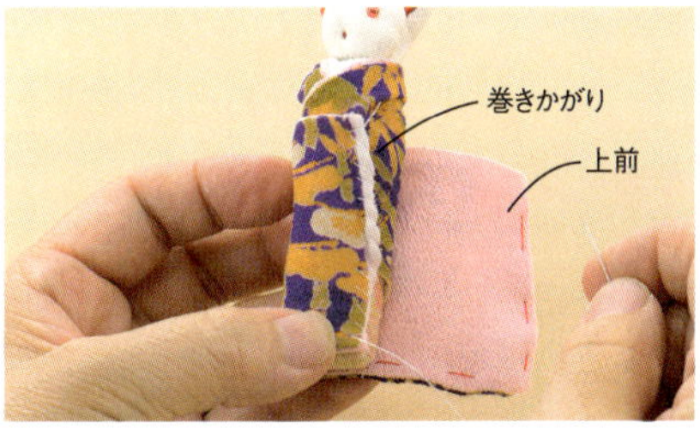

29　下前の裁ち目を巻きかがりで土台に縫いとめます。

30　上前の上端の角を 1cm 縫いとめます。

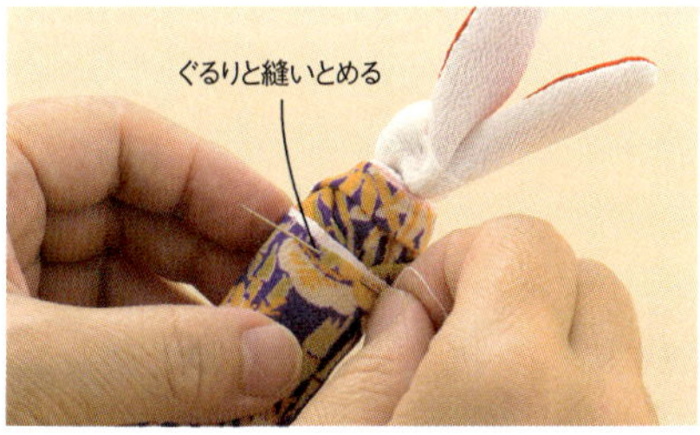

31　裾の上端をぐるりと胴に縫いとめます。

帯揚げを作る

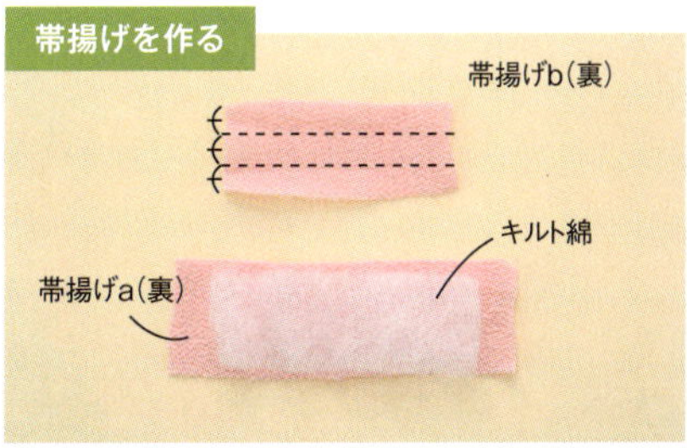

32　帯揚げ a（裏）にキルト綿を重ねます。帯揚げ b は三等分の印をつけておきます。

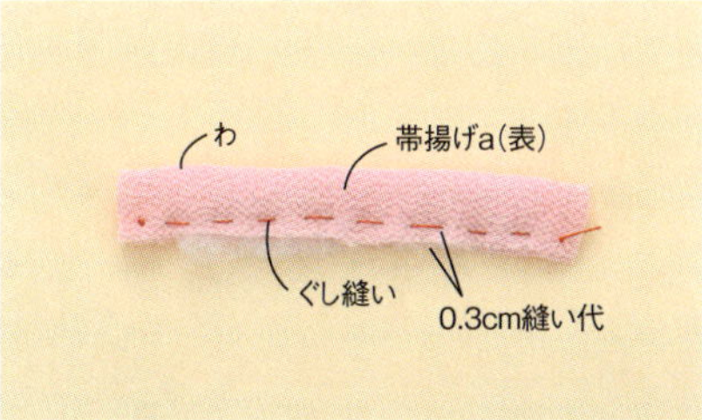

33　帯揚げ a を外表に二つ折りして長辺の裁ち目を縫います。

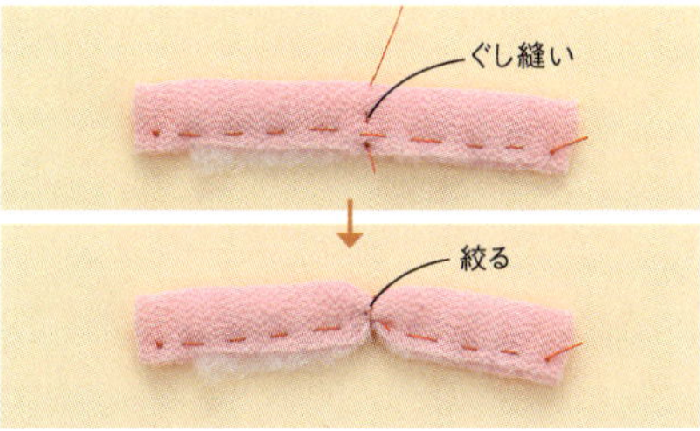

34　長さの中心でタテにぐし縫いし、糸を引き絞ります。

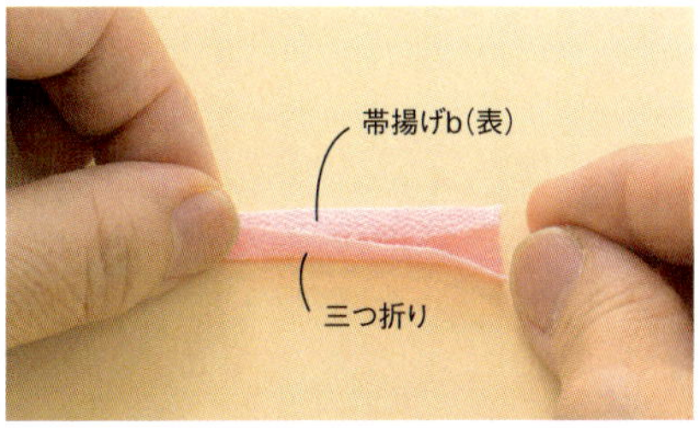

35　帯揚げ b を印の位置で外表に三つ折りし、アイロンで押さえます。

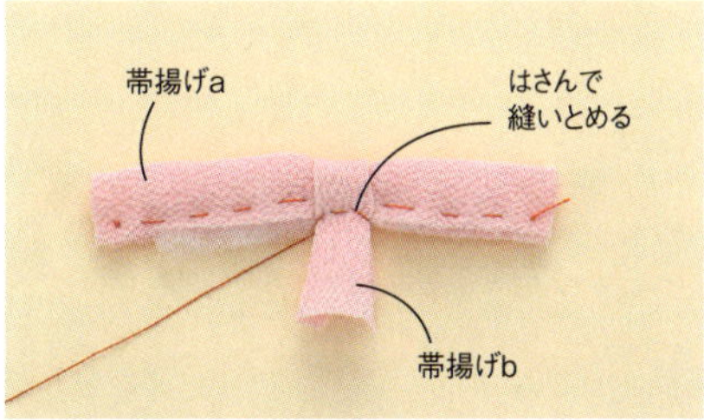

36　帯揚げ b で 34 の縫い目をはさみ、縫いとめます。

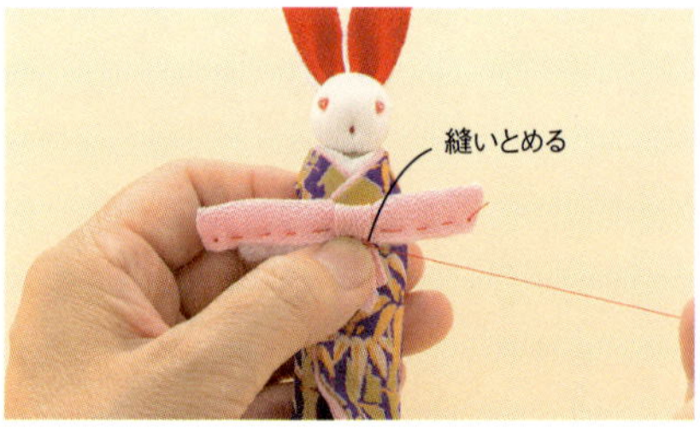

37 帯揚げの中心を、顔の中心、衿の合わせとタテに並ぶ位置で縫いとめます。

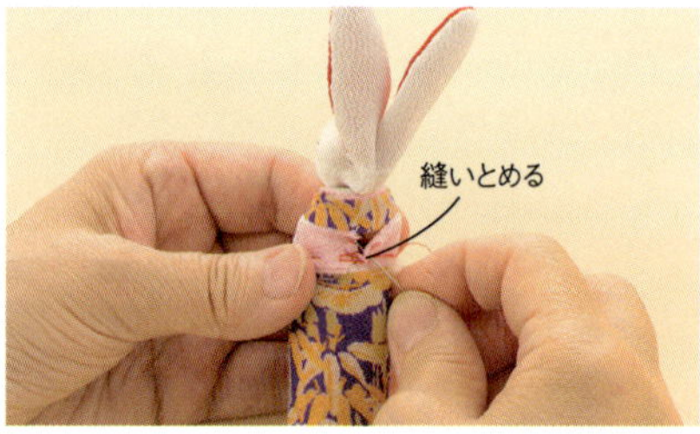

38 帯揚げの両端は後ろに回し、突き合わせて縫いとめます。

文庫結びを作る

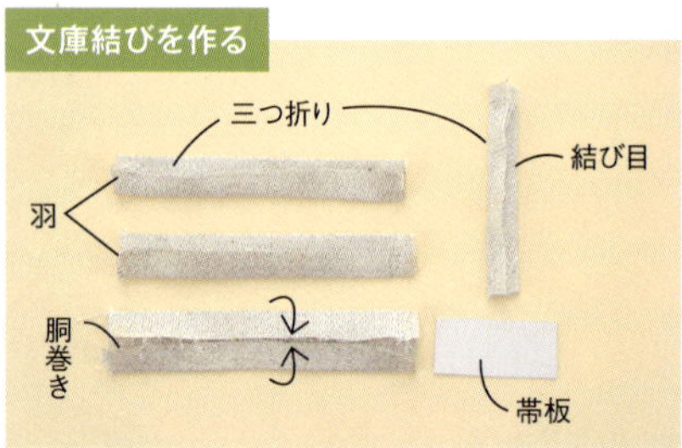

39 胴巻きは中心で突き合わせに折り、アイロンで押さえます。羽と結び目は布幅を三つ折りにしておきます。

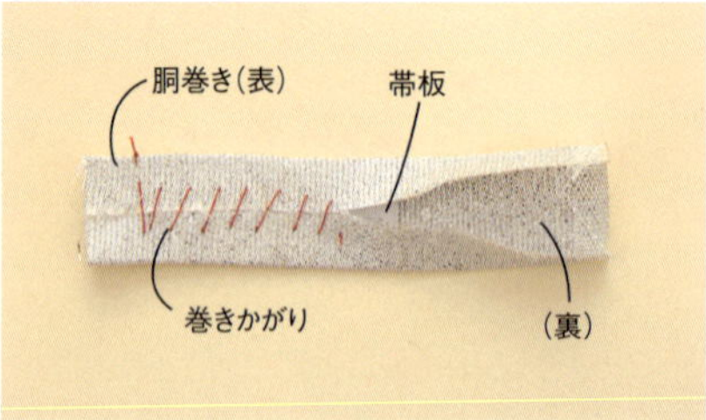

40 胴巻きの間に帯板用の厚紙をはさんで脇（胴に巻いた時、正面になる位置）にずらし、巻きかがります。

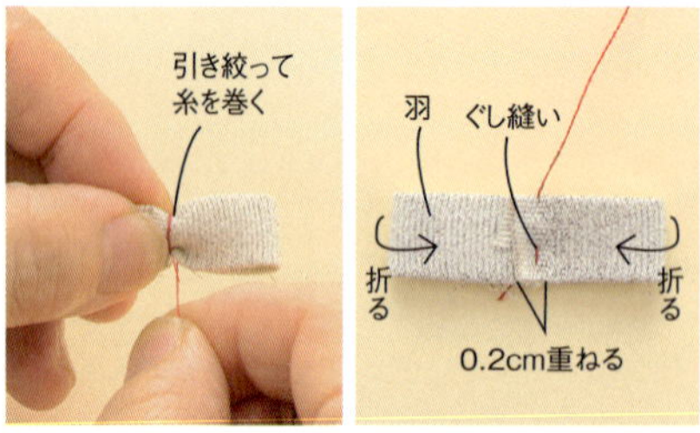

41 羽の左右の端を中心に向けて折り、0.2cm 重ねて縫いとめます。糸を引き絞り、2、3 回巻いて玉どめします。

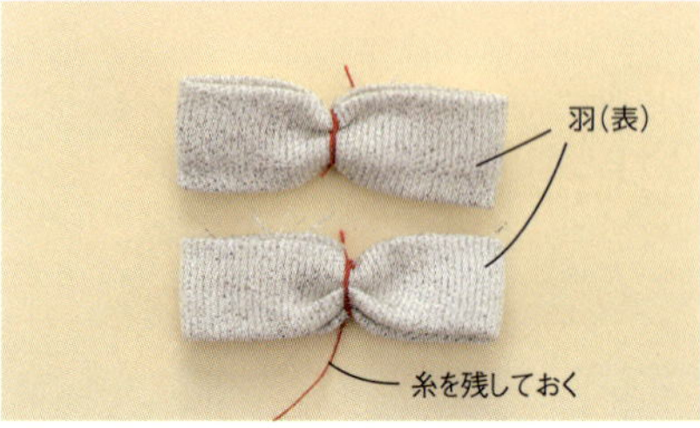

42 同様にもう 1 枚作り、2 枚目は糸を残しておきます。

43 羽を 2 枚重ね、残しておいた糸で中央を縫いとめます。

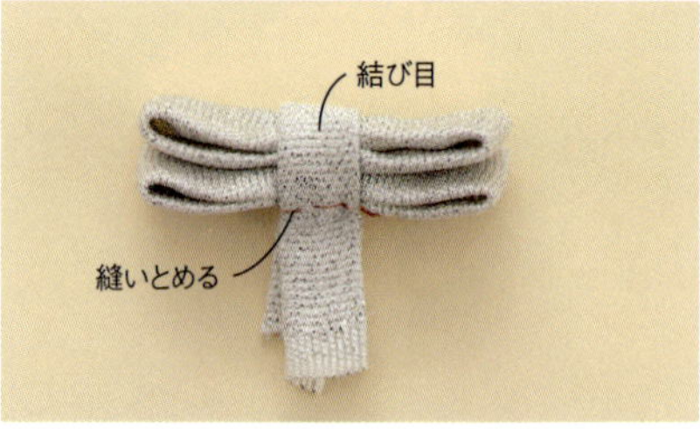

44 結び目の長さを二つ折りして羽の中央をはさみ、縫いとめます。糸は残しておきます。

45 帯締め用の打ちひもを結び目の中に通します。

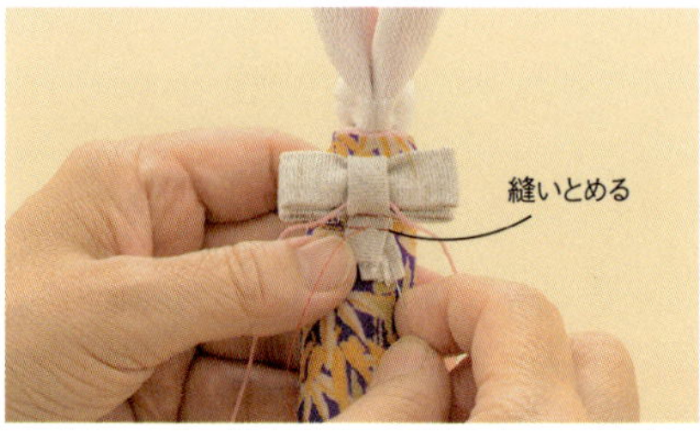

46 45 を背中心に縫いとめます。

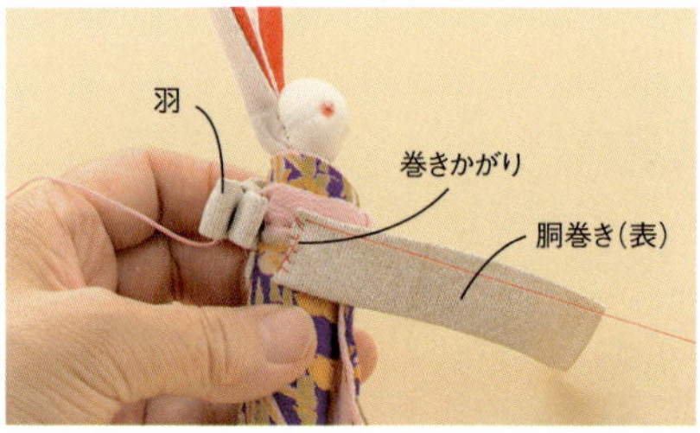

47 胴巻きの帯板を正面に合わせ、向かって左側の脇を巻きかがりで縫いとめます。

48 帯揚げが少し見えるように胴に巻きます。

袖を作る

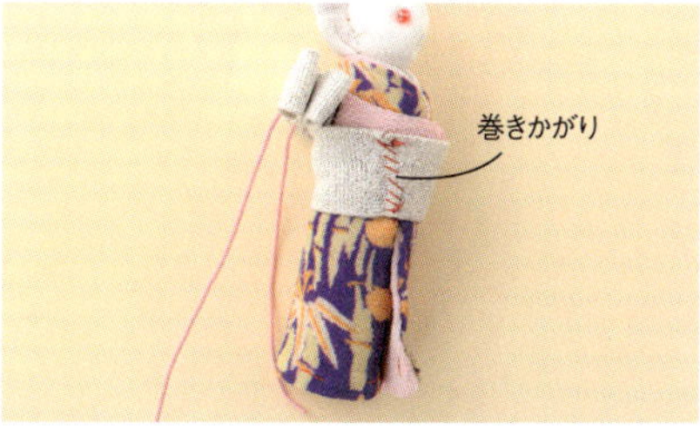

49 巻き始めの位置まで巻き、巻きかがりで縫いとめます。胴巻きが長い場合はカットして巻きかがります。

50 帯締めを結びます。向かって右側を上にしてひもを重ね、固結びします。ひも先は脇で帯締めにはさみ、余分はカットします。

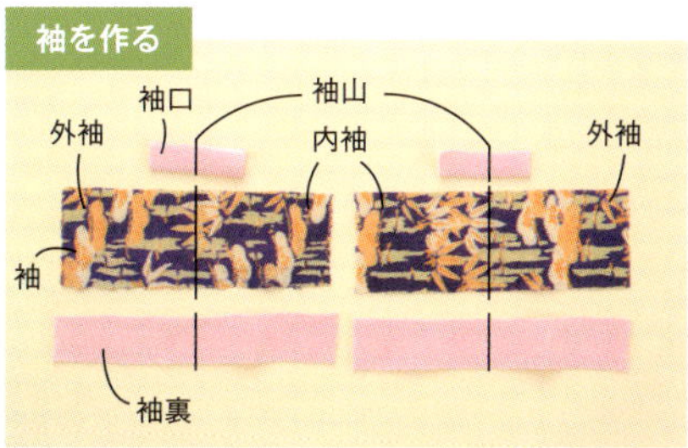

51 左右の袖布を並べ、袖をつけたときの柄の向きを確認します。袖口布は幅を外表に二つ折りにしておきます。

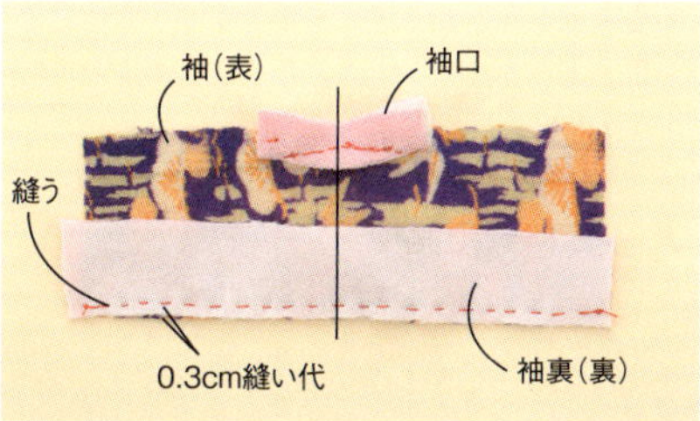

52 袖布と袖裏布の袖山を合わせ、中表に重ねて 0.3cm の縫い代で縫います。

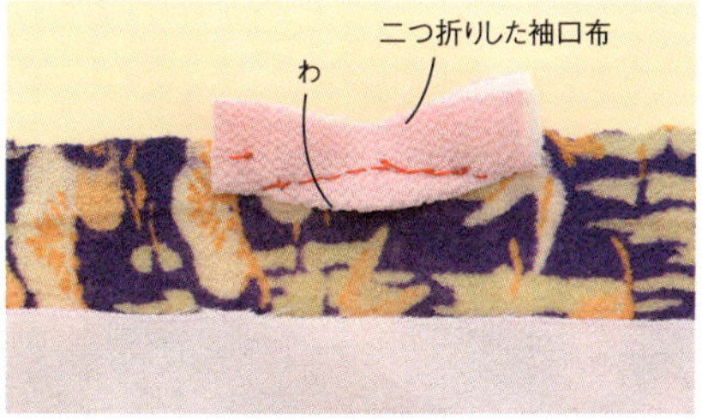

53 袖口布は裁ち目が表に出ないように縫います。

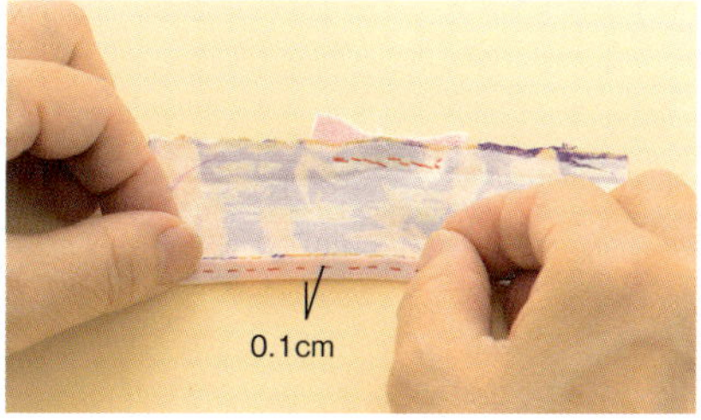

54 23 と同様に袖と袖裏の縫い目を折ってアイロンをかけます。

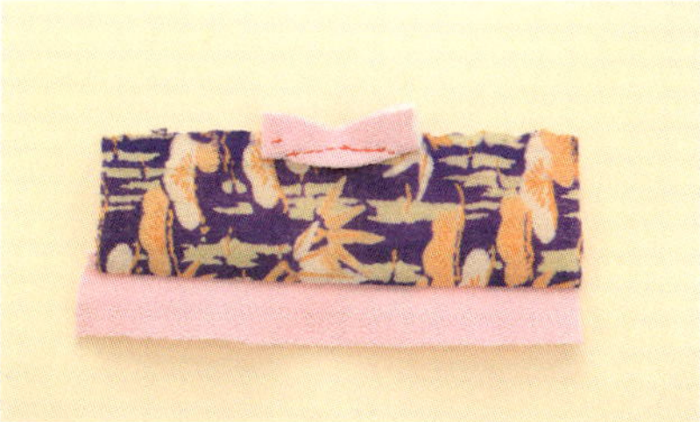

55 袖布と袖裏布をひらきます。

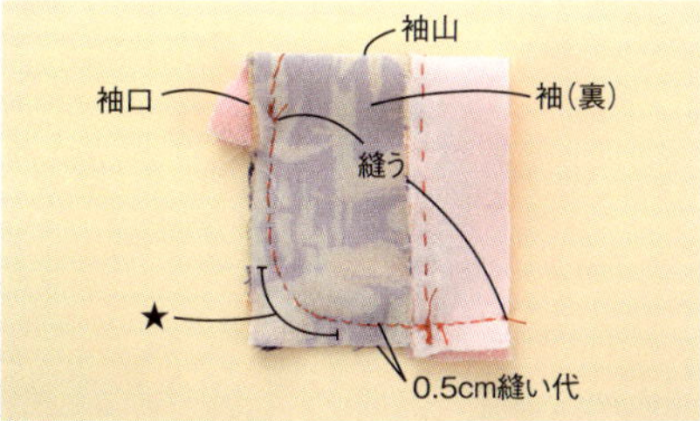

56 袖山で中表に二つ折りし、袖口下から袖下を 0.5cm の縫い代で返し縫いします。

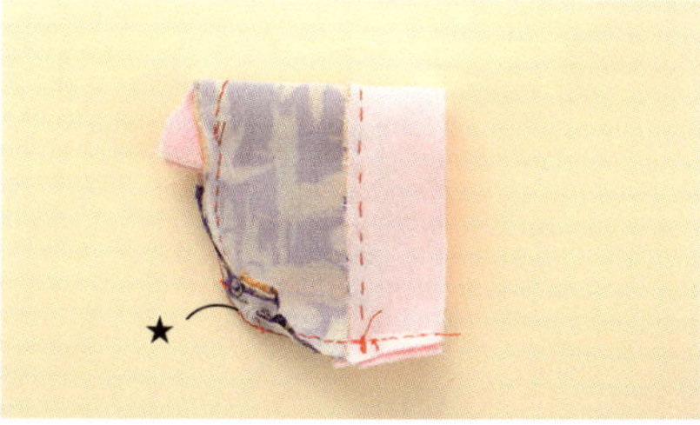

57 袂の縫い代（56 の★部分）を縫い線のカーブに沿ってぐし縫いします。糸を引き絞って袂にきれいな丸みを出します。

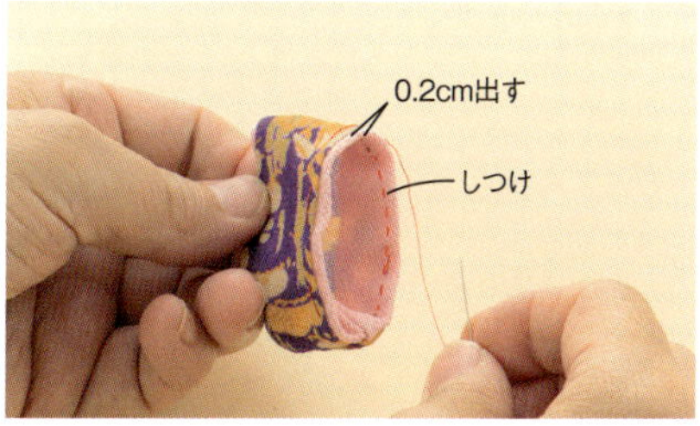

58 表に返し、袖裏を内側に折り込んでしつけをかけます。このとき、袖裏は袖から 0.2cm 出します。

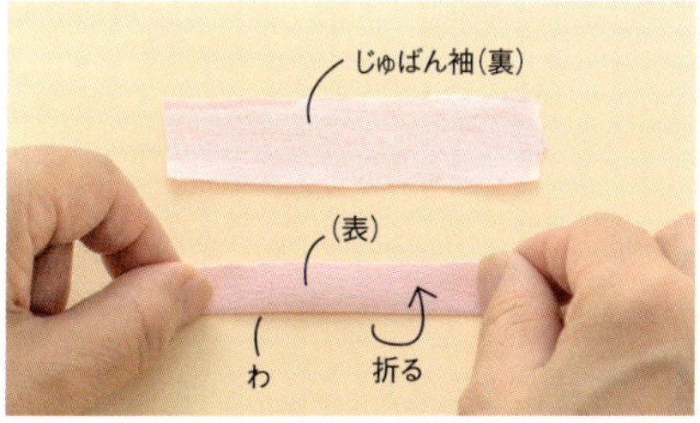

59 じゅばん袖の幅を二つ折りにします。

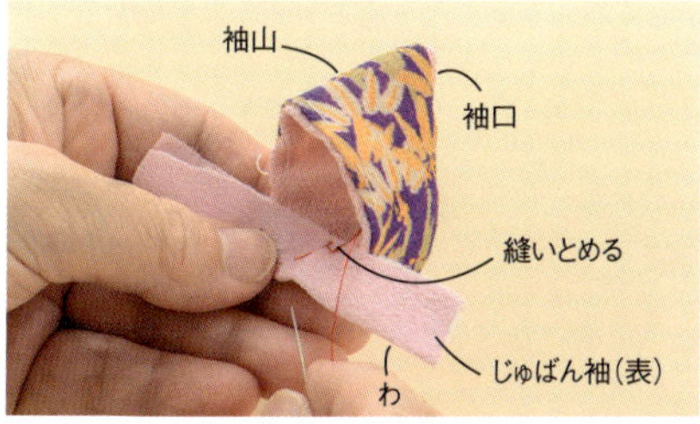

60 わ側を外側にして袖裏に重ね、袖裏から 0.2cm 出して袖下を縫いとめます。

61　じゅばん袖の両端をそろえて袖の中に入れ、袖と一緒に袖山側を縫いとめます。このとき、糸は切らずに残しておきます。

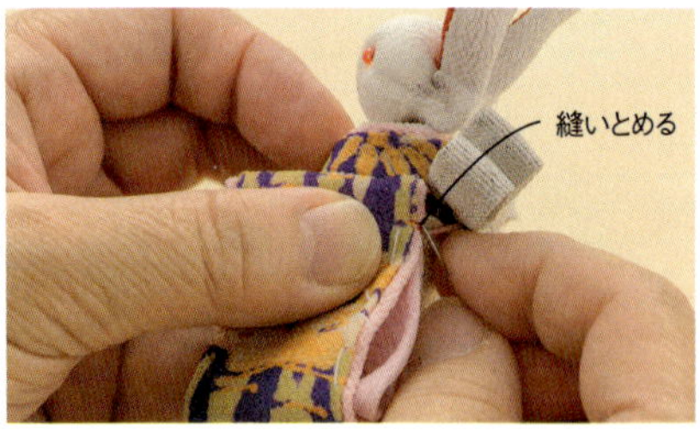

62　61 で残しておいた糸で袖を胴の肩に縫いつけます。

63　袖は脇より後ろの位置で着物衿に添わせ、袖口が少し下がるように縫いとめます。向かって左の脇は胴巻きの縫い目を隠すように縫いとめます。

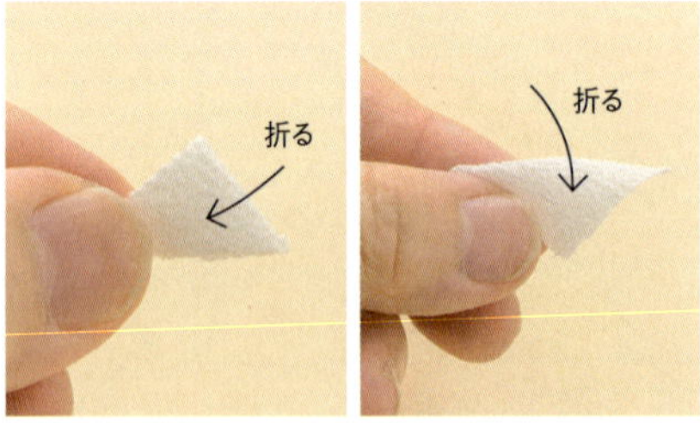

64　手布を外表に2回、三角に二つ折りします。

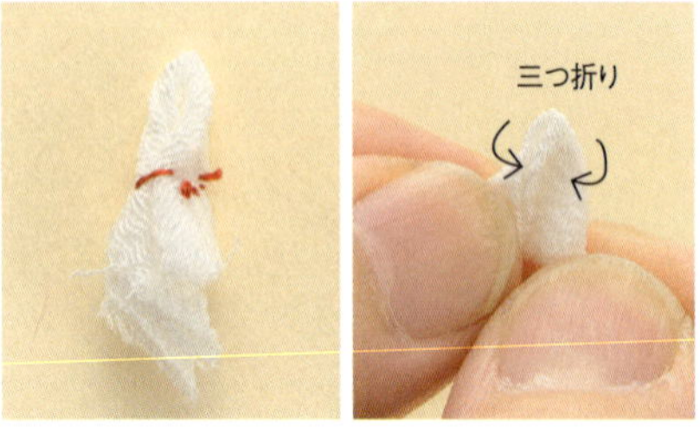

65　左右の角を三つ折りにして 1、2 針縫いとめます。

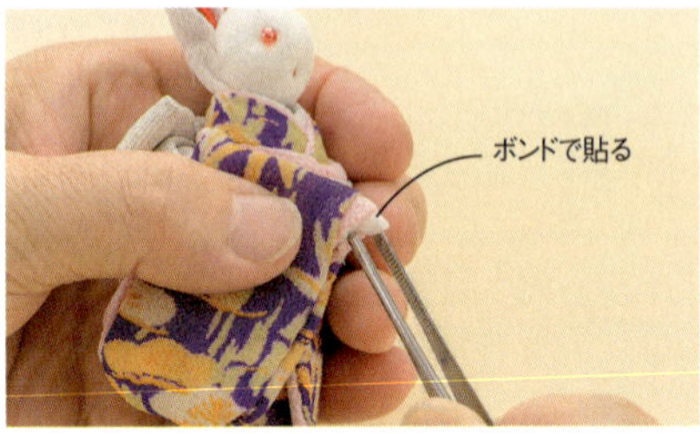

66　手の縫い代にボンドをつけて袖口にさし込みます。もう一方も同様に作ります。

仕上げ

67　袖つけ位置を隠すように帯の羽の形を整えて縫いとめます。

68　花の髪飾り、巾着などを作って縫いとめます。（花の作り方は p.20「小花の作り方」、巾着の作り方は p.112「巾着の作り方」参照）

69　座り姿の場合は紙粘土の土台を高さ 5cm で作り、着物の裾をひらいて、袖に縫いとめます。

本書に掲載している振袖の帯結びにはいくつか種類があります。
帯結びのアレンジをご紹介します。
※材料と用尺は各作り方頁を参照。

帯結びのアレンジ

立て矢結びの作り方 文庫結びを斜めにした立て矢結びは、花嫁のお色直しに使われることが多い結び方です。（参照作品は p.48）

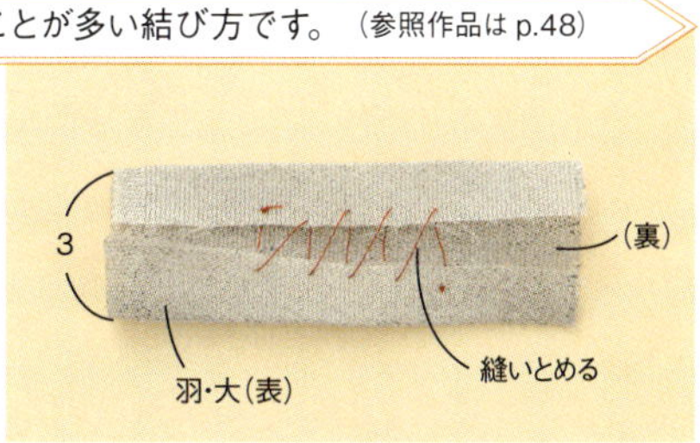

01 羽・大用布の長辺を裏に折ってアイロンで押さえ、指定の幅にして縫いとめます。

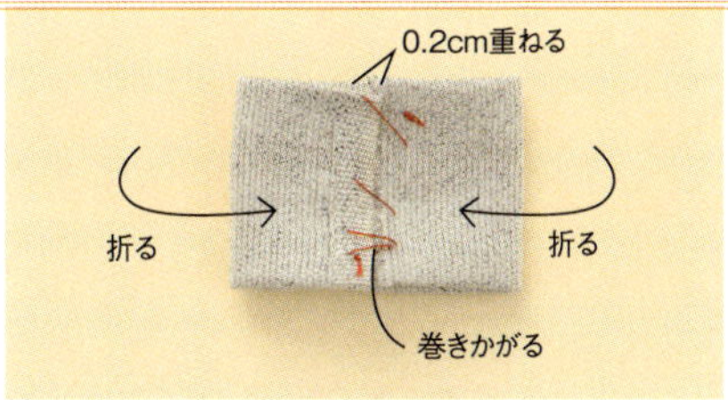

02 左右の端を中心で突き合わせに折り、0.2cm 重ねて縫いとめます。

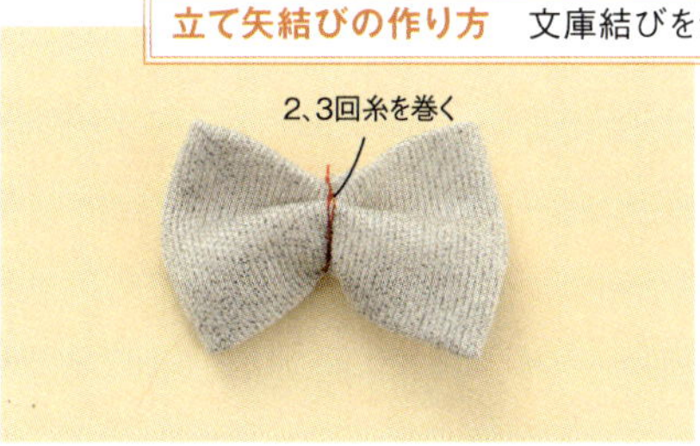

03 羽の中心をぐし縫いして絞り、縫いとめます。

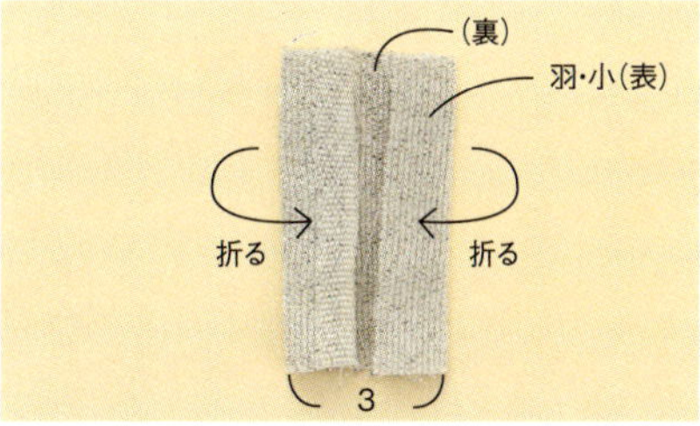

04 羽・小用布の長辺を裏に折ってアイロンで押さえ、指定の幅にします。

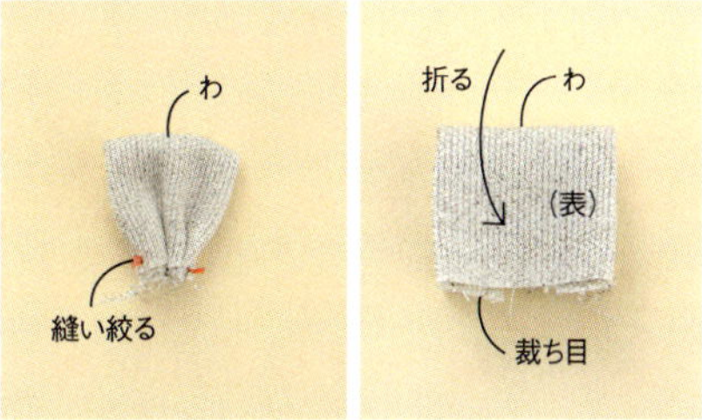

05 04 を二つ折りして裁ち目側を縫い絞ります。同様にもう１枚作ります。

06 羽・大の左下に羽・小を１枚縫いとめます。

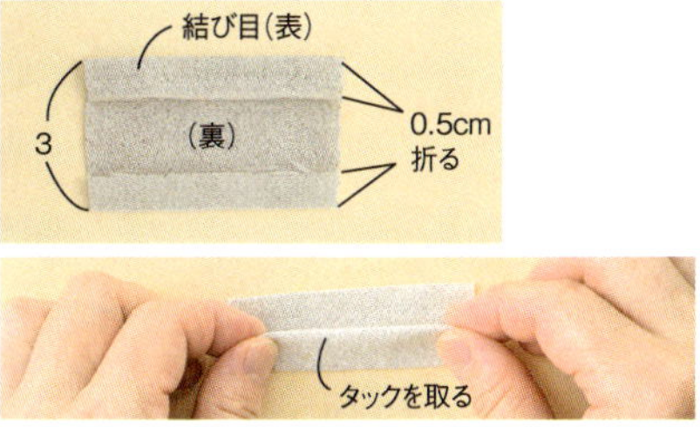

07 結び目用布の長辺を裏に折ってアイロンで押さえ、指定の幅にします。表に返して、タックを取ります。

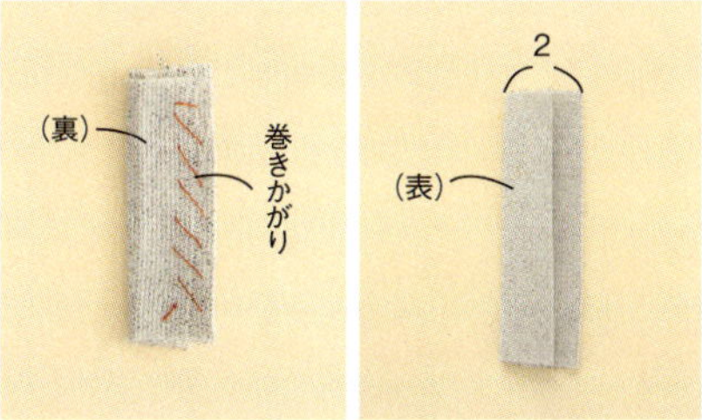

08 結び目布を裏に返して縫いとめます。

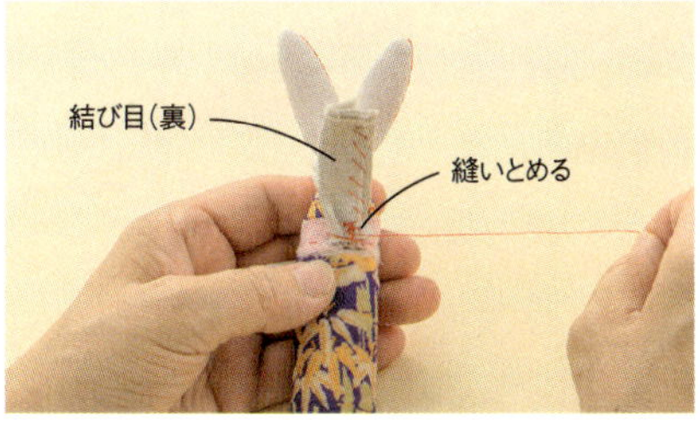

09 帯揚げまでつけた胴の背中心に結び目を縫いとめます。

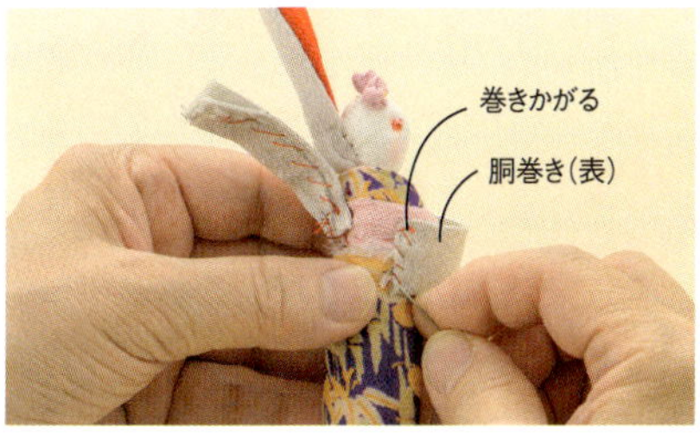

10 p.60 47 と同様に胴巻きを作り、帯板を正面に合わせて一方の端を向かって左側の脇で縫いとめます。

11 結び目の上に 06 を斜めに縫いとめます。

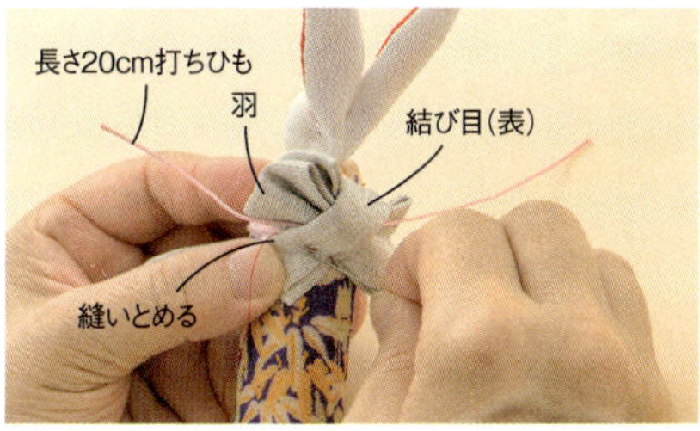

12 帯締め用の打ちひもをはさんで結び目を羽にかぶせて縫いとめます。

13 胴巻きを巻いて巻き始めに重ねて巻きかがります。

14 もう1枚の羽を右上から帯と着物の間にはさみ、縫いとめます。

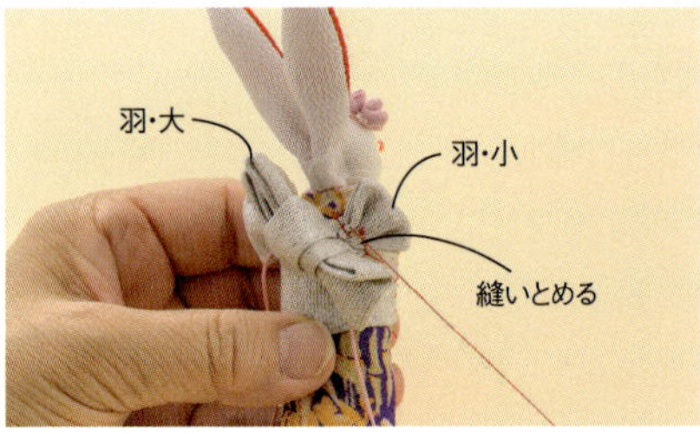

15 帯締めを前で結びます。p.62 67 と同様に袖をつけた後に羽を縫いとめます。

ふくら雀の作り方

振袖に結ぶ代表的な帯結びのひとつです。左右に出た羽がかわいい結び方です。（参照作品は p.13、34 他）

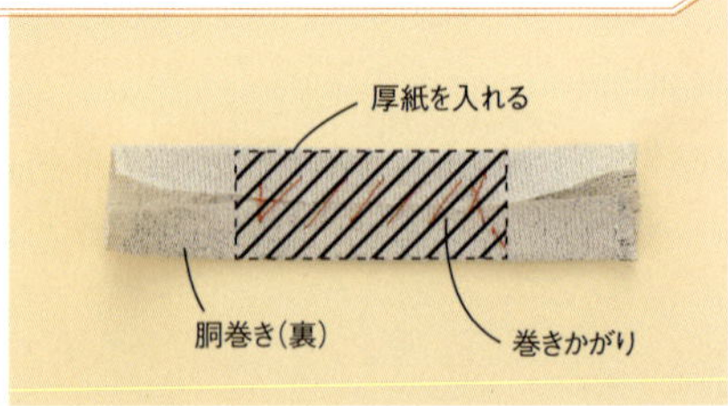

01 胴巻きの中央に帯板用の厚紙を入れ、巻きかがりで縫いとめます。

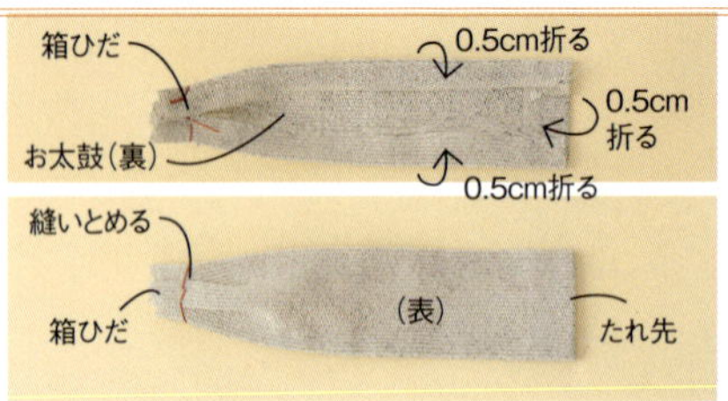

02 お太鼓布の3辺を0.5cm ずつ折ってアイロンで押さえます。折っていない短辺1辺に箱ひだを作り、仮どめします。

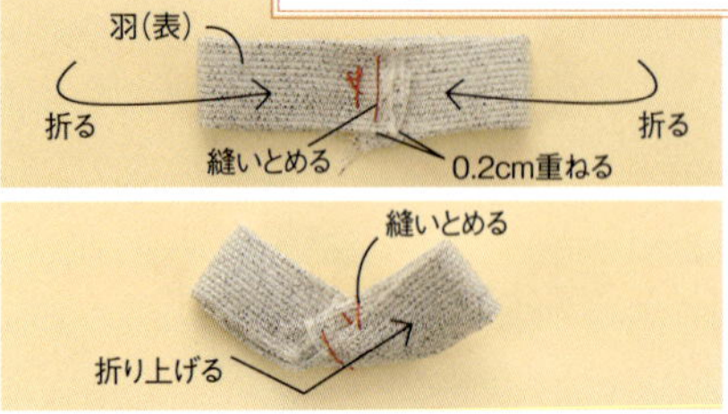

03 文庫結びの p.60 39、41 と同様に羽を作ります。羽を折り返して V 字に縫いとめます。

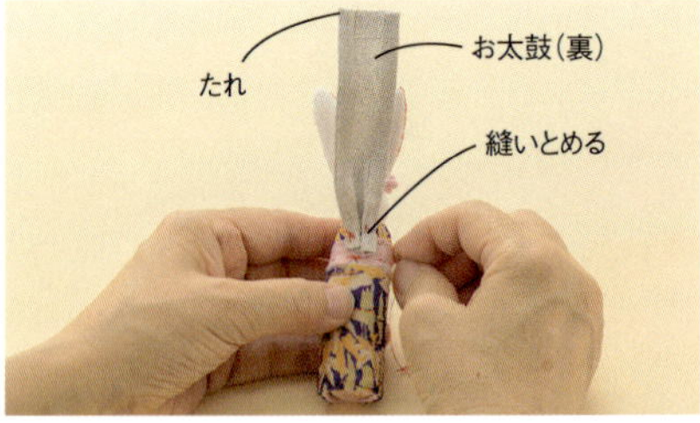

04 お太鼓の箱ひだの端を背中心に合わせ、帯揚げの上に縫いとめます。

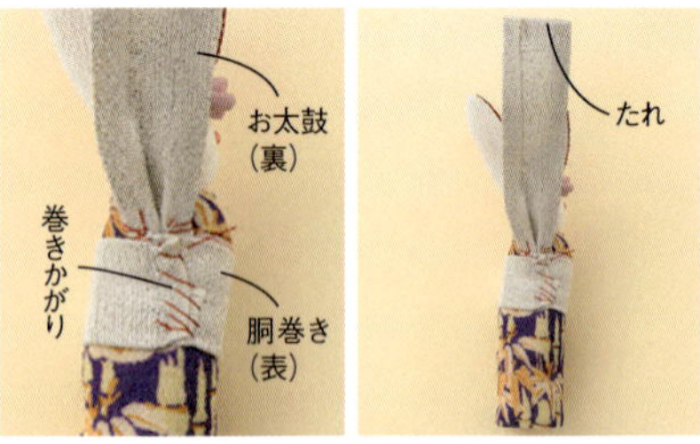

05 01 を胴に巻きます。帯板を正面に合わせ、両端をお太鼓（背中心）の上で重ねて巻きかがります。

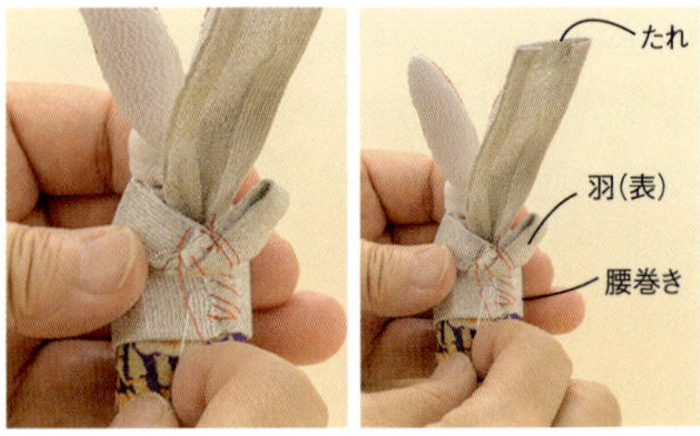

06 背中心に羽を縫いとめます。

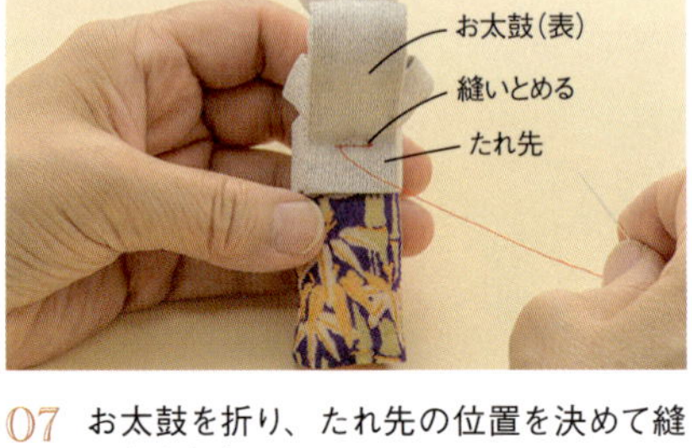

07 お太鼓を折り、たれ先の位置を決めて縫いとめます。

08 お太鼓の折り山に帯締め用の打ちひもを通し、たれの上に折り下げます。

09 帯締めを前で結びます。p.62 67 と同様に袖つけした後に羽を縫いとめます。

作り始める前に

- 図中の数字の単位はセンチメートルです。
- 指定のない縫い代は原則として 0.5 cmつけて裁ちます。
- 裁ち切りの表示がある場合は縫い代をつけずに裁ちます。
- 「芯なし」の指定以外はすべてニット用接着芯を貼ります。
- S はステッチの略です。
- 基本の縫い方、刺しゅうのさし方は p.52 を参照してください。
- 作品の出来上がりは図の寸法と多少の差がでます。
- 図中のA-❶、a-❶などの番号はとじ込み付録の型紙の番号です。

P.18 九猿と七色花毬

九猿

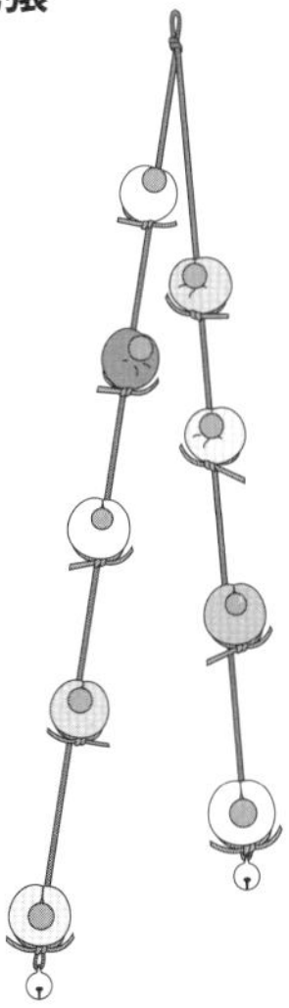

胴（9枚）
キルト綿・大、小（各9枚）

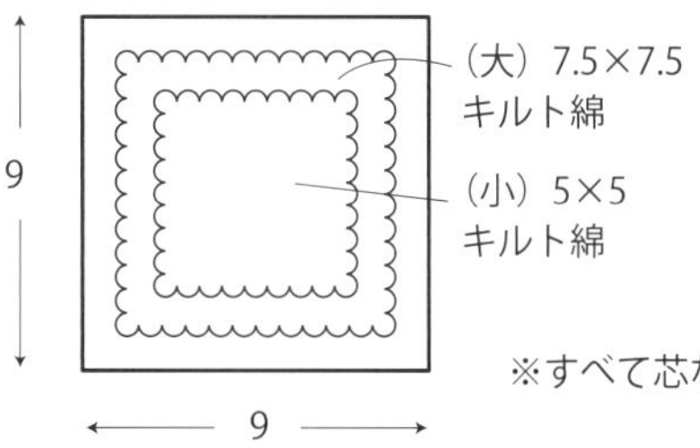

頭（赤9枚）

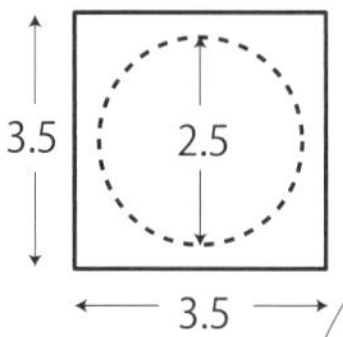

※すべて芯なし、裁ち切り

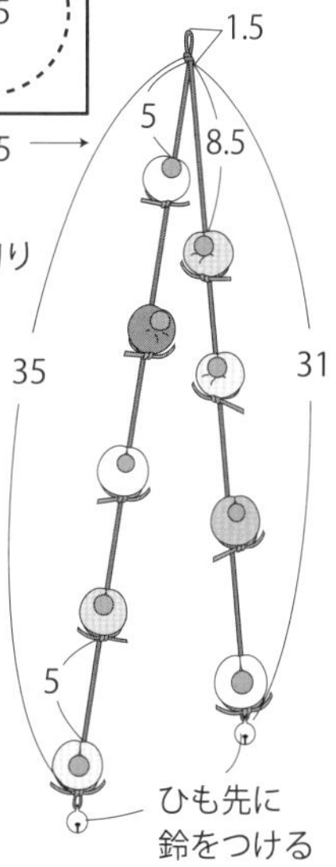

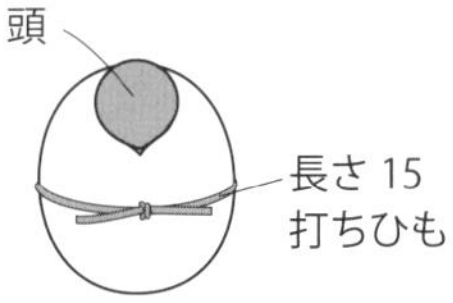

p.19の01～17を参照して
くくりざる（小）を9個作り
p.26「パーツのまとめ方」を
参照してまとめる

七色花毬

花（7色各7枚）
キルト綿（49枚）
（芯なし、裁ち切り）

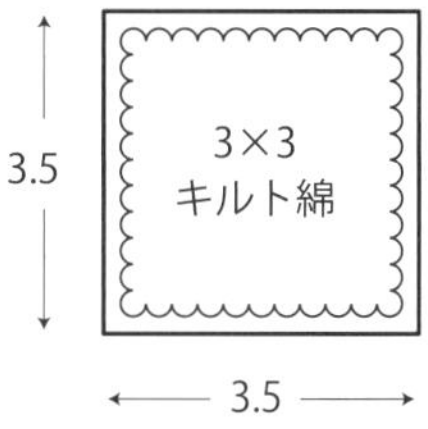

p.20「小花の作り方」
「花毬の作り方」を参照して
小花7個で花毬を作る

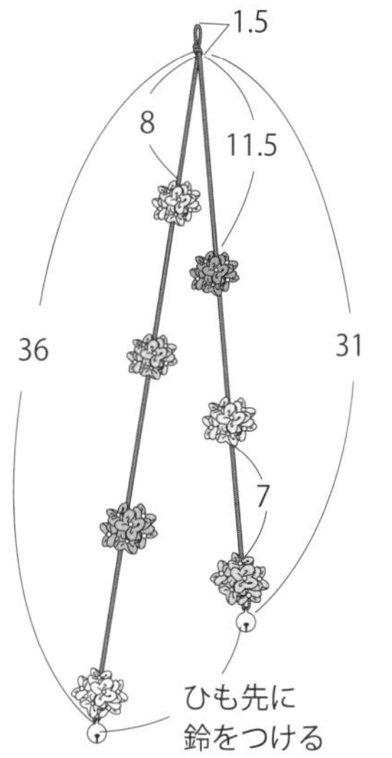

◉材料

九猿　胴9色各10×10㎝　頭（赤）15×15㎝　キルト綿35×35㎝　直径1㎝鈴（金）2個　直径0.2㎝打ちひも（赤）2.5m　手芸綿適宜

花毬　花7色各15×15㎝　キルト綿25×25㎝　直径0.2㎝ビーズ（金）49個　直径1㎝鈴（金）2個　直径0.2㎝打ちひも（赤）1m

◉作り方

九猿

①くくりざる（小）を9個作り、打ちひもに通す。
②指定の間隔で打ちひもに固定する。
③打ちひもの先に鈴をつける。
④二つ折りしてひと結びし、下げ輪を作る。

花毬

①小花を7個作り、打ちひもに通して花毬にする。
②同様に7色すべて花毬を作り、指定の間隔をあけて打ちひもに固定する。
③打ちひもの先に鈴をつける。
④二つ折りしてひと結びし、下げ輪を作る。

◉作り方ポイント

・九猿は鈴側に背を向けて打ちひもに通し、5個目と6個目で向きを変える。

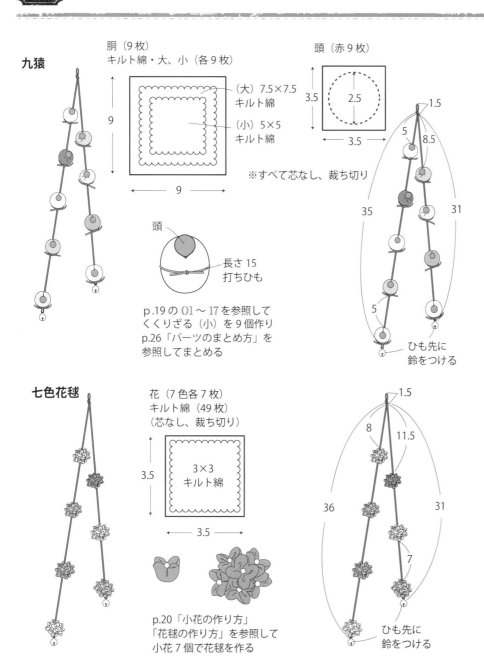

P.16 くがさるの衣桁飾り

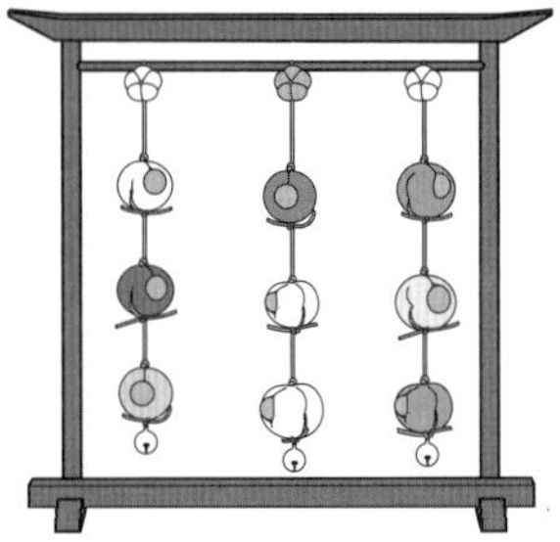

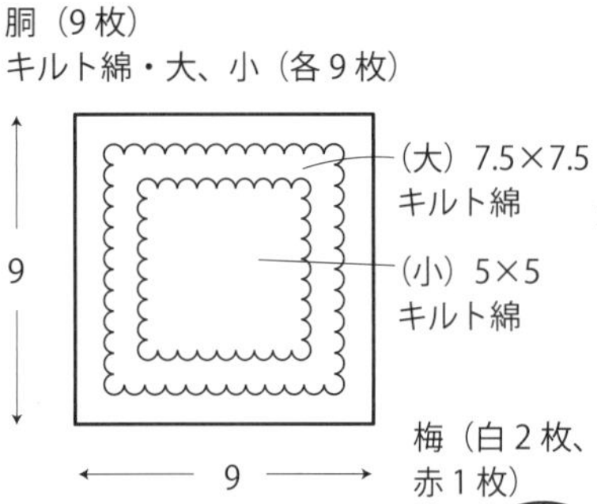

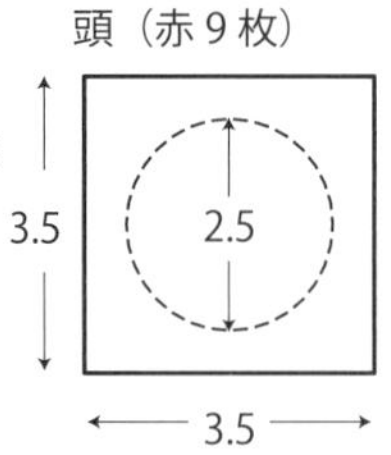

※すべて芯なし、裁ち切り

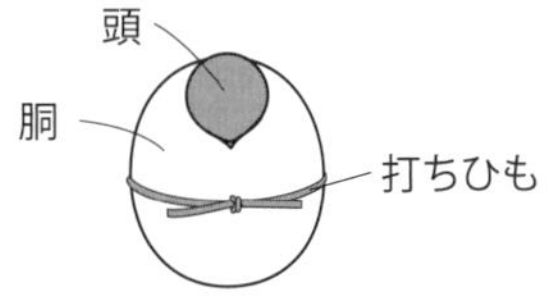

p.19の 01 ～ 16、p.26「パーツのまとめ方」を参照して
くくりざる（小）を9個作り
打ちひもに3個ずつ固定する

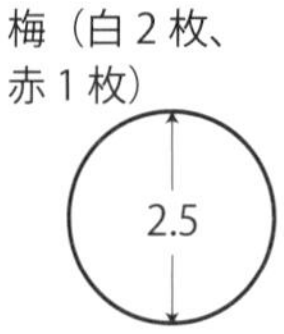

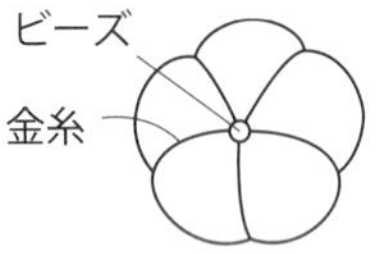

p.103「紅白梅」を参照して
梅を3個作り
打ちひもの結び目に貼る

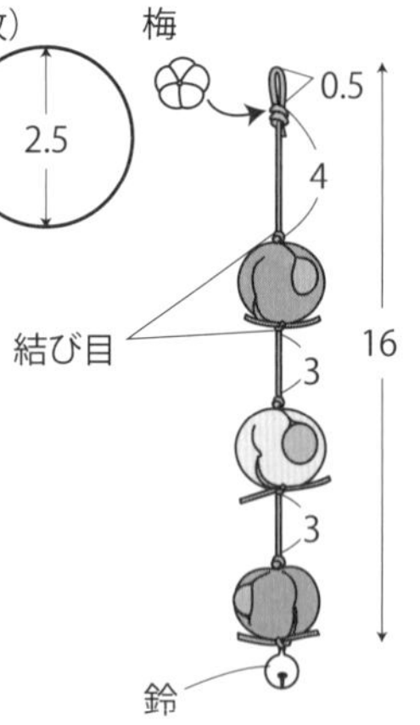

◉材料

梅用赤、白はぎれ適宜　胴9色各10×10㎝　頭（赤）15×15㎝　キルト綿35×30㎝　直径0.2㎝打ちひも2.5m　直径1㎝鈴（金）3個　直径0.2㎝ビーズ（金）3個　高さ21㎝衣桁1台　金糸、手芸綿各適宜

◉作り方

①くくりざるを打ちひもを巻いた状態まで9個作る。
②鈴をつけた打ちひもに①を通す。
③指定の位置にくくりざるを固定し、打ちひもをはさんでくくりざるの4つの角を突き合わせて縫う。
④梅を作り、打ちひもにつける。

P.38 左近桜と右近橘

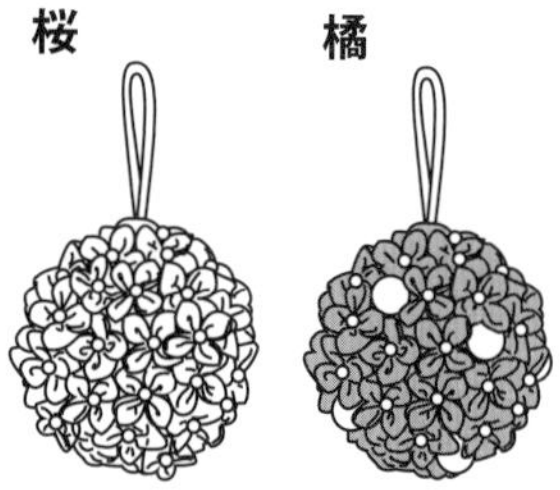

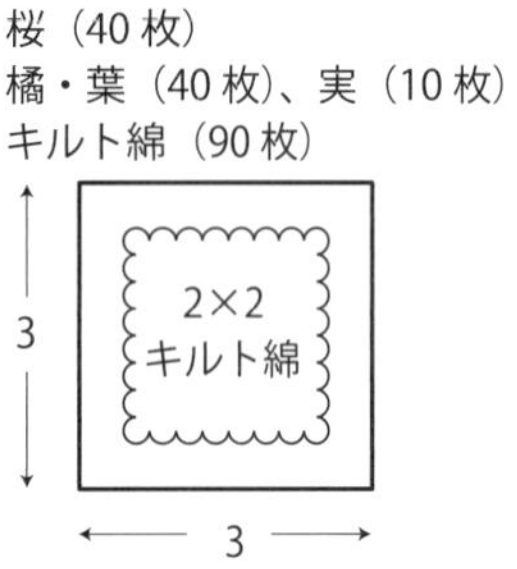

※すべて芯なし、裁ち切り

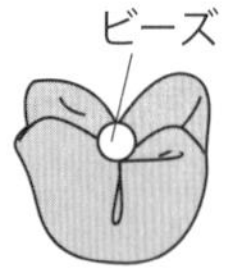

p.20「小花の作り方」を
参照して桜、
ビーズなしで橘の葉を作る

p.19の 03 ～ 12、
17、18 を参照して
橘の実を作る

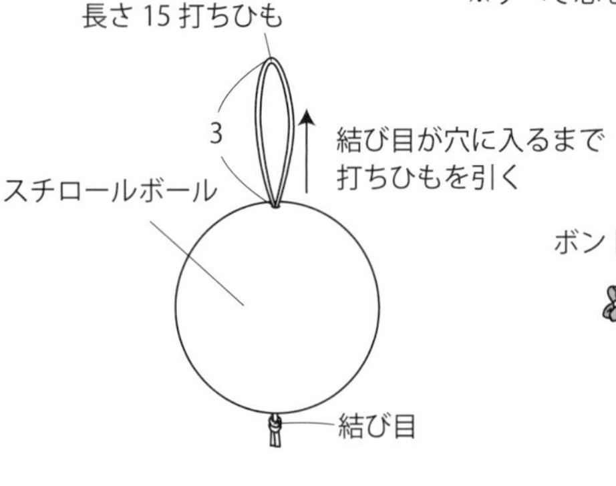

p.43の 01、09 ～ 12 を参照して
輪に結んだ打ちひもを
スチロールボールに通す

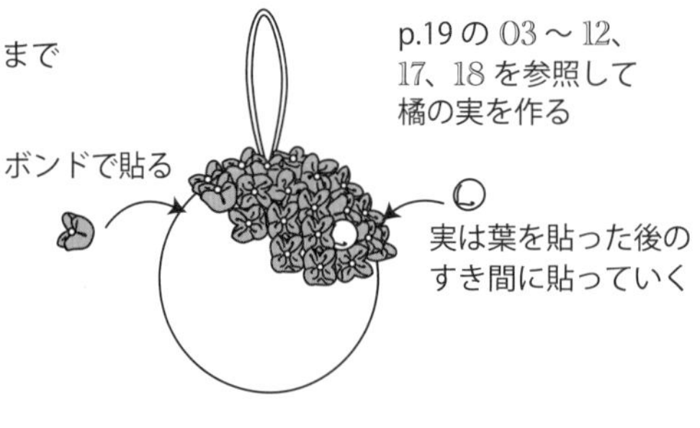

橘・葉、桜を上から
すき間なく貼っていく
橘の実は葉のすき間に貼る

◉材料

桜、橘・葉各30×20㎝　橘・実20×10㎝　キルト綿25×20㎝　直径0.2㎝ビーズ（金）80個　直径2.5㎝スチロールボール2個　直径0.2㎝打ちひも（赤）30㎝

◉作り方

①桜、橘・葉を各40個、橘・実を10個作る。
②スチロールボールに下げひもを通す。
③桜はスチロールボールの上からすき間なく貼っていく。
④橘は先に葉を貼ってから、実10個を葉のすき間に貼る。

◉作り方のポイント

・桜、橘・葉は布やキルト綿の厚さで仕上がりサイズが変わるので、スチロールボールに貼りながら数を調整する。

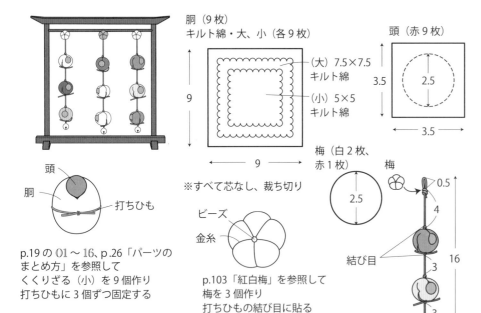

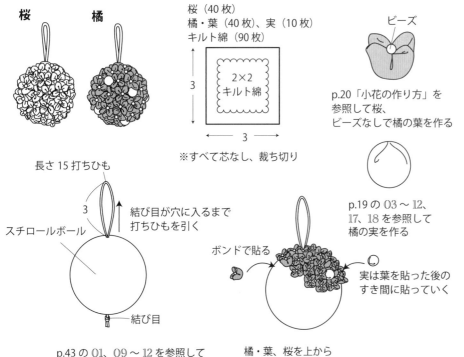

伊勢えびの鏡餅

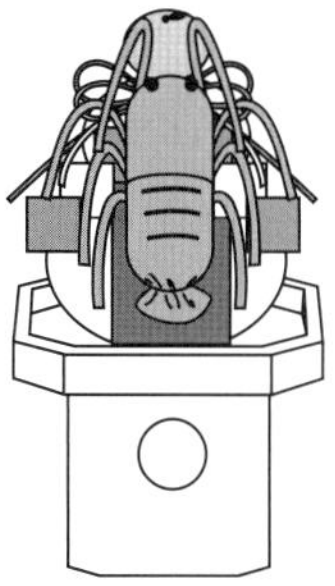

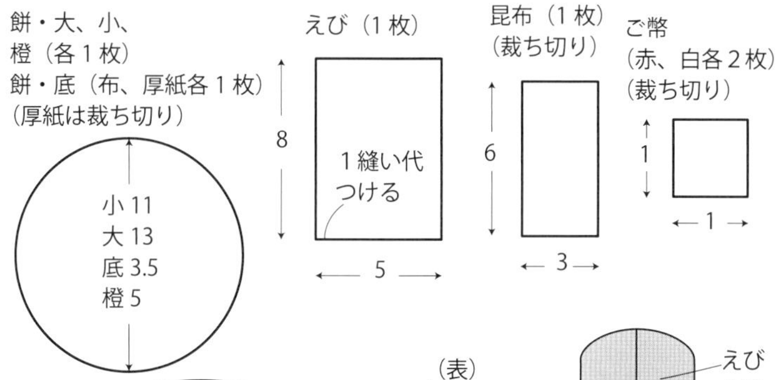

◉材料

餅(白)30×20㎝(底分含む)　えび(赤)15×10㎝　橙10×10㎝　ご幣(赤、白)、厚紙各5×5㎝　昆布10×5㎝　直径0.3㎝ビーズ(黒)2個　直径0.2㎝打ちひも(赤)70㎝　長さ15㎝＃22ワイヤー4本　直径0.1㎝打ちひも(金、赤)各25㎝　高さ5.8㎝三方1個　穴糸(赤・緑)、ニット用接着芯、手芸綿各適宜

◉作り方

①伊勢えびを作る。
②昆布、ご幣、水引を作る。
③餅、橙を作り、重ねて縫いとめる。
④餅の上に昆布、ご幣、水引、えびの順に重ねて固定する。
⑤三方に乗せる。

伊勢えびの作り方

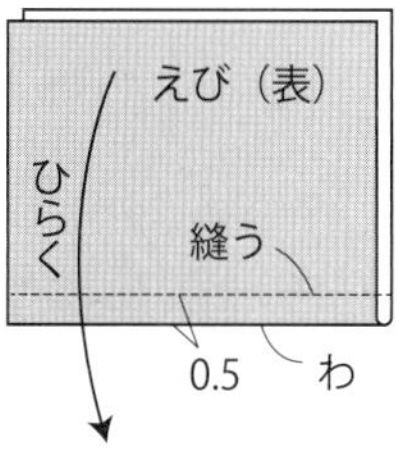

①えび布を外表に二つ折りし
折り山を縫ってひらく

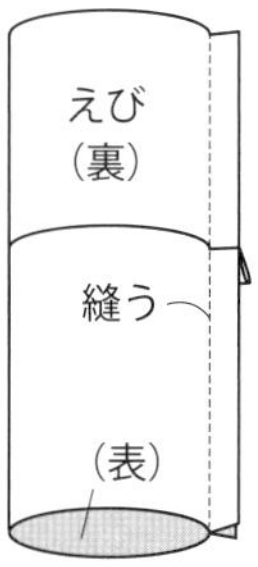

②中表に
二つ折りして
筒に縫う

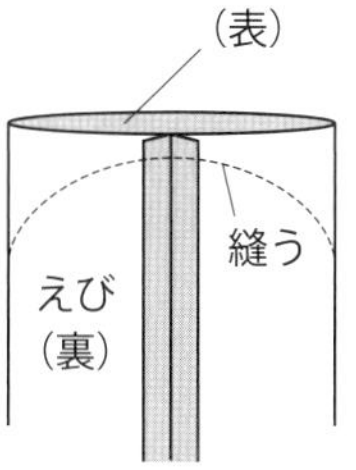

③縫い目を中心に
たたみ直して
頭側をカーブに縫う

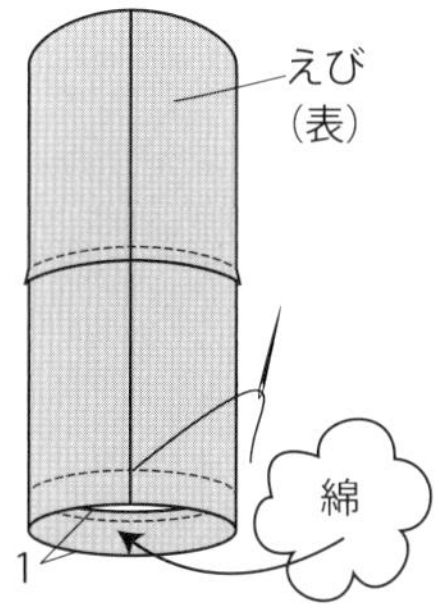

④表に返して
底側の縫い代を折り
ぐし縫いして綿を入れ
糸を引き絞る

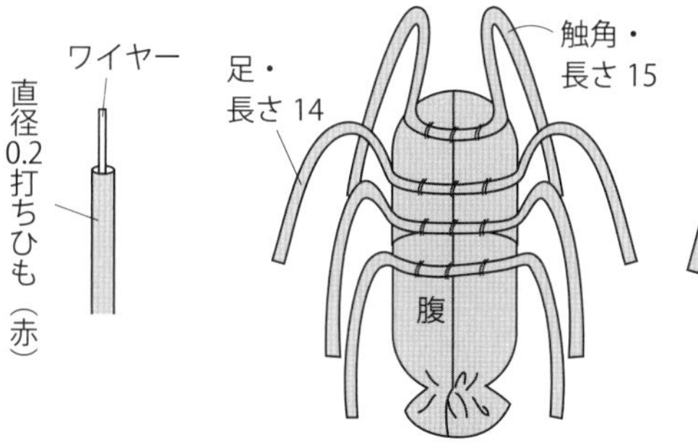

⑤ワイヤーを入れた打ちひもを
えびの腹側に縫いとめる

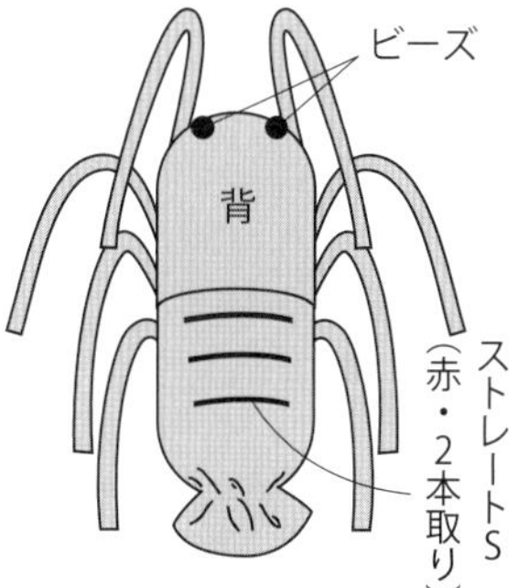

⑥背側にビーズで目をつけ
刺しゅうをする

昆布、ご幣の作り方

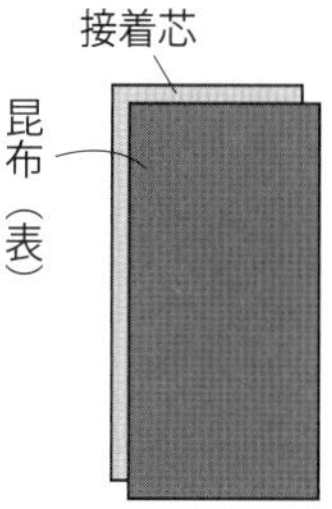

昆布、ご幣の裏に
接着芯を貼る

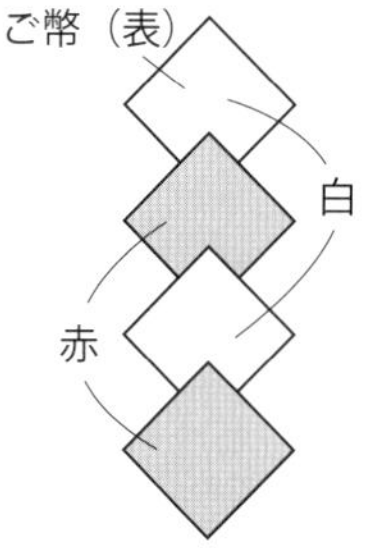

ご幣は赤、白を
交互につなぐ
同様に2組作る

餅、橙の作り方

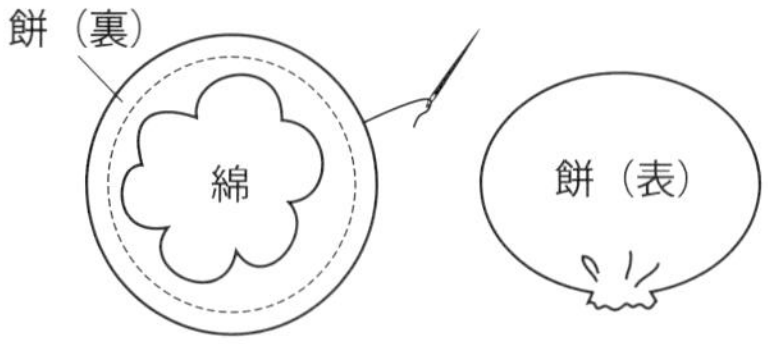

①餅布の周囲をぐし縫いし
綿を入れて糸を引き絞る

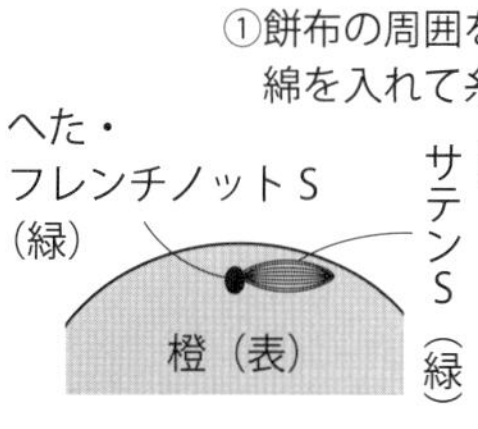

②餅と同様に橙を作り
へたと葉を刺しゅうする

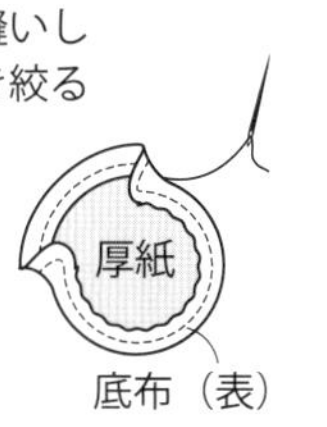

③底布の周囲をぐし縫いし
厚紙を入れて糸を引き絞る

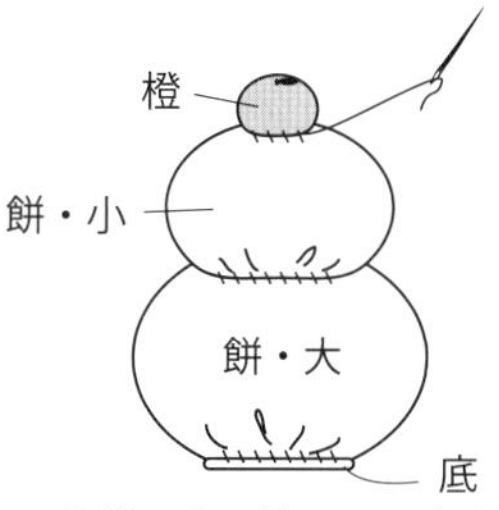

④餅・大の縫い目に底を縫いつけ
大の上に餅・小、橙の
順に重ねて縫いとめる

まとめ方

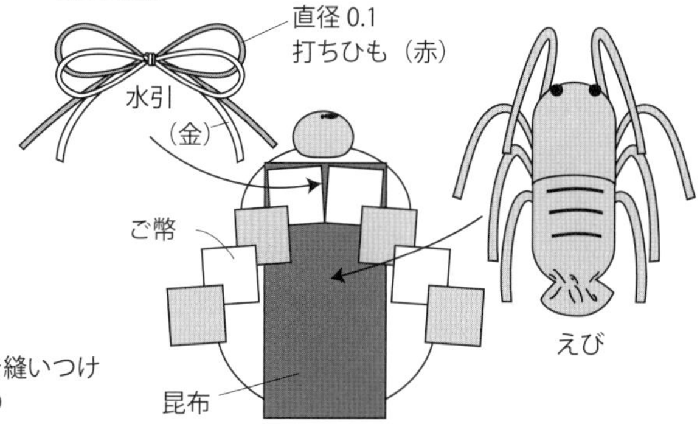

打ちひもを蝶結びして水引を作る
鏡餅の上に昆布、ご幣、水引、
えびの順に重ねて固定する

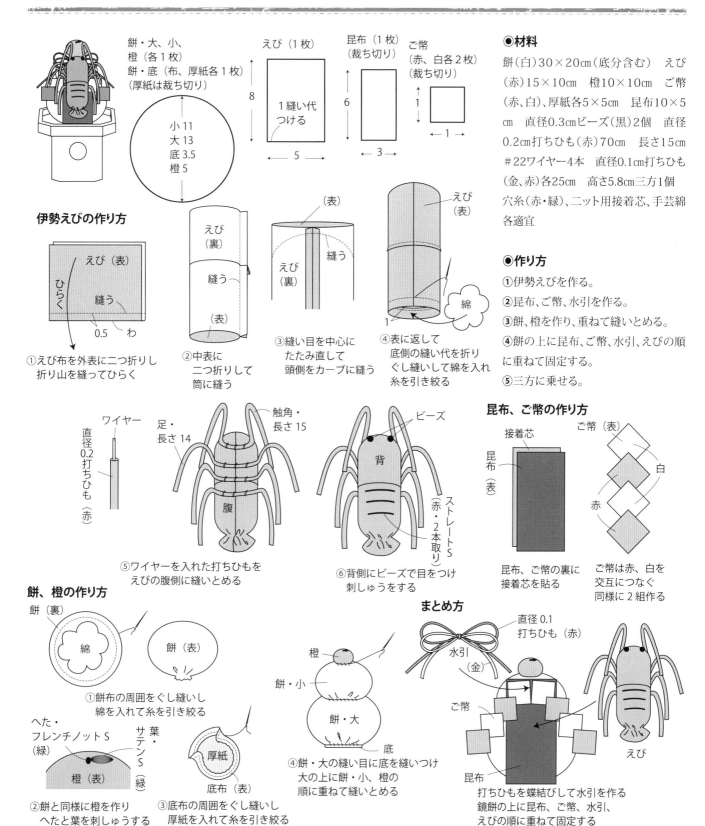

ふくろうの衣桁飾り

実物大型紙はとじ込み付録 裏O-❺❻

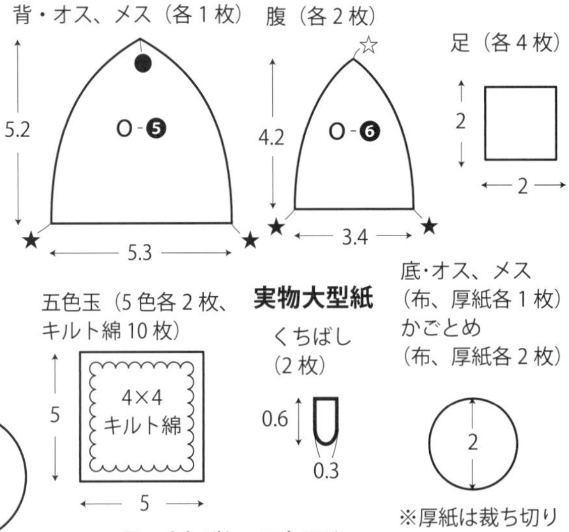

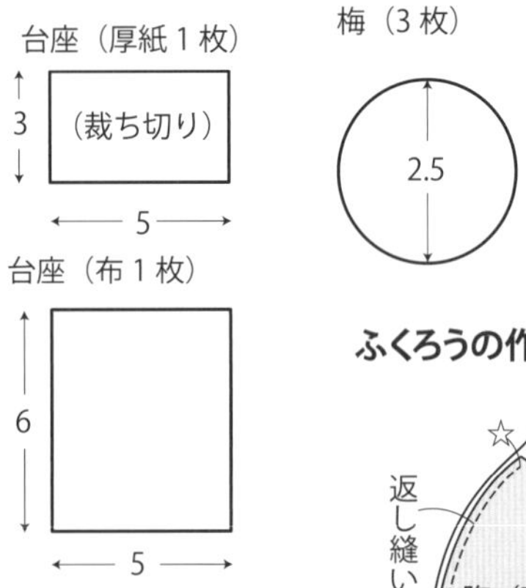

※厚紙は裁ち切り

※足、くちばし、五色玉は芯なし、裁ち切り

◉材料

ちりめんはぎれ各種　ふくろう・背2種（底分含む）、腹各15×10cm　ふくろう・足5×5cm　五色玉5色各15×10cm　梅（赤）10×5cm　台座15×10cm（かごとめ分含む）　キルト綿20×15cm　直径0.4cm動眼4個　直径0.2cmビーズ（金）3個　直径0.6cm鈴（金）2個　直径0.2cm打ちひも（赤）1m　7×6.5cm竹かご1個　ニット用接着芯、手芸綿、厚紙各適宜

◉作り方

①ふくろうを2個作る。

②台座を作り、ふくろうを貼る。

③②をかごの中に入れて固定する。

④五色玉を各色2個ずつ開いた状態まで作る。

⑤鈴をつけた打ちひもに④を通して固定する。

⑥梅を3個作り、打ちひもにつける。

ふくろうの作り方

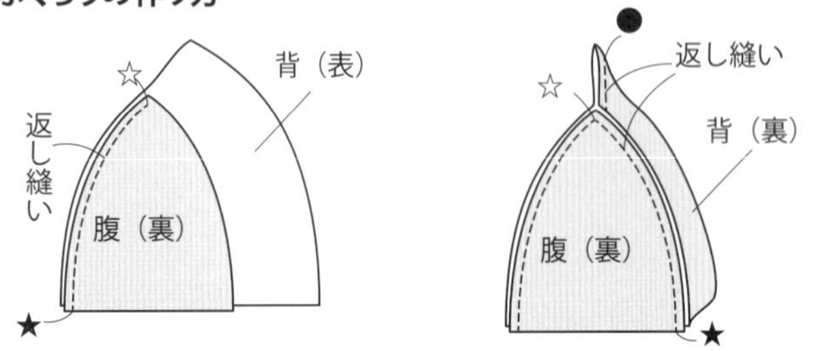

①背と腹を中表に
合わせて★～☆を縫う

②もう一方の★～☆も縫い
背の☆～●を縫って表に返す

台座の作り方

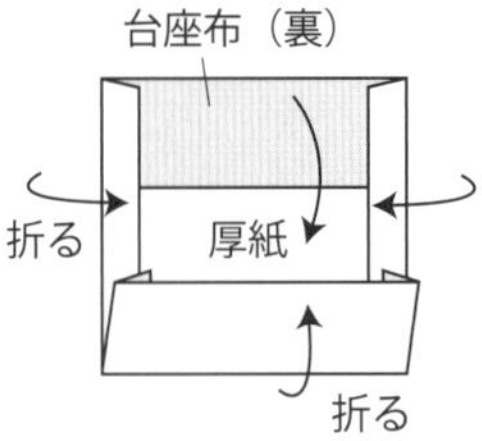

台座布で厚紙を包み
のり代を貼る

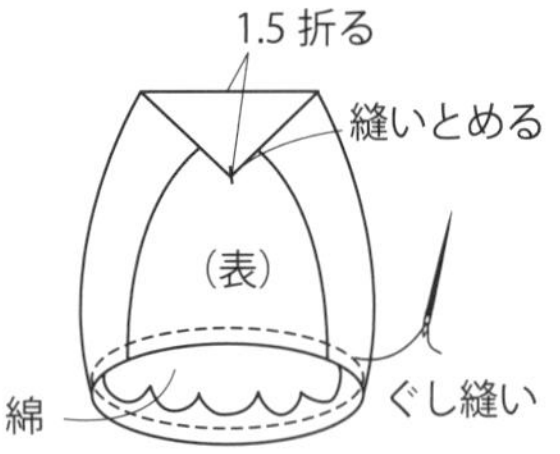

③●印を折って縫いとめる
底をぐし縫いして綿を入れ
糸を引き絞る

p.62の
64、65
を参照して
足を作る

④胴と底の間に
足をはさんで
底の周囲を胴にまつる
動眼とくちばしを貼る

底布の周囲を
ぐし縫いし
厚紙を入れて
糸を引き絞る

五色玉のまとめ方

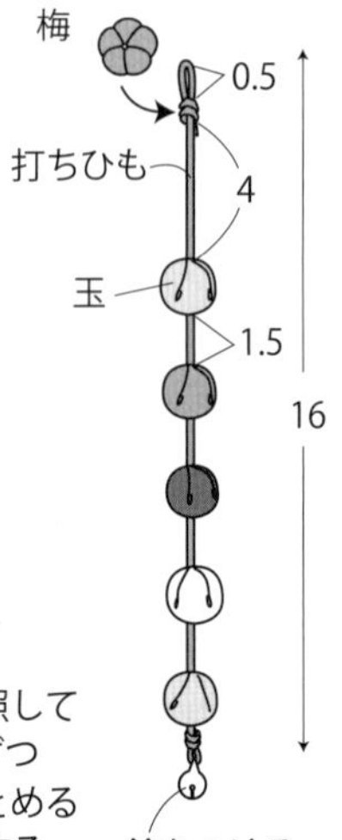

鈴をつける

ふくろうのまとめ方

ふくろうを2個作って台座に貼る
台座ごとかごに入れて固定する

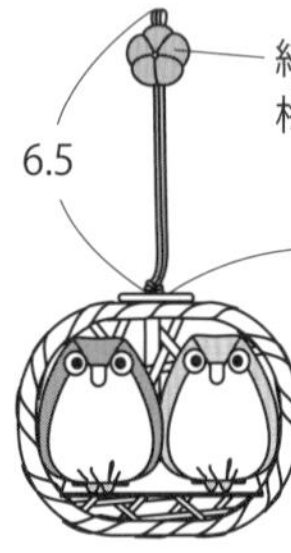

結び目の上に
梅を貼る

p.26「かごの作り方」
を参照して
かごに下げひもを
つける

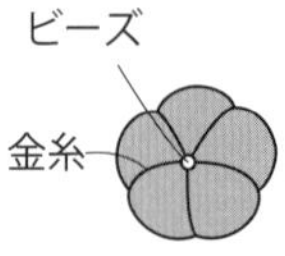

p.103「紅白梅」を
参照して
梅を3個作り
打ちひもの
結び目に貼る

p.19の03～12、
p.26「パーツの
まとめ方」を参照して
5色の玉を1個ずつ
打ちひもに縫いとめる
同様にもう1本作る

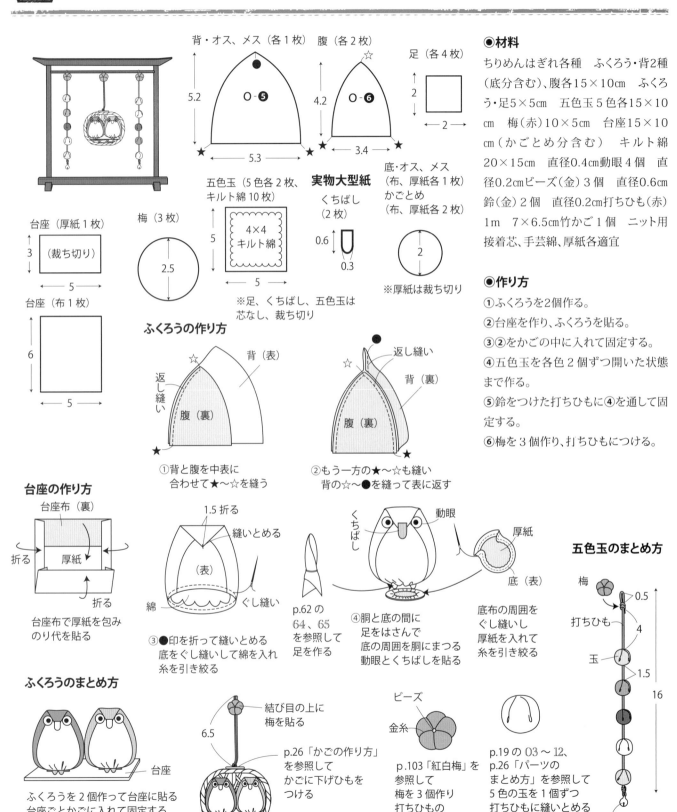

P.15 ふくろう

実物大型紙はとじ込み付録 裏P-❶❷

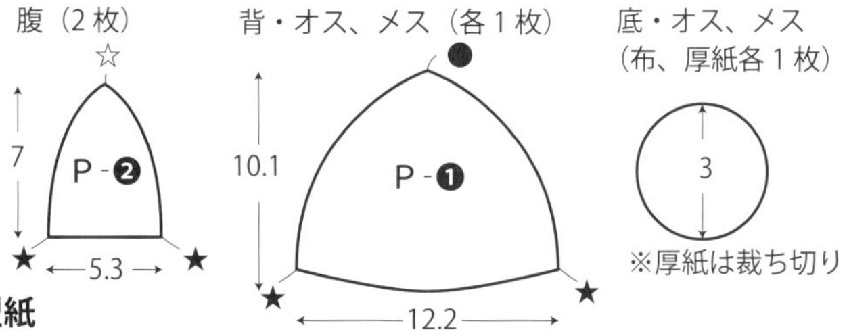

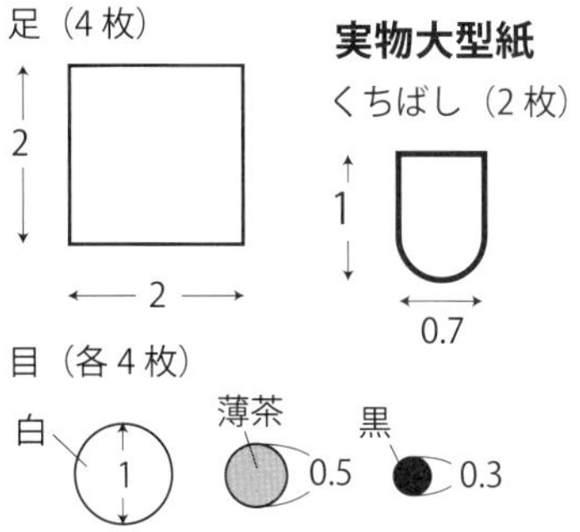

※足、くちばし、目は
芯なし、裁ち切り

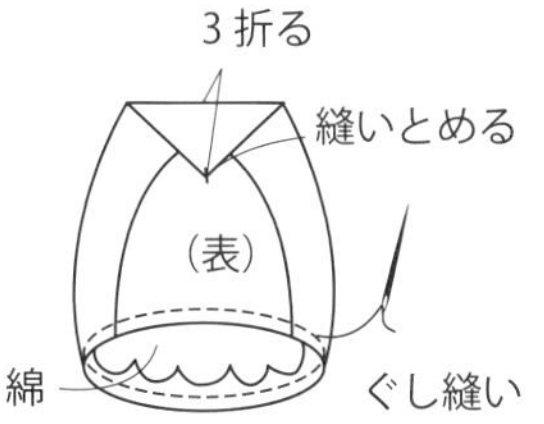

p.68「ふくろうの作り方」
を参照して背と腹を縫い
●印を折って縫いとめて
綿を入れる

足、底を作り、つける
目、くちばしを貼る

◉材料

背2種各20×15㎝（底分含む）　腹20×10㎝　足10×5㎝　目、くちばし用はぎれ、ニット用接着芯、手芸綿、厚紙各適宜

◉作り方

①p.68「ふくろうの作り方」を参照してふくろうを作る。

P.11 ペンギン

実物大型紙はとじ込み付録 裏X-❶〜❸

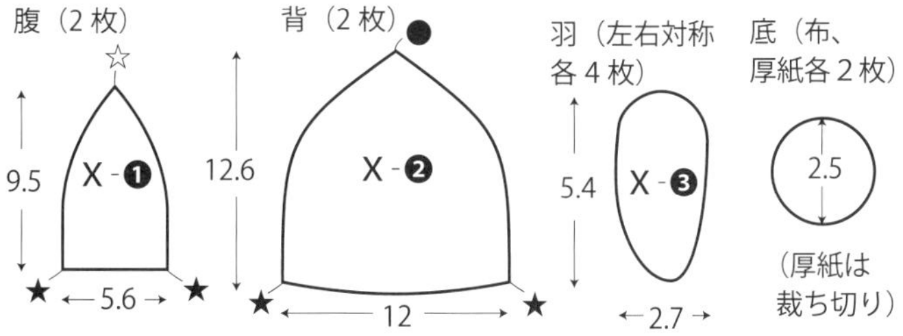

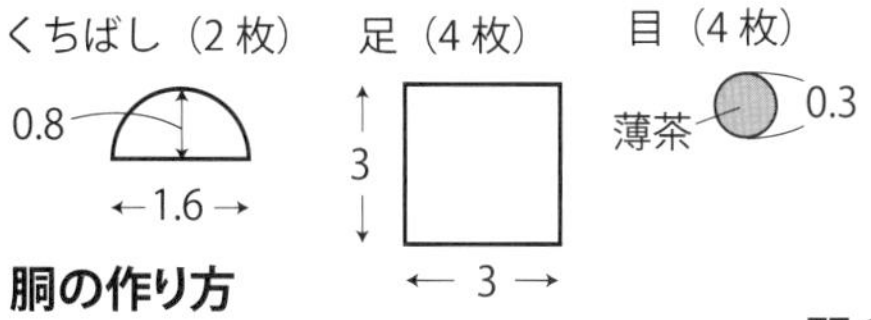

※足、くちばし、目は
芯なし、裁ち切り

胴の作り方

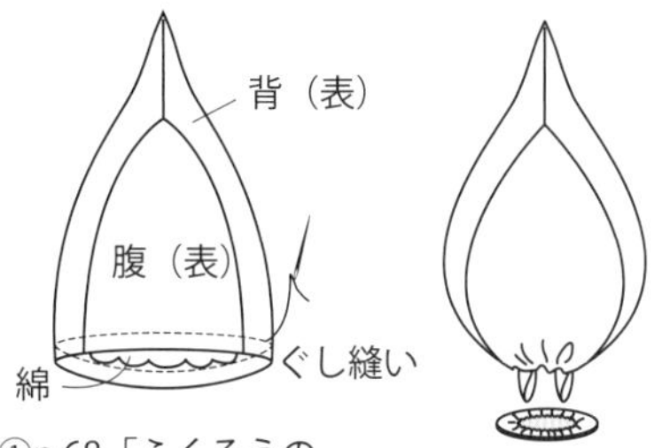

①p.68「ふくろうの
作り方」を参照し
背と腹を縫い合わせ
綿を入れる

②足、底を作り
つける

羽の作り方

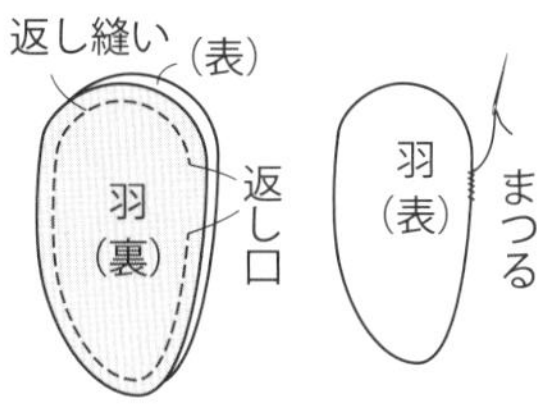

羽を中表に合わせて縫い
表に返して返し口をとじる
同様にもう1枚作る

まとめ方

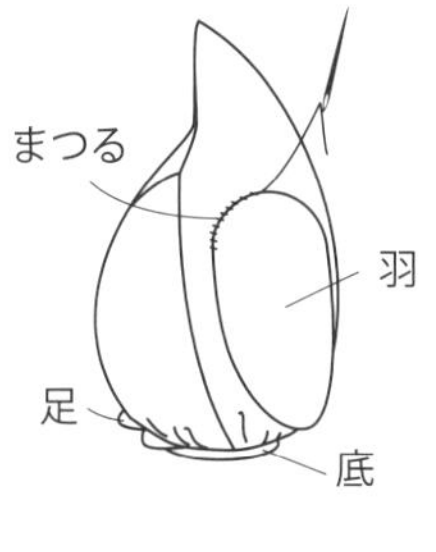

①胴に羽をつける

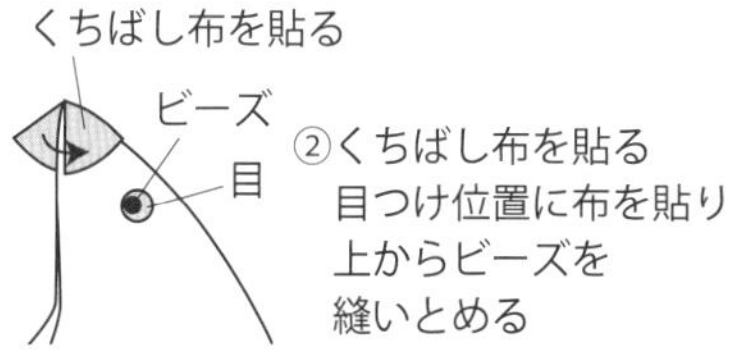

②くちばし布を貼る
目つけ位置に布を貼り
上からビーズを
縫いとめる

◉材料

背30×35㎝（羽、底分含む）　腹20×15㎝　足（黄）10×10㎝　直径0.1㎝ビーズ（茶）4個目、くちばし用はぎれ、ニット用接着芯、手芸綿、厚紙各適宜

◉作り方

①p.68「ふくろうの作り方」①②と同様に作り、●印を折らずに③④と同様に作る。

②羽を作り、胴につける。

③目、くちばし布を貼り、目にビーズをつける。

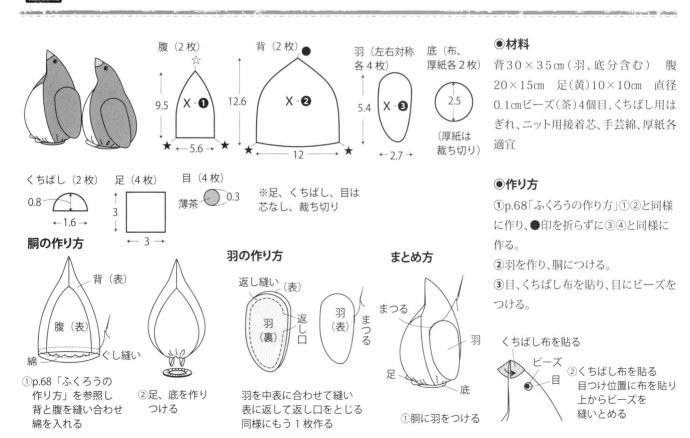

P.7

福々ねこ

頭（1枚）

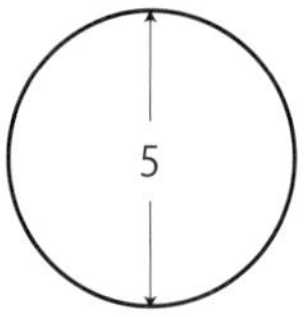

耳（2枚）

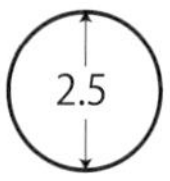

手（芯なし）
（2枚）

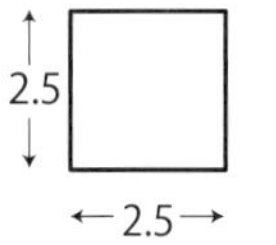

※袖以外すべて裁ち切り

袖（2枚）
※実物大型紙有

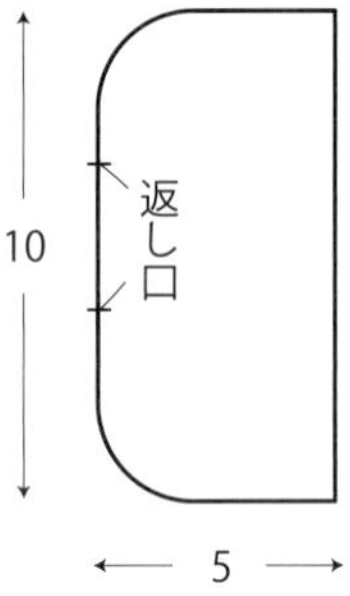

胴（1枚）

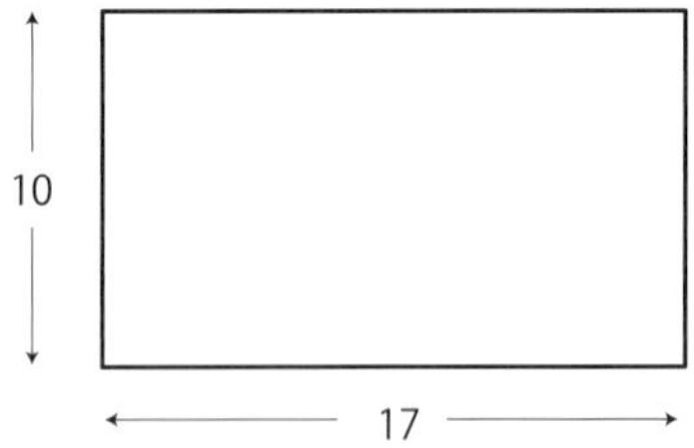

尾（1枚）（裁ち切り）

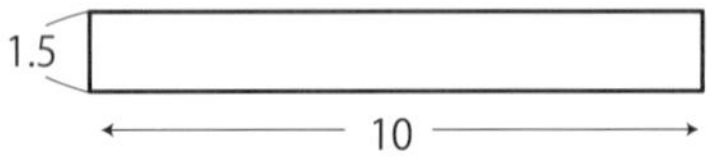

手の作り方は
p.62の64、65を
参照

◉材料（1体分）

頭（白または黒）15×10㎝（耳、手、尾分含む）　袖25×20㎝（胴分含む）直径0.2㎝ビーズ（金）15個　直径0.6㎝鈴（金）1個　＃20ワイヤー10㎝　ニット用接着芯、穴糸（黒、茶）、木綿糸（白または黒）、手芸綿各適宜

◉作り方

①頭、耳、手、尾を作る。
②頭に耳をつけ、顔を刺しゅうする。
③胴を作り、②と尾をつける。
④袖を作り、③につける。
⑤鈴とビーズをつないで④につける。
⑥手を袖につけ、前で合わせて縫いとめる。

顔の作り方

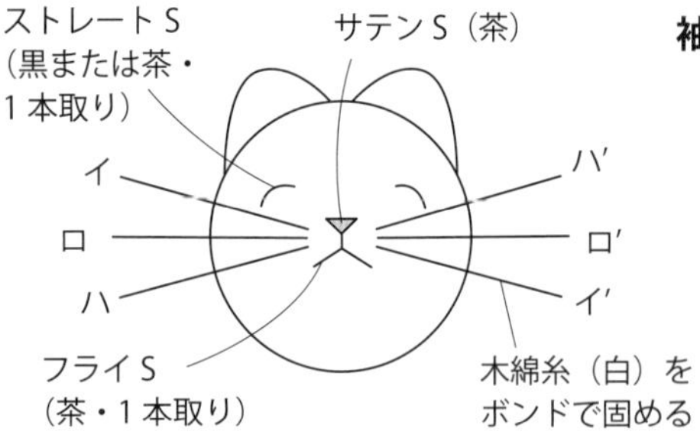

p.54「ぶたの作り方」を参照して頭と耳を作る
顔を刺しゅうする
ひげはイ〜イ′、ロ〜ロ′ハ〜ハ′へ糸を渡す

袖の作り方

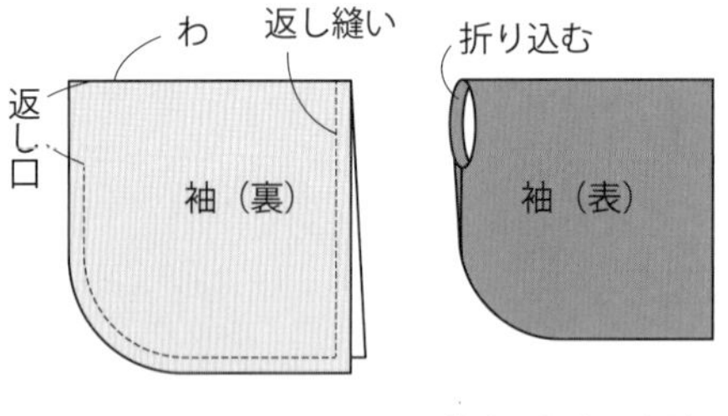

①袖を中表に
二つ折りして縫う

②表に返して返し口の
縫い代を折り込む

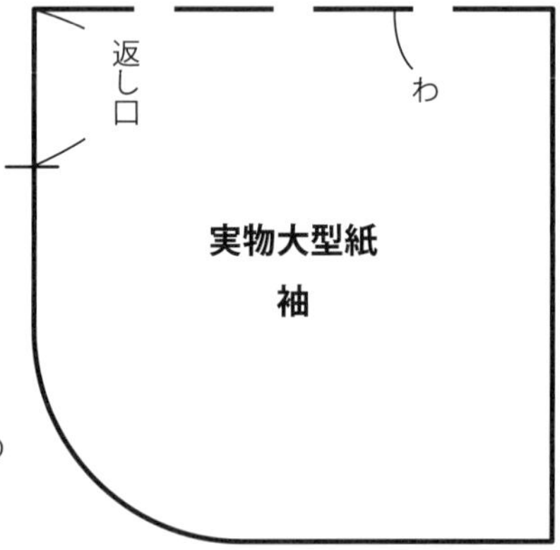

尾の作り方

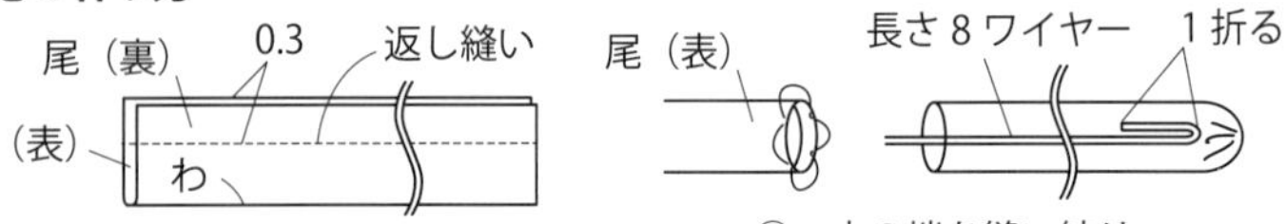

①尾を中表に二つ折りして
筒に縫い、表に返す

②一方の端を縫い絞り
ワイヤーを入れる

胴の作り方

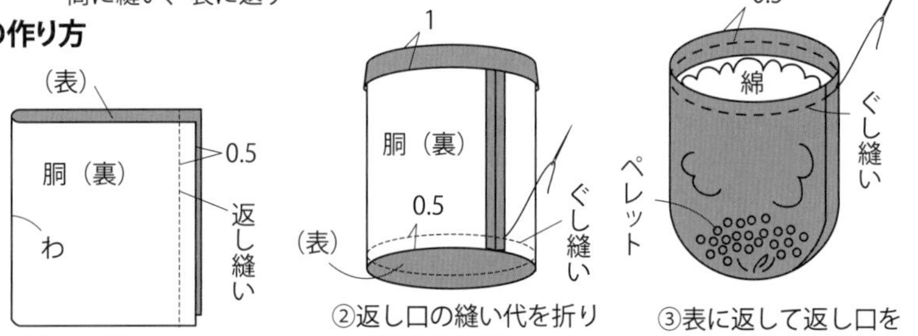

①胴を中表に
二つ折りして筒に縫う

②返し口の縫い代を折り
底側をぐし縫いして
糸を引き絞る

③表に返して返し口を
ぐし縫いしペレット、
綿の順に入れる

まとめ方

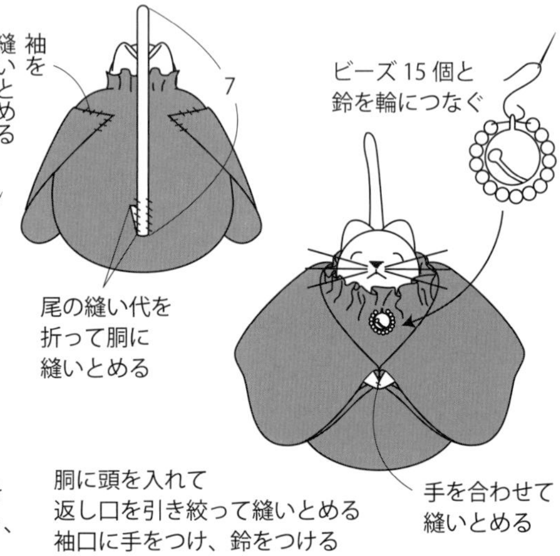

胴に頭を入れて
返し口を引き絞って縫いとめる
袖口に手をつけ、鈴をつける

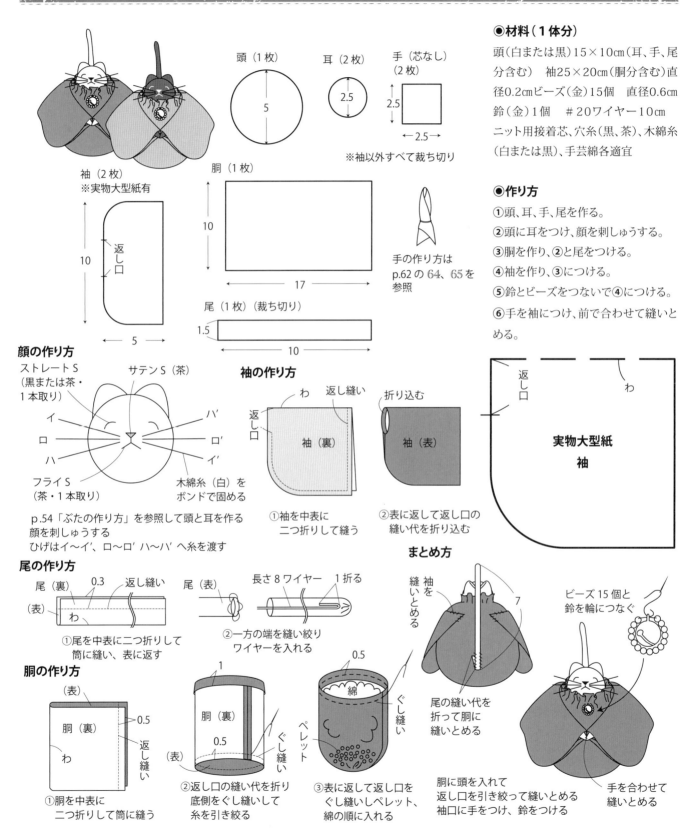

招きねこ

実物大型紙はとじ込み付録 裏R-❶〜❼

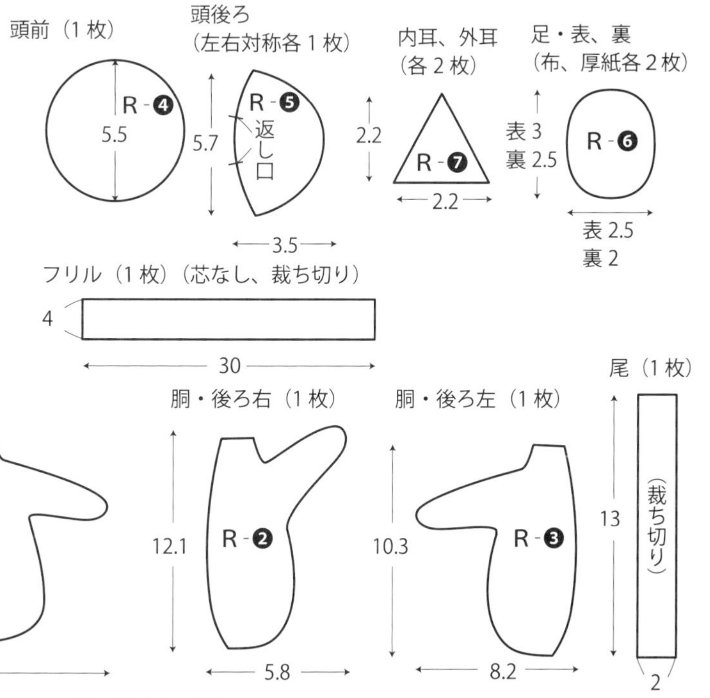

◉材料

胴（白）35×35㎝（頭、尾、足、外耳分含む）　内耳（赤）10×5㎝　フリル35×10㎝　直径1.3㎝鈴（金）1個　＃22ワイヤー15㎝　ニット用接着芯、手芸綿、ペレット、穴糸（黒、赤、茶、ピンク）各適宜

◉作り方

①胴・前のダーツと後ろ中心を縫う。
②胴・前と後ろを中表に縫う。
③耳、頭を作り、顔を刺しゅうする。
④胴にペレットと綿を入れ、頭を縫い合わせる。
⑤足、尾を作り、④につける。
⑥フリルを作り、首につける。
⑦ポーズをつけて縫いとめる。
⑧鈴を首にかける。

◉作り方のポイント

・型紙は左右どちらの手を上げているか、向きを確認して使う。

胴の作り方

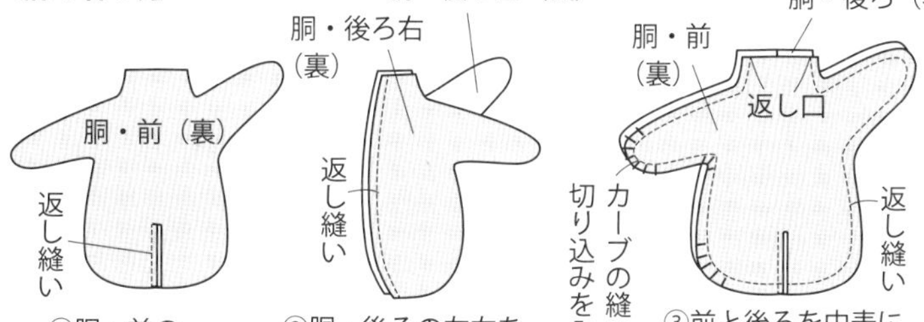

①胴・前のダーツを縫う
②胴・後ろの左右を中表に合わせて後ろ中心を縫う
③前と後ろを中表に縫い表に返す

顔の作り方

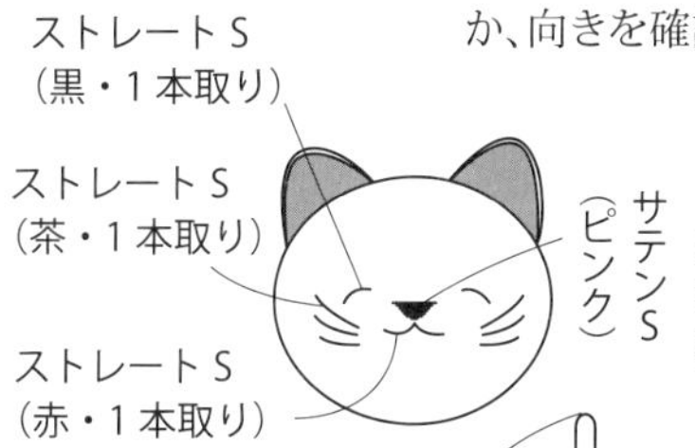

p.55「さるの作り方」を参照して頭、耳を作る顔を刺しゅうする

足の作り方

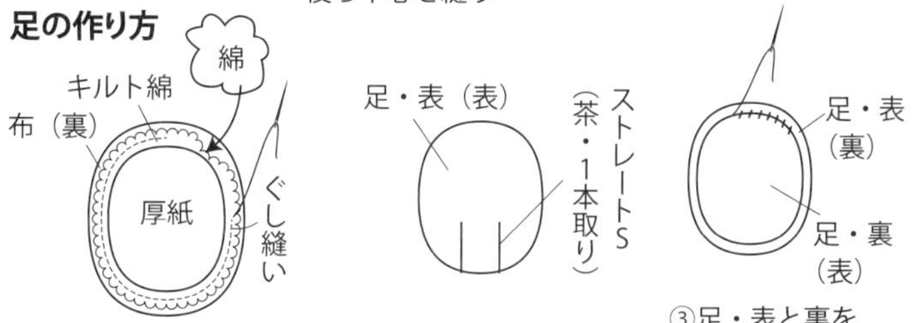

①布とキルト綿を重ねて周囲をぐし縫いし、厚紙を包む　足・表は布とキルト綿の間に薄く綿を入れる
②表は足先に刺しゅうする
③足・表と裏を外表に合わせて周囲をまつる

まとめ方

①胴にペレット、綿の順に入れ頭、足を縫いとめる
②p.70「福々ねこ」と同様に尾を作り縫いとめる
③フリルをつけて糸を引き絞る　手先に刺しゅうしポーズをつけて縫いとめる　首に鈴をつける

フリルの作り方

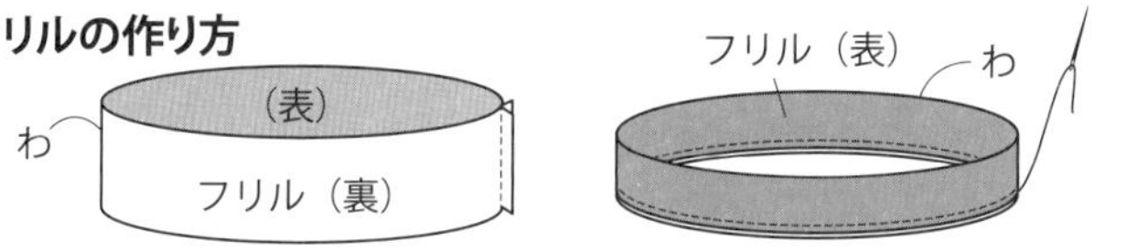

①フリル布を中表に二つ折りして筒に縫う
②外表に二つ折りして裁ち目をぐし縫いする

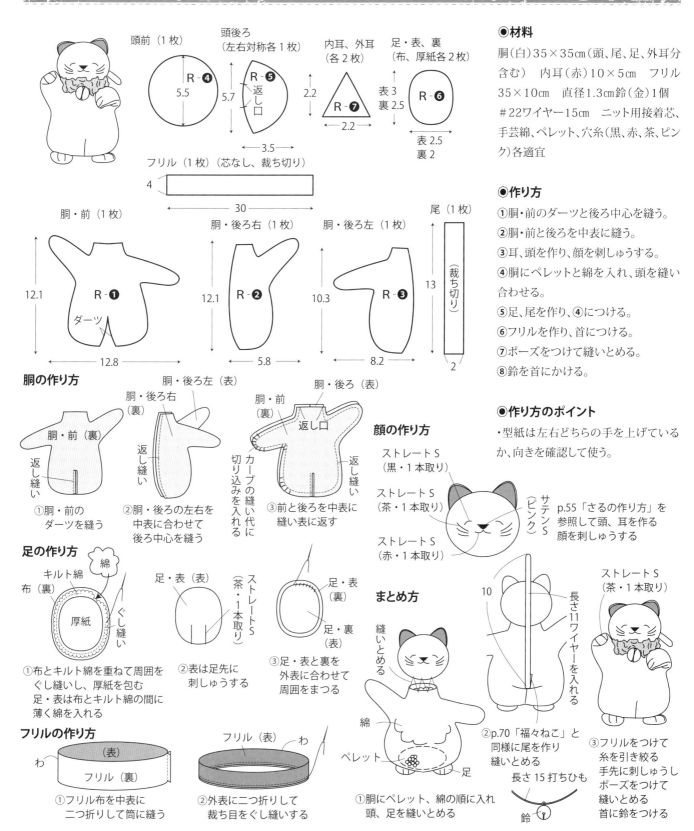

はと

実物大型紙はとじ込み付録 裏Y-❶〜❸

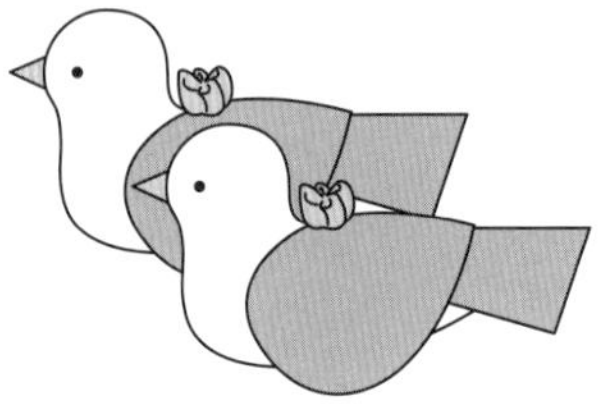

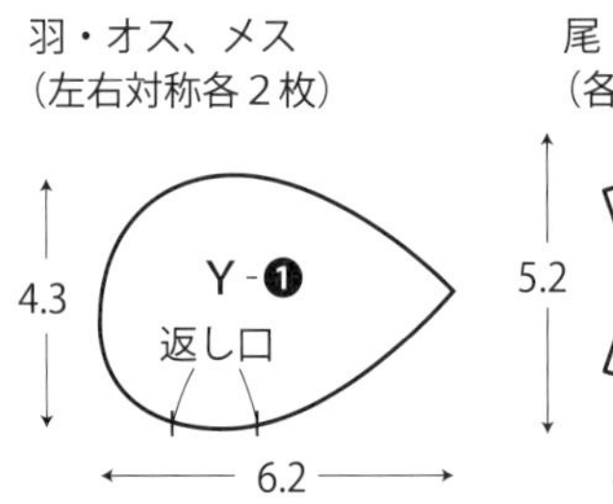

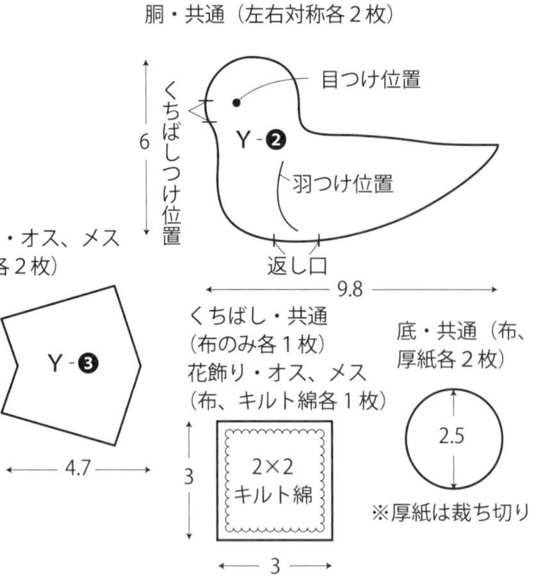

◉材料

胴（白）30×20㎝（底分含む）　羽（ピンク、青）各30×25㎝（尾、花飾り分含む）　くちばし（赤）10×5㎝　直径0.3㎝ビーズ（黒）4個　直径0.2㎝ビーズ（金）2個　ニット用接着芯、キルト綿、手芸綿、厚紙各適宜

◉作り方

①くちばしを作る。
②くちばしをはさんで胴を中表に縫う。
③②を表に返して綿を入れ、返し口をとじる。
④底を作って③の返し口につける。
⑤目のビーズをつける。
⑥尾、羽を作り、⑤につける。
⑦花飾りを作り、羽をまとめて花飾りをつける。

くちばしの作り方

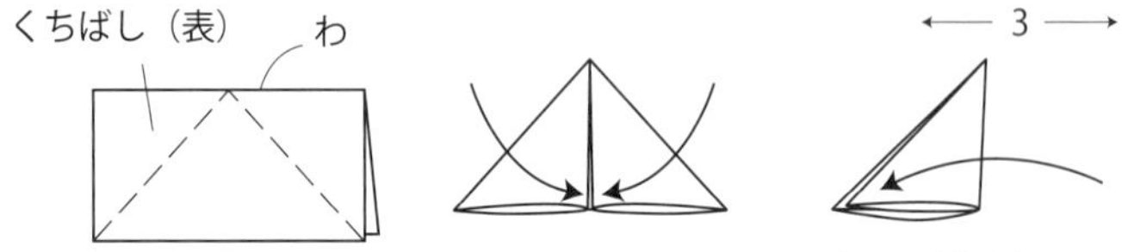

①くちばし布を外表に二つ折りする
②突き合わせに三角に折る
③二つ折りする

胴の作り方

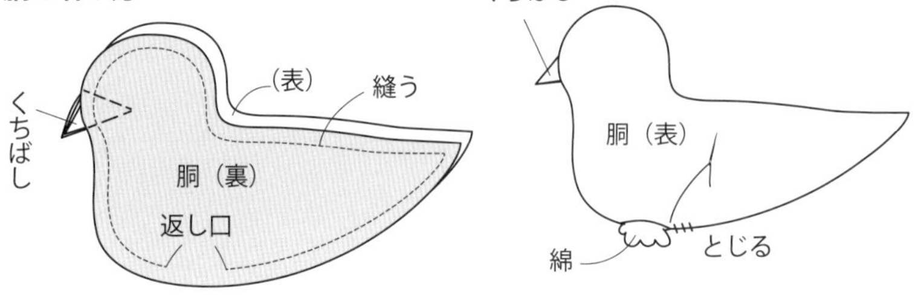

①くちばしをはさんで胴を中表に縫い、表に返す
②返し口から綿を入れ返し口をとじる

尾、羽の作り方

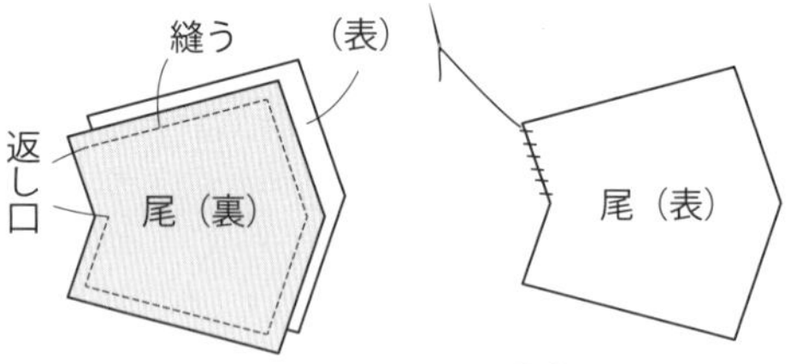

①尾２枚を中表に縫う
②表に返して返し口をとじる同様に羽を２枚作る

まとめ方

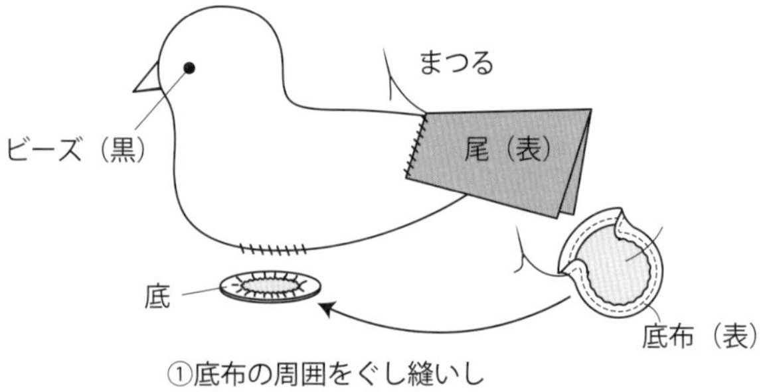

①底布の周囲をぐし縫いし厚紙を入れて糸を引き絞る底を胴に縫いつける目にビーズをつけ、尾を縫いつける

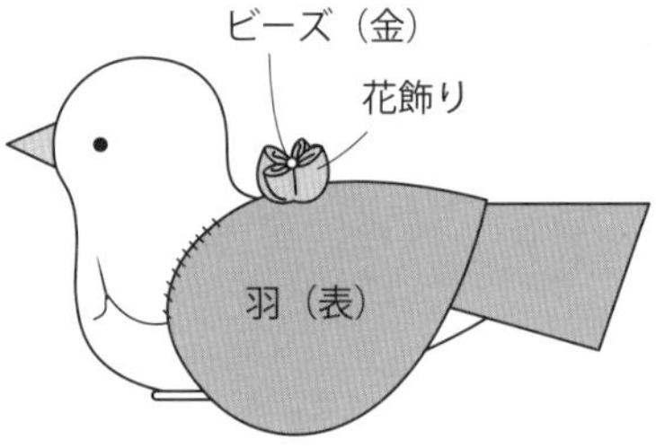

②胴に羽をつける羽を背中でひと針縫いとめて花飾りをつける花飾りの作り方はp.20「小花の作り方」参照

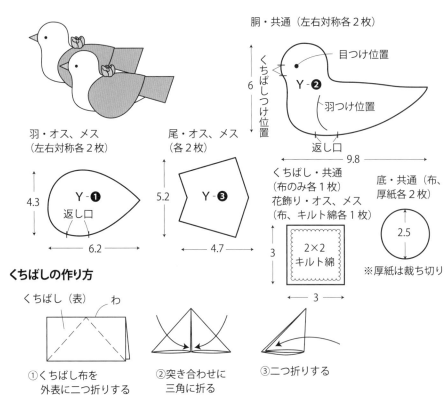

P.10 おしどり

実物大型紙はとじ込み付録裏Q-❶～❸

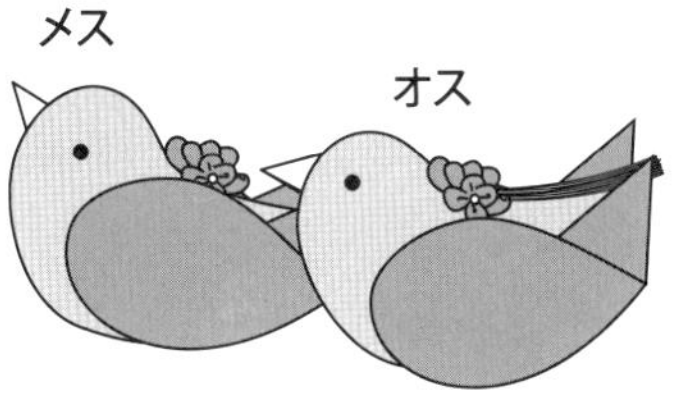

胴・オス、メス（左右対称各2枚）

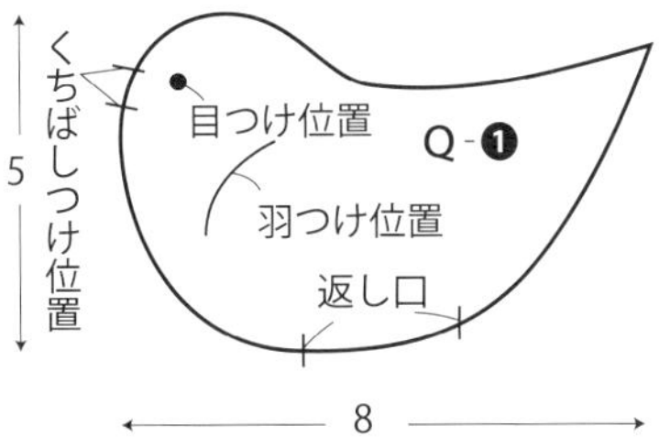

底（布、厚紙各2枚）

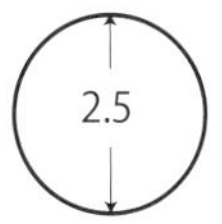

※厚紙は裁ち切り

羽a・オス、メス（左右対称各2枚）

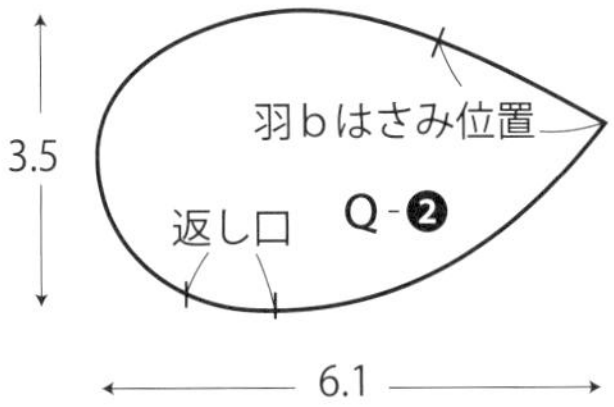

羽b・オス、メス（各4枚）

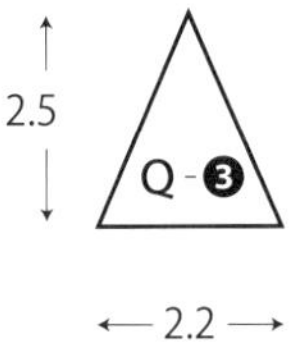

くちばし・オス、メス（各1枚）

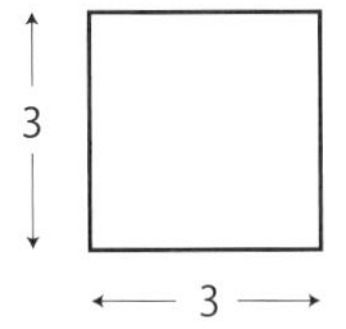

花飾り・オス、メス（布、キルト綿各3枚）

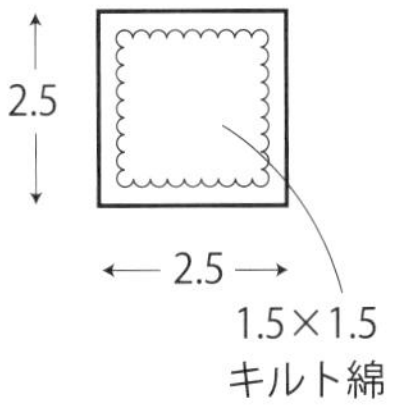

羽の作り方

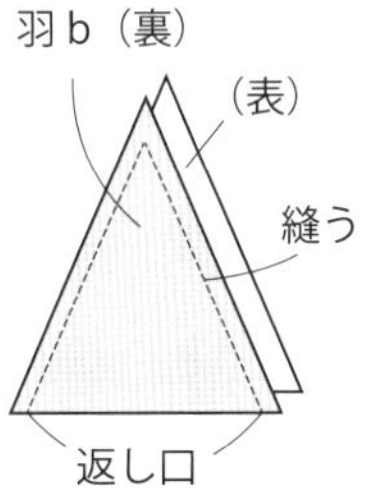

①羽bを中表に縫い
表に返す

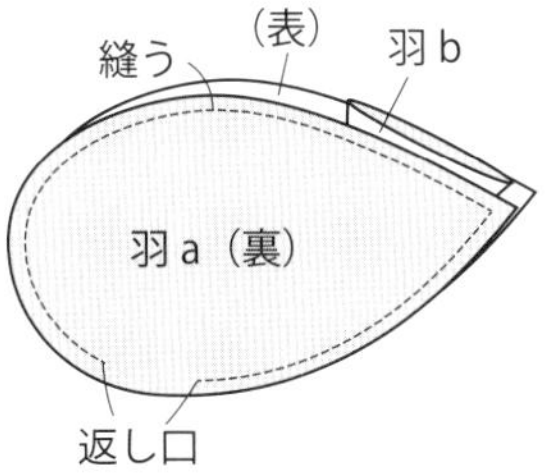

②羽bをはさんで
羽aを中表に縫う

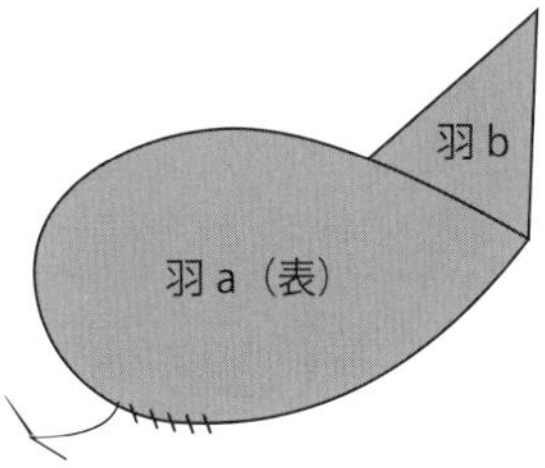

③表に返して
返し口をとじる

まとめ方

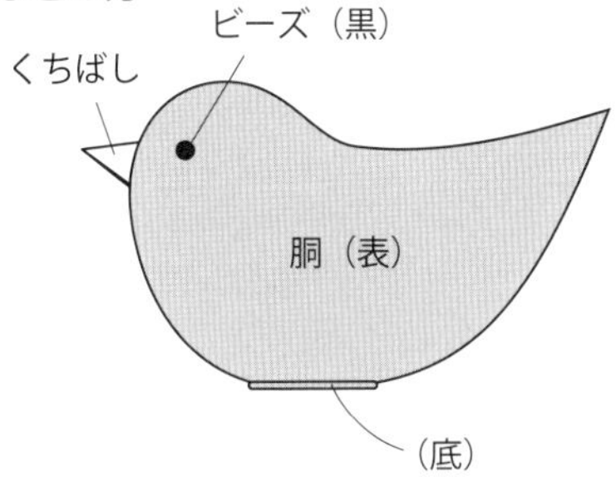

①p.72「はと」と
同様にくちばし、
胴、底を作り、つける
ビーズで目をつける

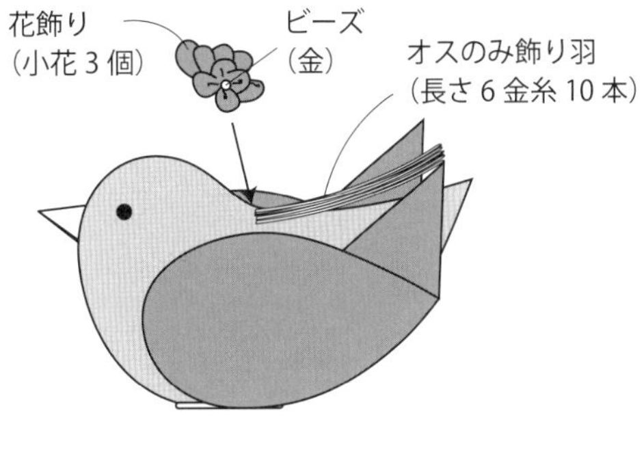

②羽を胴につける
オスは飾り羽をつける
小花3個で花飾りを作り、つける
花飾りの作り方は
p.20「花毬の作り方」参照

◉材料

胴（黄、薄茶）各20×15㎝（底分含む）
羽（赤、紫）各25×15㎝（花飾り分含む）　くちばし（赤、ピンク）各5×5㎝
直径0.3㎝ビーズ（黒）4個　直径0.2㎝ビーズ（金）6個　金糸、ニット用接着芯、キルト綿、手芸綿、厚紙各適宜

◉作り方

①くちばしを作る。
②くちばしをはさんで胴を中表に縫う。
③②を表に返して綿を入れ、返し口をとじる。
④底を作って③の返し口につける。
⑤目のビーズをつける。
⑥羽bを作る。
⑦羽bをはさんで羽aを作る。
⑧小花3個を作り、まとめる。
⑨⑤に羽をつける。
⑩オスは金糸をつける。
⑪花飾りをつける。

P.12 跳ねうさぎのピンクッション

実物大型紙は p.103

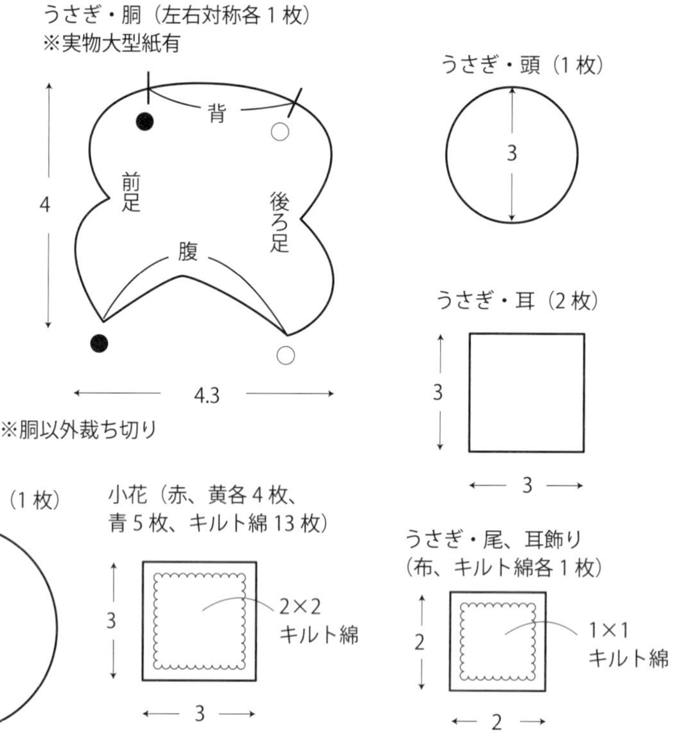
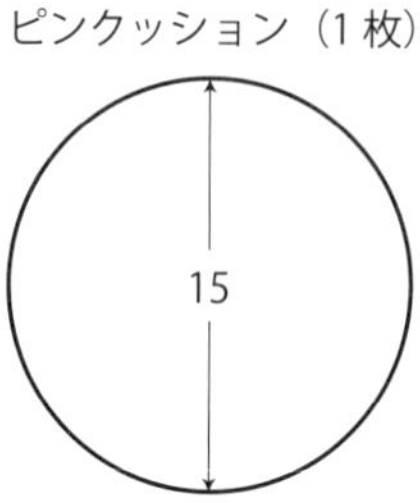

◉材料

耳飾り用ちりめんはぎれ　ピンクッション20×20㎝　うさぎ・胴15×10㎝　うさぎ・頭（白）10×10㎝（耳、尾分含む）　小花3色各10×10㎝　キルト綿15×15㎝　直径0.2㎝ビーズ（赤）2個、（金）14個　直径0.3㎝ビーズ（金）2個　直径6㎝円形陶器1個　穴糸（赤）、手芸綿各適宜

◉作り方

①ピンクッション、小花、跳ねうさぎを作る。
②ピンクッションを陶器の中に入れる。
③ピンクッションの上に跳ねうさぎをつける。
④小花13個をバランスよくつける。

ピンクッションの作り方

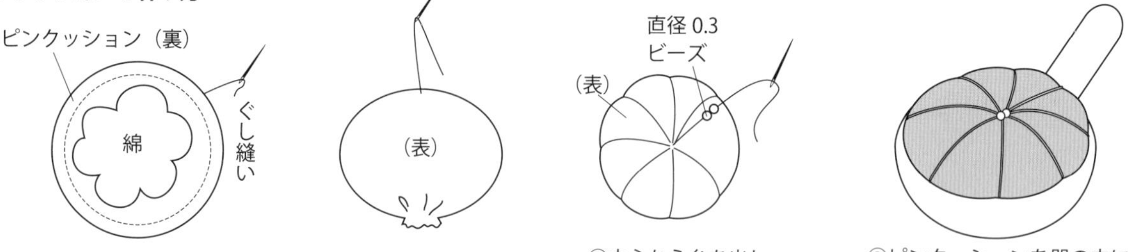

①ピンクッションの周囲をぐし縫いし
綿を入れて糸を引き絞る

②中心から糸を出し
8 等分に糸を渡す
中心にビーズをつける

③ピンクッションを器の中に
入れてボンドで固定する

小花の作り方

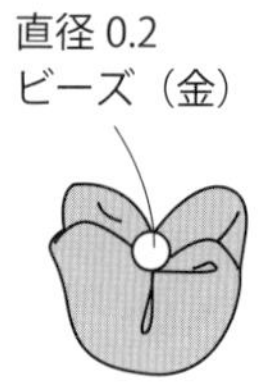

p.20「小花の作り方」を
参照して小花を 13 個、
うさぎの耳飾りを 1 個作る

跳ねうさぎの作り方

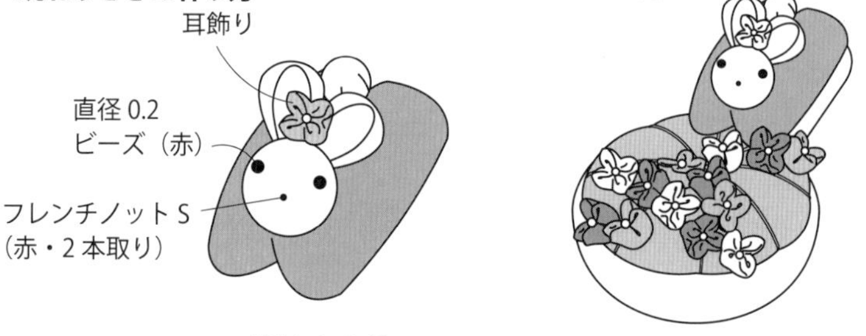

p.103「跳ねうさぎ」
を参照して作り
耳飾りをつける

まとめ方

ピンクッションの上に
小花と跳ねうさぎをつける

P.42

跳ねうさぎの木目込み毬
這い子と鯉のぼりの木目込み毬

実物大型紙は p.103、とじ込み付録 裏V-⑭、W-❶

跳ねうさぎ

跳ねうさぎの作り方

跳ねうさぎの用尺と作り方は p.102、103 を参照
木目込み毬の作り方は
p.43「木目込み毬の作り方」を参照
木目込み毬の上に跳ねうさぎ 2 羽を
ボンドでとめる

這い子・胴（左右対称各 1 枚）

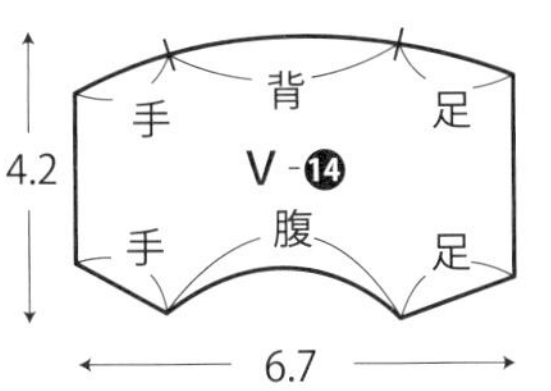

鯉のぼり（1 枚）

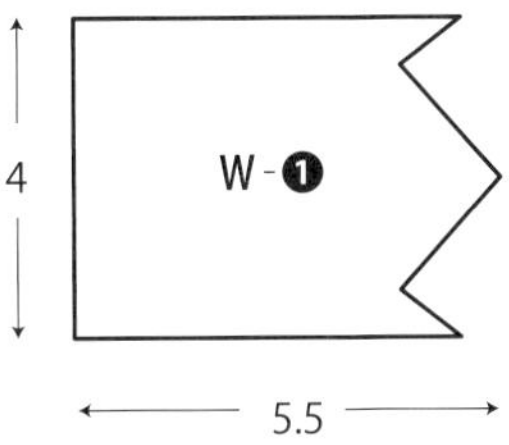

這い子と鯉のぼり

這い子・頭（1 枚）

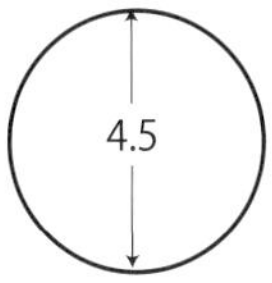

這い子・手、足（各 2 枚）

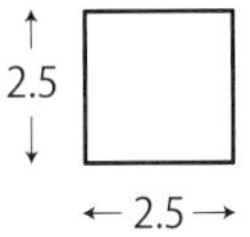

兜（布、和紙各 1 枚）

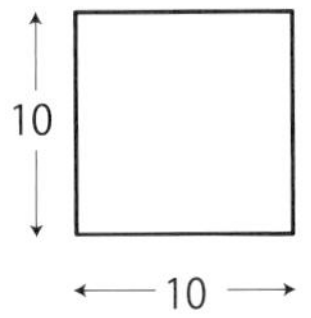

※胴、鯉のぼり以外裁ち切り

木目込み毬の作り方は p.43 参照
這い子の作り方は p.92 参照

鯉のぼりの作り方とまとめ方

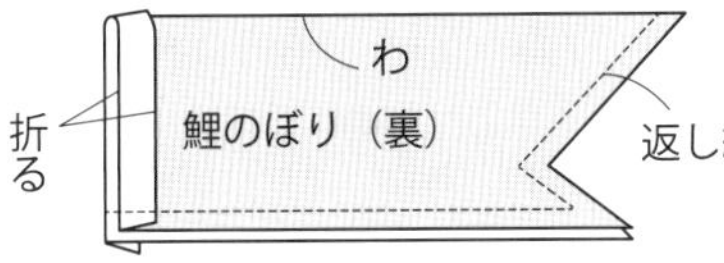

①鯉のぼりの口側の縫い代を折り
中表に二つ折りして縫う

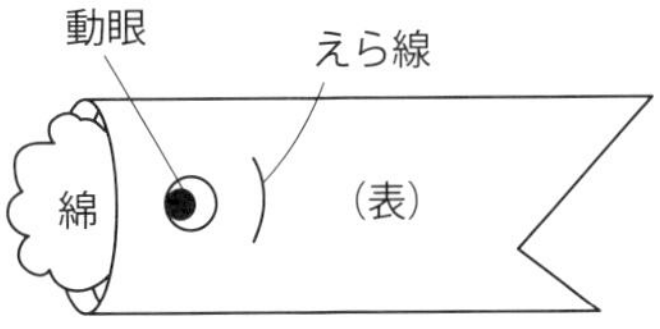

②表に返して綿を入れ
ペンでえら線を描いて動眼を貼る

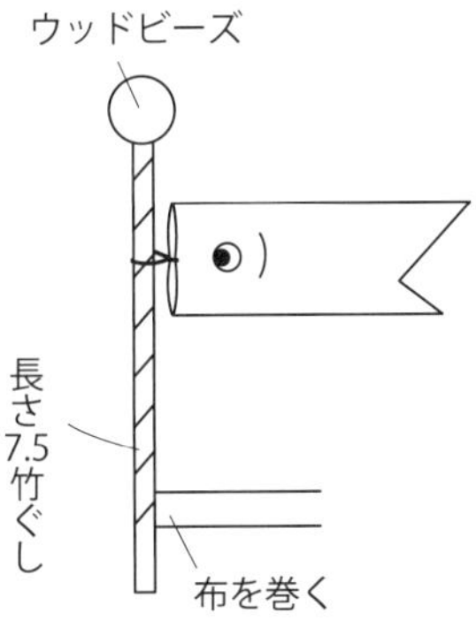

③カットした竹ぐしの先に
ウッドビーズをつける
竹ぐしに布を巻き
鯉のぼりをつける

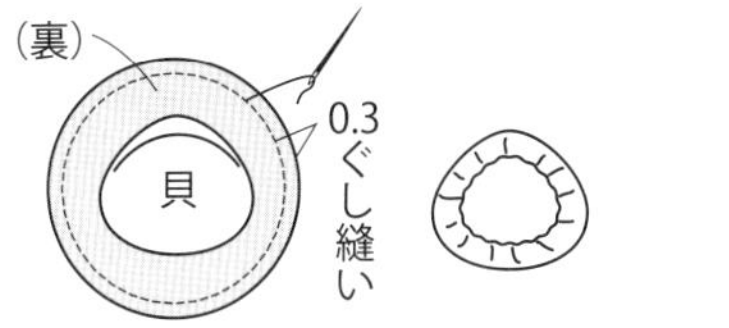

④貝の大きさよりひと回り大きな布の
周囲をぐし縫いし
貝を入れて糸を引き絞る

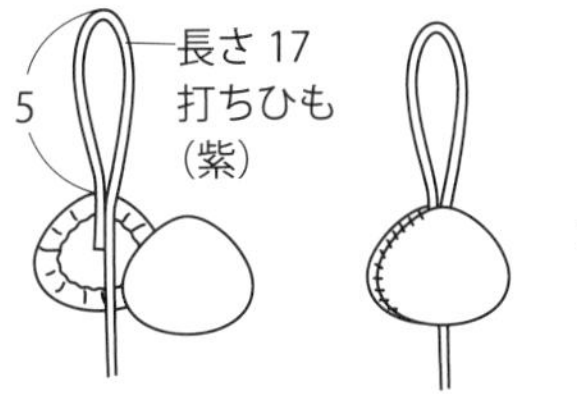

⑤木目込み毬の天から 17 ㎝出した
下げひも折って貝ではさみ
周囲を縫い合わせる

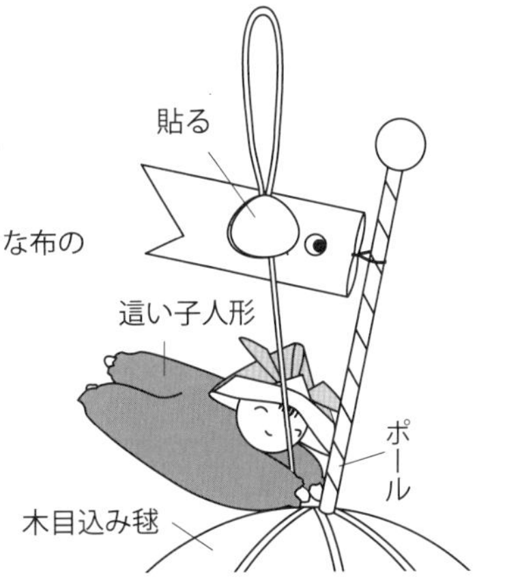

⑥木目込み毬に穴をあけてこいのぼりの
ポールをさしてボンドで固定する
鯉のぼりの裏に貝を貼る
這い子人形をつける

◉材料

共通　ちりめんはぎれ各種　直径8㎝筋入りスチロールボール1個　長さ13㎝菊結びつき飾り房（赤または紫）1本　直径0.2㎝打ちひも（赤または紫）1.5m　手芸綿各適宜

跳ねうさぎ　うさぎ・胴（赤、青）各15×10㎝　うさぎ・頭（白）20×10㎝（耳、尾分含む）　直径0.2㎝ビーズ（赤）4個　穴糸（赤）、キルト綿各適宜

這い子　這い子・頭（白）、胴各15×10㎝（手、足分含む）　兜（布、和紙）各15×15㎝　鯉のぼり10×10㎝　直径0.5㎝動眼2個　直径0.6㎝ウッドビーズ1個　しじみ貝1個　竹ぐし1本　穴糸（黒、赤）適宜

◉作り方

跳ねうさぎ

①木目込み毬を作り、飾り房、下げひもをつける。

②跳ねうさぎを2羽作り、毬の上につける。

這い子と鯉のぼり

①跳ねうさぎと同様に、木目込み毬を作る。

②這い子と鯉のぼりを作る。

③鯉のぼりのポールを木目込み毬につける。

④しじみ貝を布で包み、下げひもをはさんで縫い合わせる。

⑤鯉のぼりを貝に固定する。

⑥毬の上に這い子をつける。

◉作り方ポイント

・貝は鯉のぼりがたなびいて見える位置につける。

P.24 赤とんぼの傘福

実物大型紙はとじ込み付録 表M-❶❷

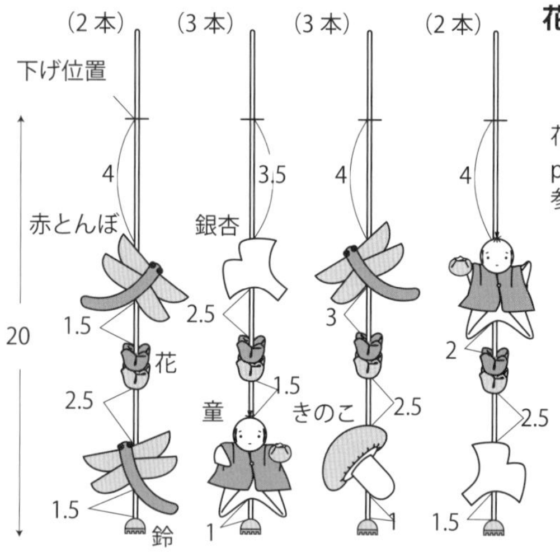

花

花の作り方はp.19の03～12参照

花（2色各10枚、キルト綿20枚）（裁ち切り）

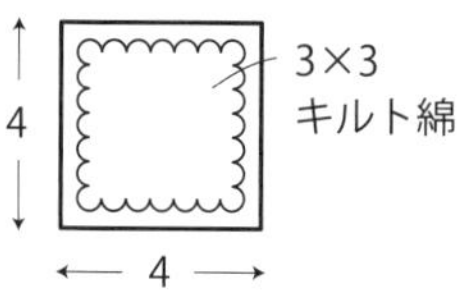

柿の実（布、キルト綿各5枚）（裁ち切り）

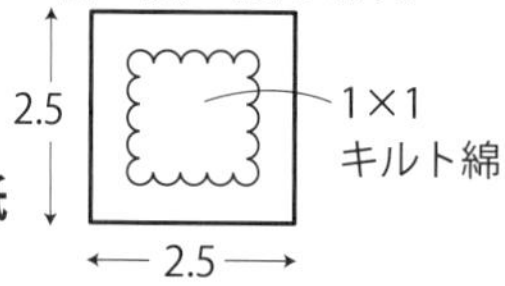

実物大型紙

柿のへたa（10枚）

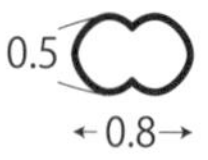

柿のへたb（5枚）

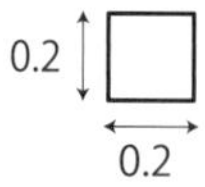

童

頭（5枚）（裁ち切り）

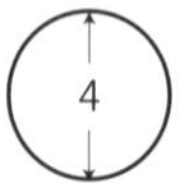

顔の作り方はp.52の02～05、胴の作り方はp.21の01～06、ちゃんちゃんこの作り方はp.84「猿」を参照

胴（5枚）（裁ち切り）

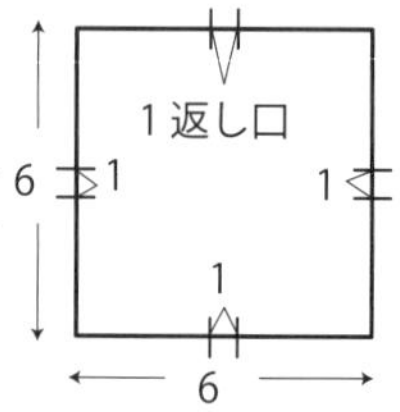

ちゃんちゃんこ（表、裏各5枚）

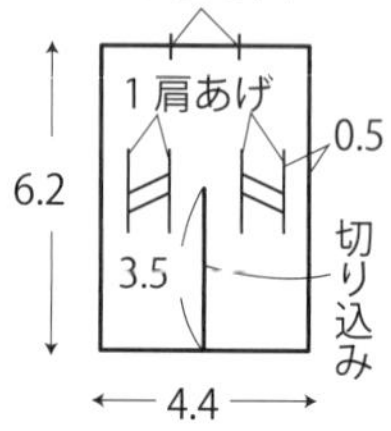

柿

p.19の03～12、17、18を参照して柿の実を作る
中心から針を入れ底をひと針すくう

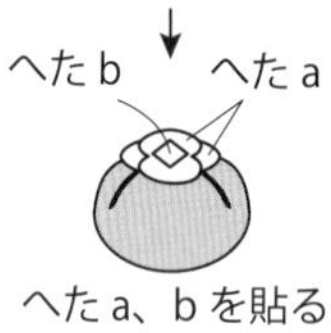

へたa、bを貼る

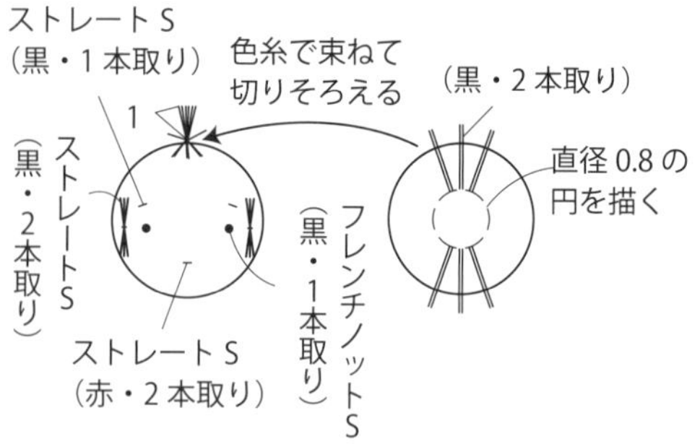

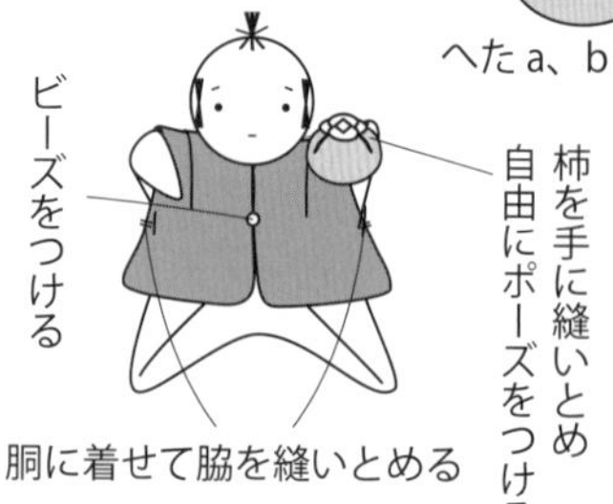

銀杏

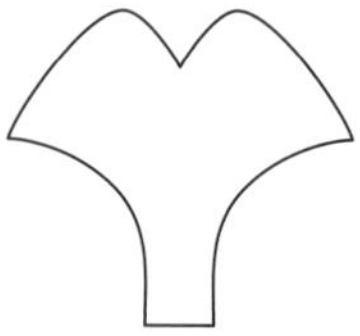

銀杏（布、厚紙、キルト綿各10枚）

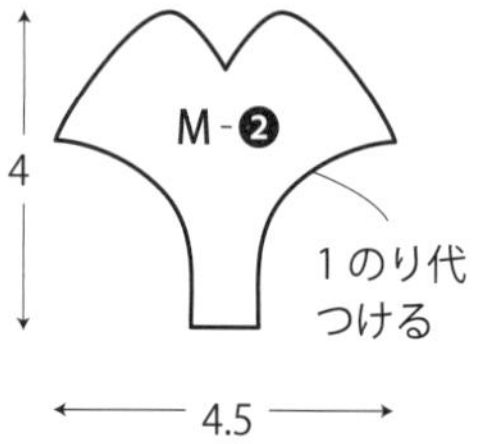

※厚紙、キルト綿は裁ち切り

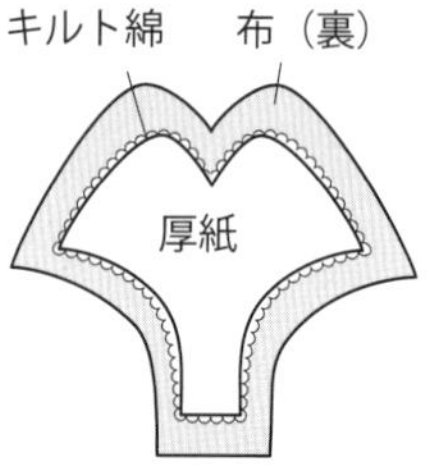

①厚紙にキルト綿を貼り布に重ねる

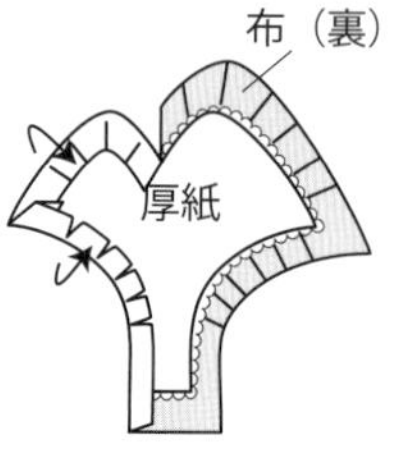

②布に切り込みを入れのり代を折って貼る

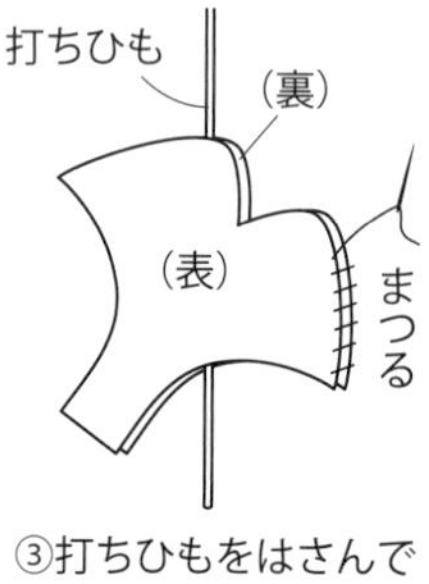

③打ちひもをはさんで2枚を外表に合わせ周囲をまつる

◉材料

共通　傘布15×110cm　直径1.3cm鈴10個　直径0.1cm打ちひも（橙）4.2m　内径0.3cm丸かん10個　直径30cm傘1本　傘福用台1個　手芸綿各適宜

花　ちりめん2種各20×15cm　キルト綿15×25cm

童　胴（白）30×20cm（頭分含む）　ちゃんちゃんこ表布、裏布各20×20cm　直径0.1cmビーズ（金）5個　穴糸（黒、赤）適宜

柿　実10×10cm　葉10×5cm（へた分含む）　キルト綿5×5cm

銀杏　布30×20cm　キルト綿、厚紙各25×15cm

赤とんぼ　羽35×30cm　胴、キルト綿各15×15cm　直径0.4cmビーズ（茶）14個　長さ10cm＃22ワイヤー7本

きのこ　かさ、じく（ひだ分含む）各20×20cm　厚紙適宜

◉作り方

①赤とんぼ7個、童、銀杏各5個、きのこ3個、花20個を作る。

②打ちひもに各パーツを通す。

③②の打ちひもの先に鈴をつける。

④傘の先に③を下げ、バランスを見ながらひもにパーツを固定する。

⑤傘布を作り、傘に掛ける。

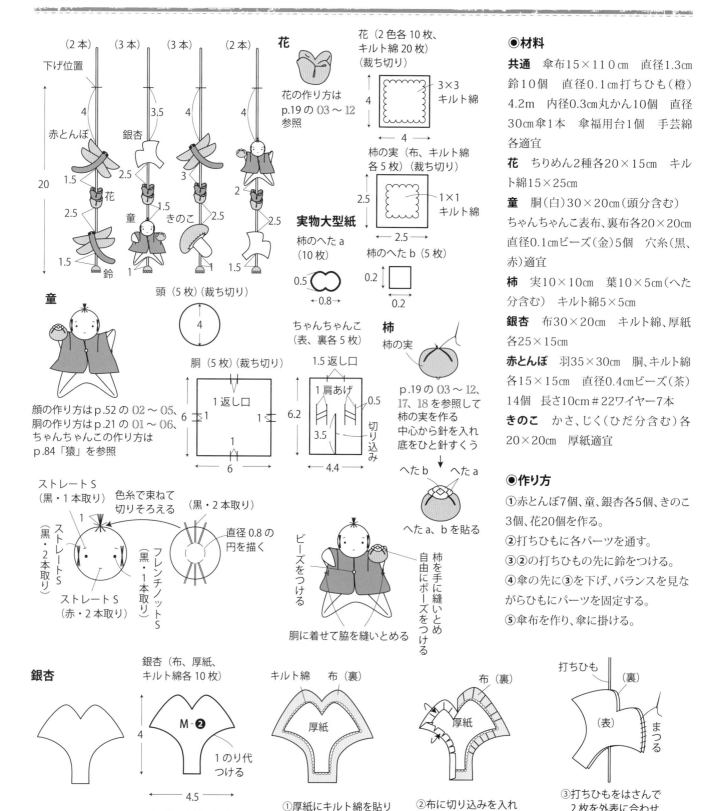

赤とんぼ

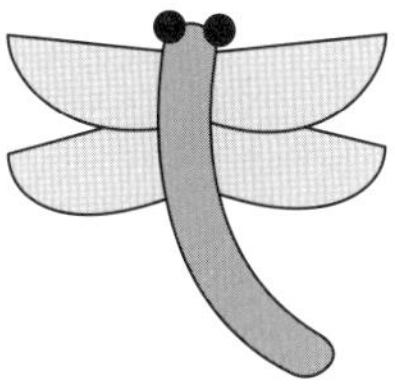

羽（14枚）

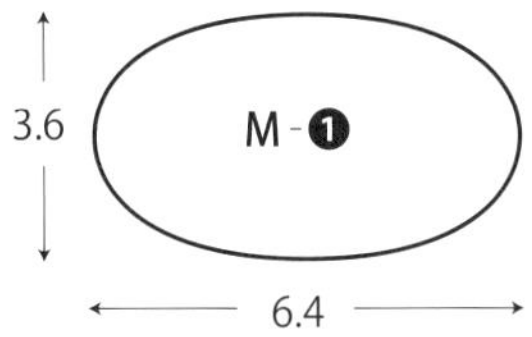

胴（7枚）

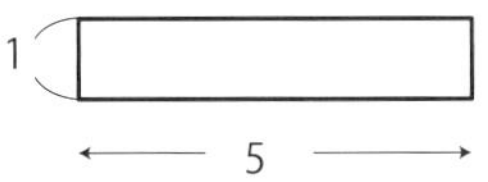

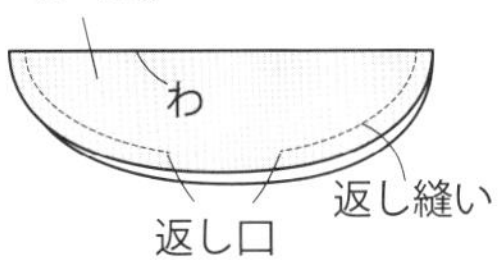

①羽を外表に二つ折りし
返し口を残して縫い
表に返す

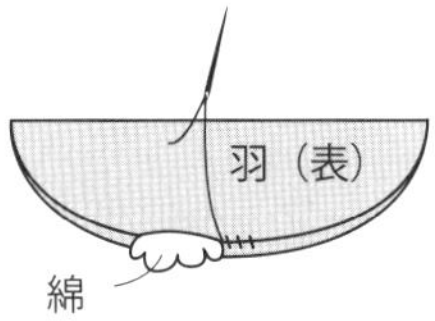

②綿を入れて返し口をとじる
同様にもう1枚作る

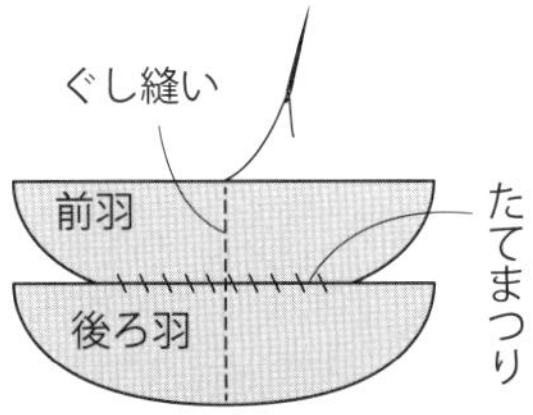

③2枚を重ねて縫いとめ
羽の中心をぐし縫いする

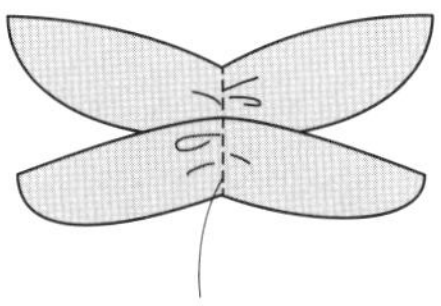

④糸を引き絞る

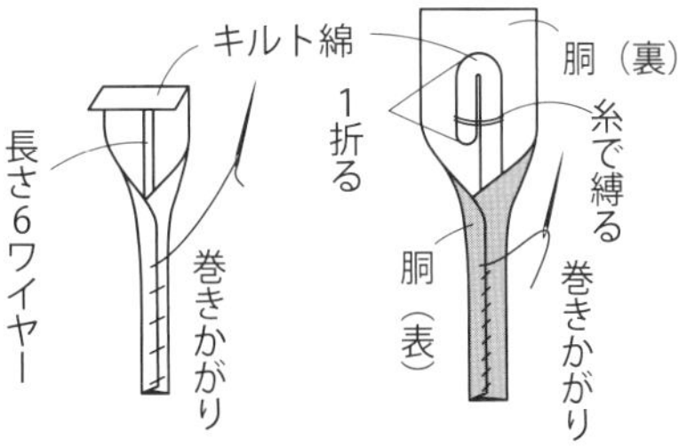

⑤ワイヤーをキルト綿で包み
さらに胴布で包む

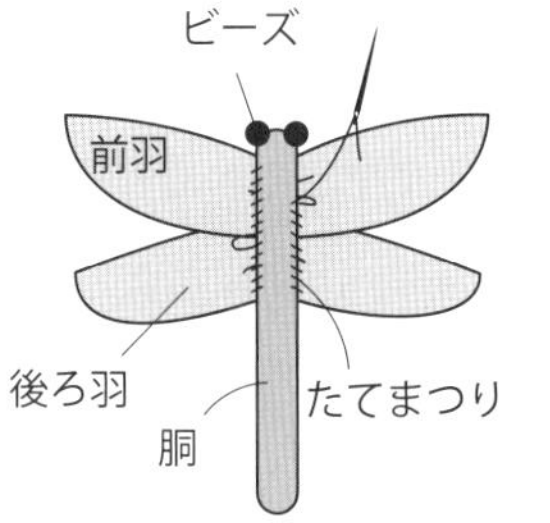

⑥前羽を上にして
羽の中心に胴を縫いつける
胴にビーズをつける
好みで胴のワイヤーを曲げて
形を整える

きのこ

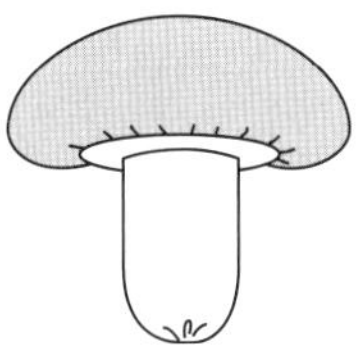

かさ（布、厚紙各3枚）
（厚紙は裁ち切り）

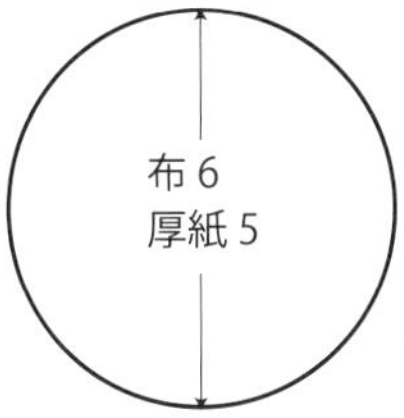

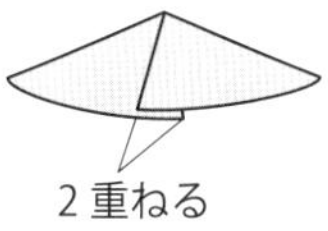

①厚紙に切り込みを
入れてかさ状に貼る

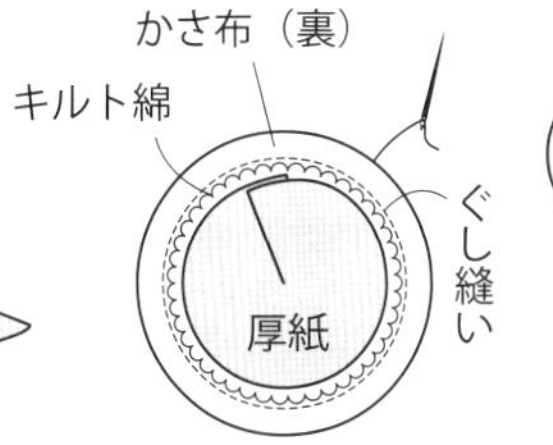

②かさ布の周囲を縫い
キルト綿と
①の厚紙を
重ねて引き絞る

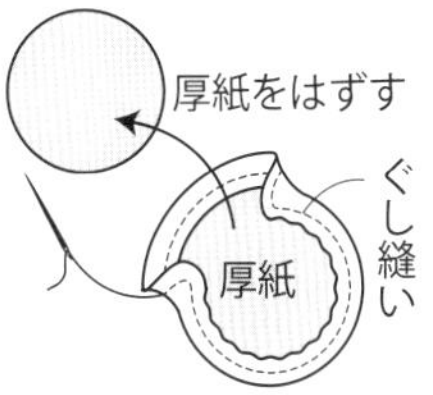

③ひだ布の周囲を縫い
厚紙を入れて引き絞る
形を整えて
厚紙をはずす

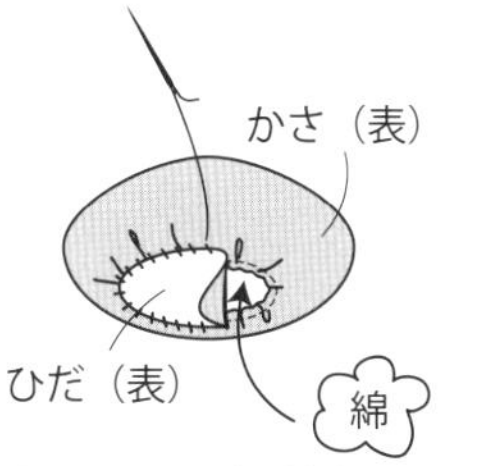

④かさとひだを外表に
合わせて綿をいれながら
周囲を細かくまつる

じく（3枚）

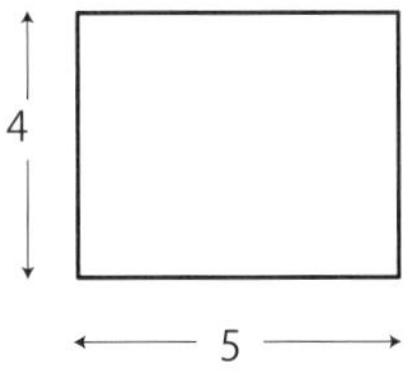

ひだ（3枚）

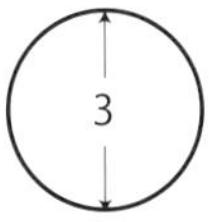

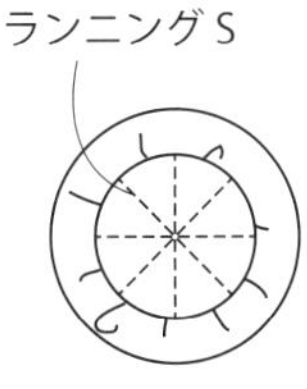

⑤ひだに
刺しゅうする

⑥じく布を筒状に縫い
一方の端をぐるりと
ぐし縫いして引き絞り
表に返す

⑦もう一方の端を
ぐし縫いし
綿をいれて
糸を引き絞る

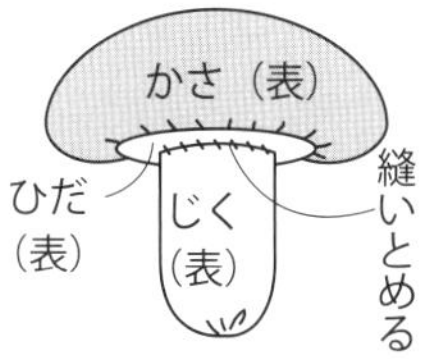

⑧ひだの中央に
じくを縫いつける

傘布

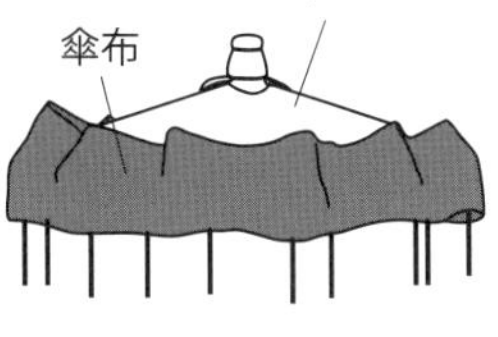

傘布（1枚）

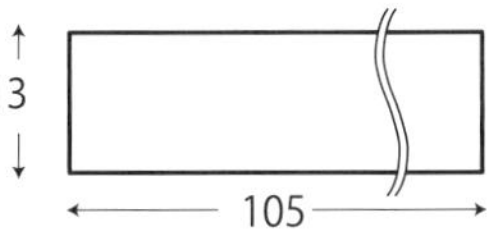

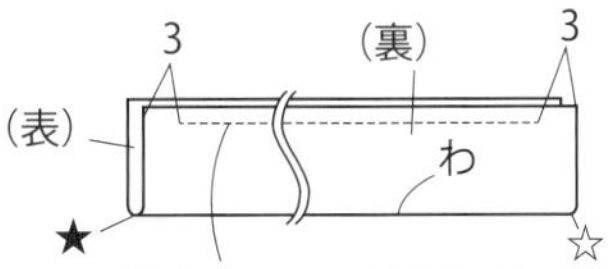

①中表に二つ折りして
縫いどまりまで縫う

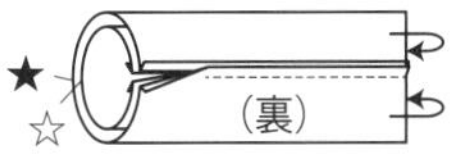

②☆印の端を筒の中に通し
★印と中表に合わせる

③裁ち目を
そろえて縫う

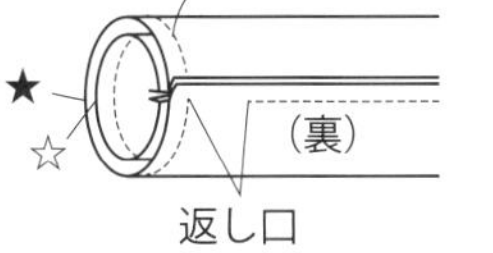

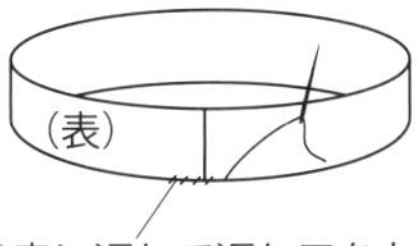

④表に返して返し口をとじる

⑤わ側に丸かんをつける

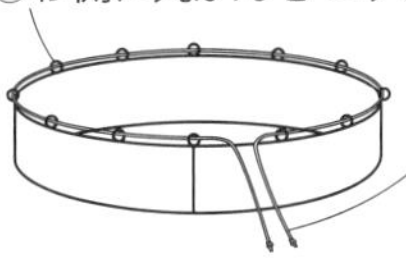

⑥丸かんに
打ちひもを通し
ひも先をひと結び

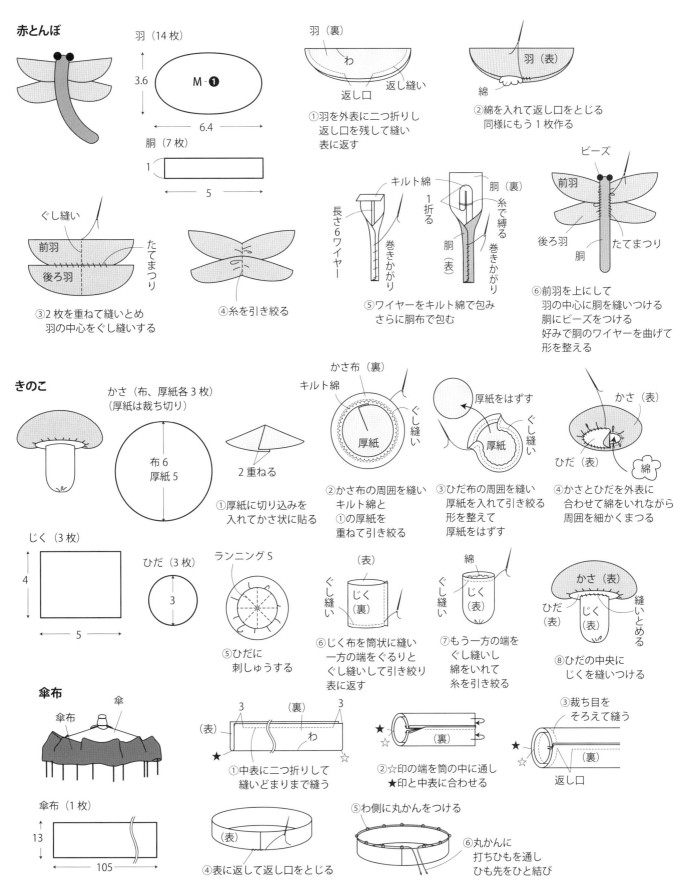

P.46 桃太郎のつるし飾り

実物大型紙はとじ込み付録 裏T-❶〜㉖

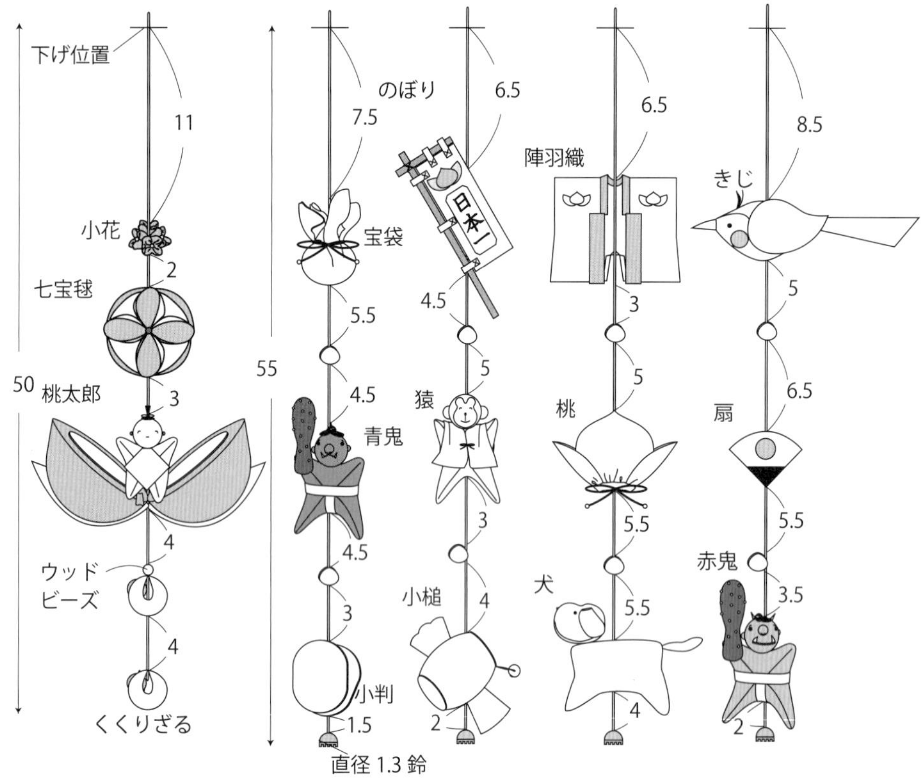

◉材料

共通 穴糸(黒、赤、茶、黄土色)、手芸綿、ニット用接着芯、両面接着芯各適宜

かご かご布70×20㎝ かごとめ布、キルト綿各15×10㎝ 直径18㎝竹かご1個 直径0.2㎝打ちひも(紫)3.5m 厚紙10×5㎝ 直径1.3㎝鈴4個

小花 布2色、キルト綿各5×5㎝ 直径0.2㎝ビーズ(金)4個

七宝毬 a布20×25㎝ b布30×25㎝ 直径0.2㎝ビーズ(赤)6個

鬼 ツノ、キバ用ちりめんはぎれ 胴(赤、青)各25×15㎝(頭、鼻、耳分含む) 金棒20×15㎝ ふんどし2種各15×5㎝ 直径0.3ビーズ(黒)4個 直径0.1㎝ビーズ(メタリック)48個

小判 帯地(金)、厚紙各20×15㎝

貝合わせ ちりめんはぎれ しじみ貝8個

扇 日の丸用ちりめんはぎれ(赤) 本体(白)、厚紙各15×10㎝ 持ち手(黒)10×5㎝

陣羽織 ちりめんはぎれ 身頃用帯地25×15㎝ 前衿用帯地15×5㎝(羽織ひも分含む) 衿15×5㎝ 直径0.3㎝ビーズ(金)2個

小槌 頭布20×15㎝ 持ち手布20×15㎝(口分含む) 厚紙適宜

のぼり ちりめんはぎれ各種 のぼり15×10㎝(棒通し分含む) 竹ぐし2本 ケント紙(白)適宜

桃太郎 頭25×20㎝(胴、耳、桃内側分含む) 腹掛け表布、裏布各5×5㎝ 桃外側25×50㎝ 葉30×20㎝ 直径9㎝スチロールボール1個 厚紙15×10㎝ 直径0.1㎝打ちひも(赤)30cm

犬 胴30×25㎝(頭、耳、あご、尾分含む) 直径0.3㎝ビーズ(黒)2個 #22ワイヤー5㎝

七宝毬

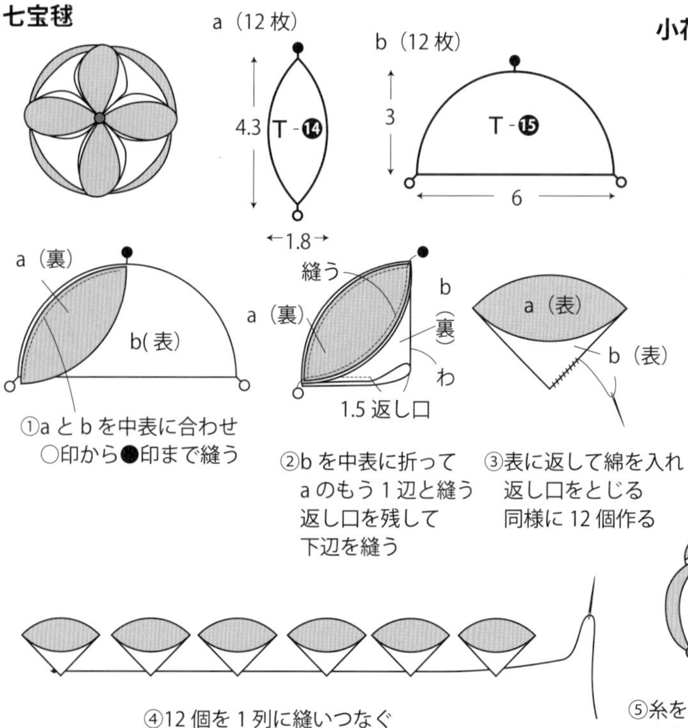

小花

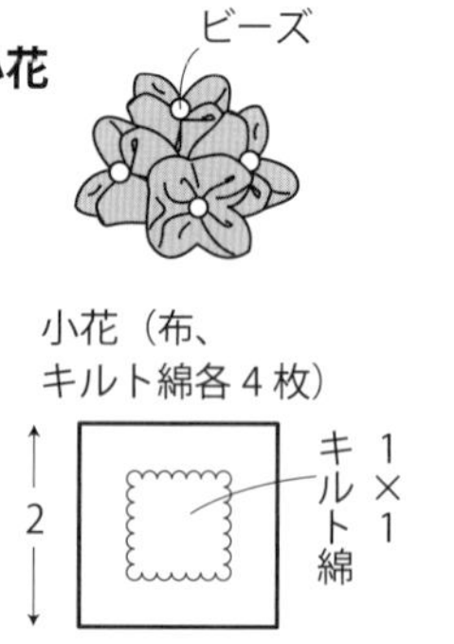

小花の作り方は
p.20「小花の作り方」
「花毬の作り方」を参照

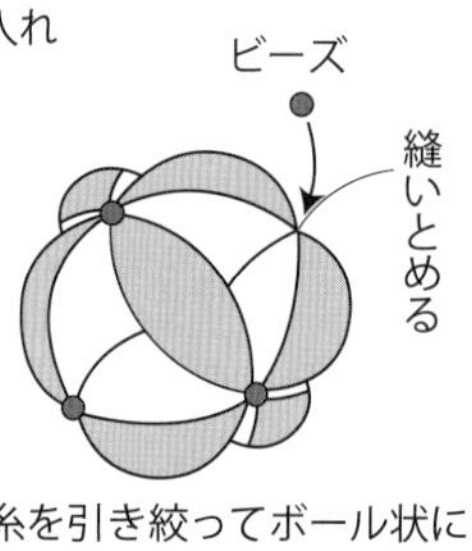

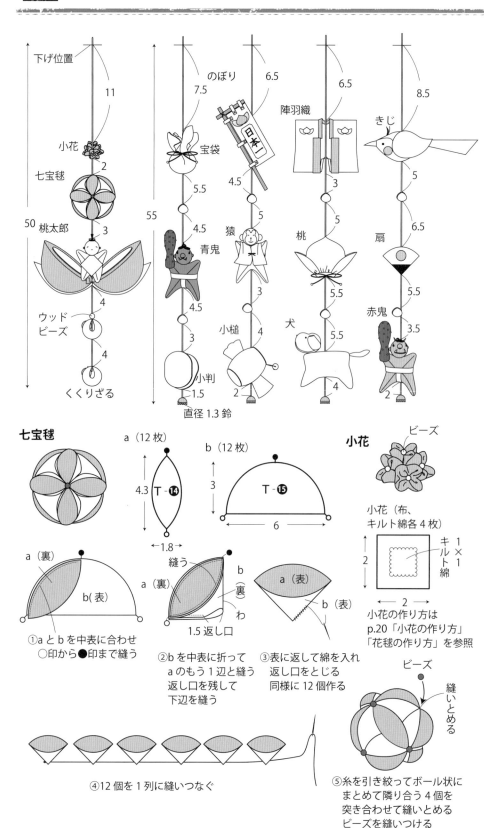

桃　実20×10㎝　葉20×15㎝（ひも飾り分含む）　口べり布10×10㎝　キルト綿10×5㎝　直径0.1㎝打ちひも（黄緑）30㎝

きじ　ちりめんはぎれ各種　胴20×10㎝　羽20×20㎝　尾15×15㎝　顔（赤）、くちばし（黄）各5×5㎝　直径0.2㎝ビーズ（黒）2個　直径0.15㎝打ちひも（金、緑）各10㎝　厚紙適宜

宝袋　表布、キルト綿各15×15㎝　裏布20×15㎝（ひも飾り分含む）　直径0.1㎝打ちひも（赤）適宜

猿　胴25×15㎝（顔、外耳、尾分含む）　顔10×10㎝（内耳、尻分含む）　ちゃんちゃんこ表布、裏布各15×10㎝　直径0.1㎝打ちひも（赤）適宜

くくりざる　胴2色各15×10㎝（頭分含む）　直径1㎝ウッドビーズ1個

◉作り方

①七宝毬、桃太郎、宝袋、赤鬼、青鬼、小判、のぼり、猿、犬、きじ、小槌、陣羽織、桃、扇を各1個作る。

②くくりざるを2個作り、打ちひもの先に通す。

③②の打ちひもに桃太郎、七宝毬を通し、小花4個を作ってつける。

④各パーツをそれぞれ打ちひもに通し、③以外はひも先に鈴をつける。

⑤かごに下げひもをつける。

⑥③、④をかごに下げ、バランスよくパーツの位置を決めて固定する。

⑦パーツの間に貝合わせをつける。

⑧かご布を作り、かごに縫いとめる。

赤鬼　**青鬼**

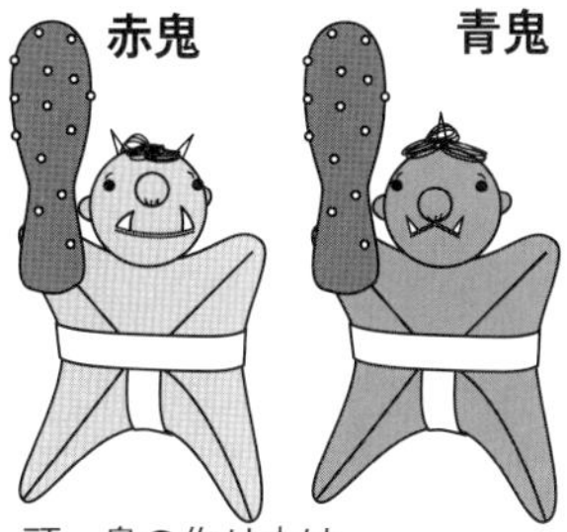

頭、鼻の作り方は
p.54の02、03
胴の作り方は
p.21の01～06を参照

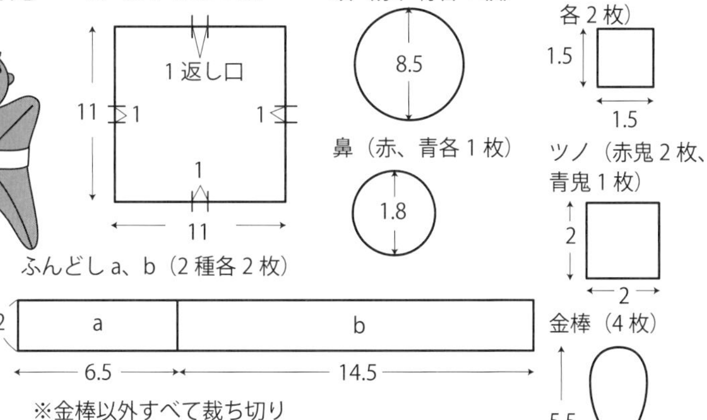

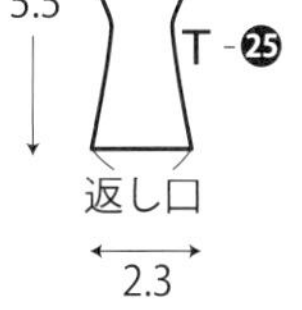

<髪の作り方>

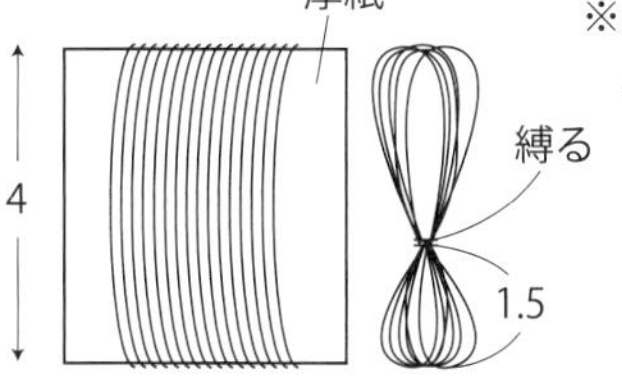

穴糸（茶）を25～30回巻き
厚紙をはずして縛る

<ツノの作り方>

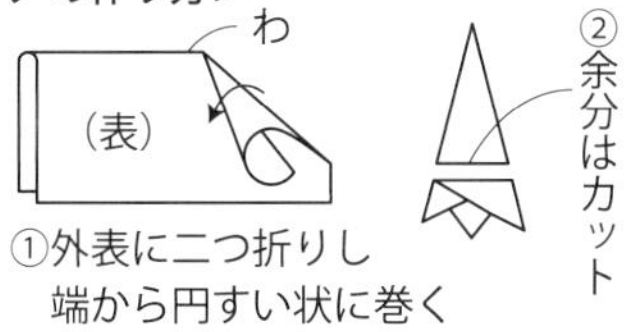

①外表に二つ折りし
端から円すい状に巻く

<耳の作り方>

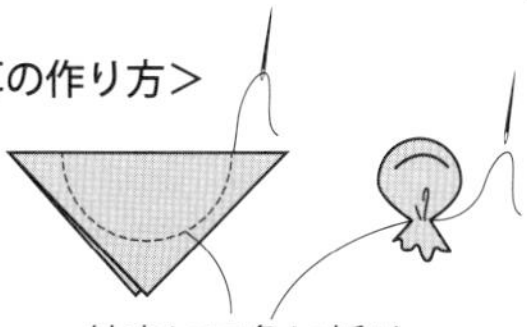

外表に三角に折り
ぐし縫いして糸を引き絞る

<顔の作り方>

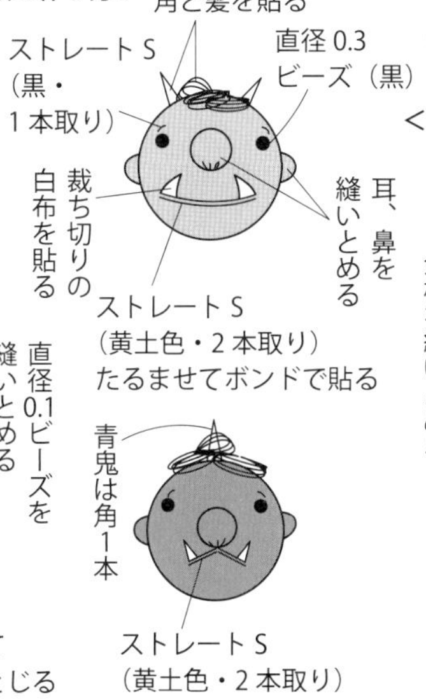

<ふんどしの作り方>

<まとめ方>

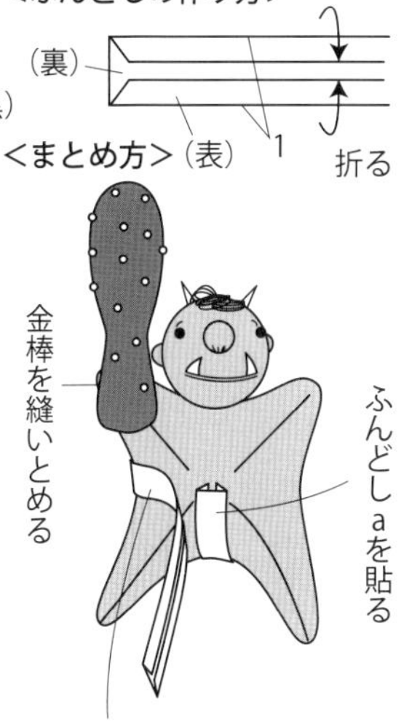

ふんどしbを巻いて
後ろで縫いとめる

<金棒の作り方>

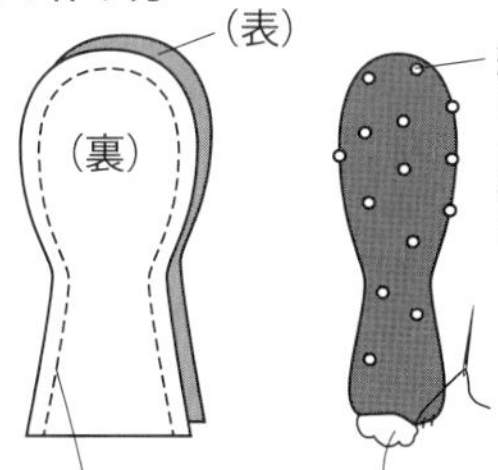

①中表に縫い
表に返す

②綿を入れて
返し口をとじる

小判

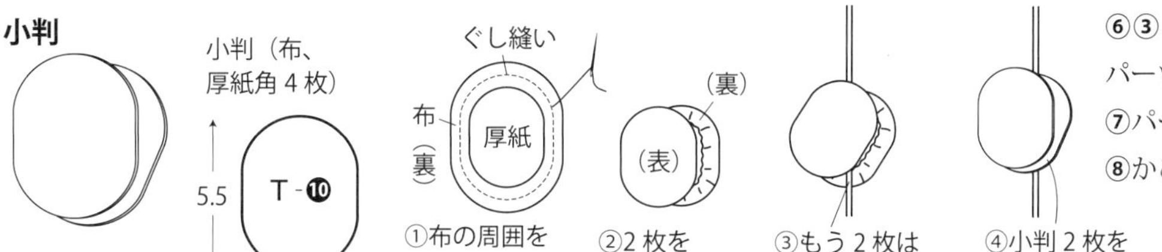

①布の周囲を
ぐし縫いし
厚紙を入れて
糸を引き絞る

②2枚を
外表に貼る

③もう2枚は
打ちひもを
はさんで貼る

④小判2枚を
ずらして貼る

貝合わせ

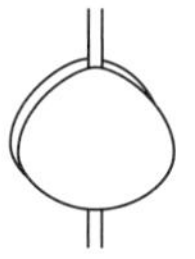

貝合わせの
作り方はp.75参照

扇

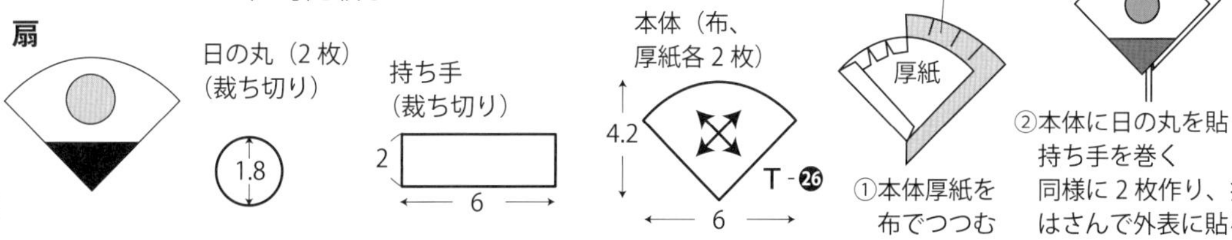

①本体厚紙を
布でつつむ

②本体に日の丸を貼り
持ち手を巻く
同様に2枚作り、打ちひもを
はさんで外表に貼る

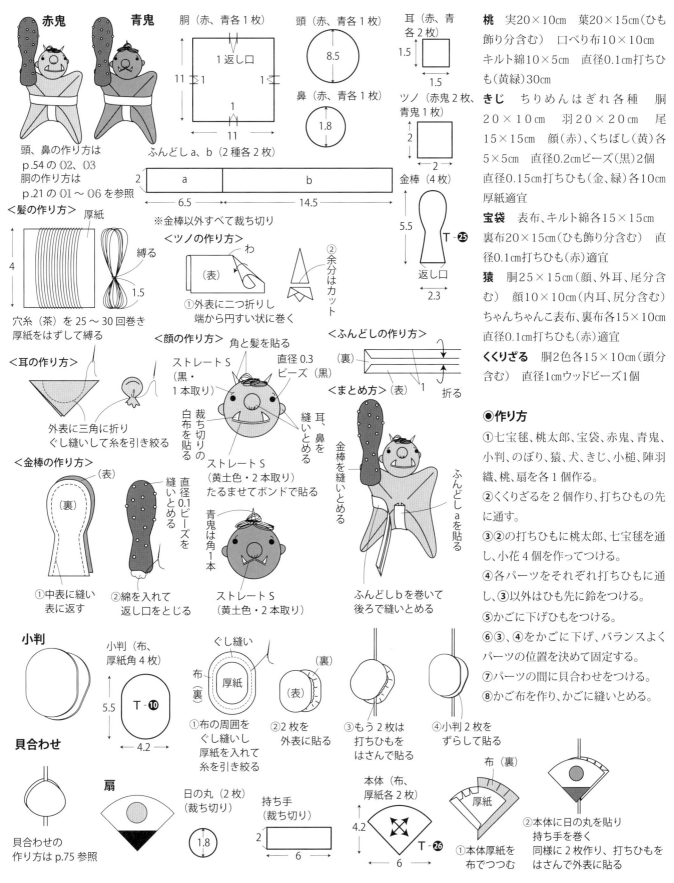

陣羽織

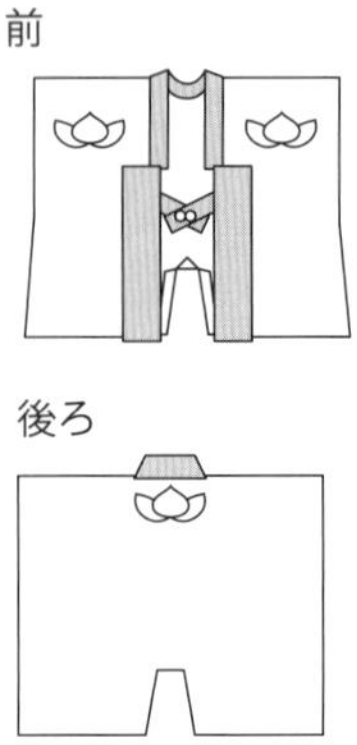

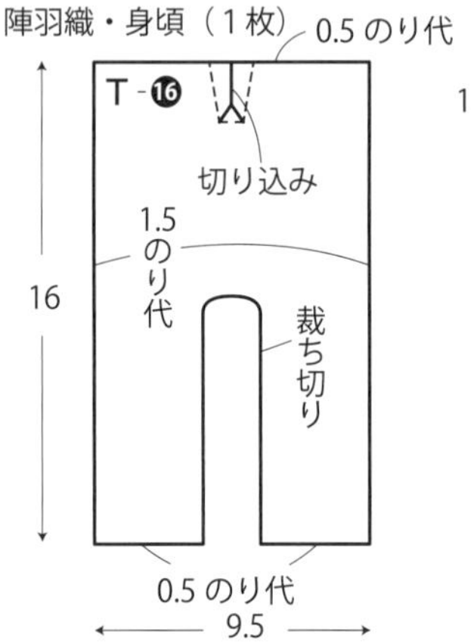

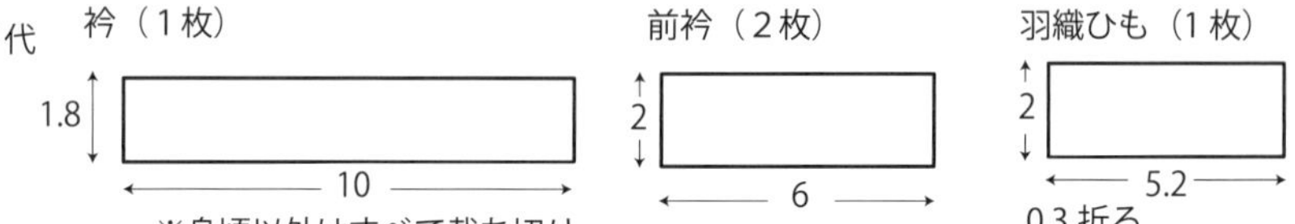

※身頃以外はすべて裁ち切り

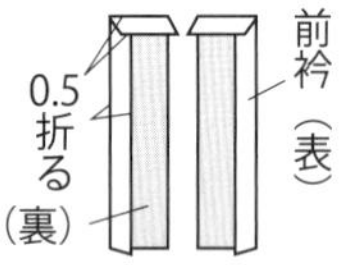

①前衿の2辺を折る
左右対称に2枚作る

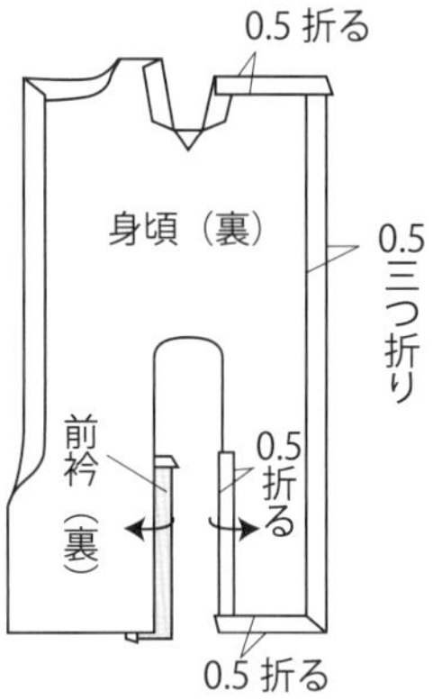

②身頃の切り込みを折り
衿ぐりに前衿を貼る
周囲ののり代を折って貼る

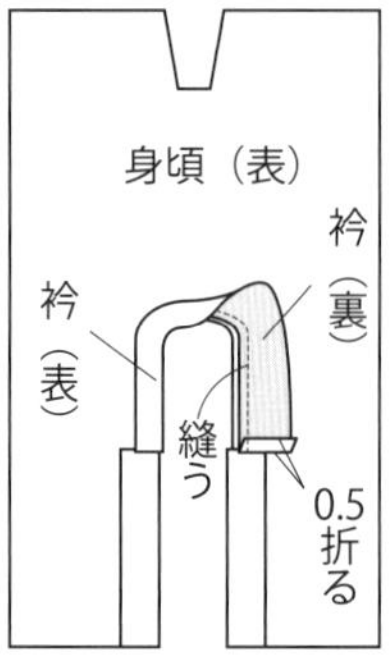

③衿ぐりをはさんで
衿をつける

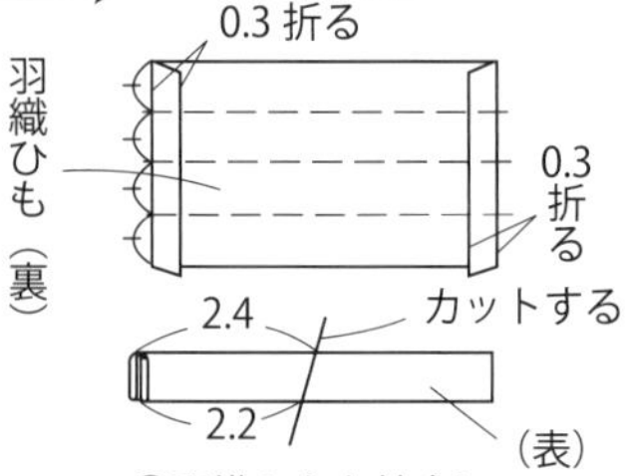

④羽織ひもを外表に
四つ折りしてカット

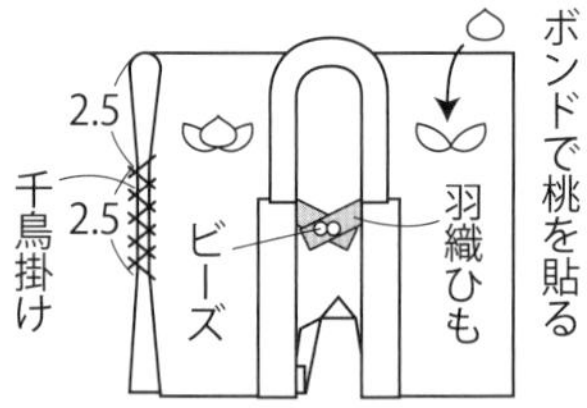

⑤羽織ひもを裏から縫いとめる
身頃を二つ折りして脇を千鳥掛け
胸と背中心に桃の紋を貼る

打ち出の小槌

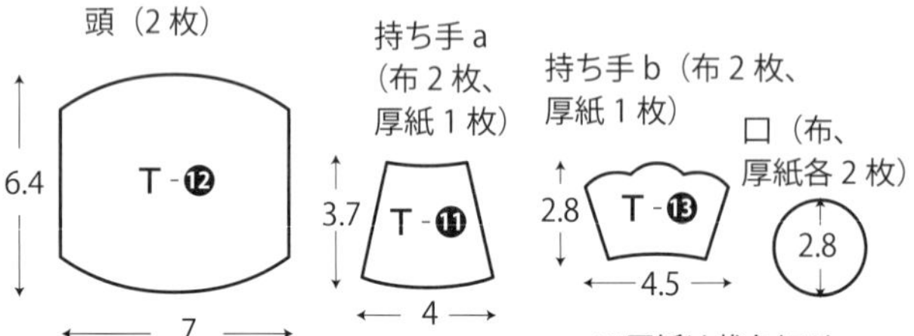

※厚紙は裁ち切り

①持ち手aを
中表に縫う

②表に返して
厚紙と綿を入れ
返し口をとじる

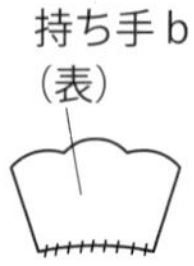

③持ち手bは
綿なしで
同様に作る

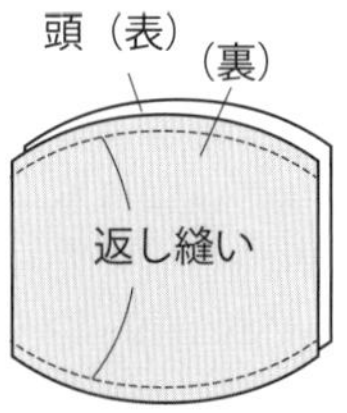

④頭を中表に合わせて
上下を縫う

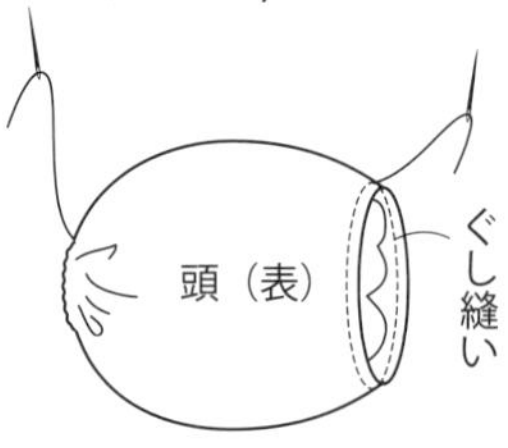

⑤表に返して左右を
ぐるりとぐし縫いし
綿を入れて糸を引き絞る

⑥口布の周囲を
ぐし縫いし
厚紙を入れて
糸を引き絞る

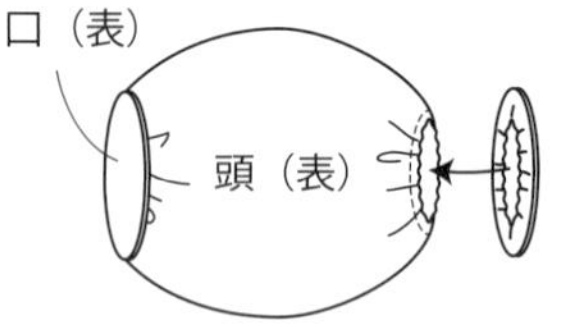

⑦頭の左右に
口を縫いつける

⑧持ち手a、bを頭の
上下に縫いつける

のぼり

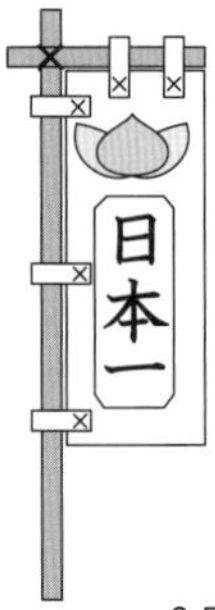

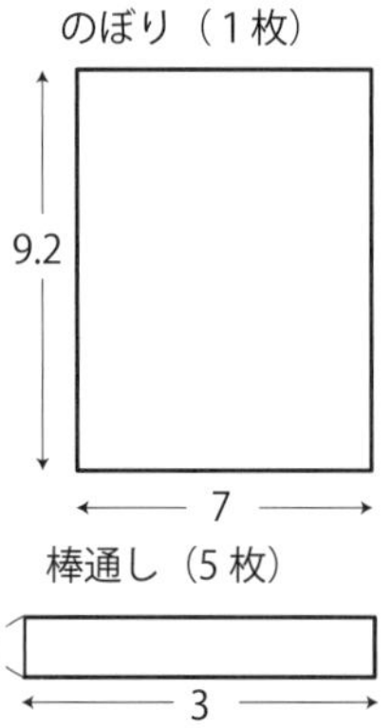

※すべて裁ち切り

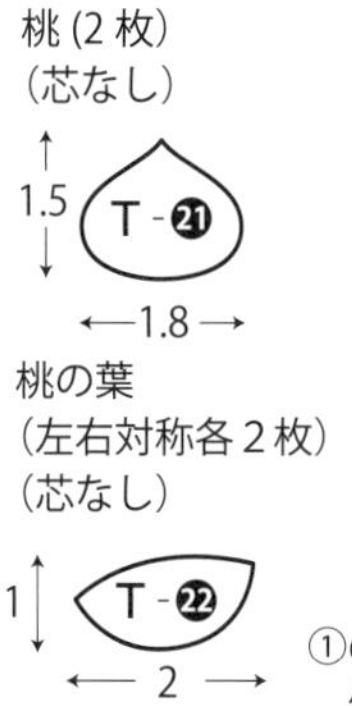

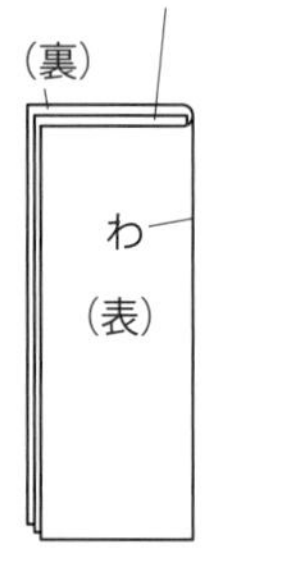

①のぼり布を
外表に二つ折りし
両面接着芯で
貼り合わせる

②桃、葉、文字を
書いた紙を
表と裏に
ボンドで貼る

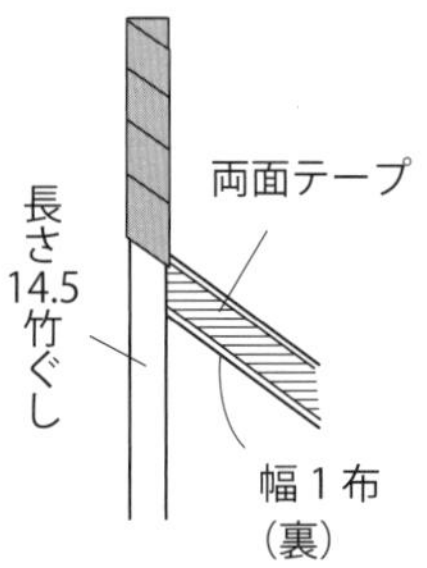

③テープ状に
カットした
布を竹ぐしに
両面テープで貼る

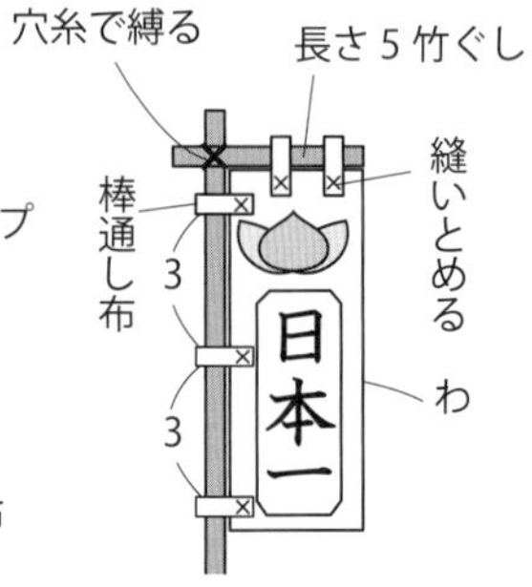

④棒通し布を二つ折りし
のぼりをはさんで縫う
棒通し布に竹ぐしを通す
竹ぐしを交差させて縛る

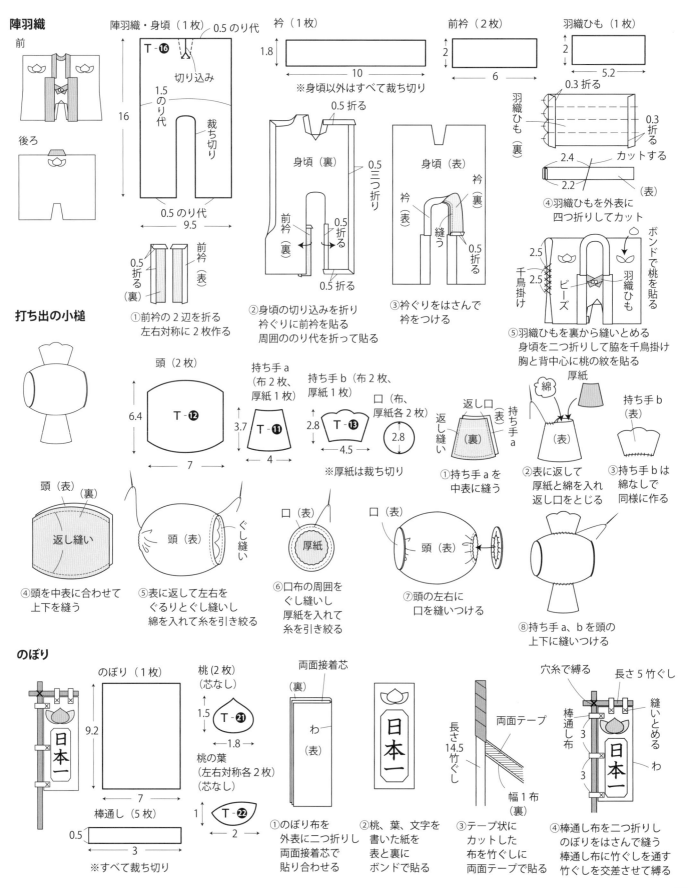

桃太郎

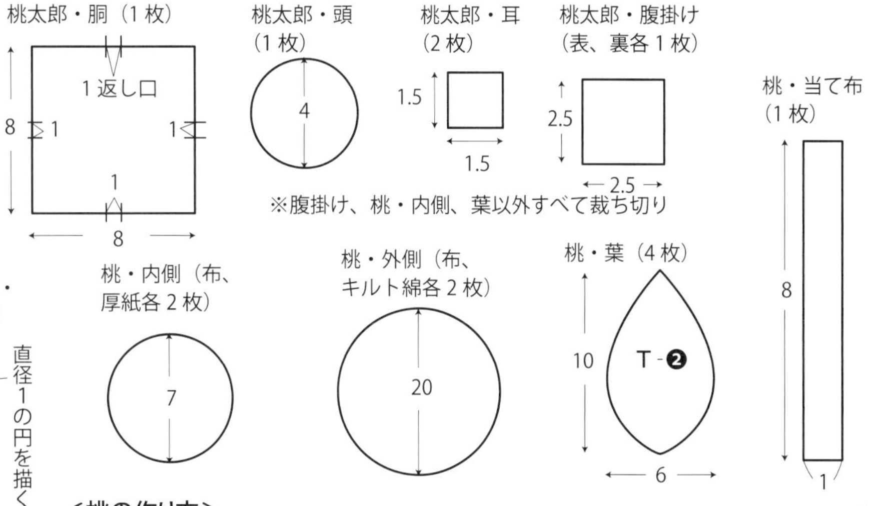

＜桃太郎の作り方＞

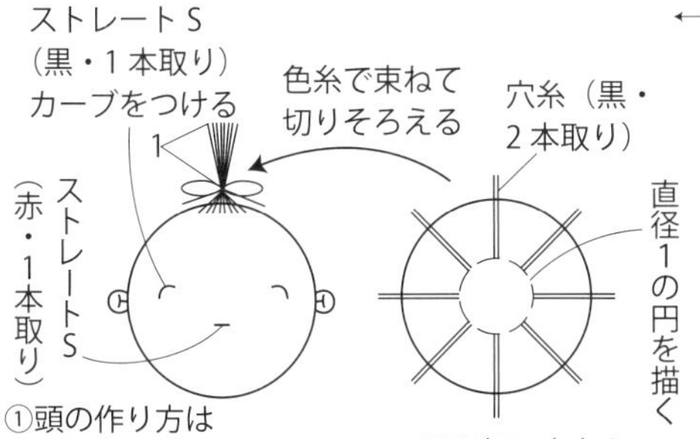

①頭の作り方は
p.52の02～05参照
耳は鬼と同様に作って貼る
顔、髪を刺しゅうする

頭頂部に穴糸を
放射状に渡す

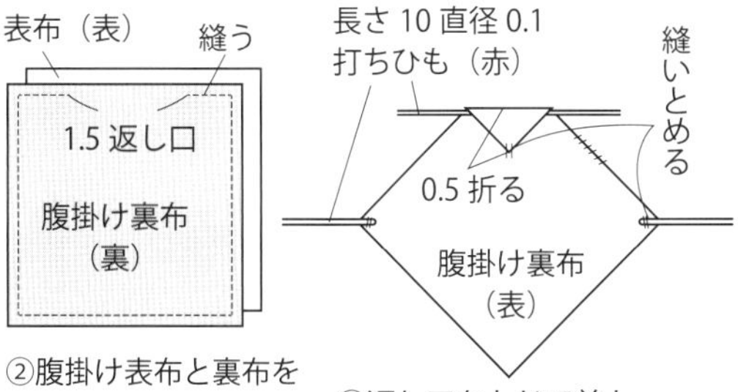

②腹掛け表布と裏布を
中表に縫い表に返す

③返し口をとじて首と
両脇に打ちひもを
縫いとめる

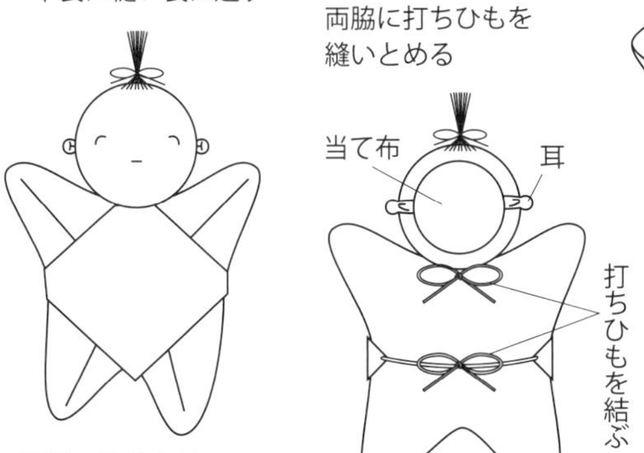

④胴の作り方は
p.21の01～06を参照
胴に頭を縫いとめて
腹掛けをつける

＜桃の作り方＞

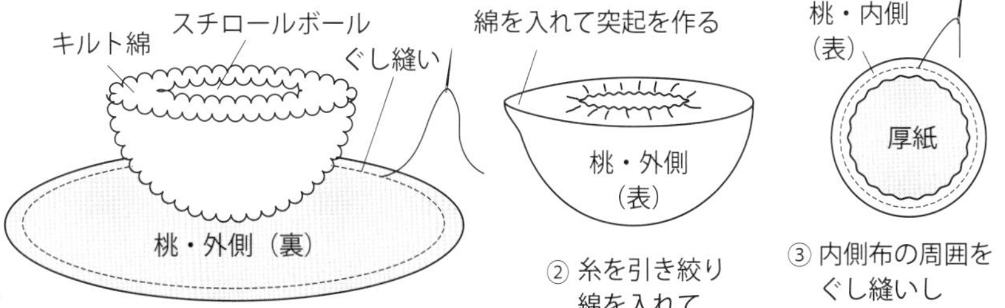

① 半分にカットしたスチロールボールを
キルト綿でつつむ
桃・外側布の周囲をぐし縫いする

② 糸を引き絞り
綿を入れて
桃の形に整える

③ 内側布の周囲を
ぐし縫いし
厚紙を入れて
糸を引き絞る

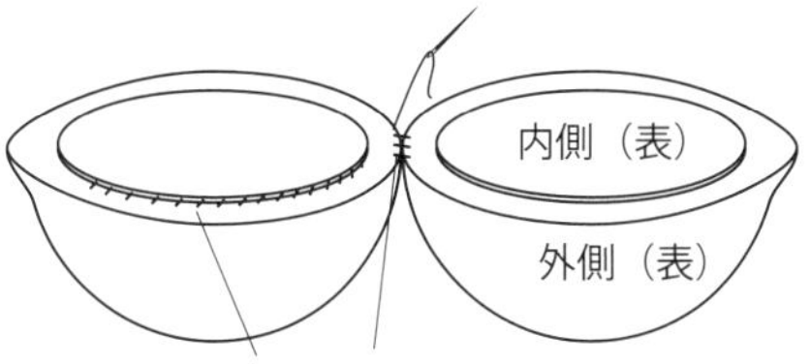

④外側に内側を縫いとめる
同様にもう1個作って2個を縫いとめる

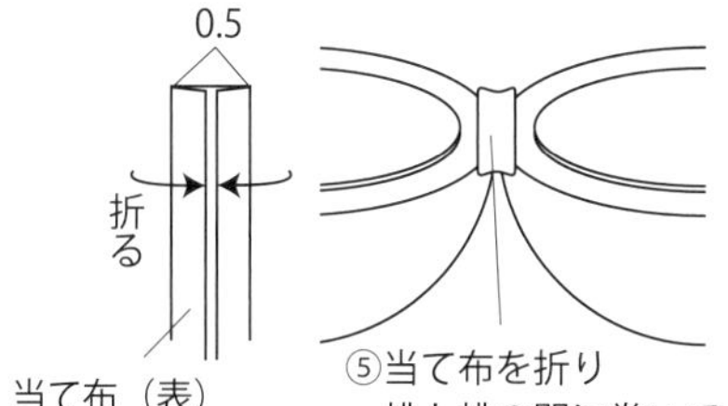

⑤当て布を折り
桃と桃の間に巻いて
縫いとめる

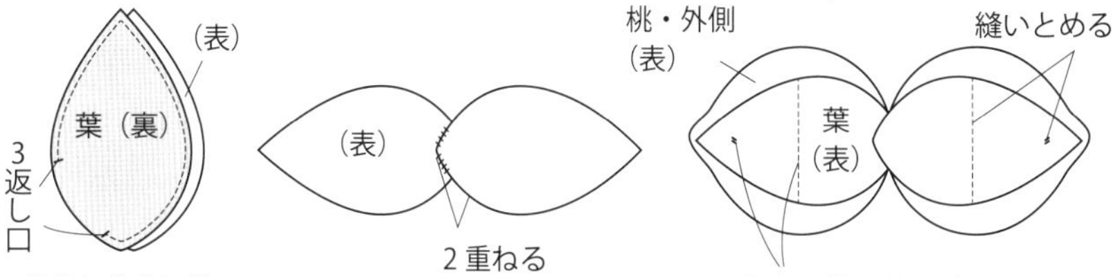

⑥葉を中表に縫い
表に返して
返し口をとじる

⑦葉を2枚作り重ねて縫う

⑧ ⑤の桃に葉を縫いとめる

かご布

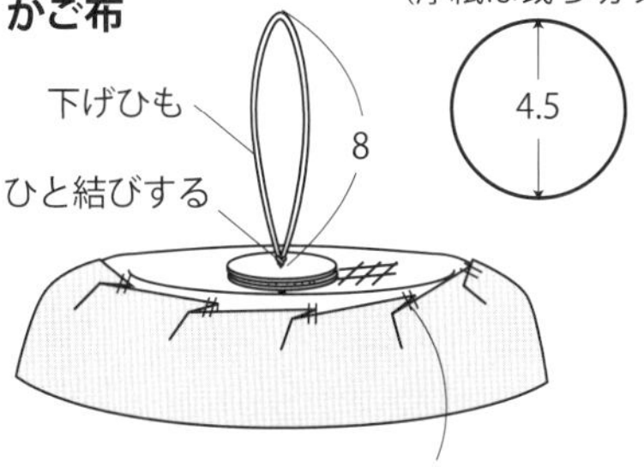

タックを取ってかごに縫いとめる

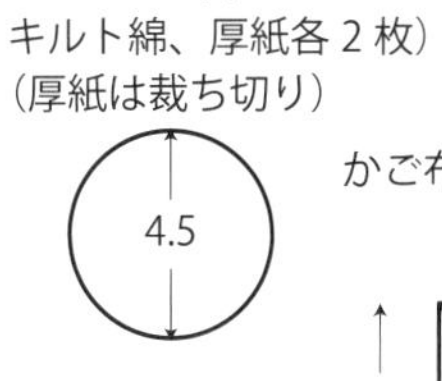

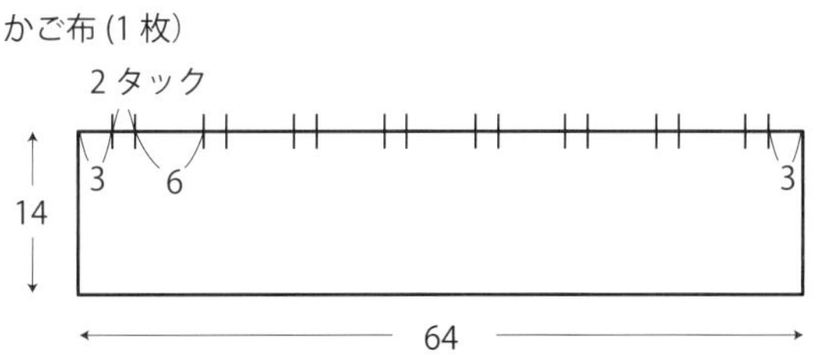

かご布の作り方はp.77「傘布」参照
p.26「かごの作り方」を参照して下げひもをつける

＜まとめ方＞

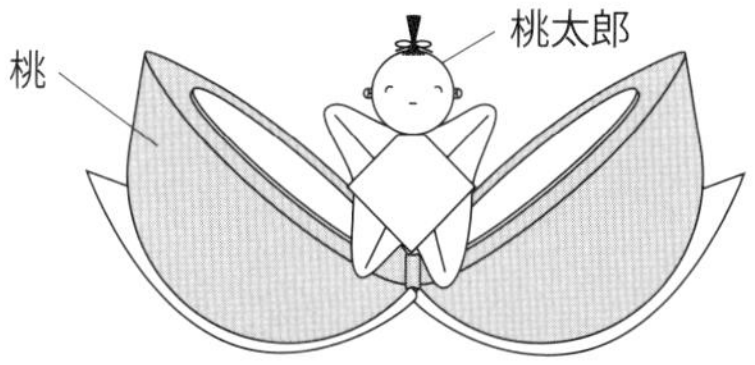

桃に桃太郎を縫いとめる

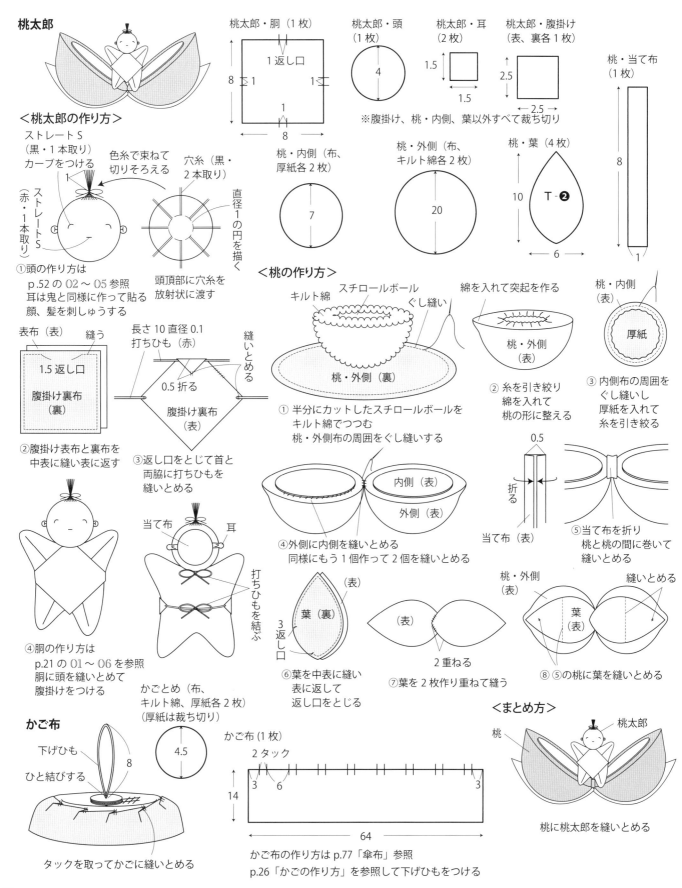

犬

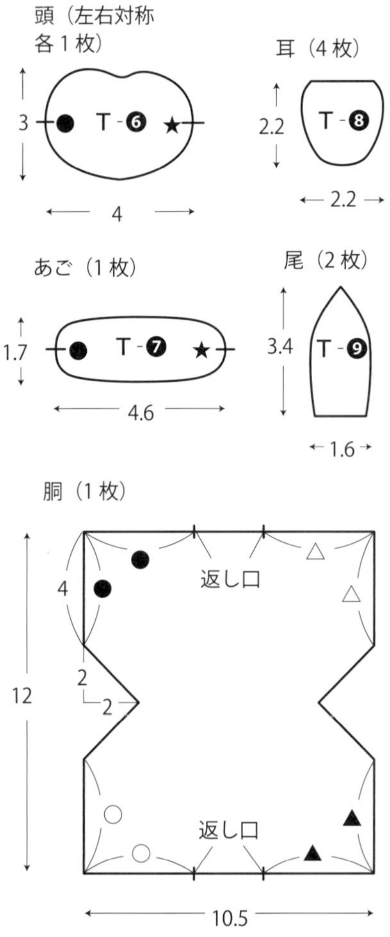

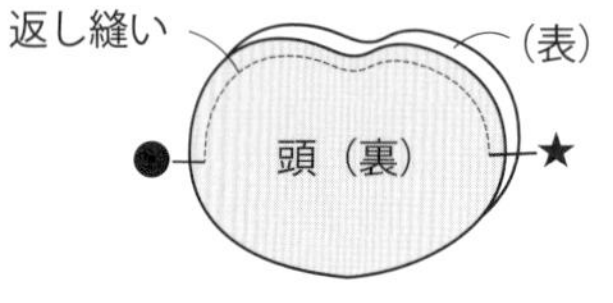

①頭を中表に合わせ
●印から★印まで縫う

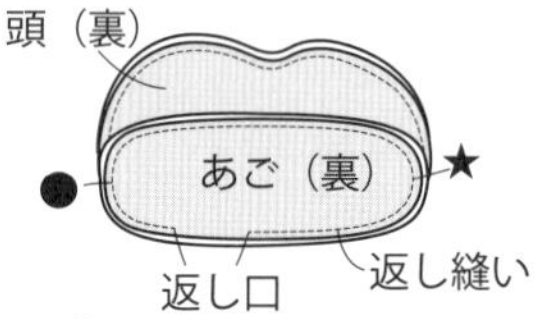

②頭とあごの●印と★印を
合わせて縫う

③表に返して綿を入れ
返し口をとじる

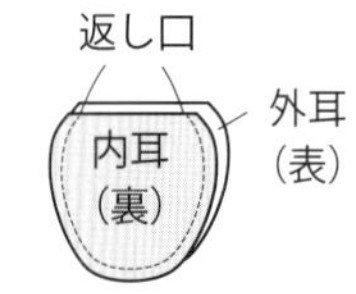

④内耳、外耳を中表に
合わせて縫い
表に返す

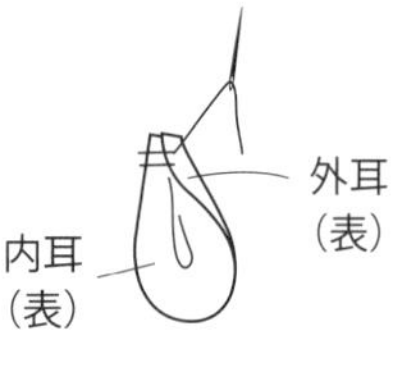

⑤返し口をとじ
二つ折りして
つけ根を縫いとめる

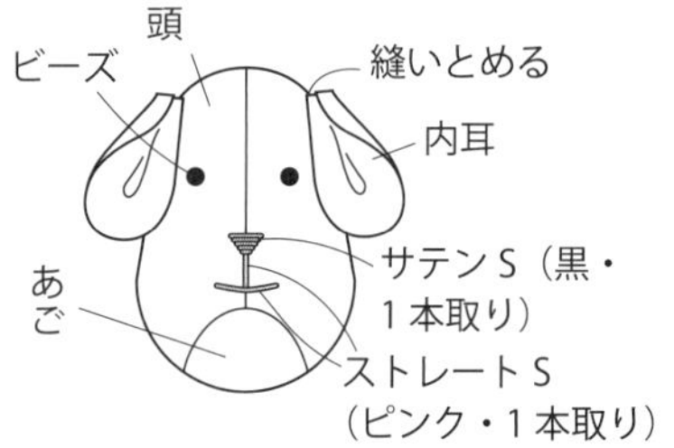

⑥頭の左右に耳を縫いとめる
目にビーズをつけ
鼻と口を刺しゅうする

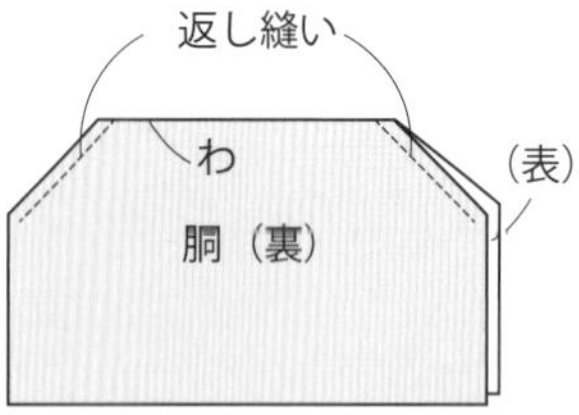

⑦胴を中表に
二つ折りして縫う

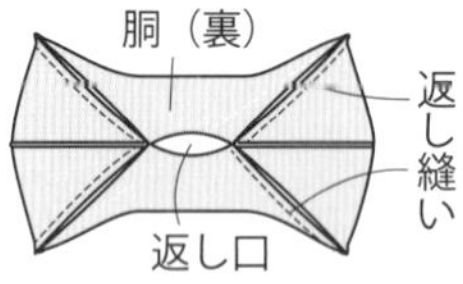

⑧同じ印同士を中表に縫う

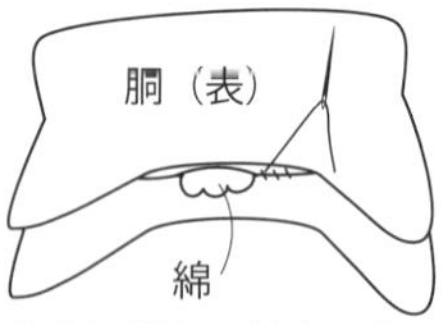

⑨表に返して綿を入れ
返し口をとじる

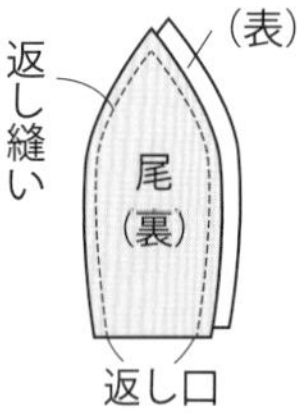

⑩尾を中表に
縫う

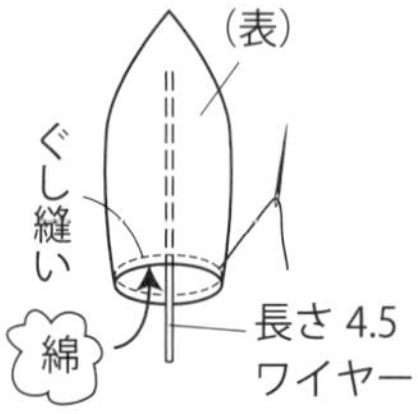

⑪返し口を
ぐし縫いして
ワイヤーと
綿を入れる

⑫糸を引き絞る

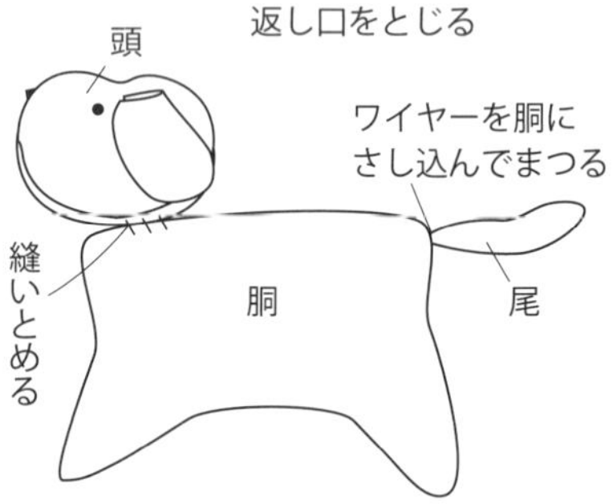

⑬胴に頭と尾をつける

桃

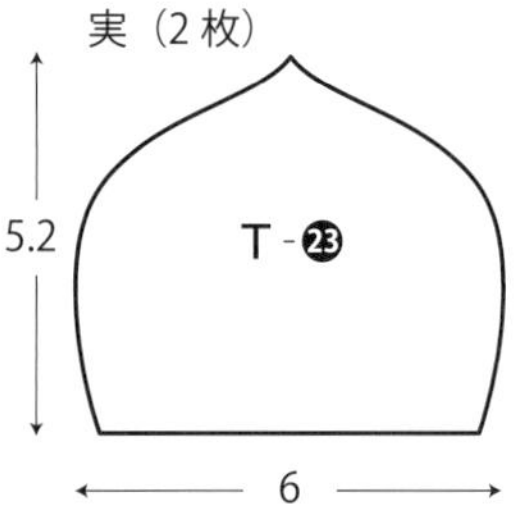

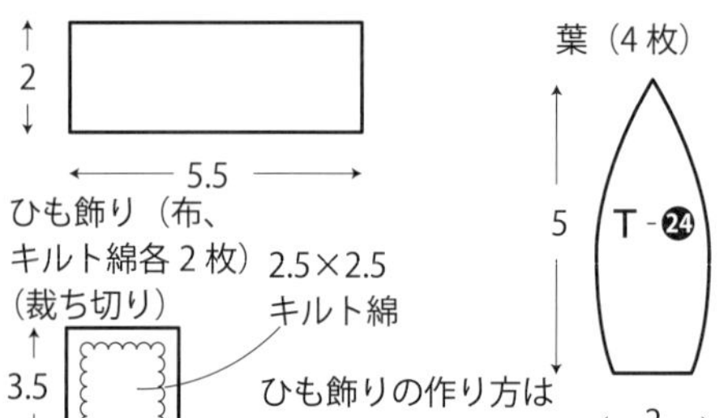

ひも飾りの作り方は
p.19の03〜12、
17、18を参照

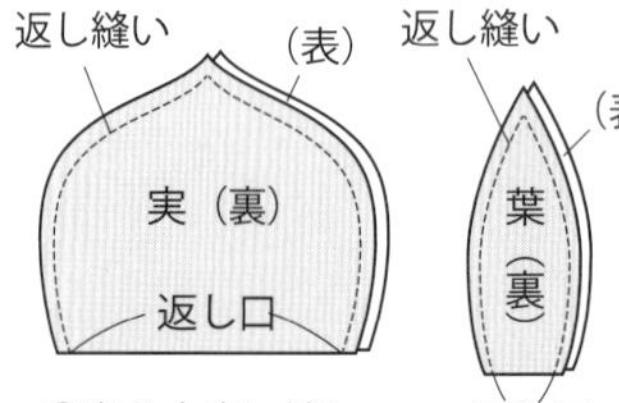

①実を中表に縫い
表に返す
同様に葉を作る

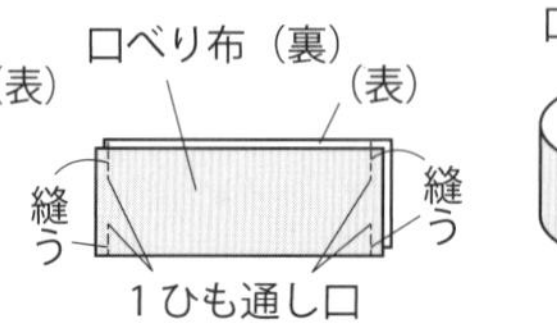

②口べり布を中表に合わせ
ひも通し口を残して縫う

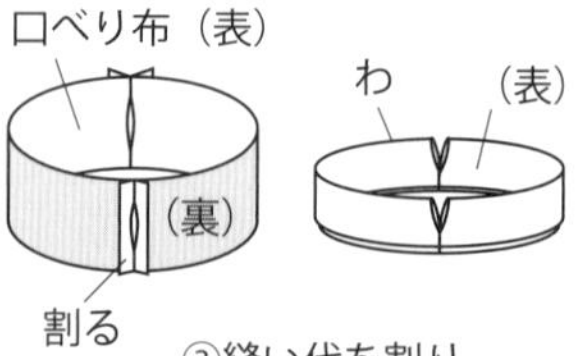

③縫い代を割り
外表に二つ折りする

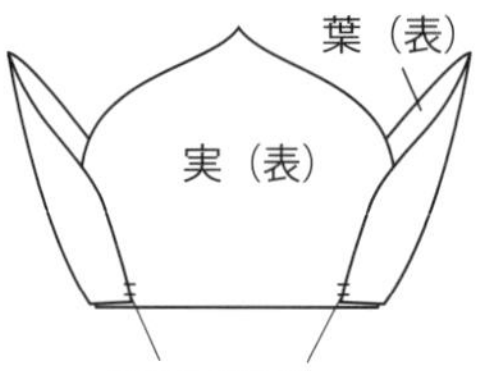

④実に葉を
仮どめする

⑤実と口べり布を
重ねて縫う

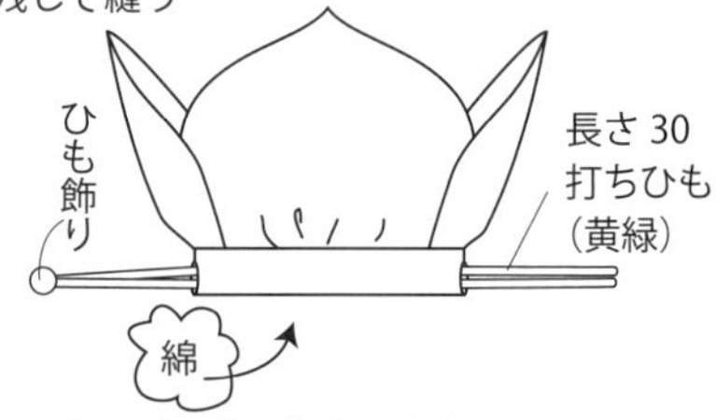

⑥口べり布に打ちひもを
引き違いに通してひも飾りをつける
綿を入れて打ちひもを結ぶ

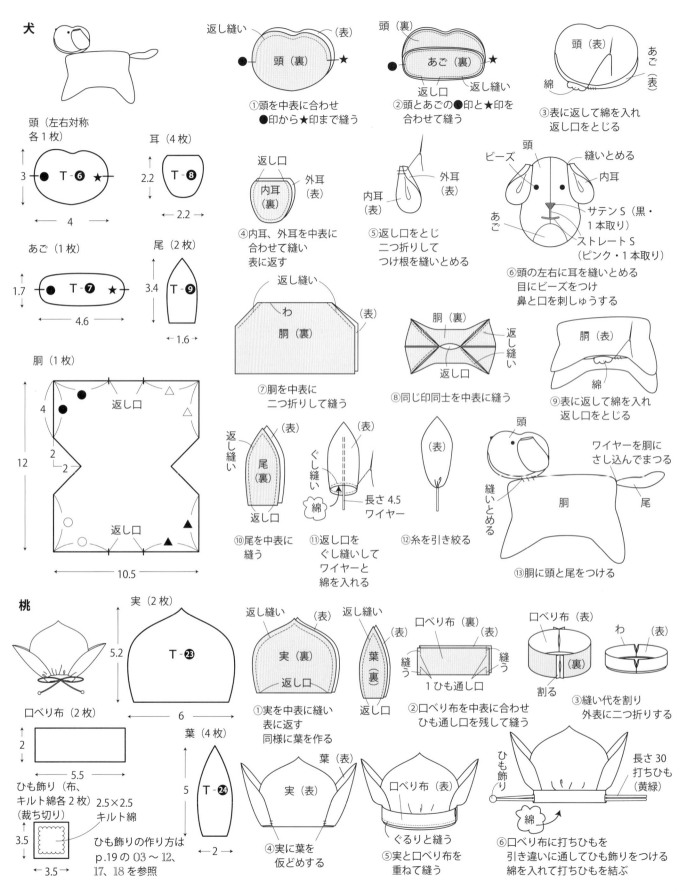

きじ

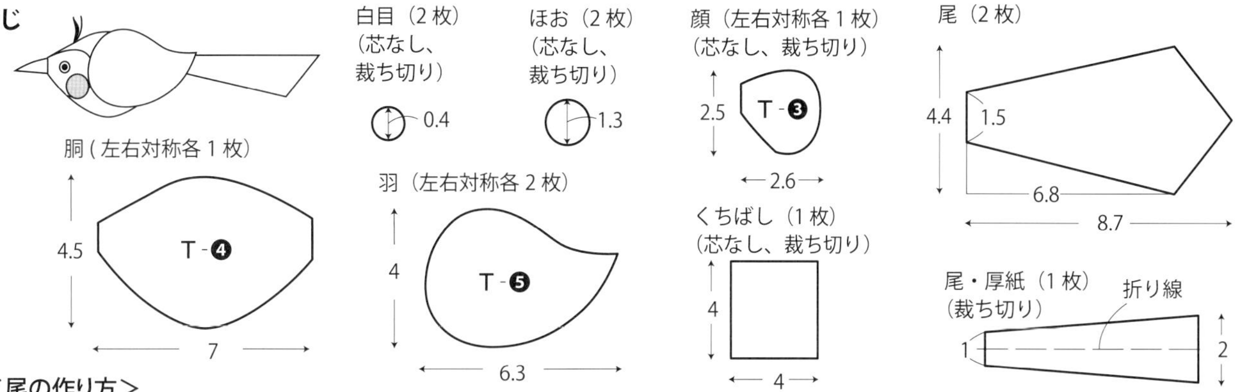

＜尾の作り方＞

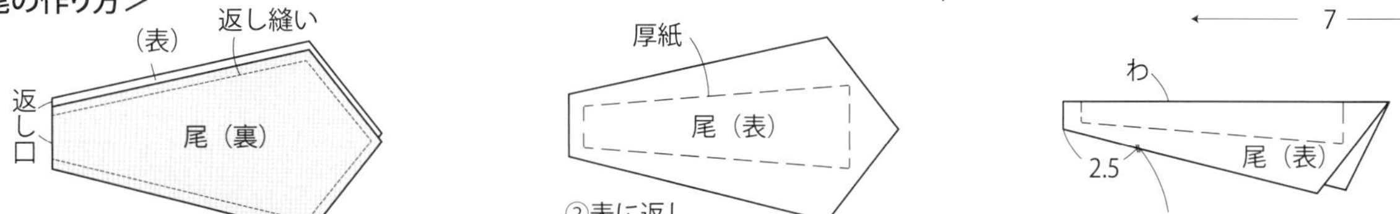

①尾を中表に合わせて縫う

②表に返し
折り線をつけた厚紙を入れる

③二つ折りしてつけ根を縫いとめる

＜くちばしの作り方＞

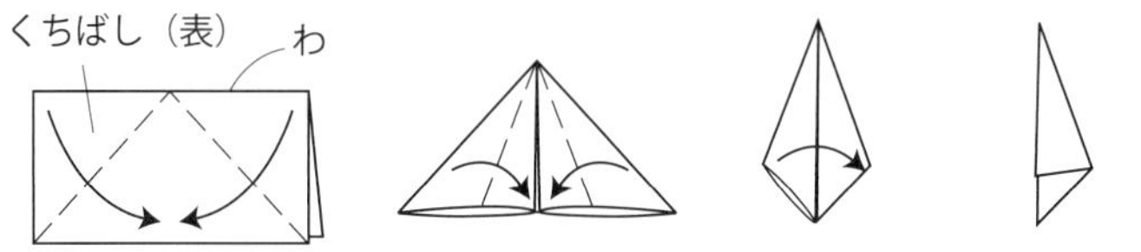

①くちばし布を
外表に二つ折りする

②突き合わせに
三角に 2 回折る

③二つ折りする

＜胴の作り方＞

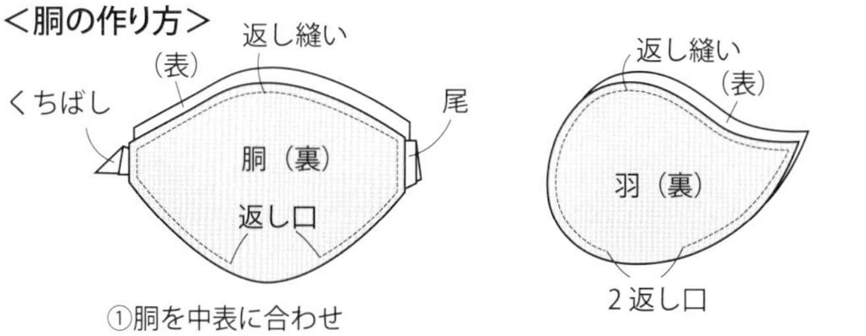

①胴を中表に合わせ
尾とくちばしをはさんで縫う
表に返して綿を入れ
返し口をとじる

②羽を中表に縫い
表に返して返し口をとじる

＜まとめ方＞

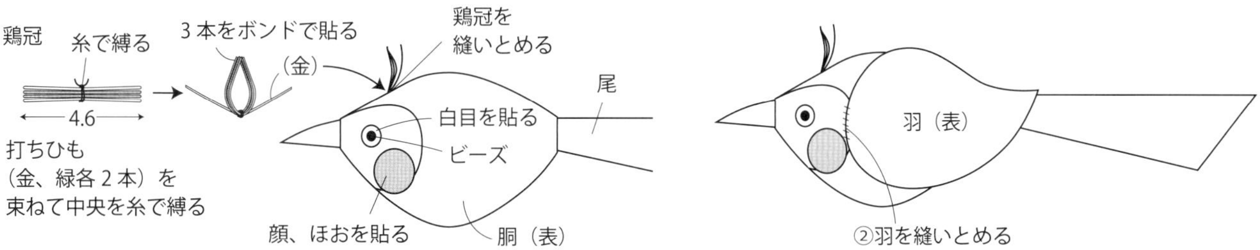

⑥型紙の印の位置に各パーツをつける

宝袋

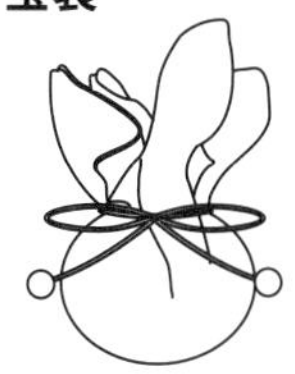

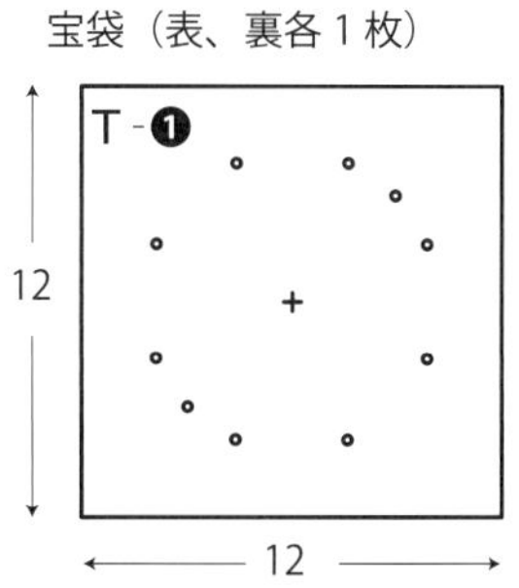

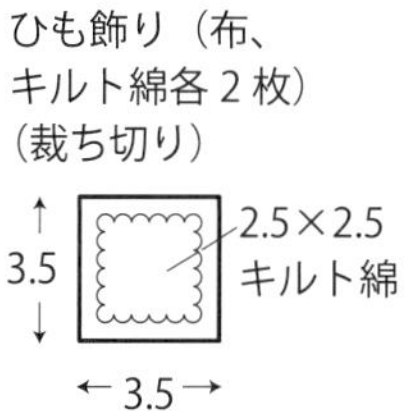

ひも飾りの作り方は
p.19 の 03 ～ 12、
17、18 を参照

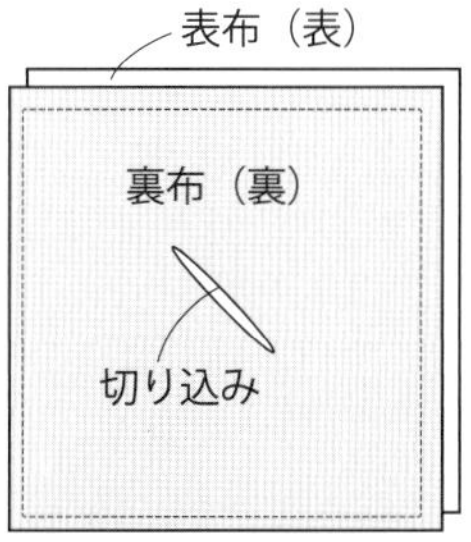

①表、裏を中表に縫い
裏布に切り込みを入れて
表に返す

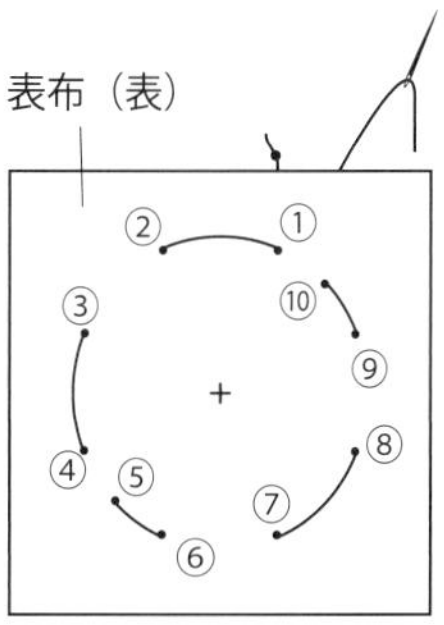

②裏布側から針を出し
番号順に糸を渡す

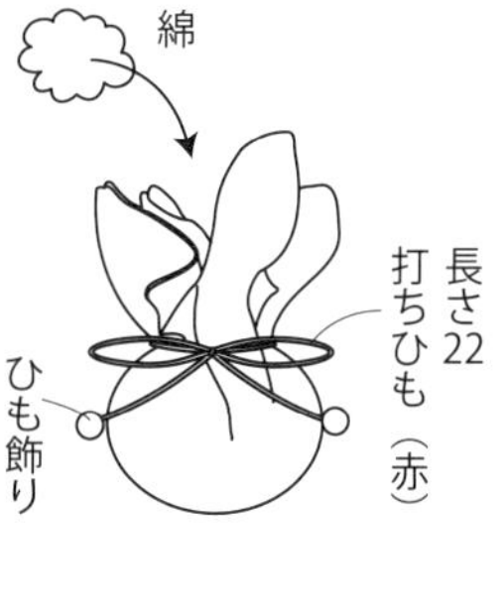

③綿を入れて糸を引き絞る
ひも飾りをつけた
打ちひもで蝶結びする

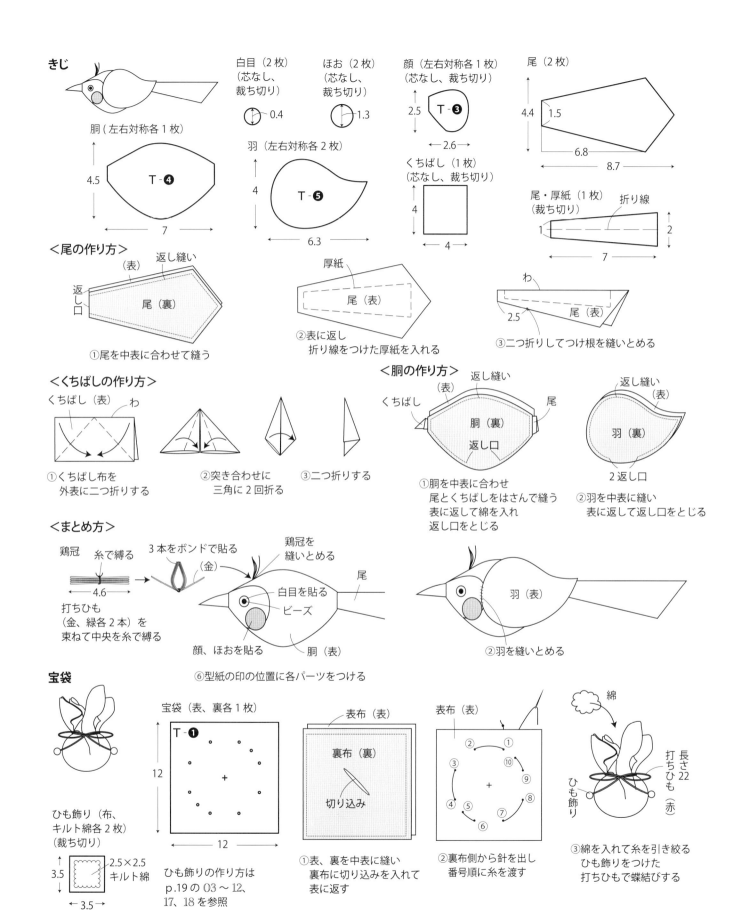

猿

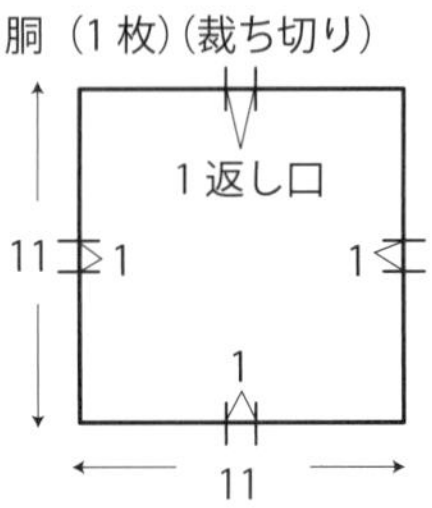

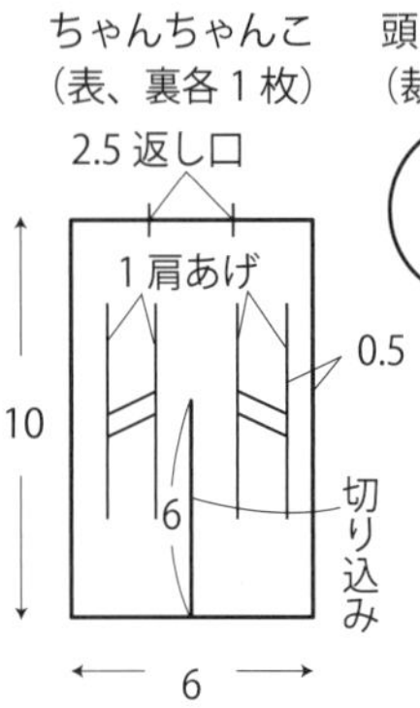

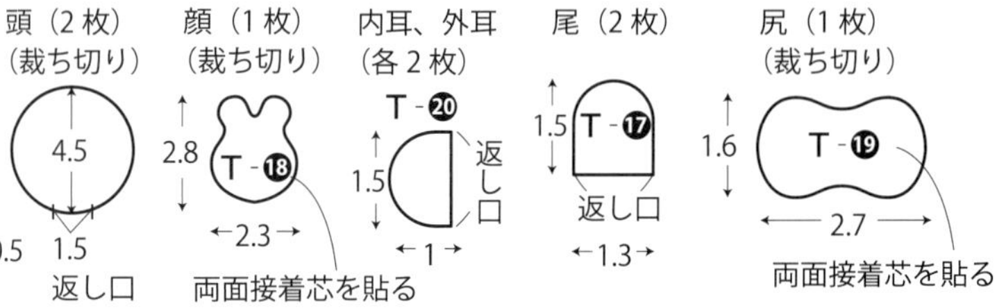

顔の作り方はp.55「さるの作り方」、
胴の作り方はp21の01～06を参照

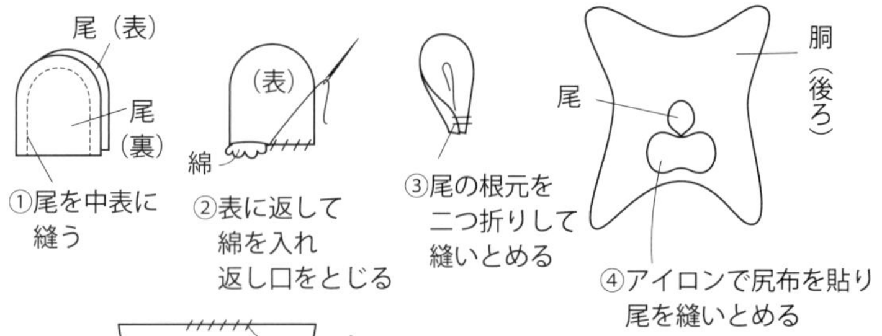

くくりざる

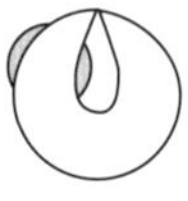

胴、頭の作り方は
p.21の01～08、Point、
p.26「パーツの
まとめ方」参照

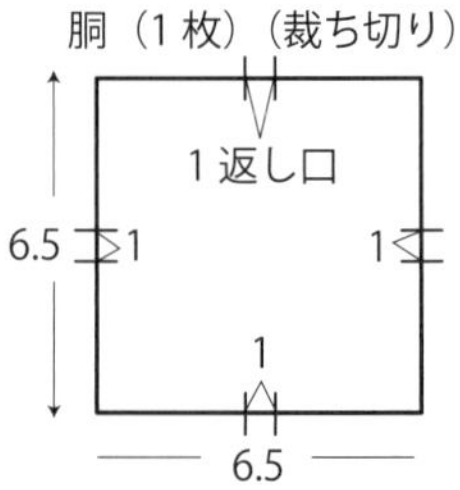

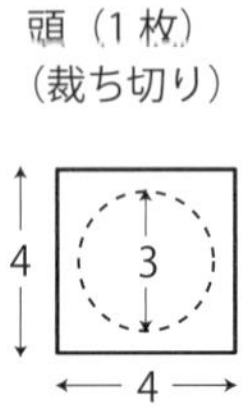

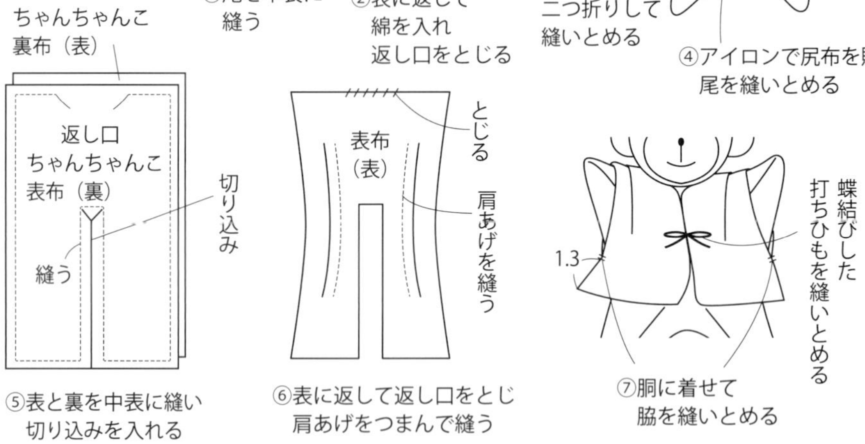

P.17 ご縁が五猿

a

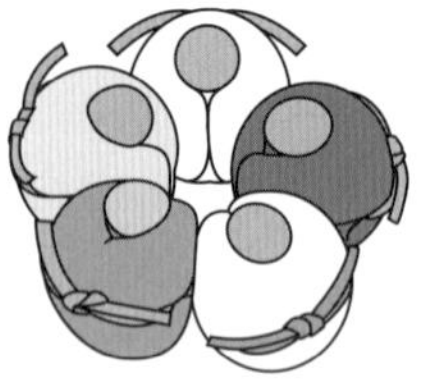

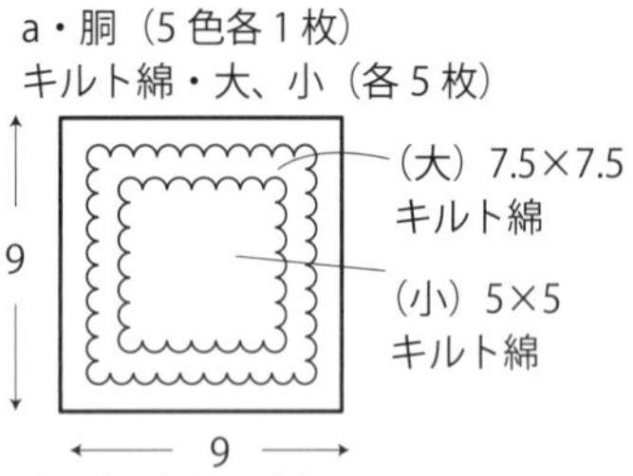

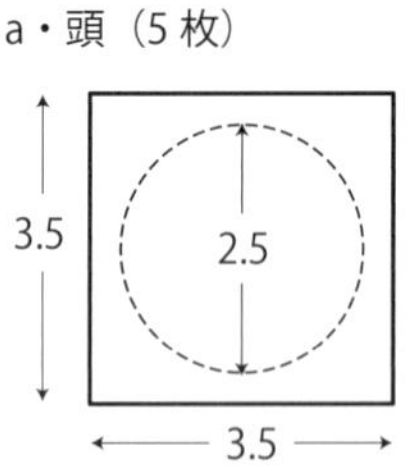

b

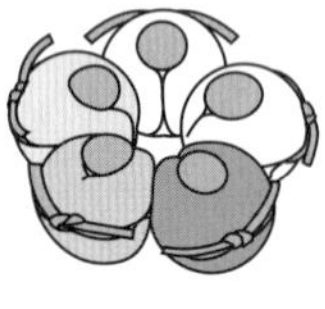

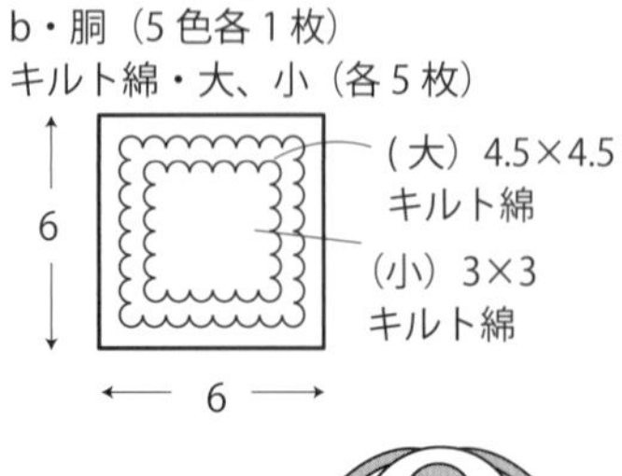

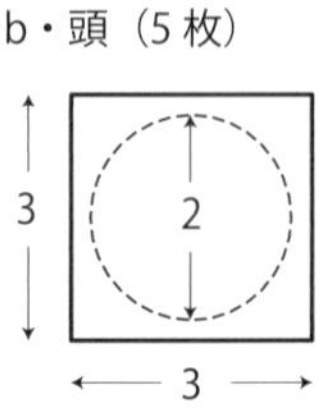

※すべて芯なし、裁ち切り

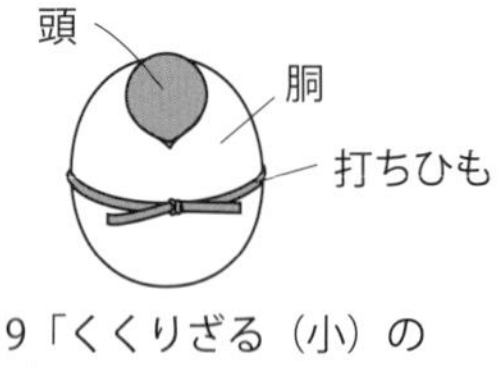

p.19「くくりざる（小）の
作り方」を参照して
くくりざるを5個作る

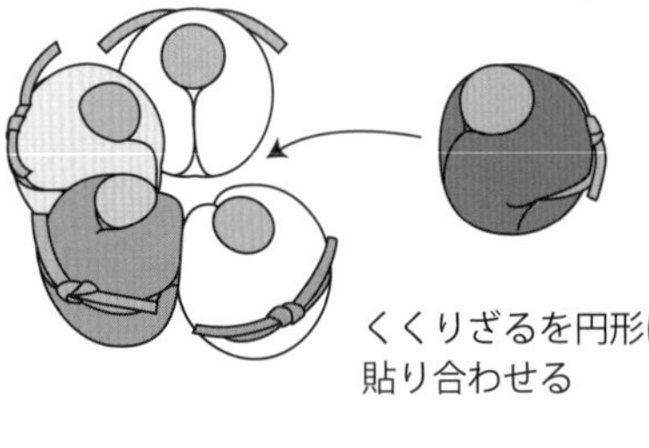

くくりざるを円形に
貼り合わせる

◉材料（共通）

胴5色各10×10㎝　頭（赤）15×10㎝
キルト綿(a)25×25㎝、(b)15×15㎝
直径0.2㎝打ちひも1m　手芸綿適宜

◉作り方（共通）

①くくりざるを5個作る。
②打ちひもの結び目を外側にして5個を丸くまとめて固定する。

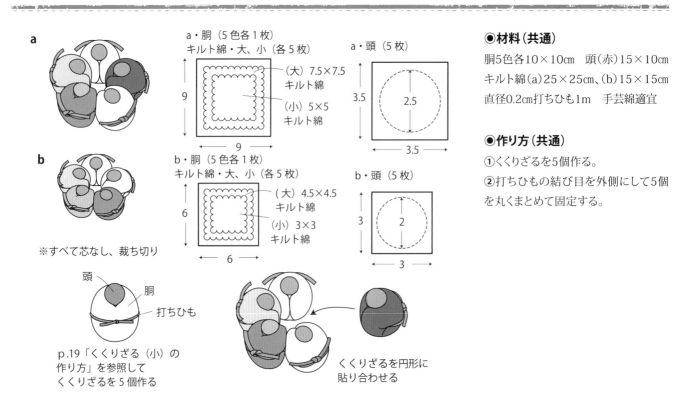

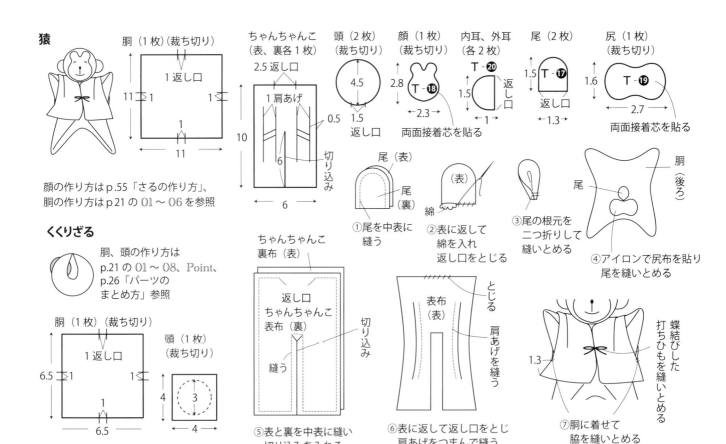

P.17 ふうせんかずらの九猿とご縁が五猿

ご縁が五猿

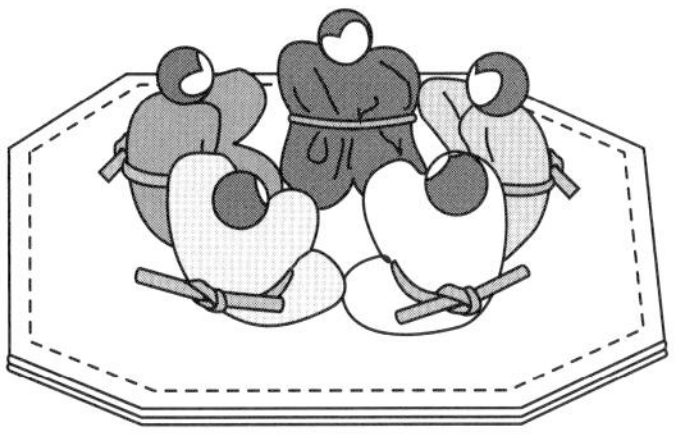

九猿

◉材料

五猿　胴用はぎれ各種　敷物用表布、裏布、不織布接着芯各10×10㎝　キルト綿15×15㎝　ふうせんかずらの種５個　直径0.2㎝打ちひも（赤）50㎝　手芸綿適宜

九猿　胴用はぎれ各種　クッション10×10㎝　キルト綿20×15㎝　ふうせんかずらの種9個　直径0.2㎝打ちひも（赤）1ｍ　直径3.5㎝竹かご1個　ニット用接着芯、手芸綿各適宜

◉作り方

①胴を作り、胴に打ちひもを巻く。

②胴にふうせんかずらの種をつける。五猿は５個、九猿は９個作る。

③五猿は敷物を作る。

④敷物の上に②５個で円陣状に並べてボンドで貼る。

⑤九猿はクッションを作り、かごに入れる。

⑥クッションの上に②９個を並べてボンドで貼る。

五猿・胴（布、キルト綿各５枚）
九猿・胴（布、キルト綿各９枚）
（芯なし、裁ち切り）

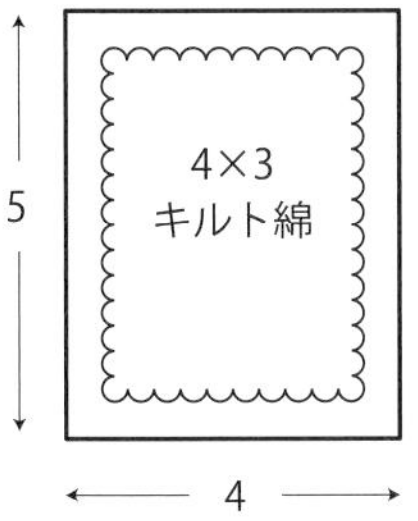

五猿・敷物（表、裏、
接着芯各１枚）
（接着芯は裁ち切り）

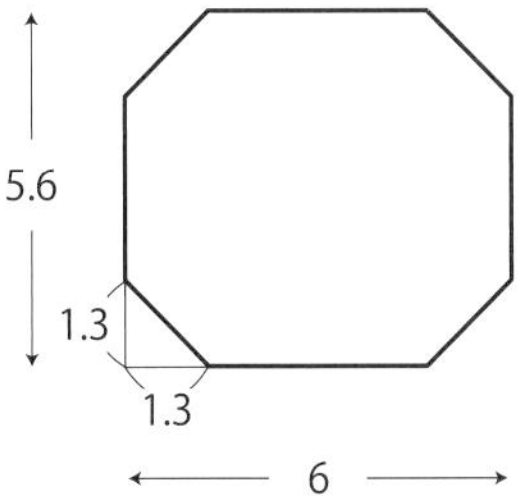

九猿・クッション（１枚）

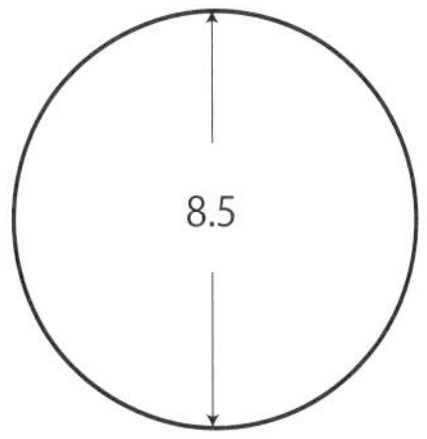

五猿・敷物の作り方

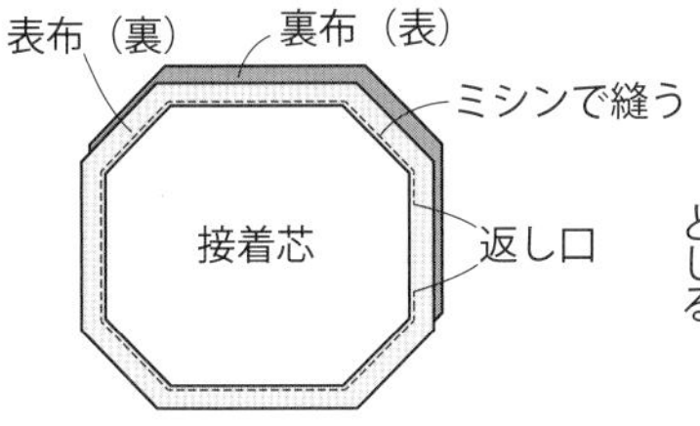

①表布に接着芯を貼り
裏布と中表に縫う

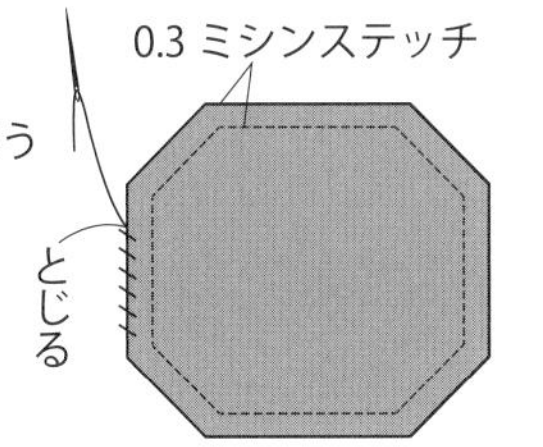

②表に返して返し口をとじ
周囲にミシンステッチ

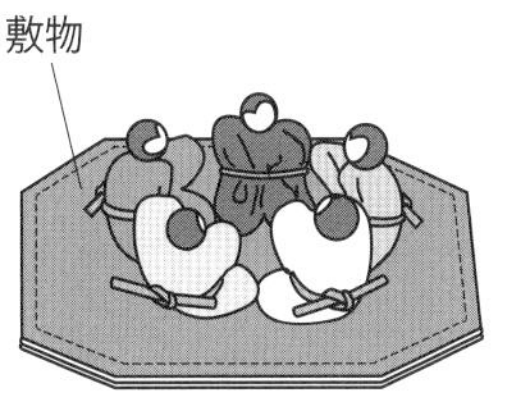

③くくりざるを円形に置き
ボンドで固定する

くくりざるの作り方

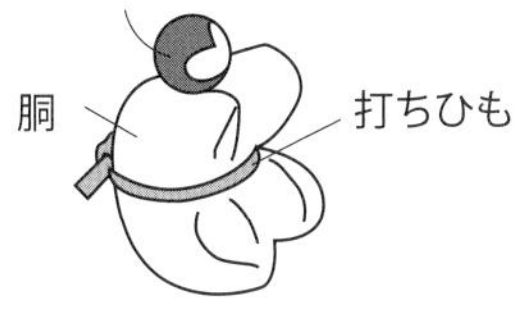

p.19の 03 ～ 12、16 を
参照して胴を作り
ふうせんかずらの種を
頭の位置につける

九猿・クッションの作り方

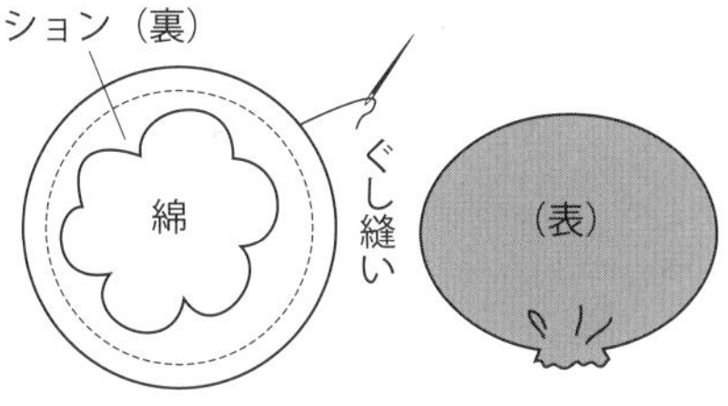

①周囲をぐし縫いし
綿を入れて糸を引き絞る

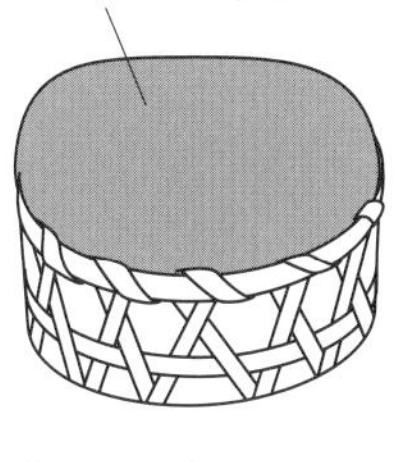

②かごの中に
クッションを入れる

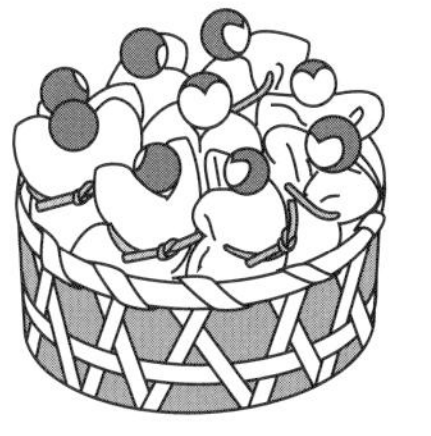

③クッションの上に
くくりざるを乗せて
ボンドで固定する

木目込み毬のつるし飾り

実物大型紙はとじ込み付録 裏O-❶～❻

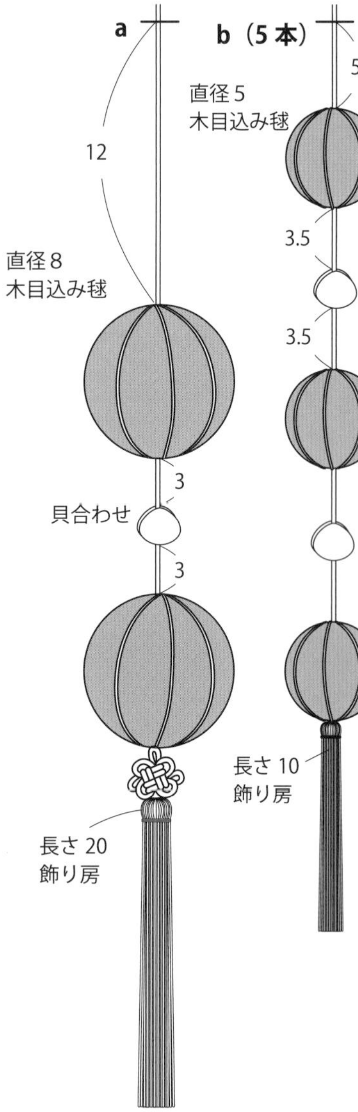

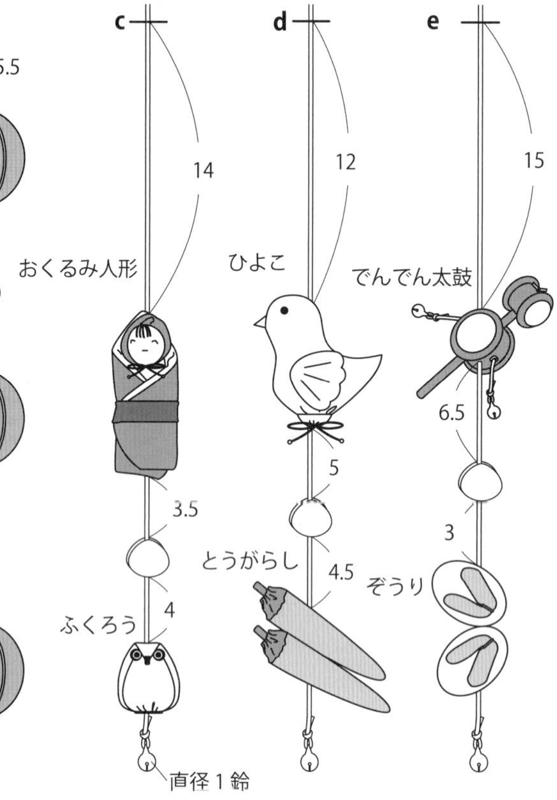

まとめ方

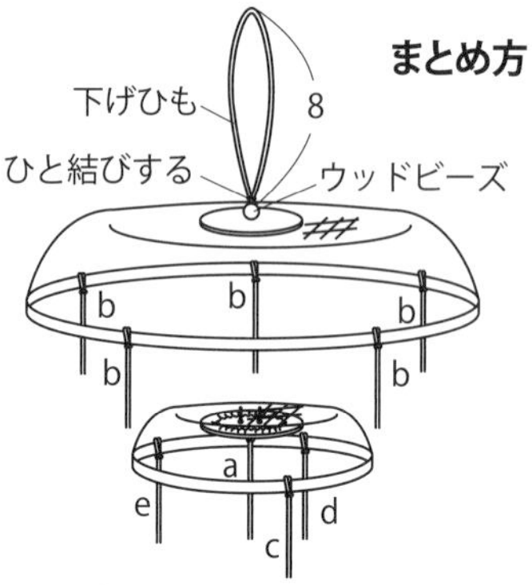

かご・大にbをつける
かご・小の周囲にc～eをつける
p.26「かごの作り方」を参照して
かご2個をまとめ、下げひもをつける
中央にaをつける

木目込み毬 貝合わせ

木目込み毬の作り方はp.43、
貝合わせの作り方はp.75参照

かご布

かごとめ（布、キルト綿、
厚紙各2枚）（厚紙は裁ち切り）

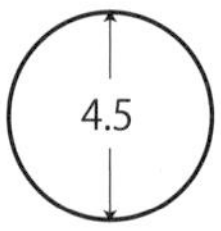

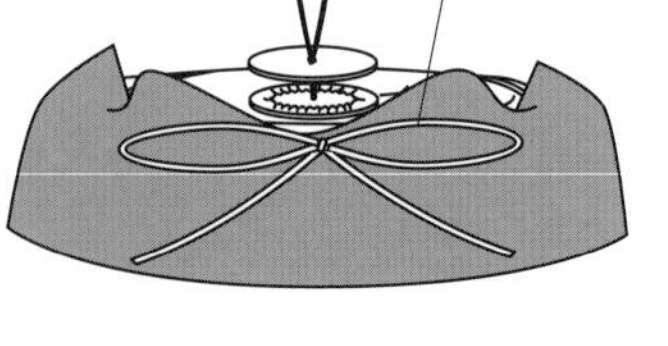

かご布の作り方はp.77「傘布」参照

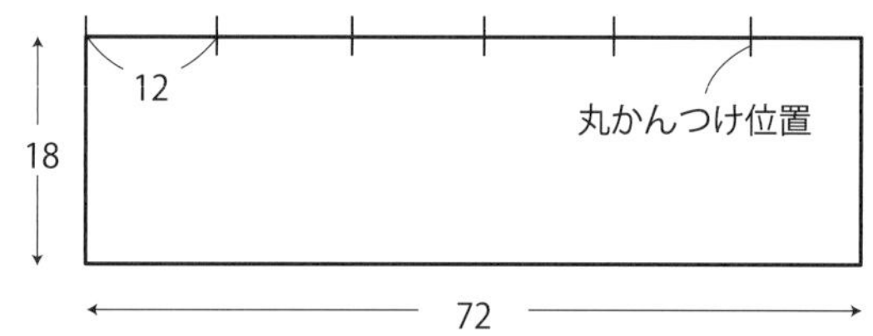

◉材料

共通　ニット用接着芯、手芸綿各適宜

かご　竹かご直径20㎝、直径11㎝各1個　かご布75×20㎝　かごとめ布、キルト綿各15×10㎝　直径0.2㎝打ちひも（赤）5.5m　直径1㎝鈴（金）3個　内径0.6㎝丸かん6個　直径1㎝ウッドビーズ1個　キルト綿10×5㎝　厚紙10×10㎝

毬　ちりめんはぎれ各種　筋入りスチロールボール直径8㎝2個、直径5㎝15個　長さ20㎝菊結びつき飾り房（赤）1本　長さ10㎝飾り房（赤）5本　直径0.2㎝打ちひも（赤）13m

貝合わせ　はぎれ各種　しじみ貝14組

ふくろう　腹、背（底分含む）各10×10㎝　直径0.4㎝動眼2個　目用はぎれ、穴糸（茶）、厚紙各適宜

おくるみ人形　おくるみ用表布、裏布、キルト綿各15×15㎝　胴（白）15×15㎝（頭分含む）　帽子、帯各20×10㎝　直径0.1㎝打ちひも（赤）、穴糸（黒、赤）各適宜

でんでん太鼓　緑20×15㎝（胴、持ち手分含む）　皮10×10㎝　キルト綿10×5㎝　厚紙15×15㎝　竹ぐし1本　直径0.1打ちひも（赤）20㎝　直径0.6㎝鈴（金）2個

とうがらし　へた10×10㎝（茎分含む）　実15×10㎝　つまようじ1本

ひよこ　胴25×25㎝（羽、くちばし、口べり布、ひも飾り分含む）　直径0.1㎝打ちひも（金）60㎝　直径0.3ビーズ（黒）2個　穴糸（黄）適宜

ぞうり　表布、中敷（鼻緒分含む）各15×15㎝　キルト綿、厚紙各15×10㎝　直径0.2㎝打ちひも、毛糸各適宜

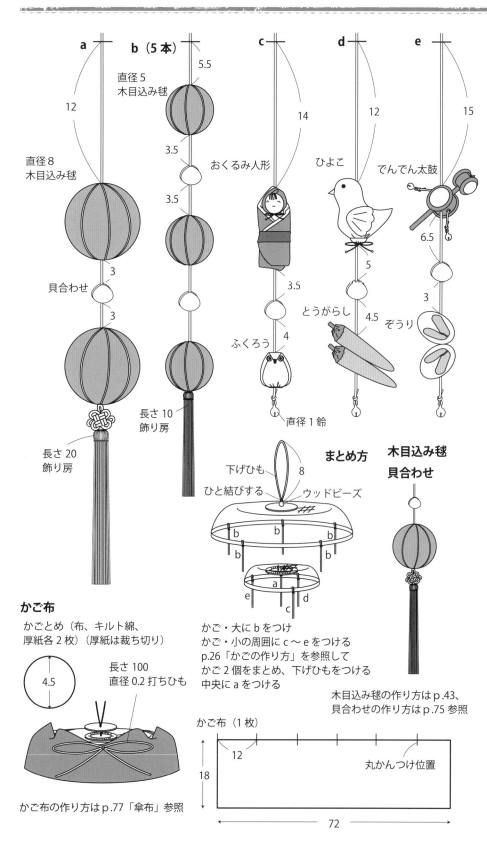

ふくろう

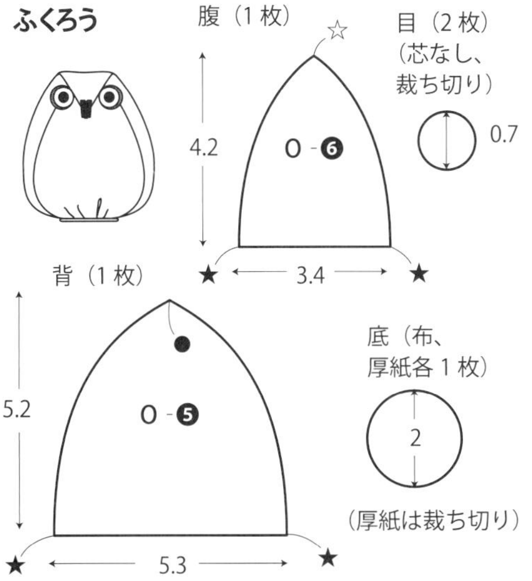

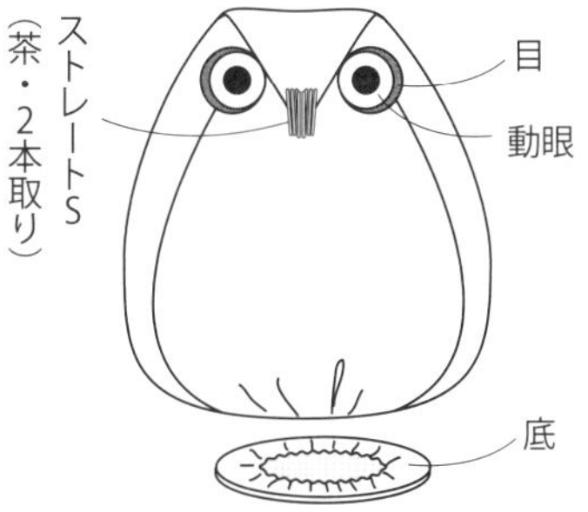

p.68を参照して胴を作る
足をつけずに底をつける
目布を貼ってから動眼をつけ
口は刺しゅうで作る

◉作り方

①木目込み毬・大2個、小15個、おくるみ人形、ふくろう、ひよこ、とうがらし、でんでん太鼓、ぞうりを各1個作る。
②a〜eを作る。
③c〜dは打ちひもに鈴をつける。
④b〜eをかごに下げ、バランスよくパーツの位置を決める。
⑤パーツの間に貝合わせをつける。
⑥かごをまとめて下げひもをつける。
⑦中央にaを下げ、パーツを固定する。
⑧かご布を作り、かごにかぶせる。

おくるみ人形

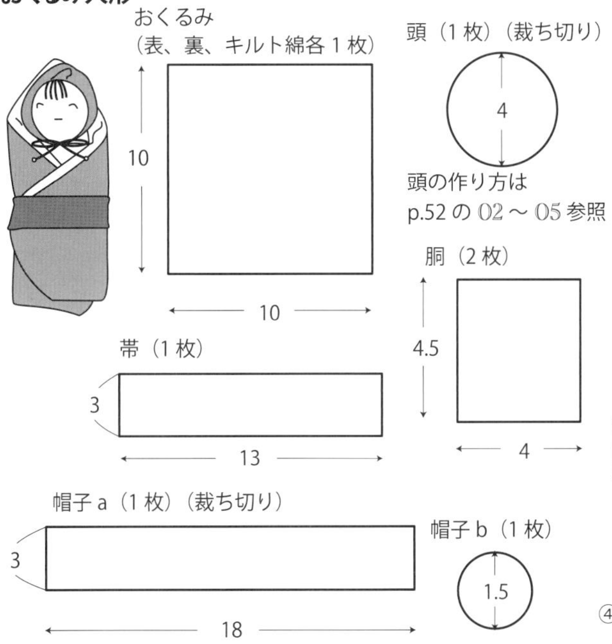

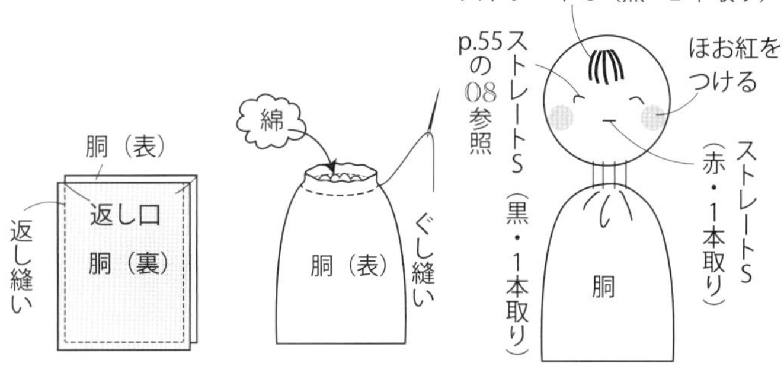

①胴布を中表に縫い
表に返す

②返し口をぐし縫いし
綿と縫い代を入れて
糸を引き絞る

③頭を作り
胴に縫いつける

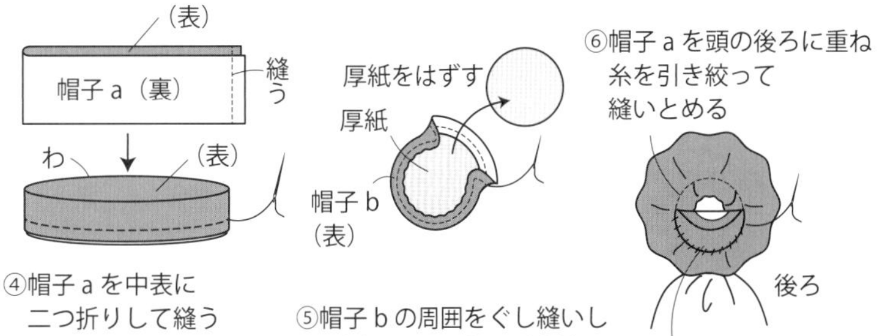

④帽子aを中表に
二つ折りして縫う
外表に二つ折りして
裁ち目をぐし縫いする

⑤帽子bの周囲をぐし縫いし
厚紙を入れて糸を引き絞る
形を整えて厚紙をはずす

⑥帽子aを頭の後ろに重ね
糸を引き絞って
縫いとめる

⑦帽子bを上に
重ねてまつる

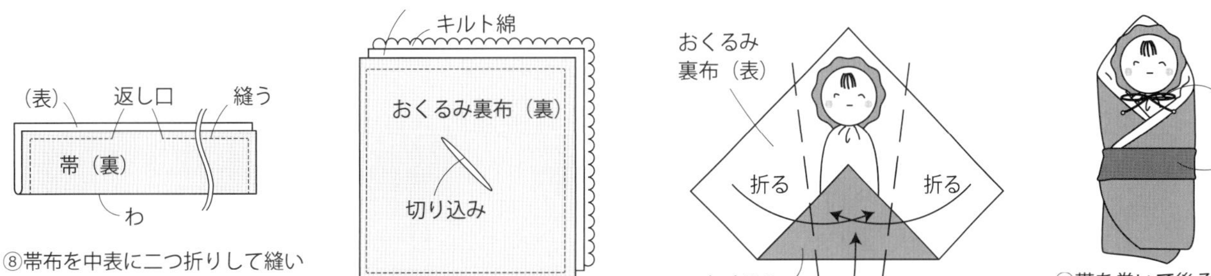

⑧帯布を中表に二つ折りして縫い
表に返す

⑨おくるみの表布にキルト綿を重ね
裏布を中表に合わせて縫う
裏布に切り込みを入れて表に返す

⑩おくるみ布で赤ちゃんを包む

⑪帯を巻いて後ろで
縫いとめる
顔の下に蝶結びした
打ちひもを貼る

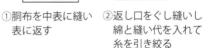

でんでん太鼓

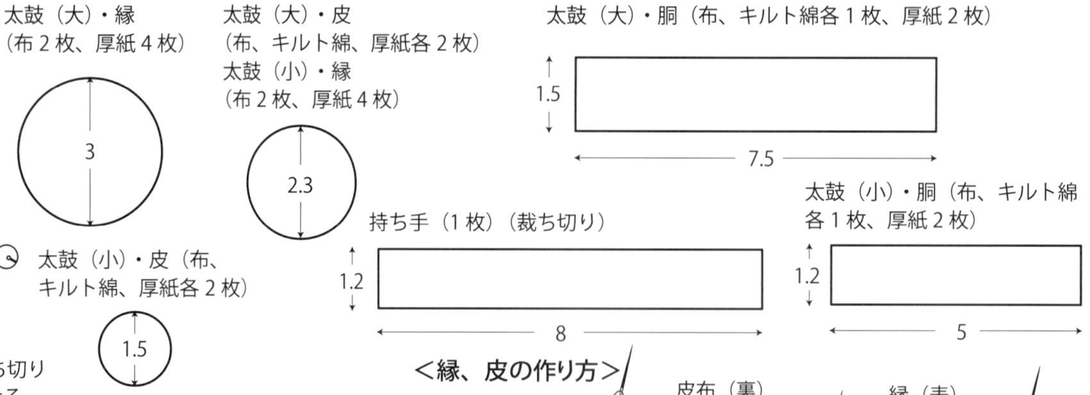

※布以外はすべて裁ち切り
※布は 0.3 縫い代つける

＜胴の作り方＞

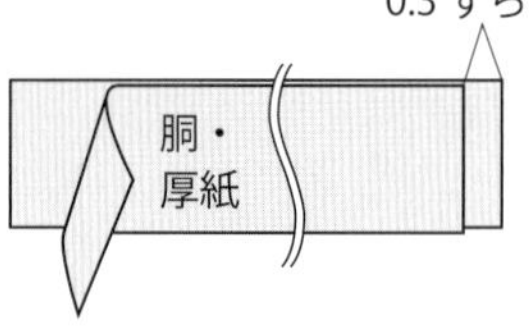

①胴用厚紙 2 枚をずらして
貼り合わせる

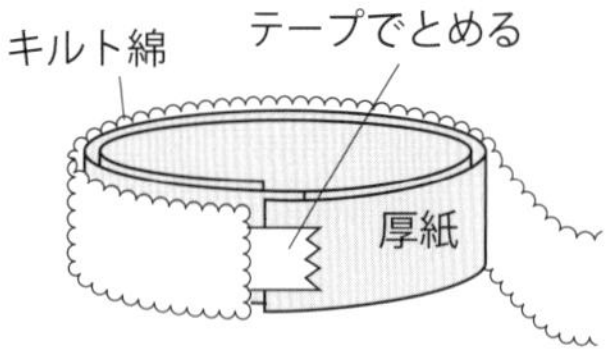

②丸めてテープで固定し
上からキルト綿を巻いて
仮どめする

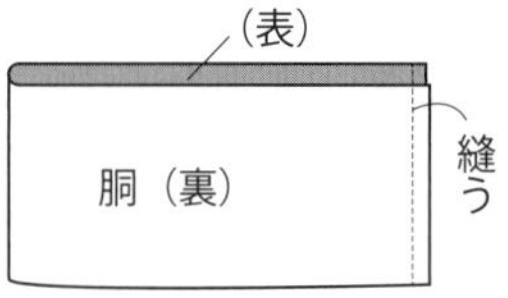

③胴布を中表に二つ折りし
筒に縫って表に返す

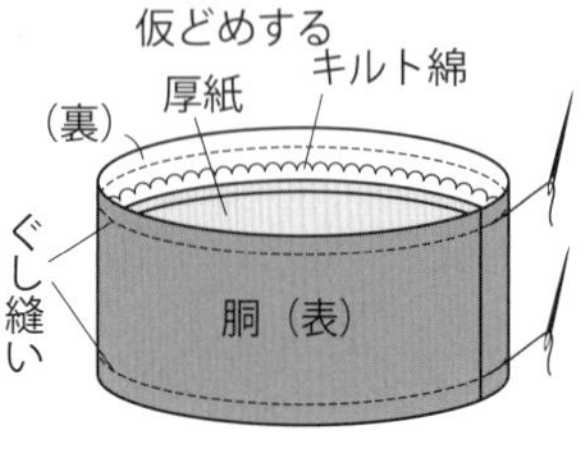

④上下をぐし縫いし
②を入れて糸を引き絞る
大、小各 1 個作る

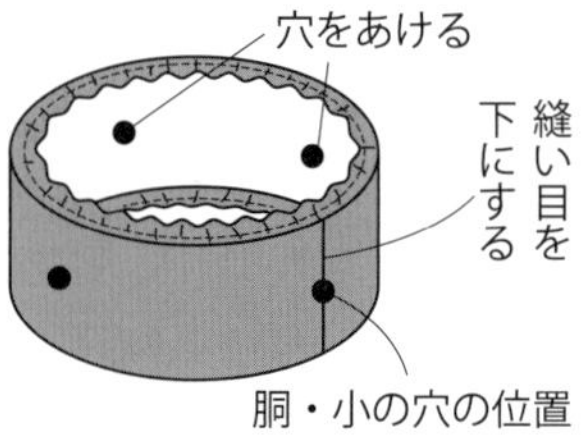

⑤胴・大は持ち手を通す穴と
鈴用のひもを通す穴を 4 か所、
胴・小は持ち手を通す穴を
1 か所だけあける

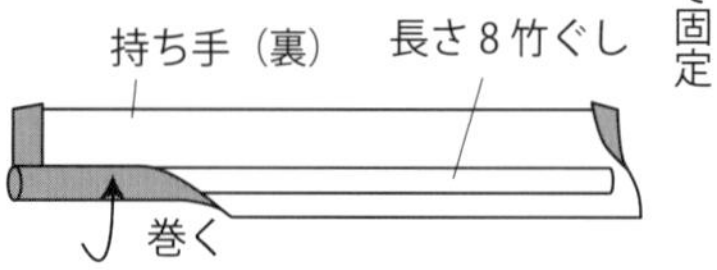

⑥持ち手用の竹ぐしに
ボンドで布を貼る

＜縁、皮の作り方＞

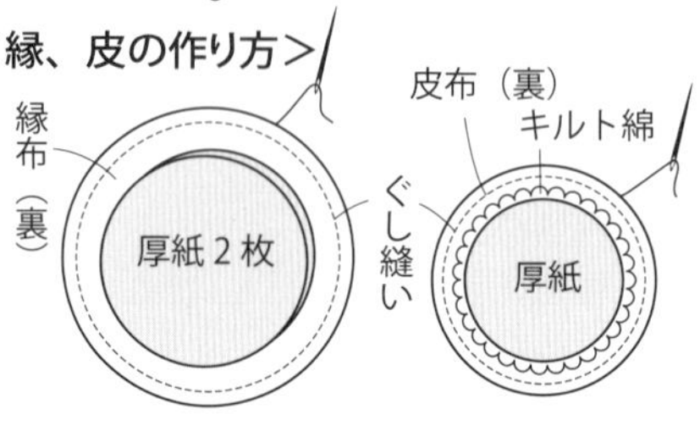

①縁布の周囲をぐし縫いし
厚紙を 2 枚入れて糸を引き絞る
皮はキルト綿と厚紙 1 枚を入れて
同様に作る

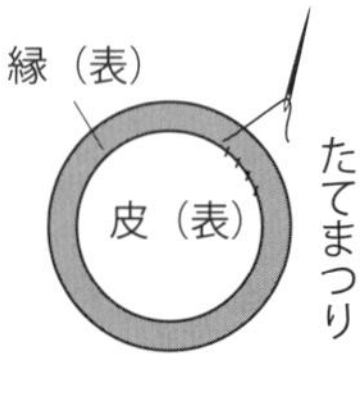

②縁と皮を重ねて
周囲をまつる
同様に大、小
2 組ずつ作る

＜まとめ方＞

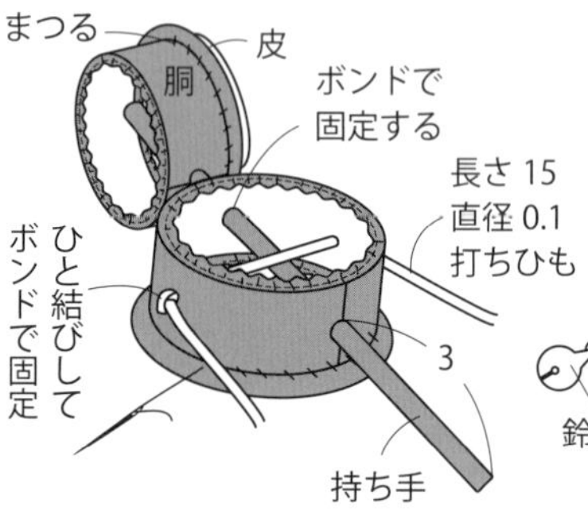

①胴の片側に皮を縫いつける
持ち手を通し
鈴用の打ちひもを通して
ボンドで固定する

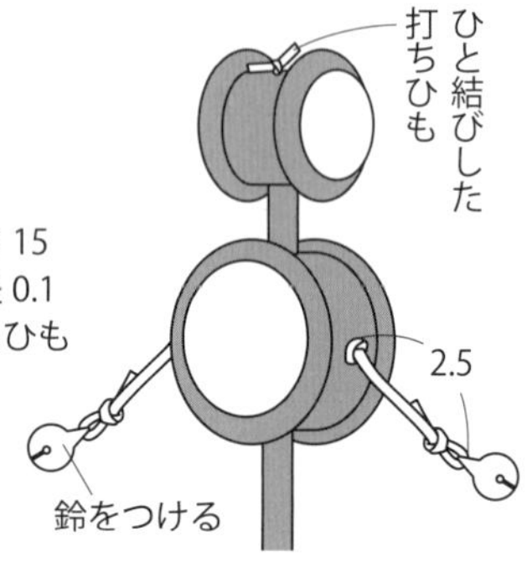

②ひと結びした打ちひもを
太鼓（小）の上につける
もう一枚の皮をつけ
打ちひもの先に鈴をつける

とうがらし

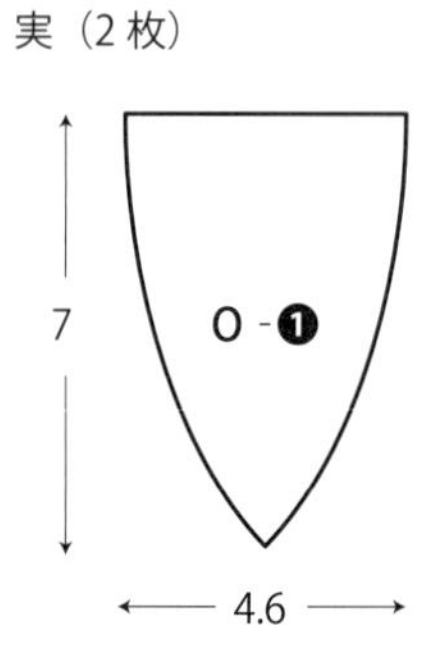

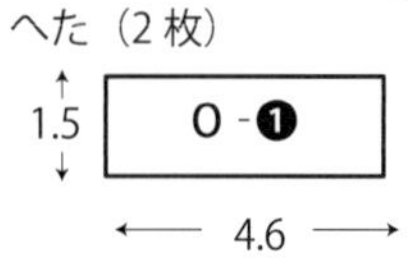

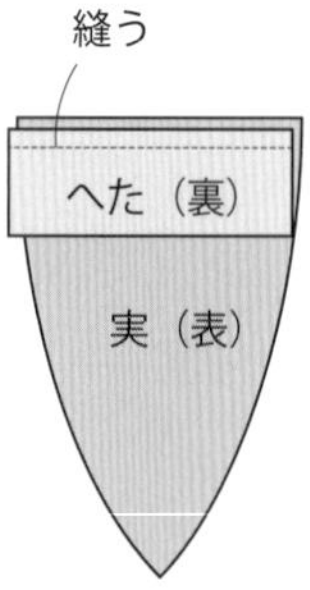

①へたと実を
中表に縫う

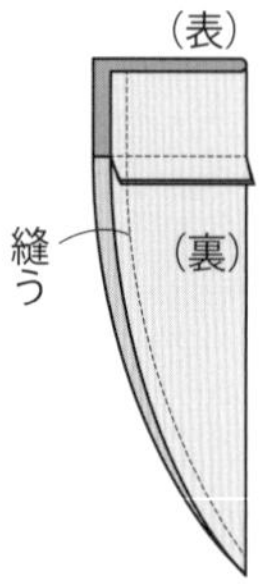

②へたと実をひらき
中表に二つ折りして
縫い、表に返す

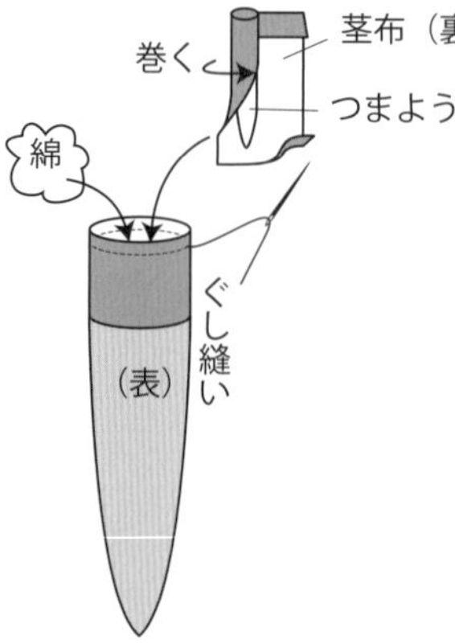

③茎を作る
返し口をぐし縫いし
綿と茎を入れる

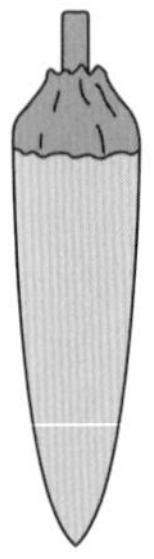

④糸を引き絞る

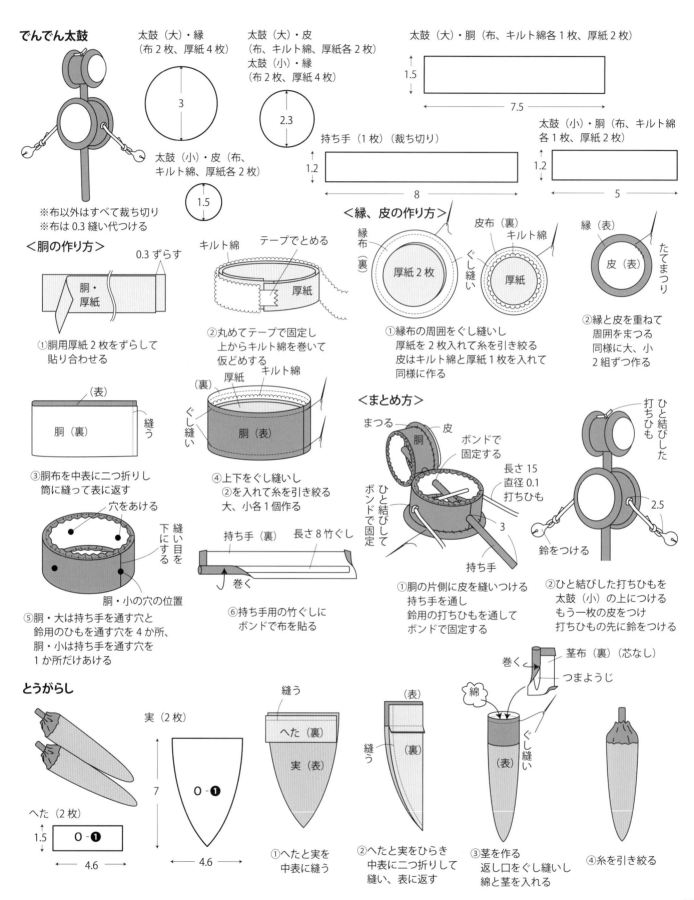

ひよこ

胴（左右対称各1枚）

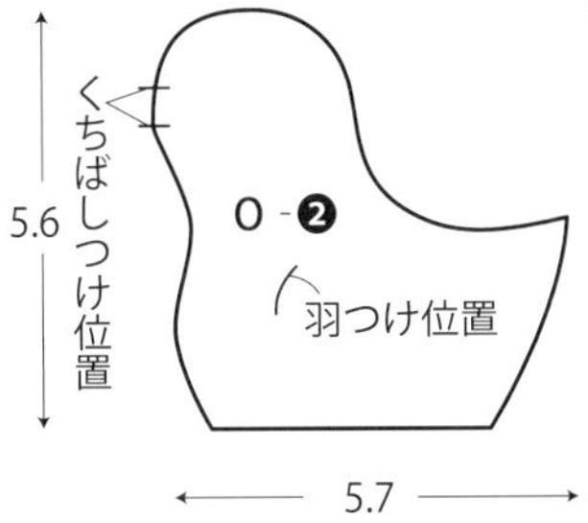

羽
（左右対称各2枚）

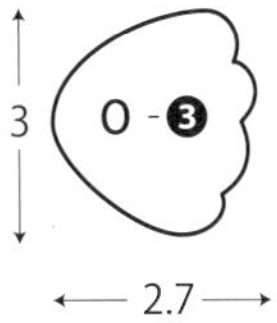

くちばし（1枚）
（芯なし、裁ち切り）

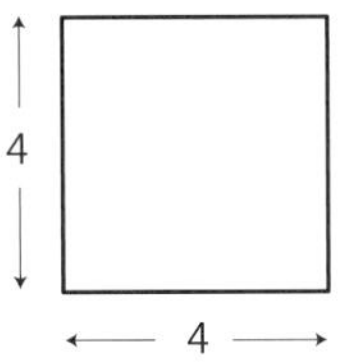

口べり布（2枚）

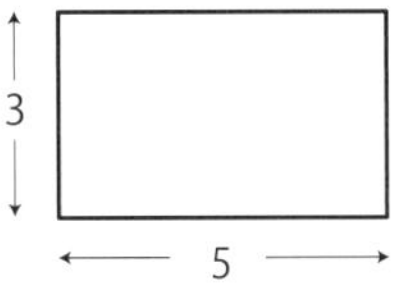

ひも飾り（布、キルト綿各2枚）（裁ち切り）

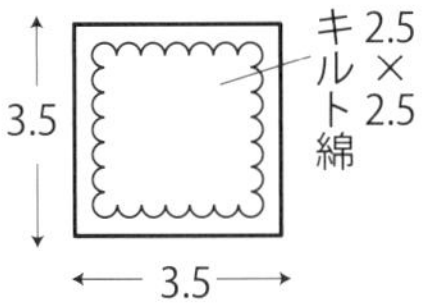

ひも飾りの作り方は
p.19の03〜12、
17、18を参照

＜くちばしの作り方＞

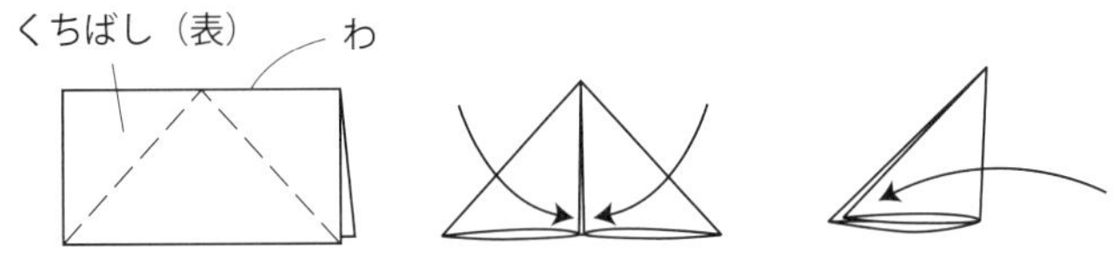

①くちばし布を
外表に二つ折りする

②突き合わせに
三角に折る

③二つ折りする

＜口べり布の作り方＞

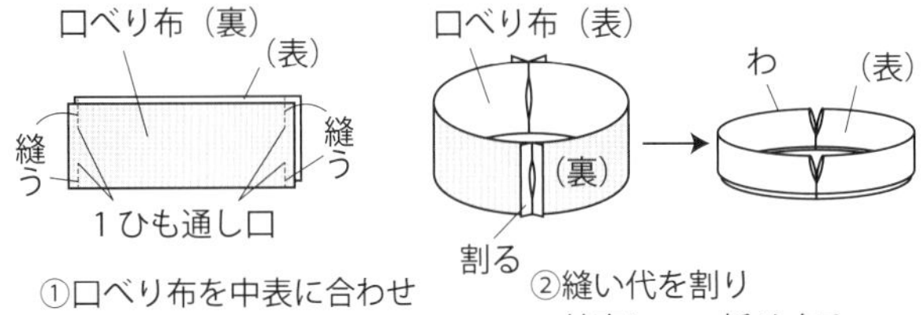

①口べり布を中表に合わせ
ひも通し口を残して縫う

②縫い代を割り
外表に二つ折りする

＜胴、羽の作り方＞

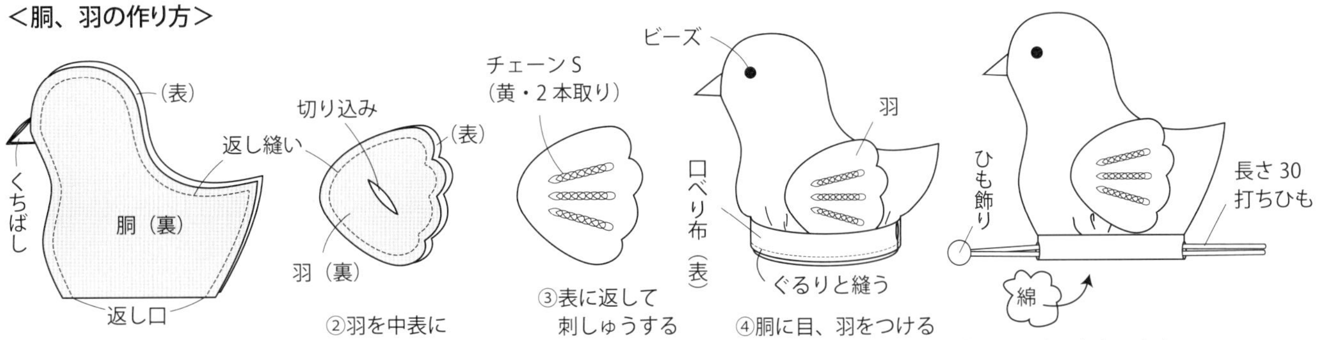

①胴を中表に合わせ
くちばしをはさんで縫い
表に返す

②羽を中表に
合わせて縫い
切り込みを入れる

③表に返して
刺しゅうする
左右対称に
もう1枚作る

④胴に目、羽をつける
胴と口べり布を
重ねて縫う

⑤口べり布に打ちひもを
引き違いに通してひも飾りをつける
綿を入れて打ちひもを結ぶ

ぞうり

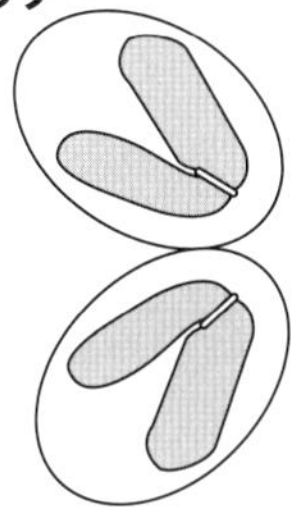

ぞうり（表布4枚、
中敷布2枚、厚紙、
キルト綿各6枚）
（布以外裁ち切り）

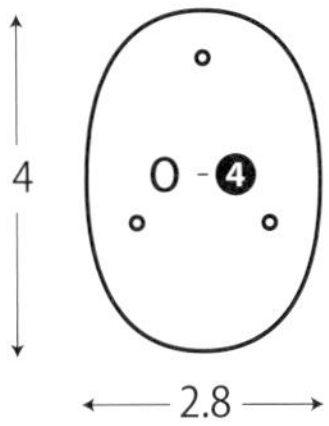

鼻緒（2枚）

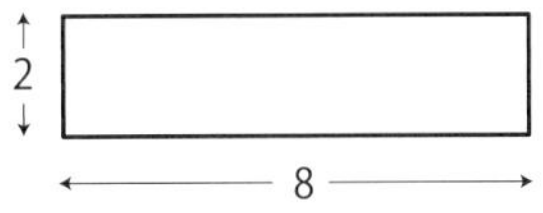

＜鼻緒の作り方＞

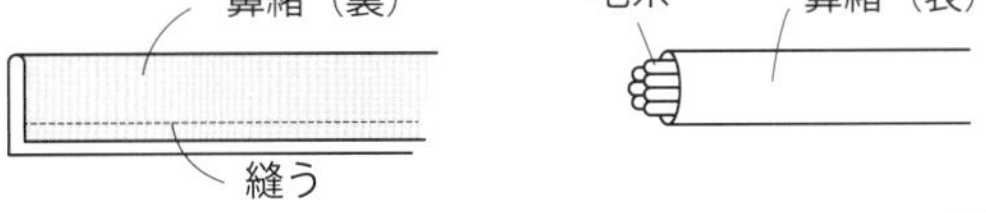

①鼻緒を中表に二つ折りして縫う

②表に返して毛糸を通し
指でしごいてなじませる

＜ぞうりの作り方＞

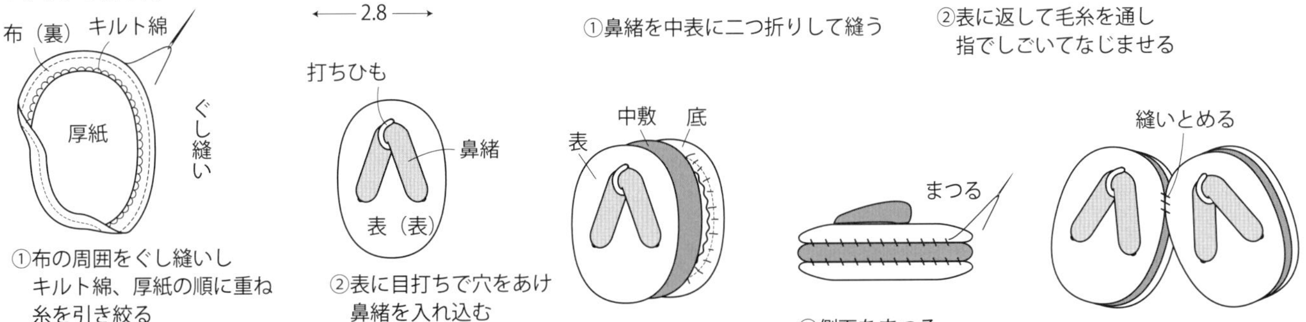

①布の周囲をぐし縫いし
キルト綿、厚紙の順に重ね
糸を引き絞る
同様に表、中敷、底を
各2枚作る

②表に目打ちで穴をあけ
鼻緒を入れ込む
打ちひもで
前つぼを作る

③3枚を重ねて
貼り合わせる

④側面をまつる
同様にもう1個作る

⑤2個を合わせて
縫いとめる

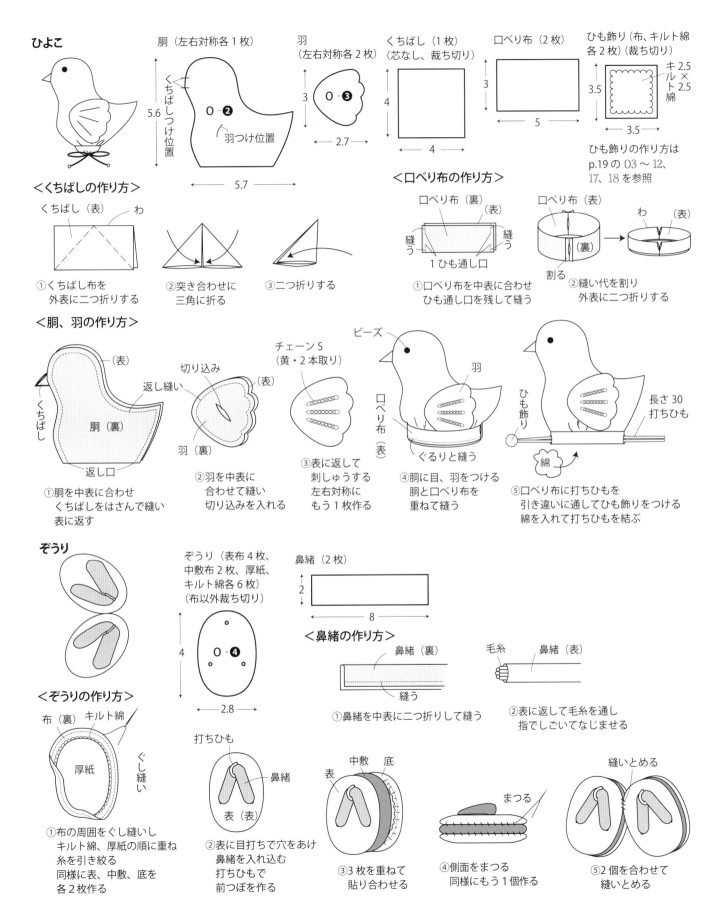

P.44　端午の節句のつるし飾り

実物大型紙はとじ込み付録 裏T-⓮⓯、U-❶、V-❶～⓰

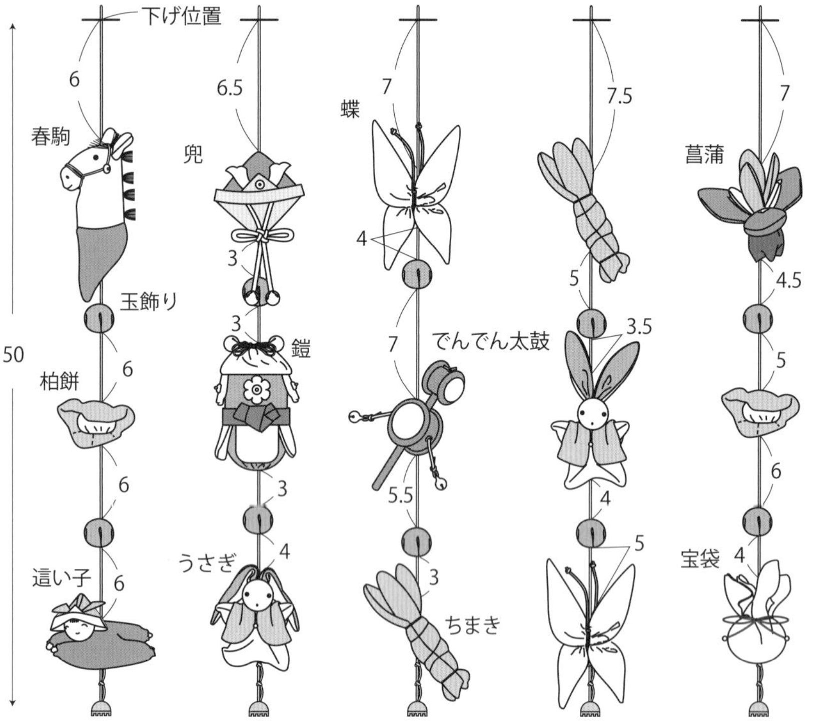

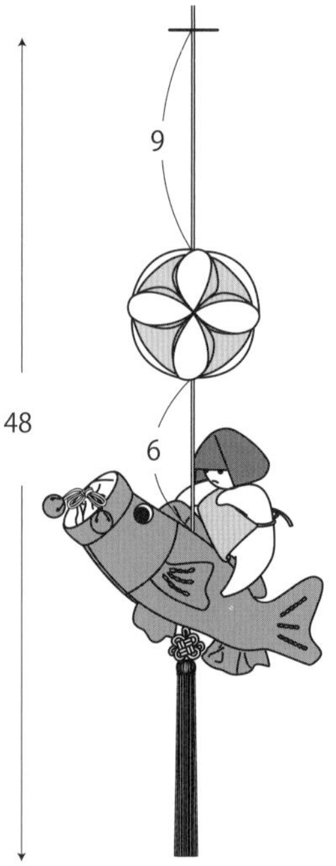

かご布

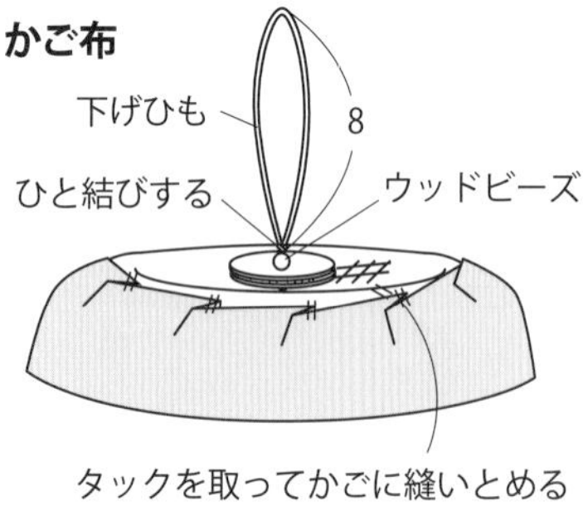

かごとめ（布、キルト綿、厚紙各2枚）（厚紙は裁ち切り）

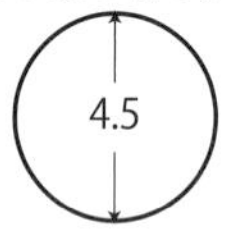

p.26「かごの作り方」を参照して下げひもをつける

かご布（1枚）

かご布の作り方は p.77「傘布」参照

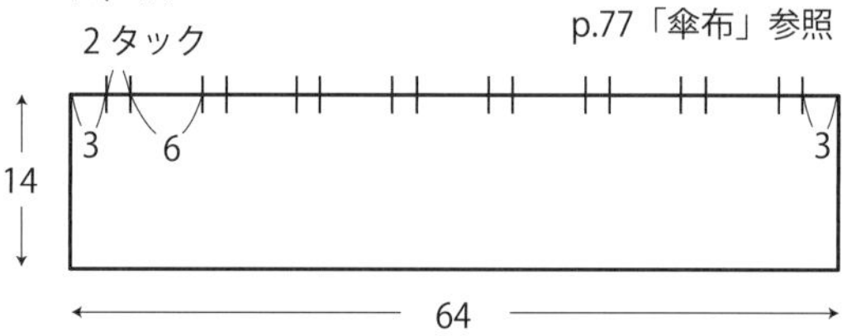

玉飾り

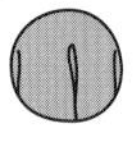

玉飾りの作り方は p.19の03～12、p.26「パーツのまとめ方」を参照

玉飾り（布、キルト綿各10枚）（裁ち切り）

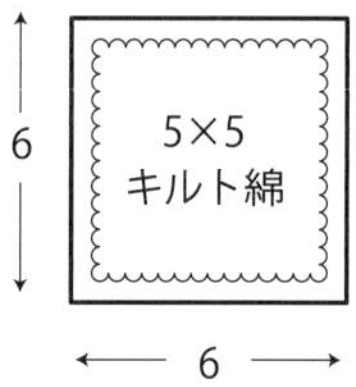

◉材料

共通　ニット用接着芯、手芸綿、穴糸（黒、赤）各適宜

かご　直径18㎝竹かご1個　かご布70×20㎝　かごとめ布、キルト綿各15×10㎝　厚紙10×10㎝　直径0.1㎝打ちひも（紫）3.5m　直径0.7㎝ウッドビーズ1個　直径1.3㎝鈴4個　長さ20㎝菊結びつき飾り房1本

玉飾り　布25×20㎝　キルト綿25×15㎝

宝袋　表布、裏布各15×15㎝　直径0.1㎝打ちひも（赤）20㎝

七宝毬　a 20×25㎝　b 30×25㎝

でんでん太鼓　緑20×15㎝（胴、持ち手分含む）　皮10×10㎝　キルト綿10×5㎝　直径0.1打ちひも（紫）20㎝　直径0.6㎝鈴（金）2個　厚紙15×15㎝　竹ぐし1本

うさぎ（2体分）　胴（白）20×20㎝（頭、外耳、尾、当て布分含む）　内耳（赤）20×10㎝　ちゃんちゃんこ表布2種、裏布2種各10×10㎝　キルト綿5×5㎝　ビーズ直径0.3m（赤）4個、直径0.1㎝ビーズ（金）2個

柏餅（2点分）　葉（緑）20×15㎝　餅（白）15×10㎝

這い子　頭（白）15×10㎝（手、足分含む）　胴15×10㎝　兜布、和紙各10×10㎝

ちまき（2点分）　餅（白）15×10㎝　葉（緑）30×25㎝　金糸適宜

蝶（2点分）　羽2種各20×10㎝　直径0.1㎝打ちひも（金）40㎝

菖蒲　花びら・大20×15㎝、模様5×5㎝、中15×15㎝、小15×10㎝　がく10×5㎝　長さ15㎝#28ワイヤー9本　直径0.2㎝ビーズ（金）1個

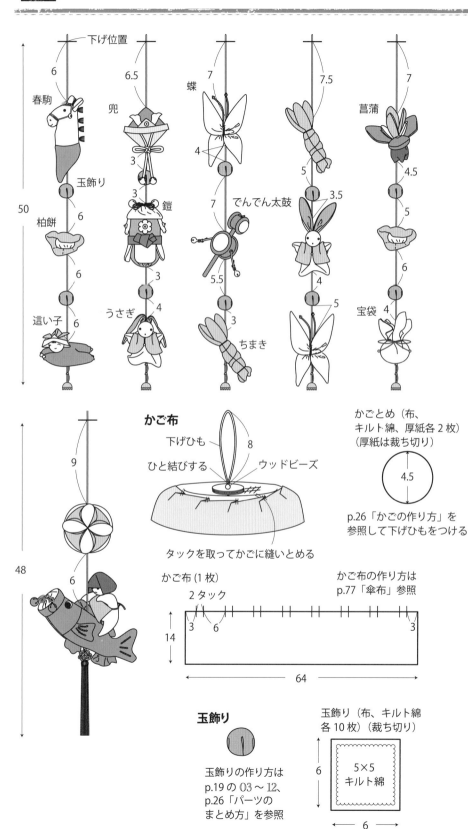

うさぎ

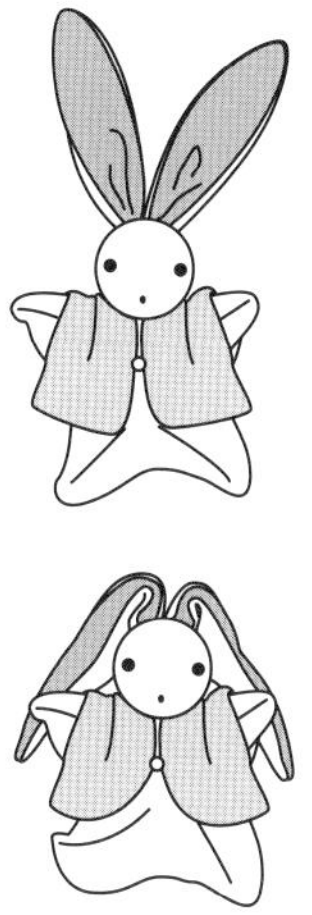

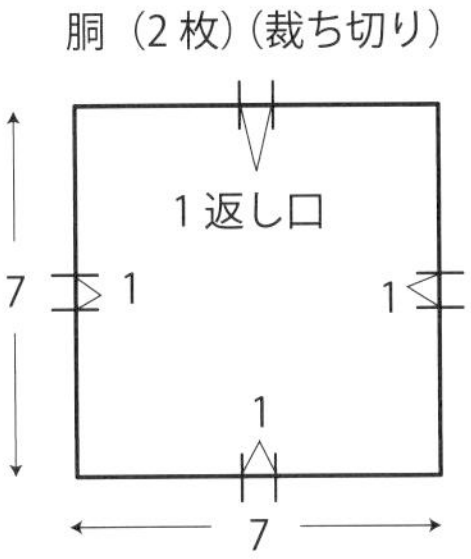

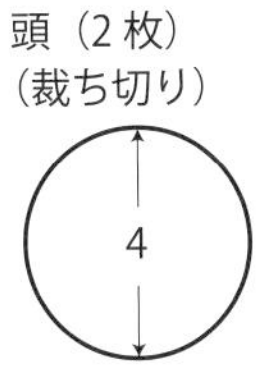

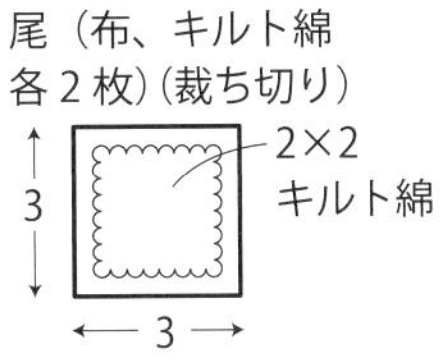

頭の作り方はp.52
「うさぎの作り方」参照
胴の作り方は
p.21の01～06参照
尾の作り方は
p.19の03～12、17、18参照
ちゃんちゃんこの
作り方はp.84「猿」参照

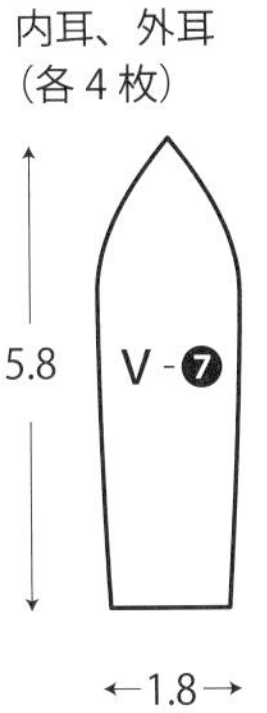

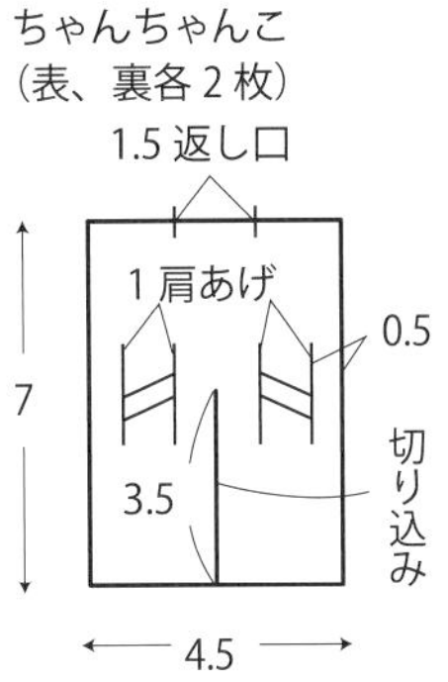

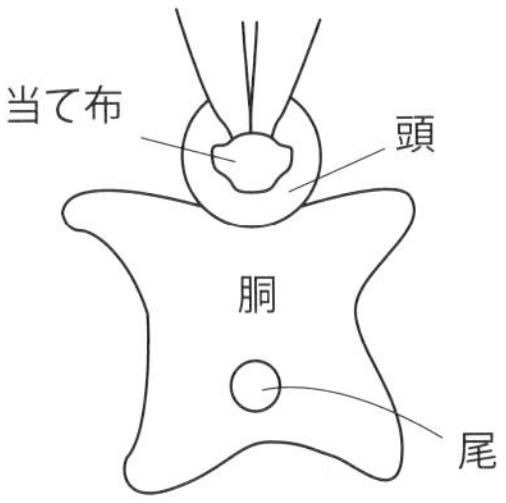

胴に頭と尾をつける

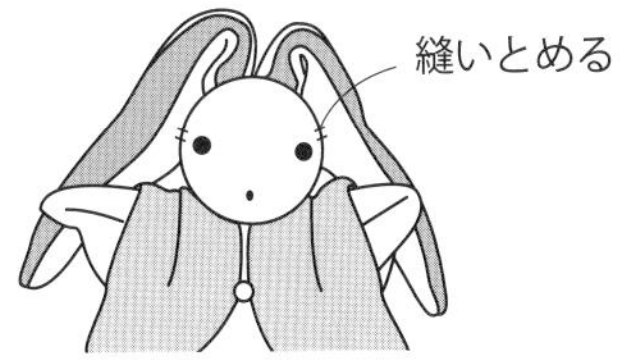

たれ耳うさぎは耳を根元から折り
頭に縫いとめる

柏餅

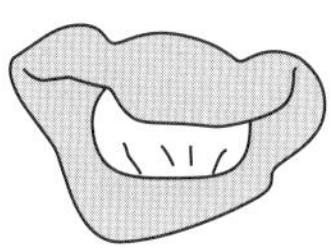

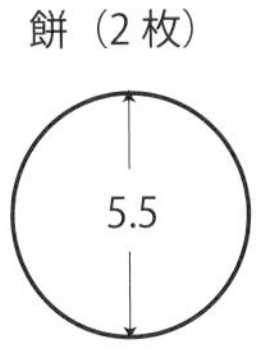

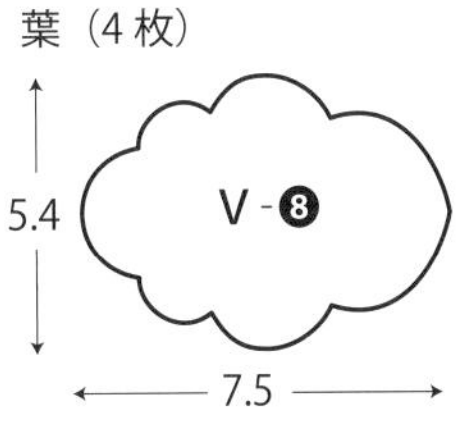

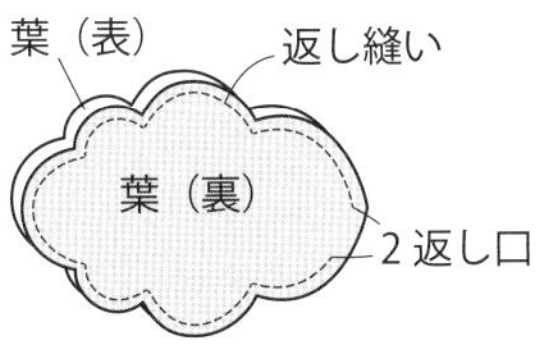

①葉を中表に縫い
表に返して
返し口をとじる

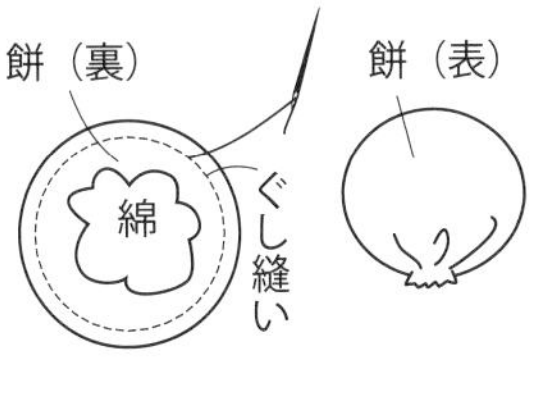

②餅の周囲をぐし縫いし
綿を入れて引き絞る

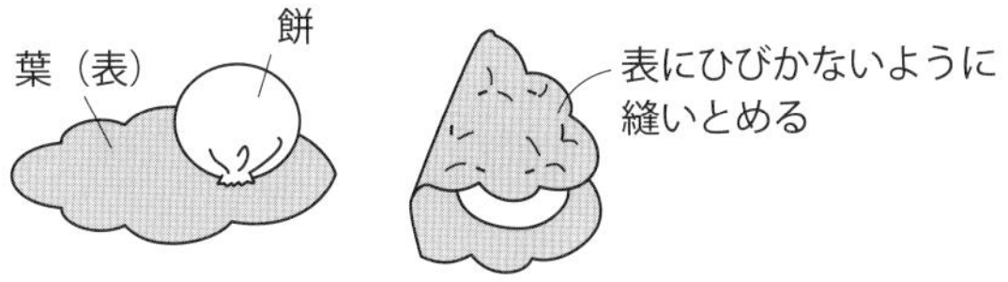

③餅をはさんで葉を二つ折りにし
葉と餅を縫いとめる

宝袋

宝袋の作り方は
p.83「宝袋」を参照

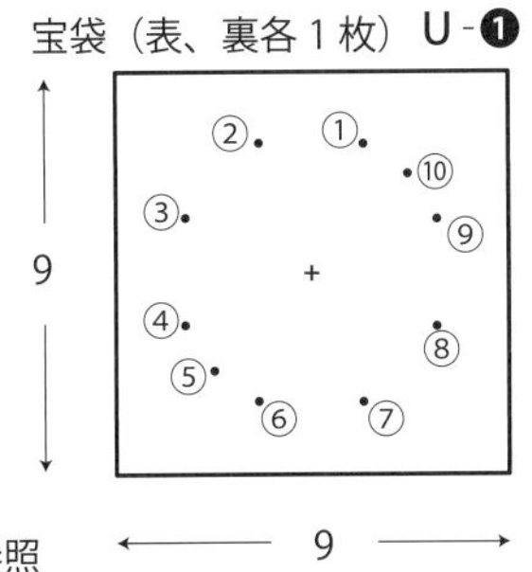

七宝毬

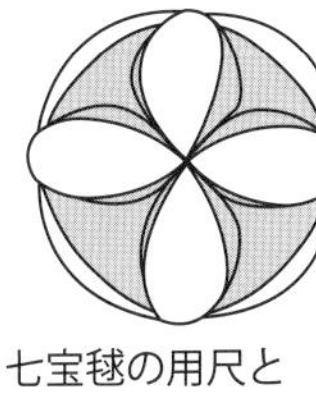

七宝毬の用尺と
作り方はp.78参照
実物大型紙はT-⓮⓯

でんでん太鼓

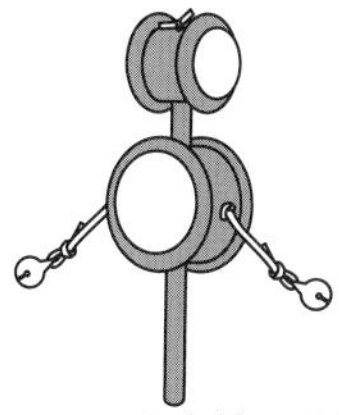

でんでん太鼓の用尺と
作り方はp.88参照

鯉　白目、黒目用ちりめんはぎれ　胴35×25㎝（頭、ひれ、口、ひも飾り分含む）　中袋20×15㎝（口べり布分含む）　直径0.1㎝打ちひも（赤）40㎝　金糸適宜

金太郎　胴15×10㎝（頭分含む）　腹掛け表布、裏布各5×5㎝　直径0.1㎝ビーズ（茶）2個　直径0.1㎝打ちひも（赤）30㎝　穴糸（黒）4.5m

鎧　帯地はぎれ　胴用帯地20×15㎝　草ずり表用帯地20×10㎝（袖分含む）　草ずり裏布20×15㎝（袖裏布、口べり布、ひも飾り分含む）　帯15×5㎝　直径0.7㎝座金（金）、直径0.2㎝ビーズ（金）各3個　直径0.1㎝打ちひも（緑）30㎝

兜　表用帯地20×15㎝　裏用ちりめん20×20㎝（ひも飾り分含む）　くわ形用帯地10×5㎝　直径0.7㎝座金（金）、直径0.2㎝ビーズ（金）各1個　直径0.4㎝打ちひも（緑）40㎝　キルト綿、厚紙、和紙各適宜

春駒　頭20×20㎝（耳分含む）　前だれ15×10㎝　直径0.1㎝打ちひも（赤）25㎝　直径0.6㎝座金2個　直径0.3㎝ビーズ（黒）2個　木綿糸（白）適宜

◉作り方

①七宝毬、鯉と金太郎、春駒、這い子人形、兜、鎧、でんでん太鼓、菖蒲、宝袋を各1個、うさぎ、柏餅、蝶、ちまきを各2個作る。
②玉飾り10個を途中まで作り、各パーツとともに打ちひもに通す。
③七宝毬以外の打ちひもの先に鈴をつける。
④かごに下げひもをつける。
⑤パーツを通した打ちひもをかごに下げ、バランスよくパーツを固定する。
⑥かご布を作り、かごに縫いとめる。

這い子人形

頭（1枚）

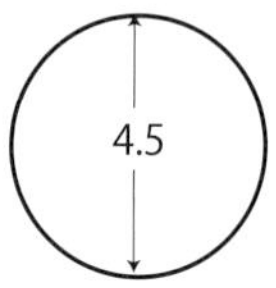

手、足（各2枚）
（芯なし）

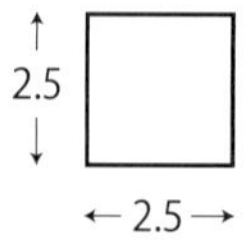

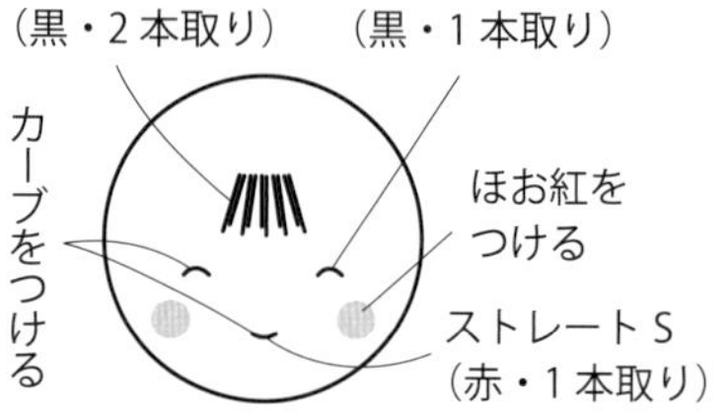

胴（左右対称各1枚）

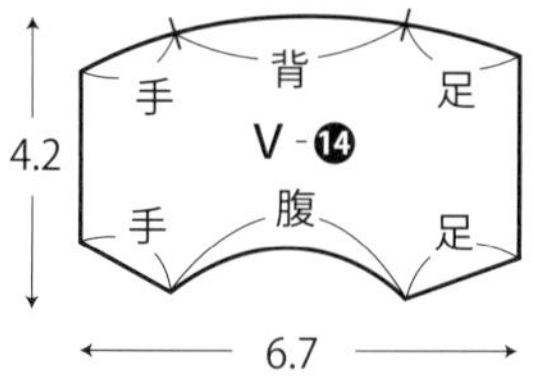

兜（布、和紙各1枚）

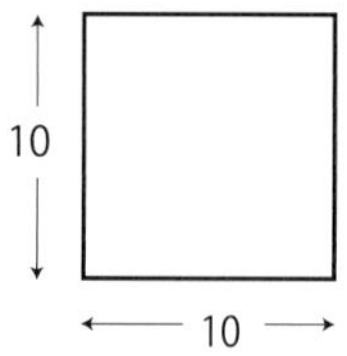

※胴以外はすべて裁ち切り

頭の作り方は p.52 の 02～05 を参照

手、足の作り方は p.62 の 64、65 を参照

<胴の作り方>

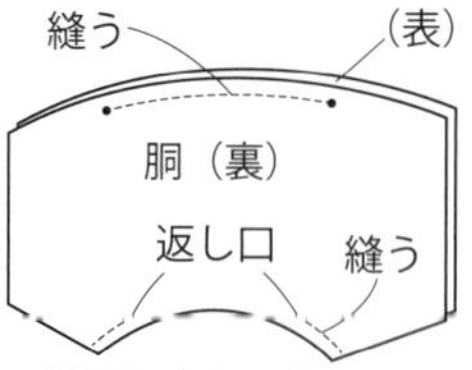

①胴を中表に合わせ
背と腹を縫う

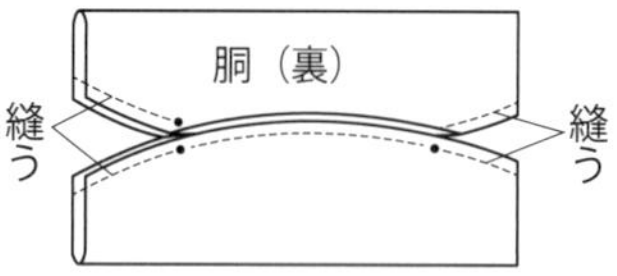

②たたみ直して
手先、足先を縫う

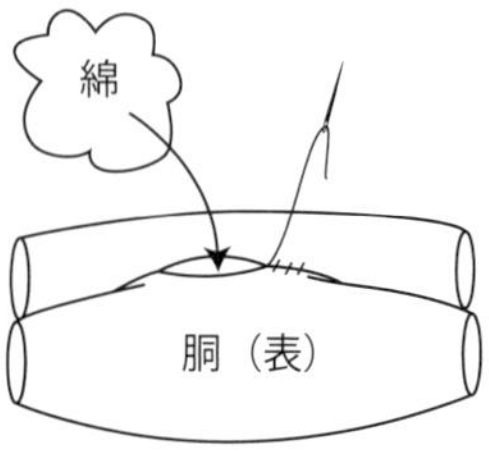

③返し口から表に返し
綿を入れて返し口をとじる

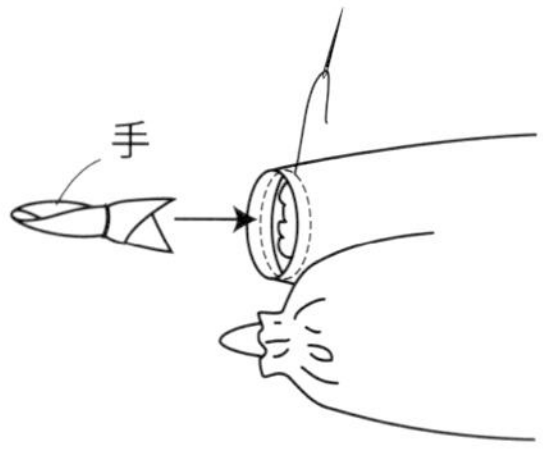

④袖口の縫い代を折り込み
ぐし縫いして手を入れ
糸を引き絞って縫いとめる
同様に裾口に足をつける

<兜の作り方>

①布と和紙を
両面接着芯で
外表に貼り
合わせる

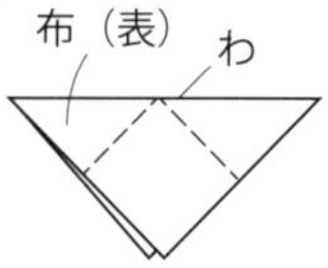

②布を表にして
三角に二つ折りする

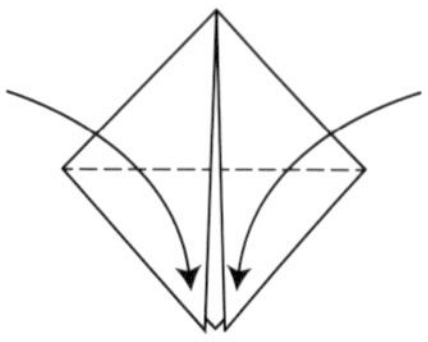

③角を合わせて折る

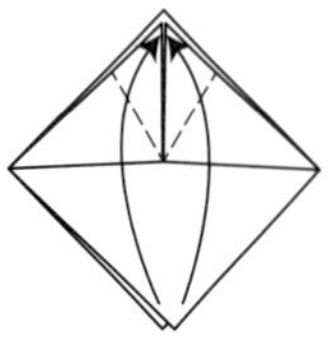

④角を合わせるように
折り上げる

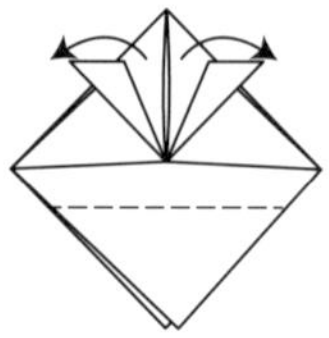

⑤表だけ左右に折る

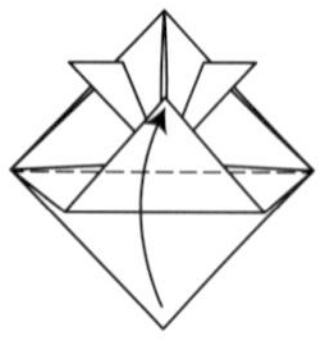

⑥再度折り上げる

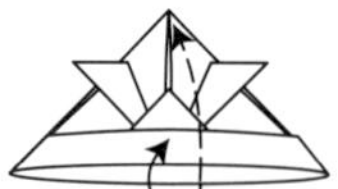

⑦内側に折り込む

<まとめ方>

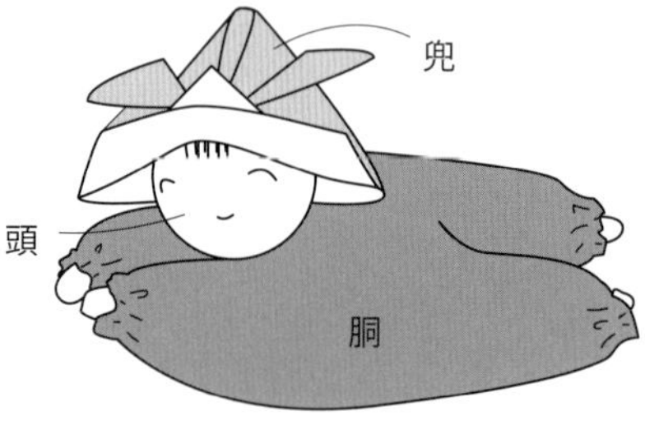

胴に頭を縫いつけ
兜をかぶせる

ちまき

餅（2枚）

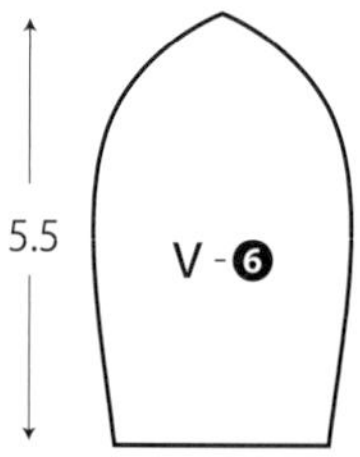

葉（16枚）

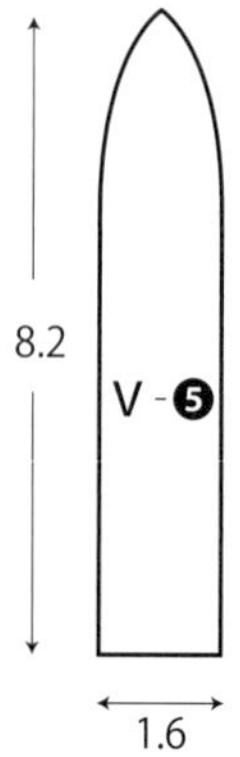

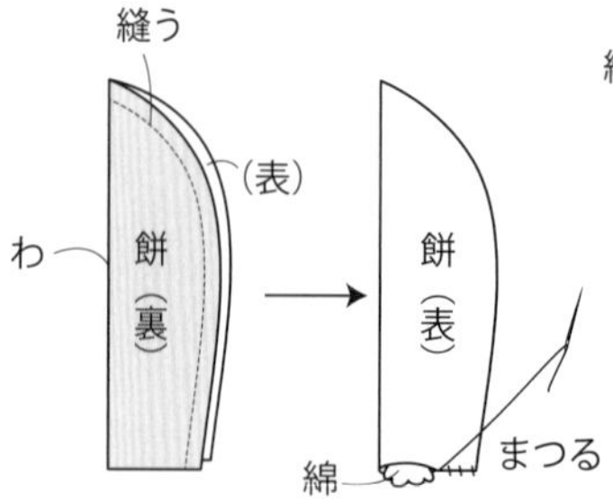

①餅を中表に二つ折りして縫い
表に返して綿を入れる
返し口をとじる

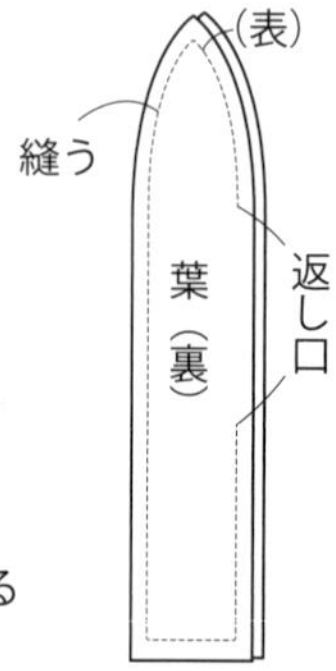

②葉2枚を
中表に縫い
表に返す

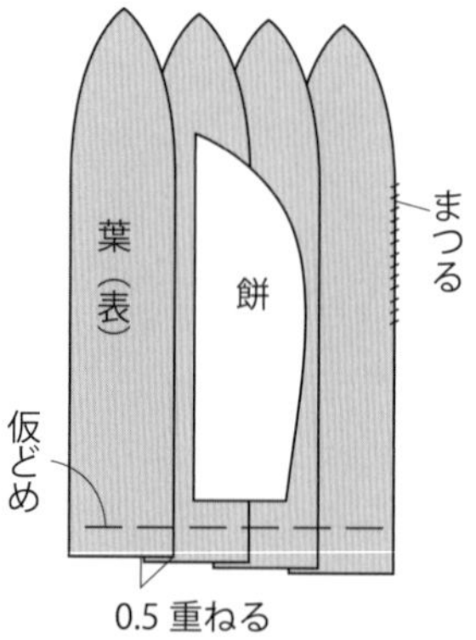

③葉を4枚作り
重ねて仮どめする
餅をのせて巻く

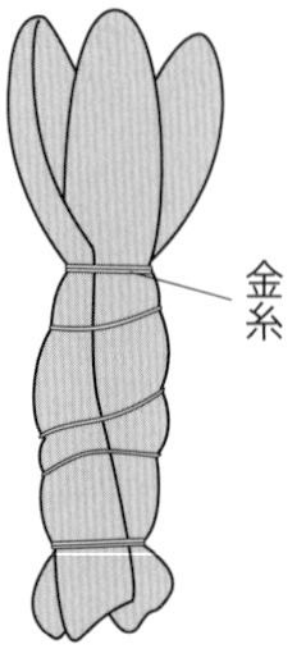

④葉の上から
金糸を巻く

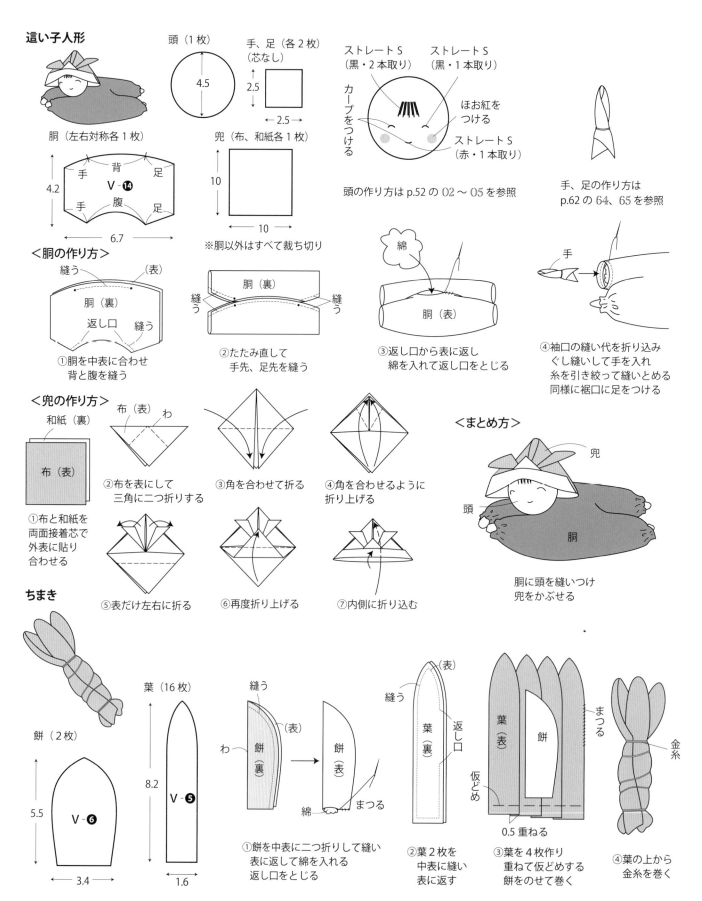

蝶

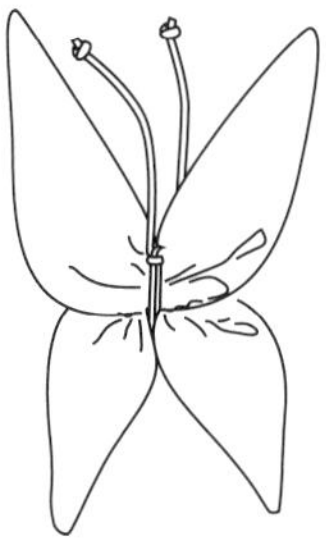

上羽、下羽（各２枚）

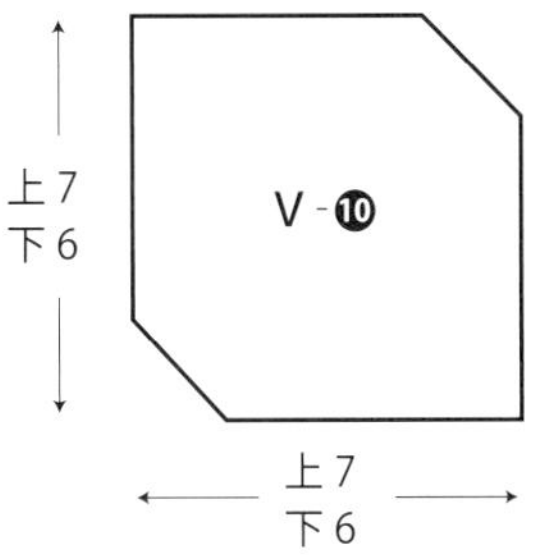

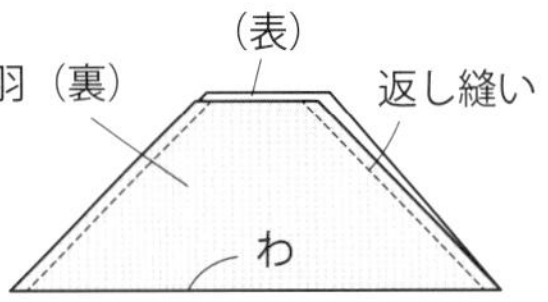

①中表に二つ折りして縫い
表に返す

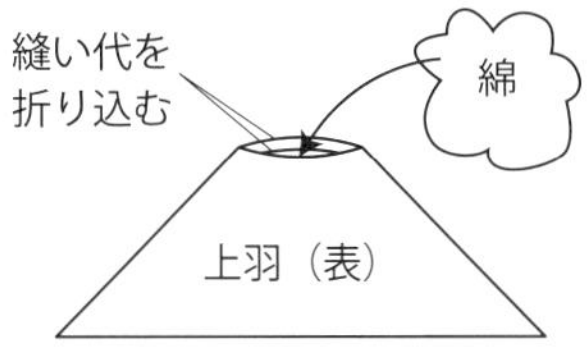

②返し口の縫い代を折って
綿を入れる
同様に下羽も作る

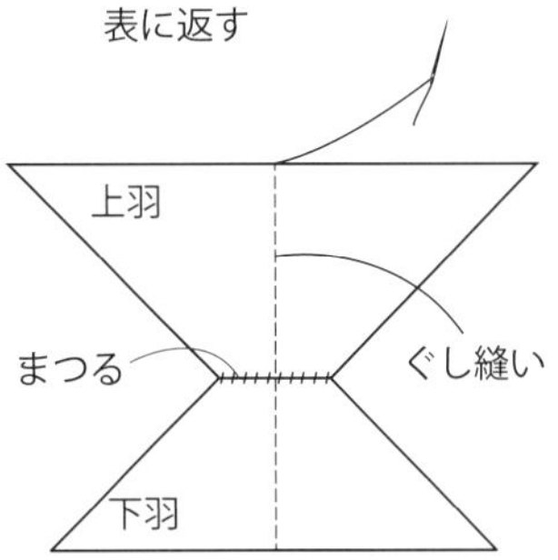

③上羽と下羽の返し口を
合わせてまつり
羽の中央をぐし縫いして
糸を引き絞る

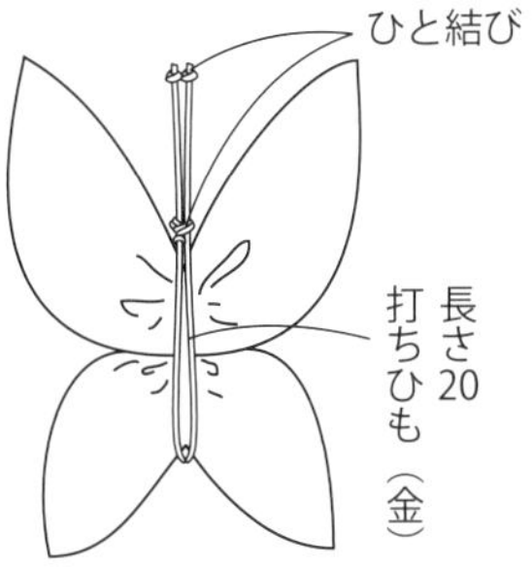

④打ちひもを掛けて絞り
ひと結びする

菖蒲

花びら大（６枚）

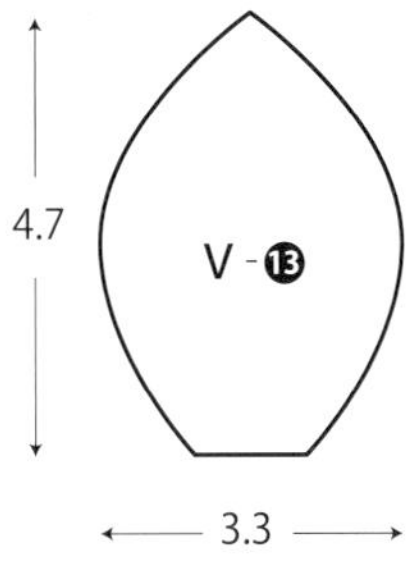

模様（３枚）
（芯なし、
裁ち切り）

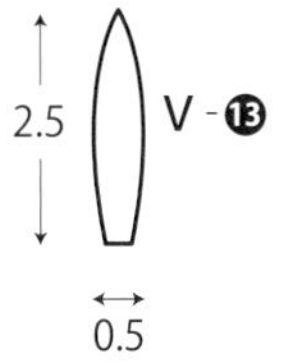

花びら中
（６枚）

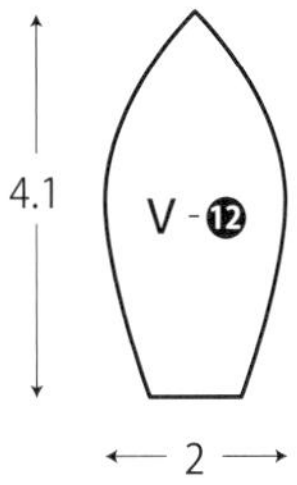

花びら小
（６枚）

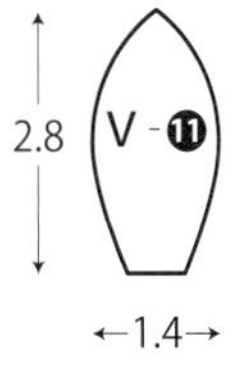

がく（１枚）（裁ち切り）

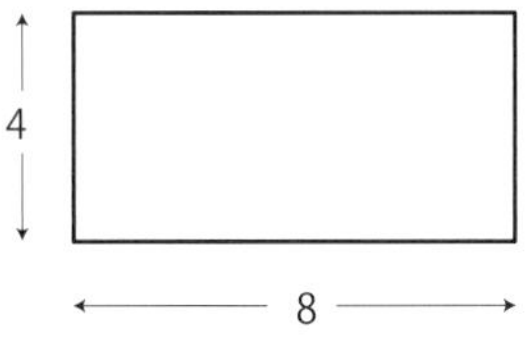

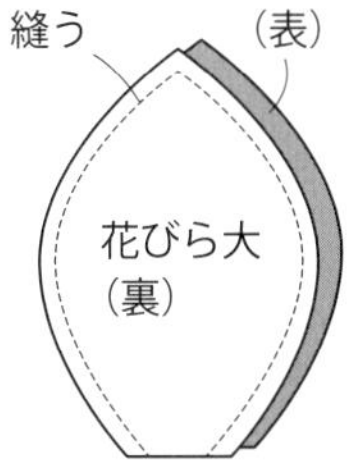

①花びら大を中表に
合わせて縫い
表に返す

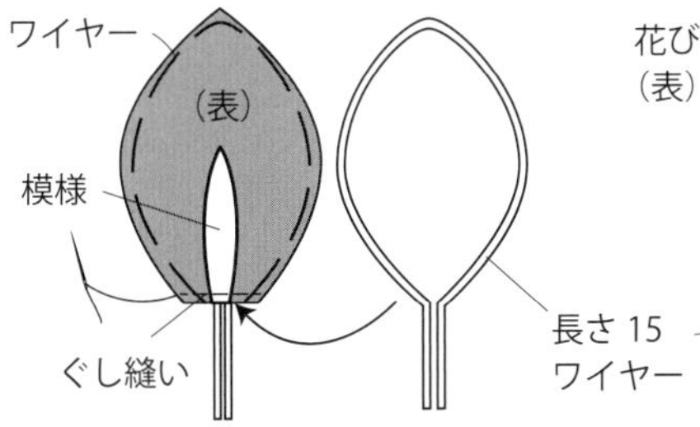

②模様をボンドで貼る
ワイヤーを花びらの形に曲げて中に入れ
返し口を粗くぐし縫いする

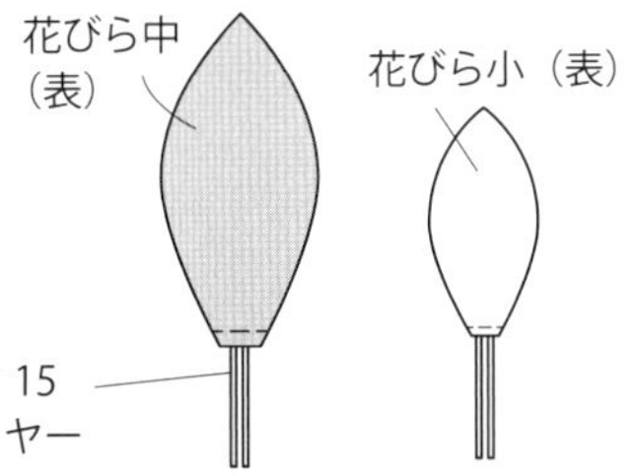

③花びら中、小も同様に作る
（模様は貼らない）

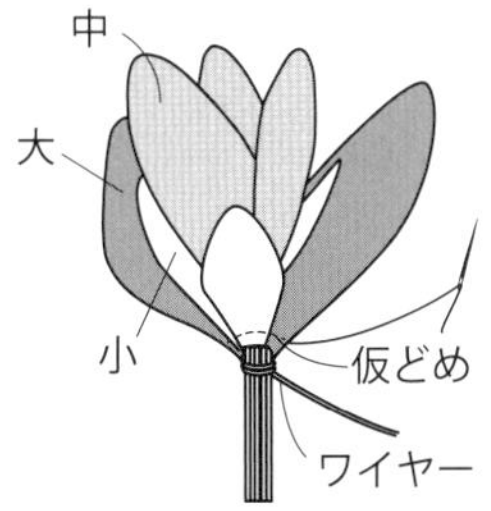

④内側から花びらを中、小、大の
順にまとめて仮どめし
ワイヤーの根元をワイヤーで縛る

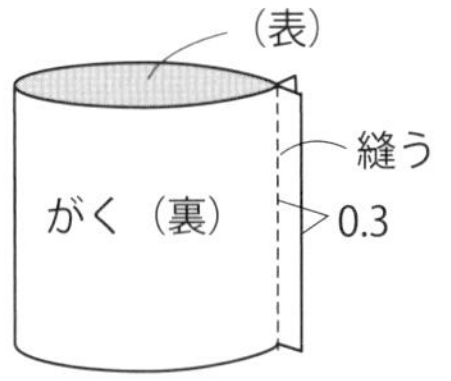

⑤がくを中表に
二つ折りして筒に縫う

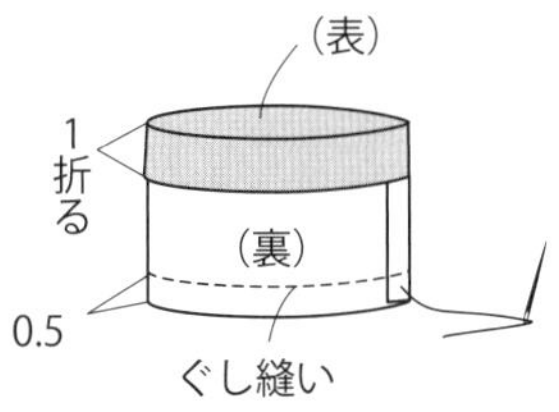

⑥上端を折り
下端をぐし縫いする

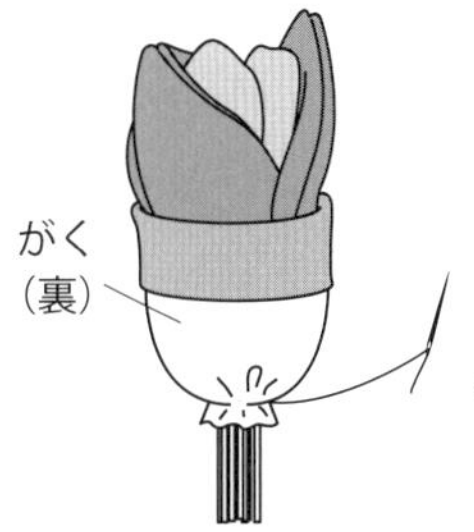

⑦④にがくをかぶせて
糸を引き絞る

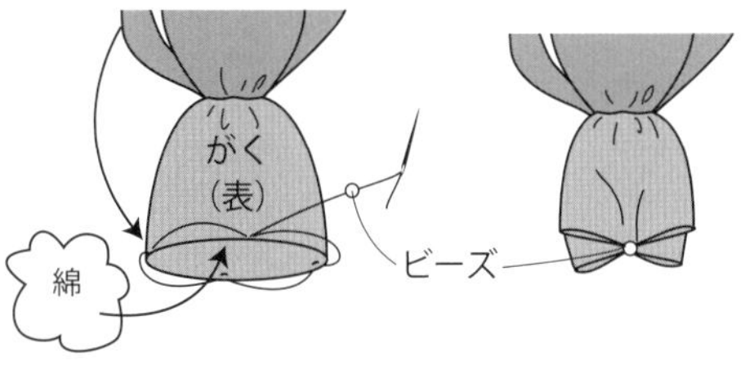

⑧がくを表に折り返して中に綿を入れる
がくの折り山を４か所すくって縫い絞り
ビーズをつける

鯉と金太郎

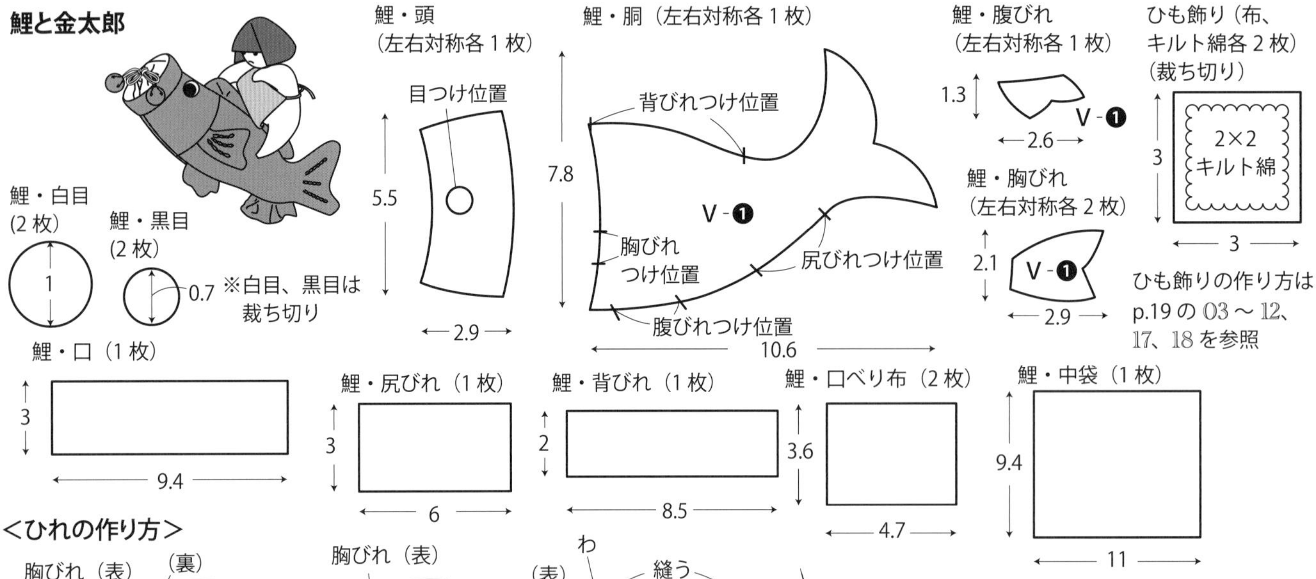

ひも飾りの作り方は
p.19 の 03 ～ 12、
17、18 を参照

<ひれの作り方>

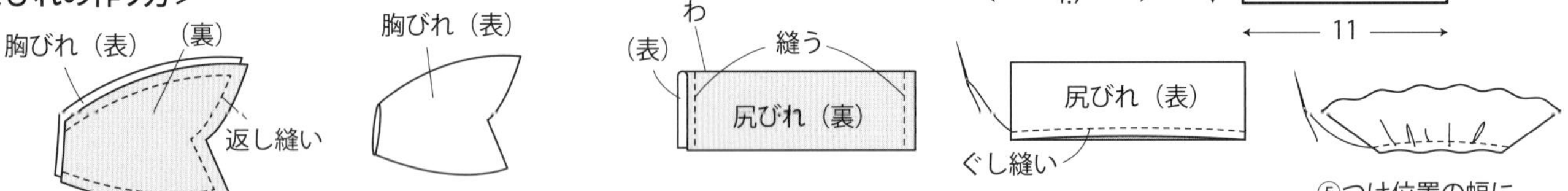

①胸びれを中表に
合わせて縫う

②表に返す
同様に腹びれを作る

③尻びれを中表に
二つ折りして縫う

④表に返して裁ち目を
ぐし縫いする

⑤つけ位置の幅に
合わせて引き絞る
同様に背びれを作る

<口べり布の作り方>

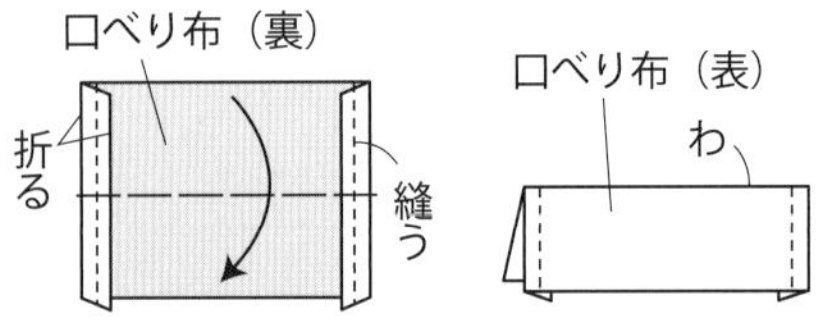

①口べり布の
縫い代を折って縫う

②外表に二つ折りにする
同様にもう 1 枚作る

<中袋の作り方>

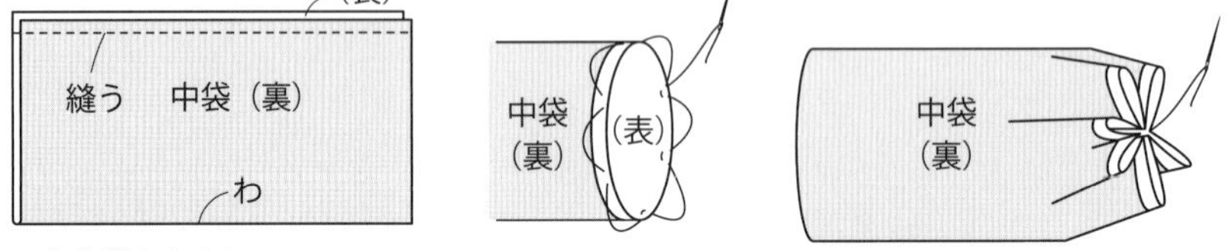

①中袋を中表に
二つ折りして筒に縫う

②一方の端の縫い代を折り
6 か所すくって引き絞る

<口布の作り方>

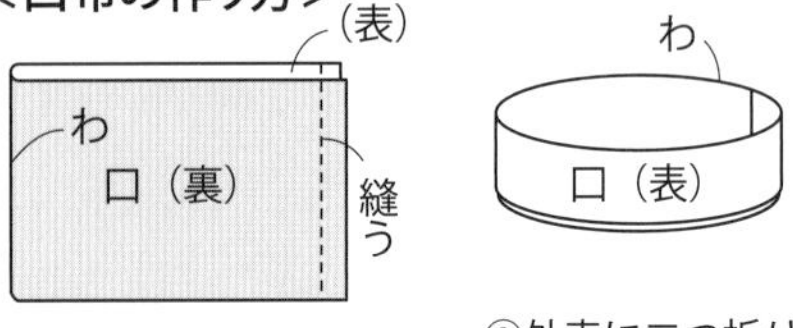

①口布を中表に
二つ折りして縫う

②外表に二つ折りする

<胴の作り方>

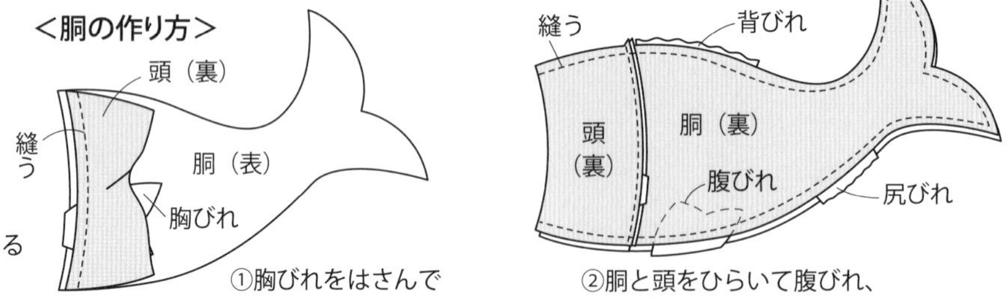

①胸びれをはさんで
胴と頭を中表に縫う
同様にもう 1 枚作る

②胴と頭をひらいて腹びれ、
尻びれ、背びれをはさみ
もう 1 枚と中表に合わせて縫う

<まとめ方>

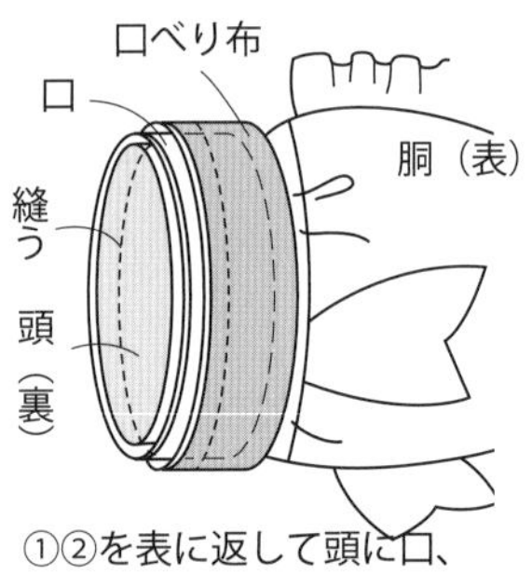

①②を表に返して頭に口、
口べり布の順に重ねてぐるりと
縫い、口と口べり布を折り返す

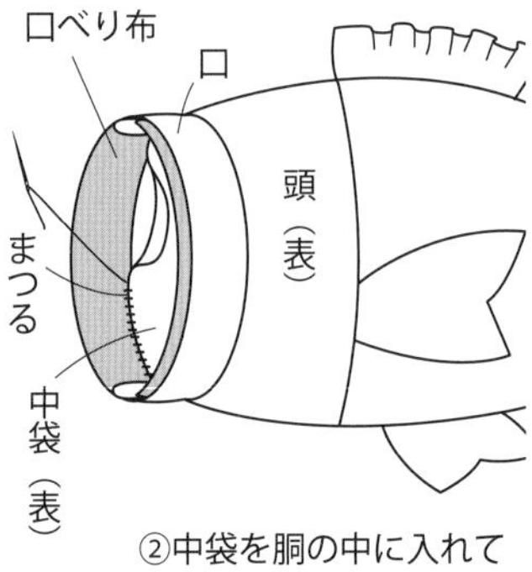

②中袋を胴の中に入れて
口べり布にまつる

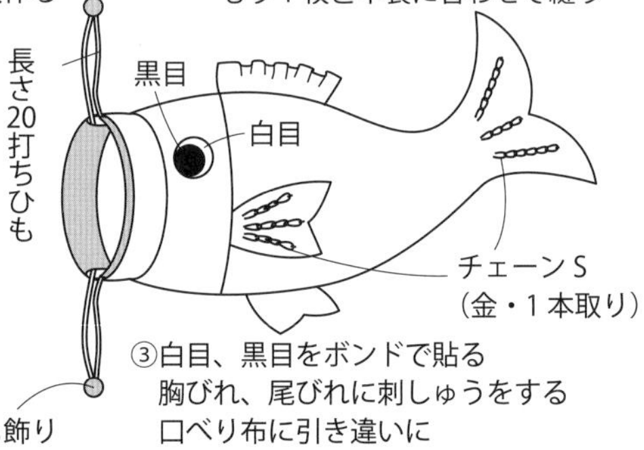

③白目、黒目をボンドで貼る
胸びれ、尾びれに刺しゅうをする
口べり布に引き違いに
打ちひもを通してひも飾りをつける
胴に綿を入れてひもを結ぶ

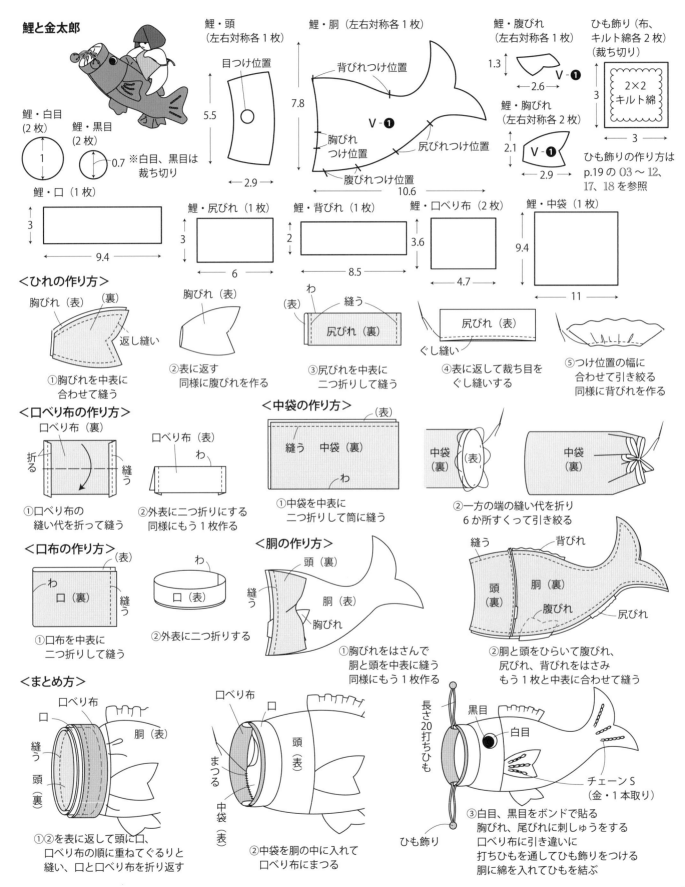

金太郎・胴（1枚）

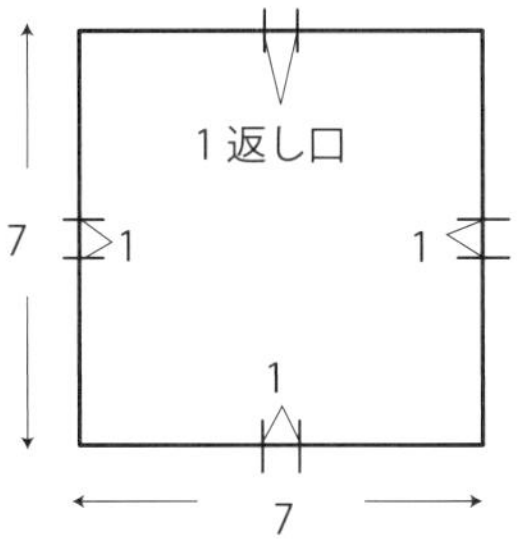

金太郎・頭
（1枚）（裁ち切り）

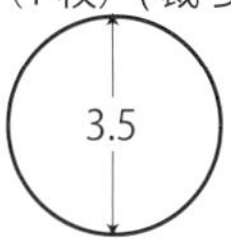

胴の作り方は
p.21の01～06を参照
頭の作り方は
p.52の02～05
を参照

金太郎・腹掛け
（表裏各1枚）

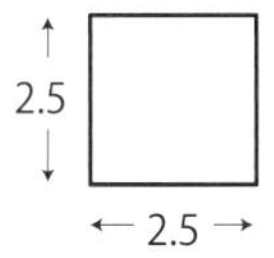

腹掛けの作り方は
p.81参照

＜まとめ方＞

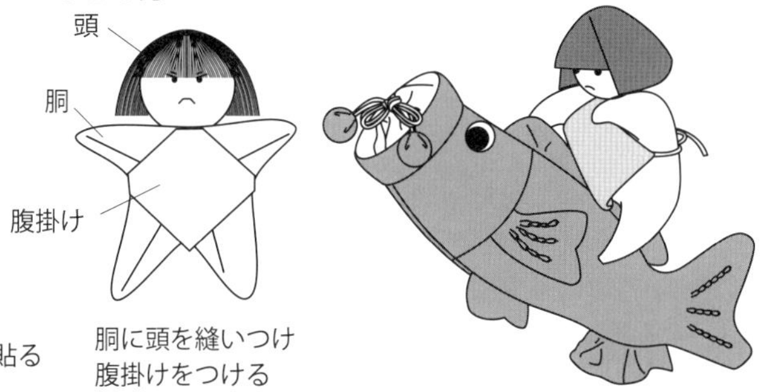

胴に頭を縫いつけ
腹掛けをつける

鯉の背に金太郎を
またがらせて
縫いとめる

＜顔の作り方＞

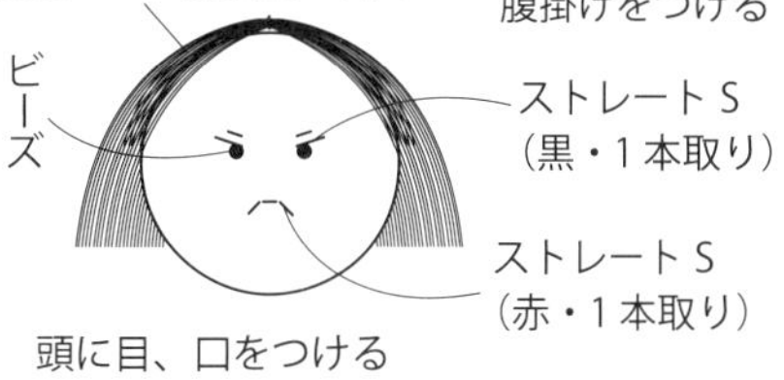

頭に目、口をつける
髪を頭に貼って切りそろえる

＜髪の作り方＞

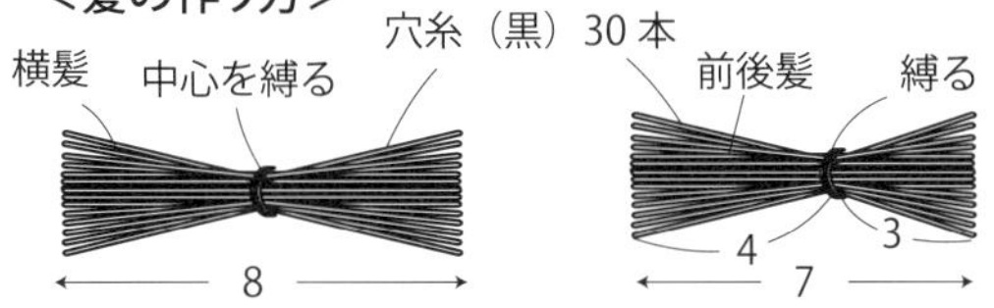

穴糸を束ねて指定の位置を縛る

鎧

草ずり
（表、裏各4枚）

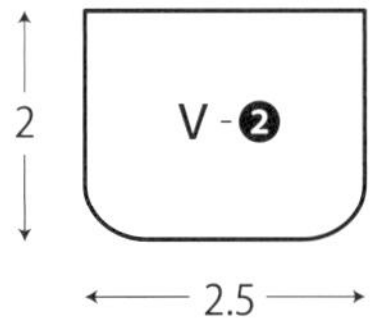

袖
（表、裏各2枚）

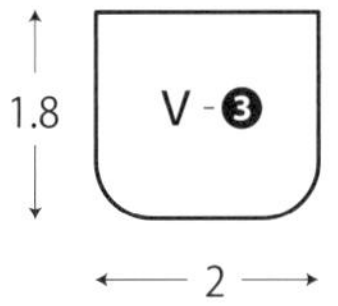

胴（1枚）

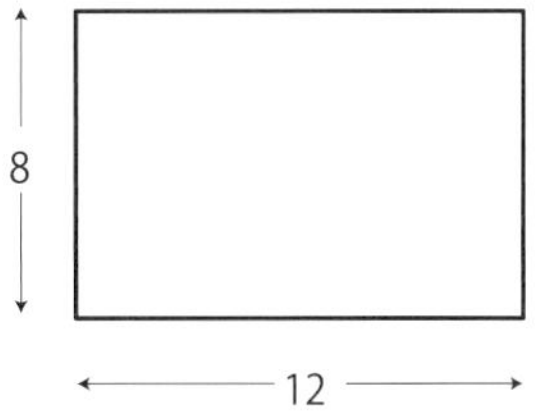

口べり布（2枚）

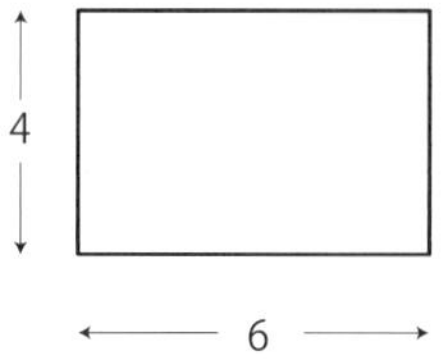

ひも飾り（布、
キルト綿各2枚）
（裁ち切り）

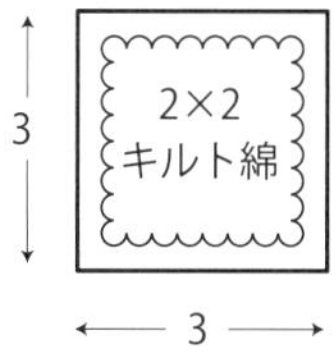

ひも飾りの作り方は
p.19の03～12、
17、18を参照

帯a、b（各1枚）（裁ち切り）

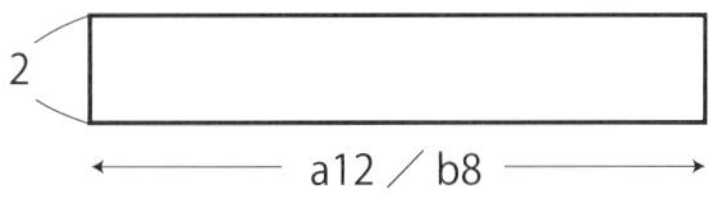

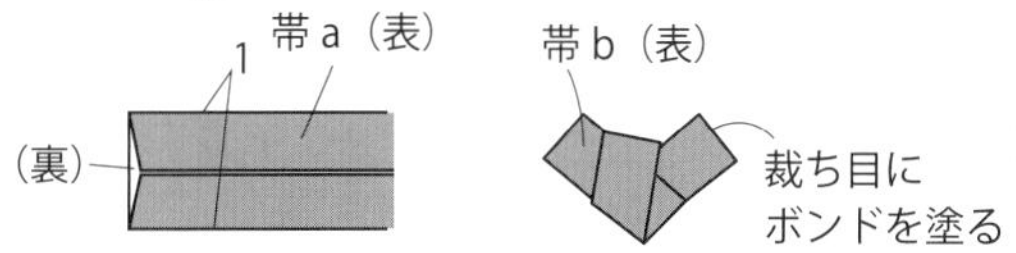

帯を外表に突き合わせに折り
帯bはひと結びする

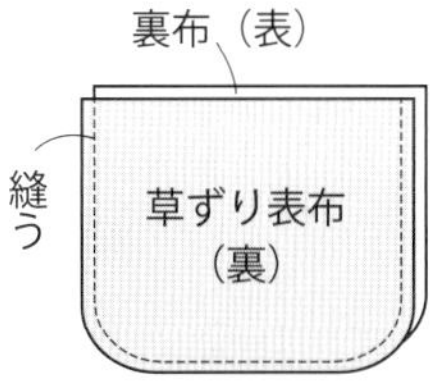

①草ずりを中表に縫い
表に返す
同様に袖を作る

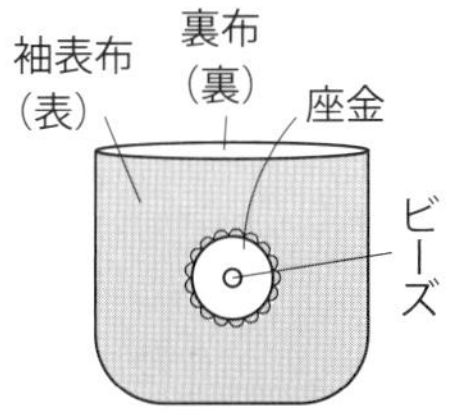

②袖は表側に座金と
ビーズを縫いつける

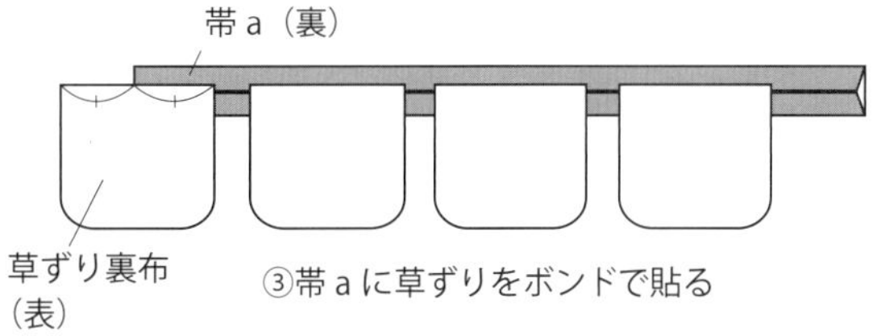

③帯aに草ずりをボンドで貼る

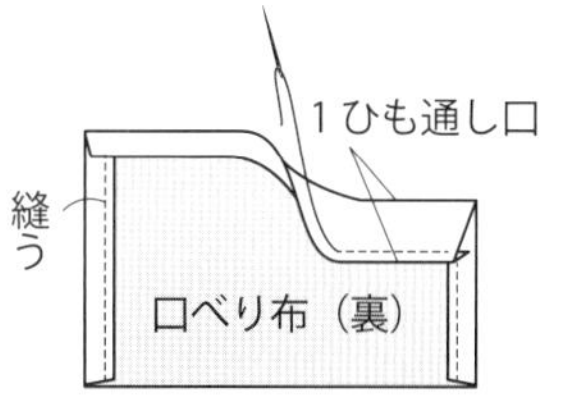

④口べり布の縫い代と
ひも通し口を折って縫う

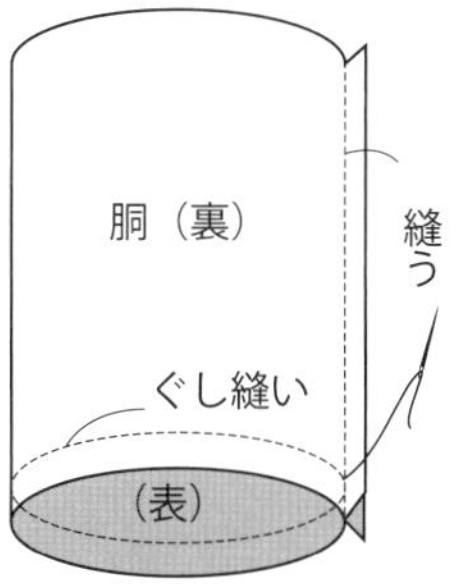

⑤胴を中表に
二つ折りして筒に縫う
底側をぐるりとぐし縫いする

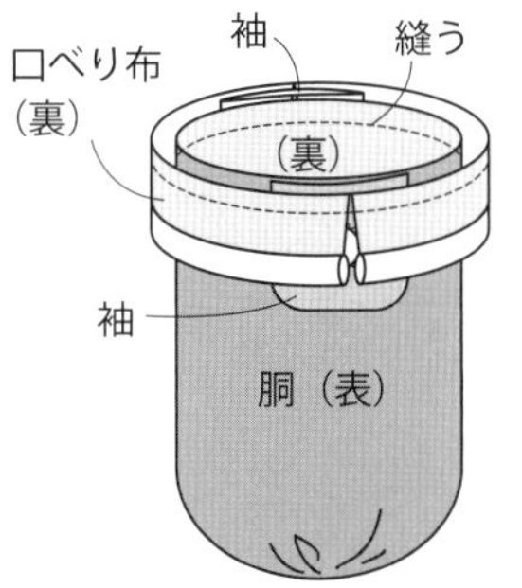

⑥糸を引き絞り表に返す
返し口に袖を仮どめし
口べり布を中表に重ねて縫う

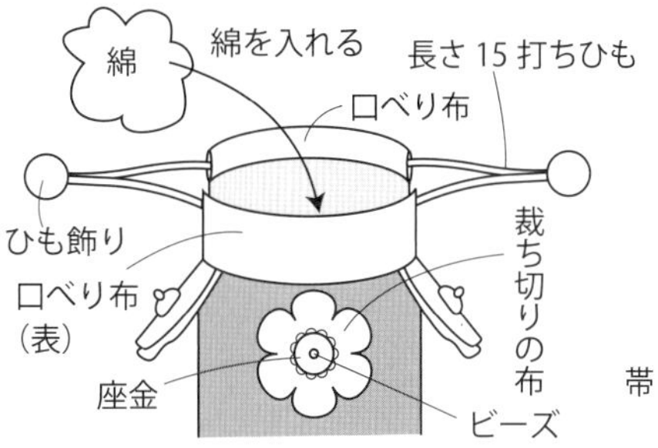

⑦口べり布に引き違いに
打ちひもを通して
ひも飾りをつける
胸に布の柄を切り抜いて貼り
座金、ビーズをつける

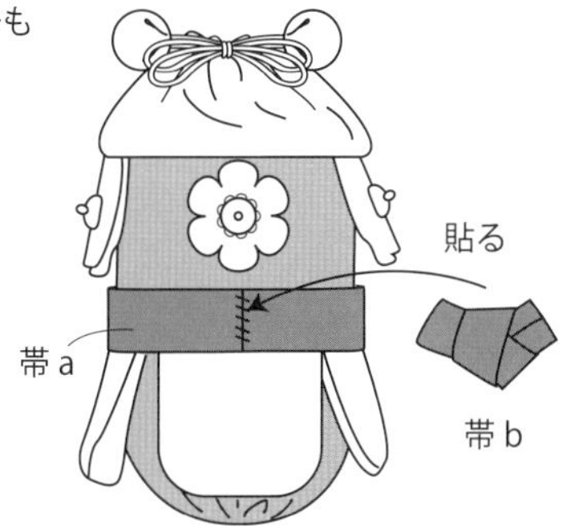

⑧胴に③を巻いて正面で
突き合わせて縫う
縫い目の上に帯bを貼る

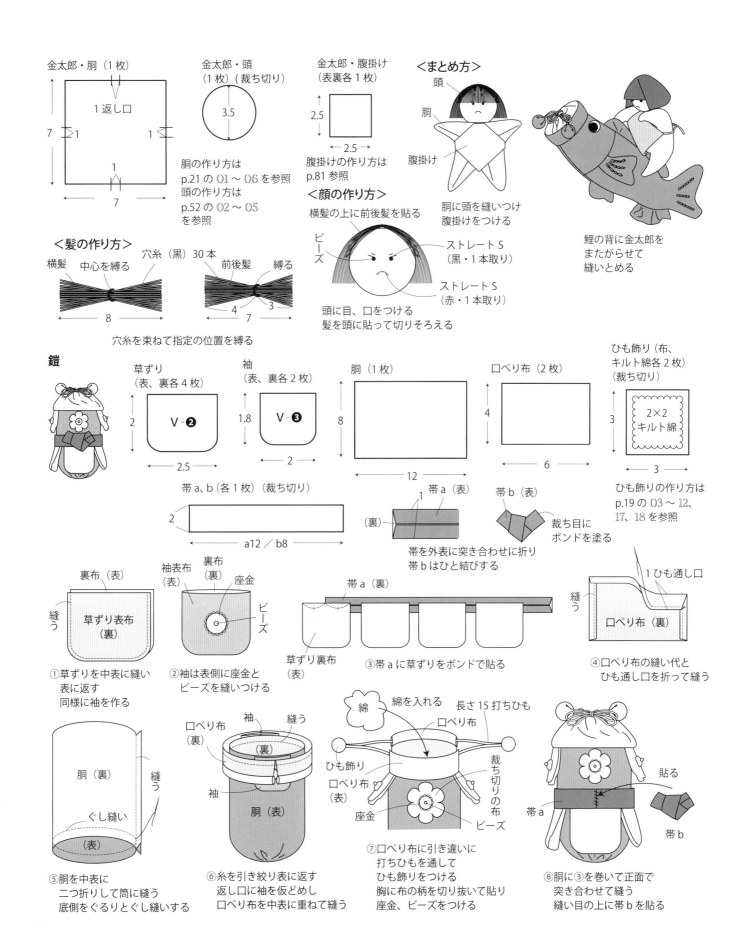

兜

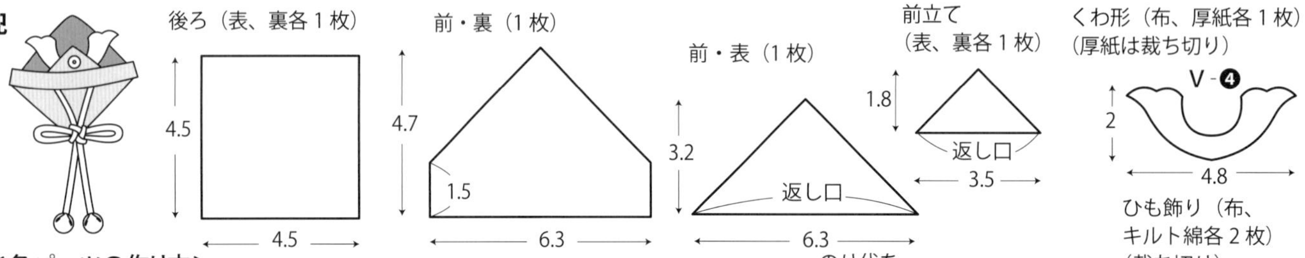

＜各パーツの作り方＞

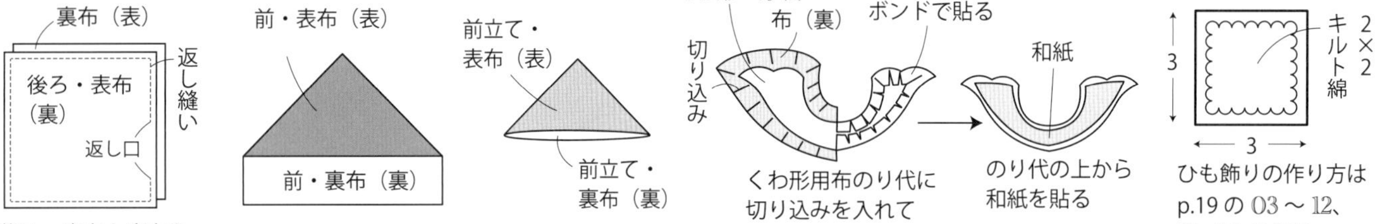

後ろ・表布と裏布を
中表に縫い表に返す
返し口をとじる

前と前立ても同様に作り
返し口はとじない

くわ形用布のり代に
切り込みを入れて
厚紙を包む

のり代の上から
和紙を貼る

ひも飾りの作り方は
p.19 の 03 〜 12、
17、18 を参照

＜まとめ方＞

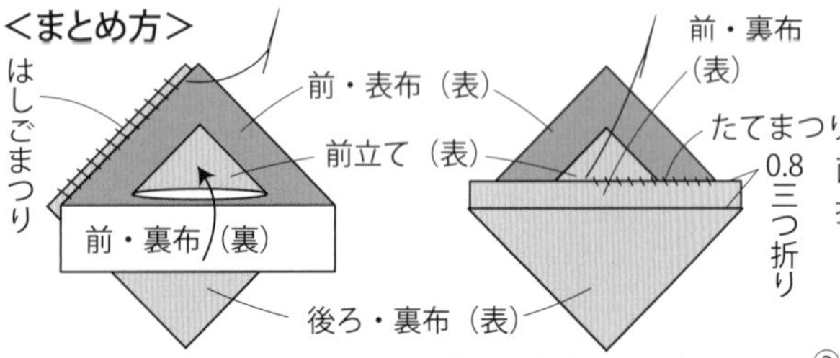

①前と後ろを外表に
合わせて縫う
前立てを仮どめする

②前・裏布を三つ折りし
前立ての上にまつる

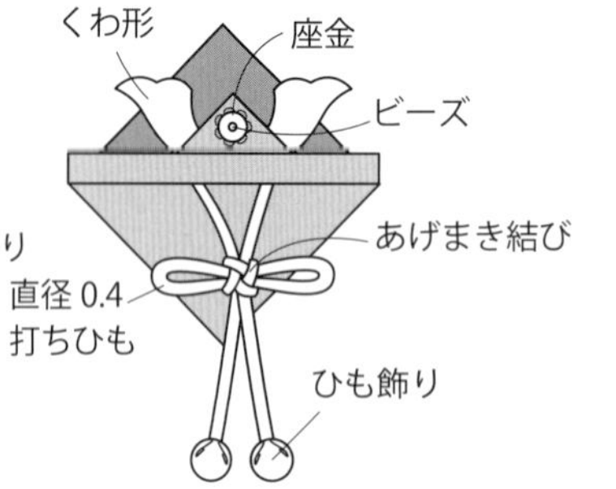

③前立ての後ろにくわ形を通し
前立ての前に座金とビーズを縫いつける
あげまき結びをしてひも飾りをつけた
打ちひもをボンドでつける

＜あげまき結び＞

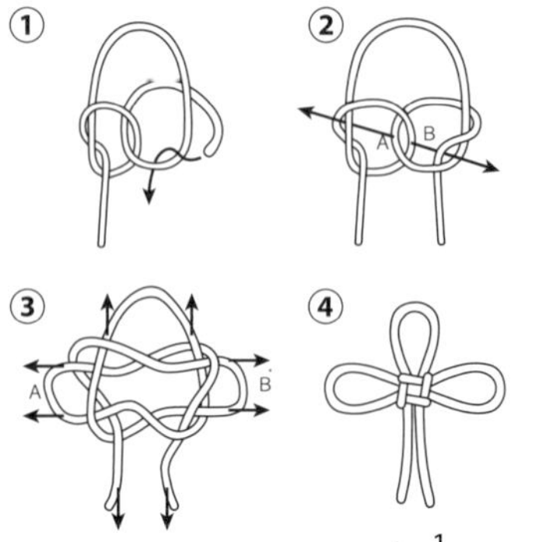

春駒

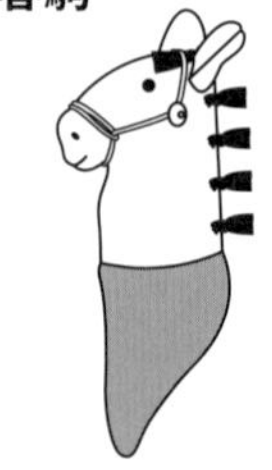

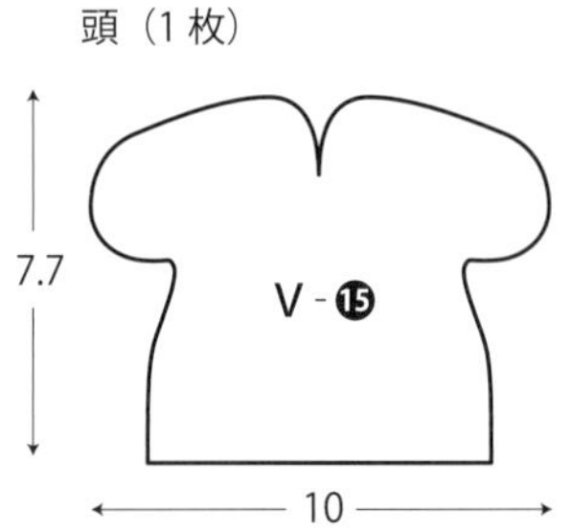

＜頭の作り方＞

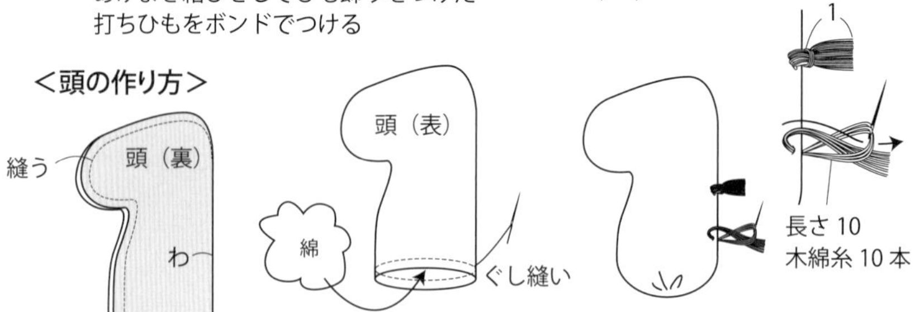

①頭を中表に
二つ折りして縫い
表に返す

②返し口をぐし縫いし
縫い代と綿を入れて
糸を引き絞る

③たてがみつけ位置を
ひとすくいして糸をつける

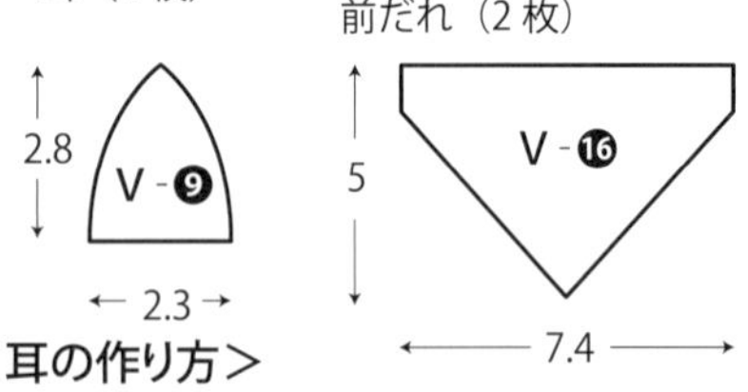

＜耳の作り方＞

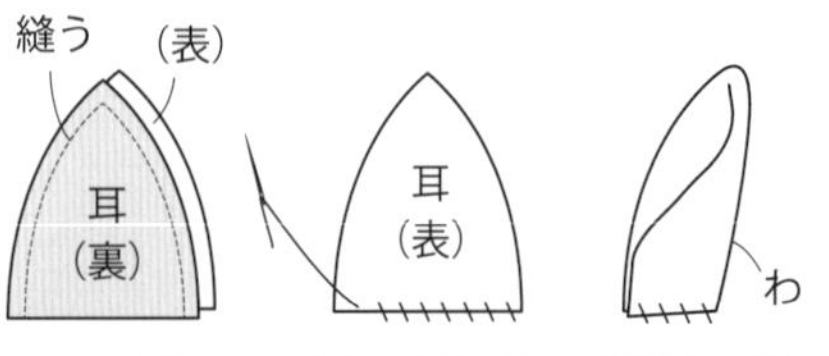

①耳を中表に
縫う

②表に返して
返し口を
とじる

③返し口を
二つ折りして
縫う

＜前だれの作り方＞

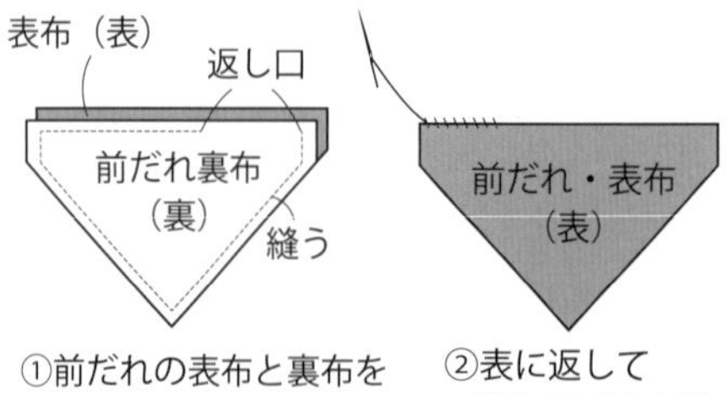

①前だれの表布と裏布を
中表に合わせて縫う

②表に返して
返し口をとじる

＜まとめ方＞

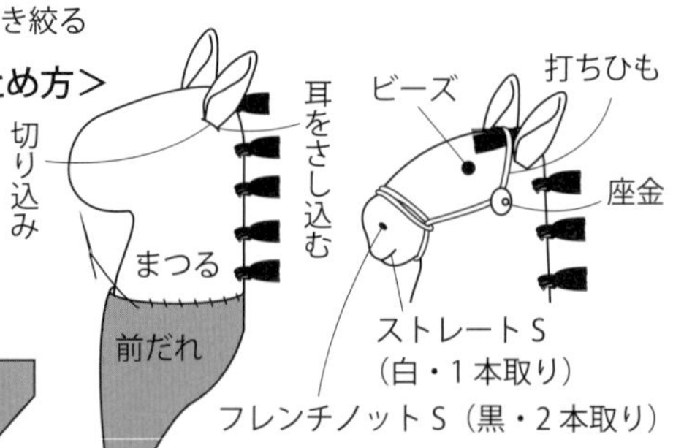

耳つけ位置に切り込みを入れて
耳をさし込んでボンドで固定する
前だれを巻いて縫いとめる
目、鼻、口を作り
顔に打ちひもを掛けて座金をつける

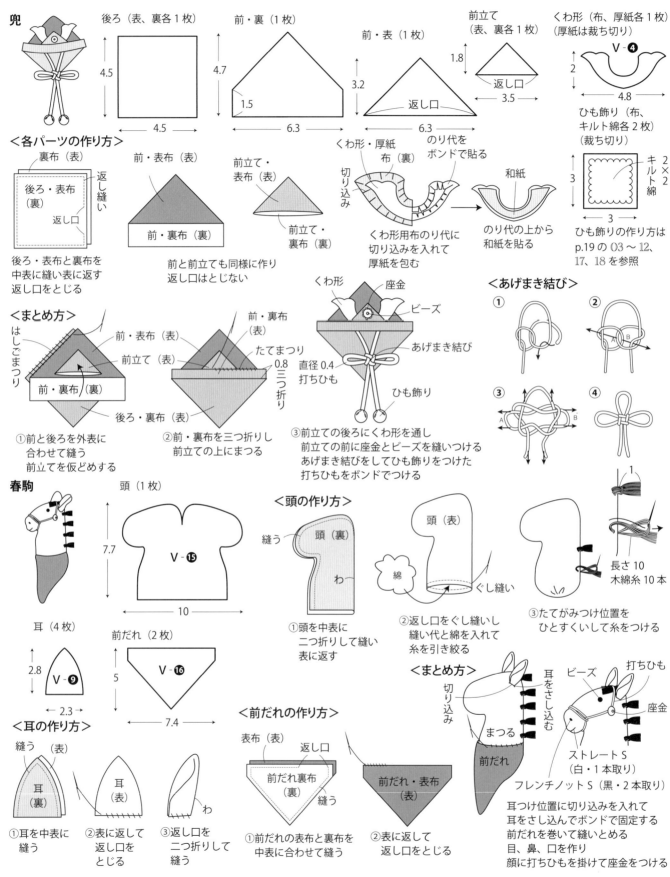

P.9 うぐいす

実物大型紙はとじ込み付録 裏S-❶〜❸

◉材料
胴20×20㎝（尾、底分含む）　羽20×20㎝（ひも飾り分含む）　くちばし（黄）5×5㎝　直径0.3㎝ビーズ（黒）2個　直径0.1㎝打ちひも（黄緑）50㎝　ニット用接着芯、手芸綿、厚紙各適宜

◉作り方
①くちばし、尾、羽を作る。
②くちばし、尾をはさんで胴を中表に縫う。
③表に返して綿を入れて返し口をとじる。
④底を作って③の返し口につける。
⑤羽、目を胴につける。
⑥打ちひも2本をまとめてひも先にひも飾りをつける。
⑦⑥を蝶結びにして背中につける。

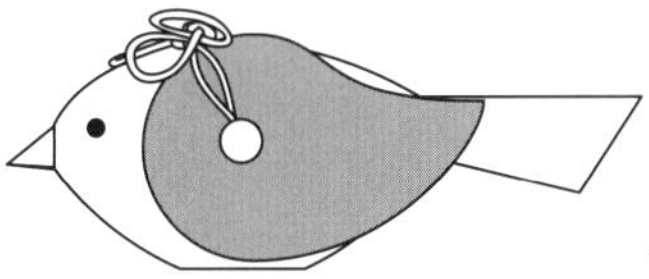

胴（左右対称各1枚）

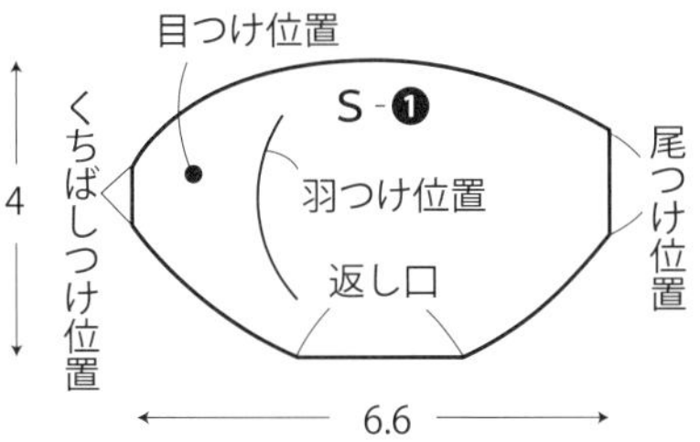

くちばし（1枚）
（芯なし、裁ち切り）

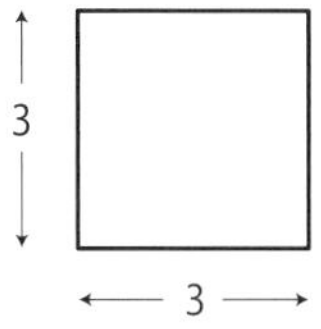

羽（左右対称各2枚）

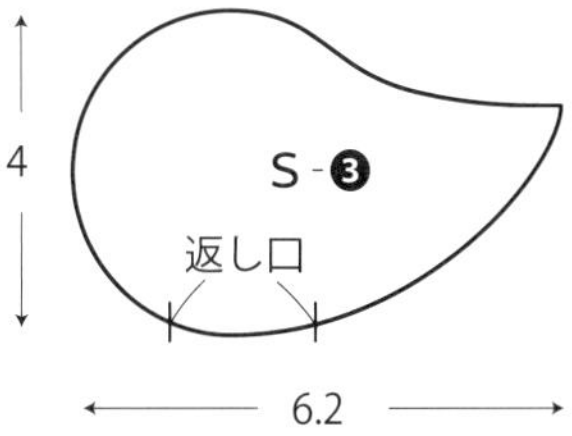

尾（2枚）

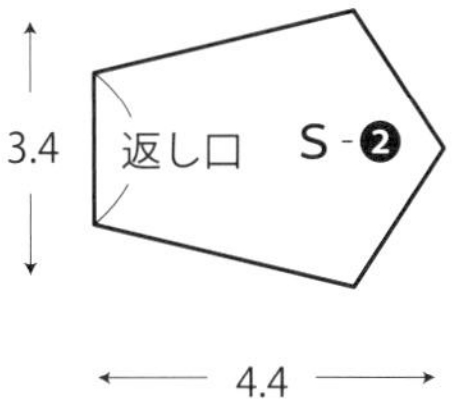

底（布、
厚紙各2枚）

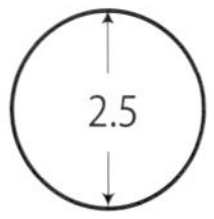

※厚紙は裁ち切り

ひも飾り（布、キルト綿
各2枚）（裁ち切り）

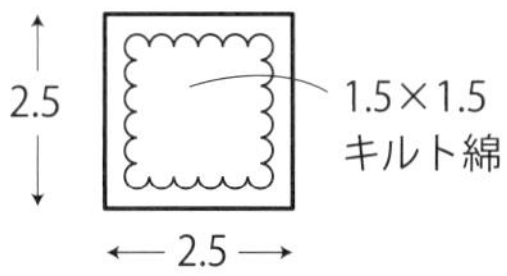

ひも飾りの作り方は
p.19 の 03 〜 12、
17、18 を参照

くちばしの作り方

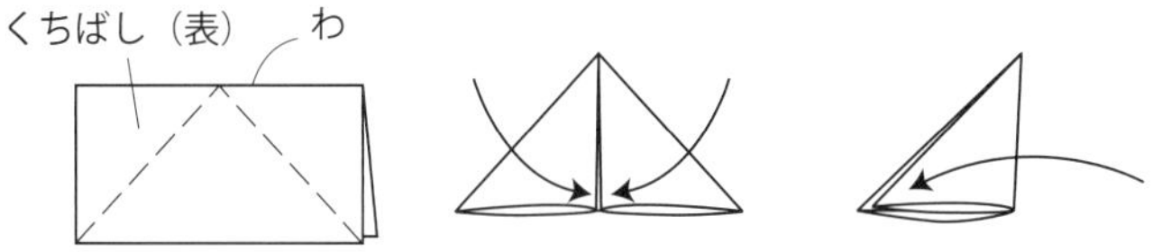

①くちばし布を
外表に二つ折りする

②突き合わせに
三角に折る

③二つ折りする

尾、羽の作り方

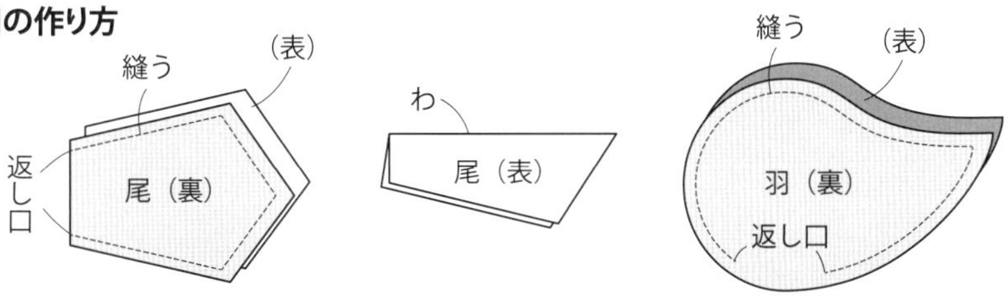

①尾を中表に縫う

②表に返して
二つ折りにする

③羽を中表に縫い
表に返して
返し口をとじる

胴の作り方

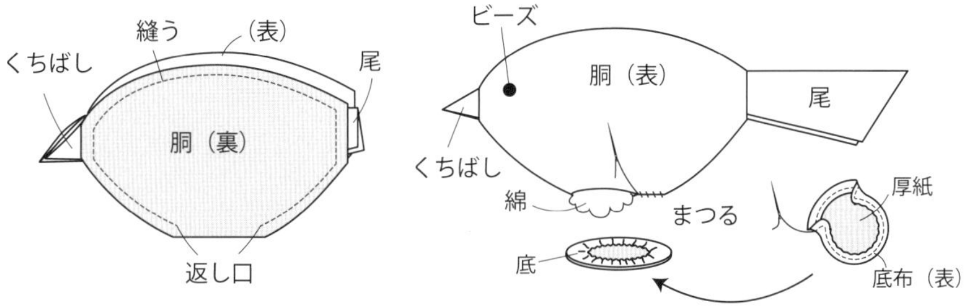

①くちばしと尾をはさみ
胴を中表に縫う
表に返す

②綿を入れて返し口をとじる
底布の周囲をぐし縫いし厚紙を入れて糸を引き絞る
底を胴につけて目の位置にビーズをつける

まとめ方

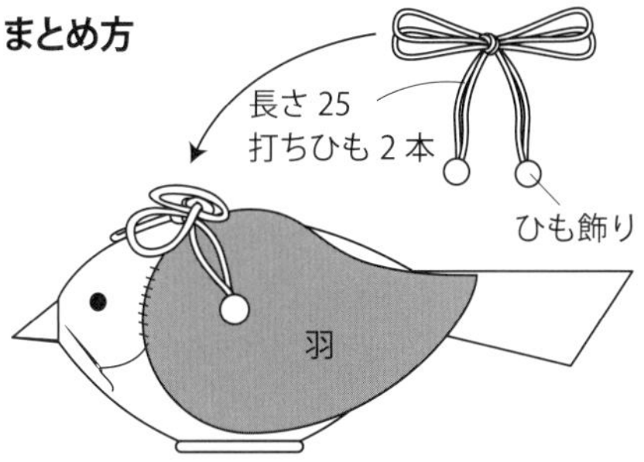

胴に羽をつける
打ちひも2本にひも飾りをつけ
蝶結びにして背に縫いとめる

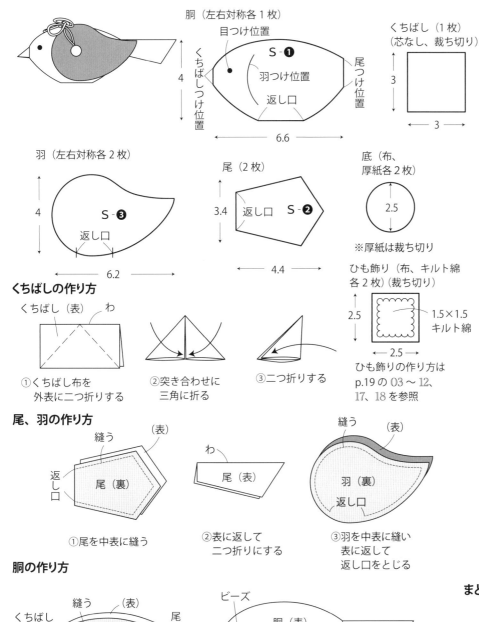

鶴と亀の傘福

実物大型紙はとじ込み付録 裏U-❶〜❾

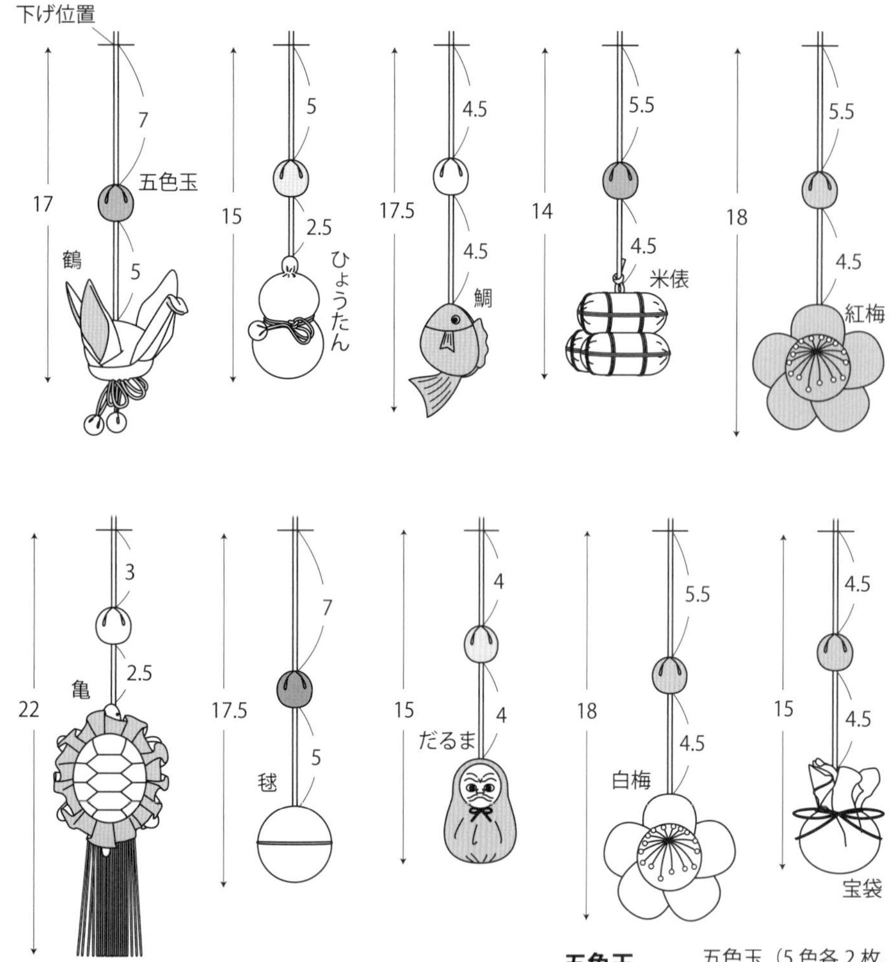

傘布

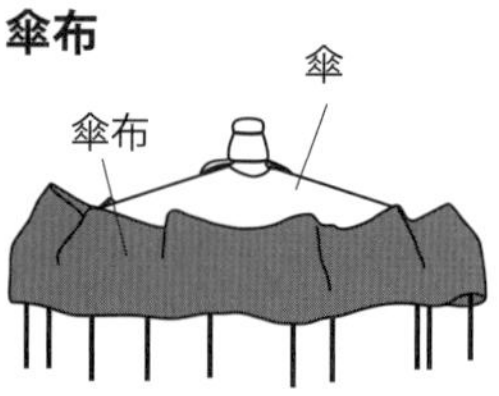

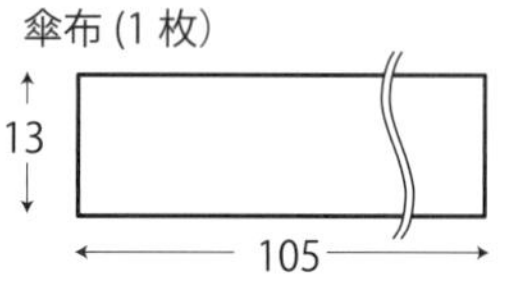

傘布の作り方は
p.77「傘布」を参照

五色玉

五色玉の作り方は
p.19の03〜12、
p.26「パーツの
まとめ方」参照

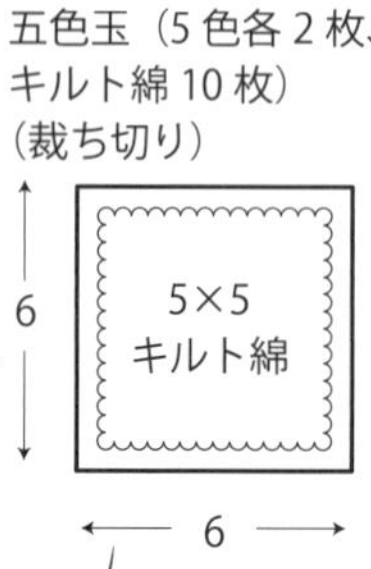

米俵

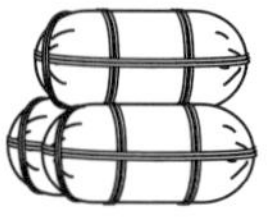

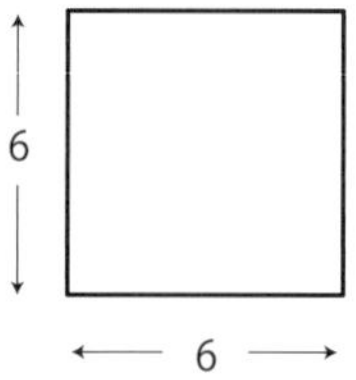

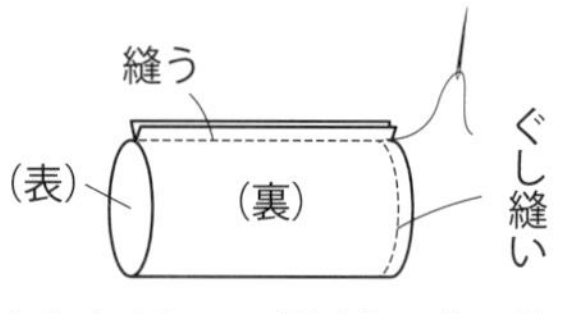

①布を中表に二つ折りして筒に縫い
一方をぐし縫いして引き絞る

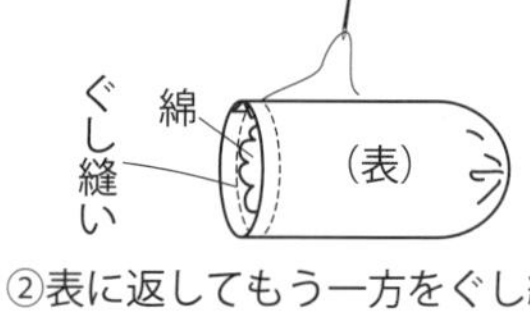

②表に返してもう一方をぐし縫いし
綿と縫い代を入れて糸を引き絞る

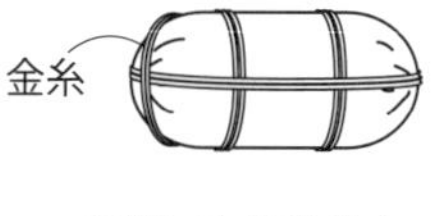

③俵に金糸を巻く
同様にもう2個作る

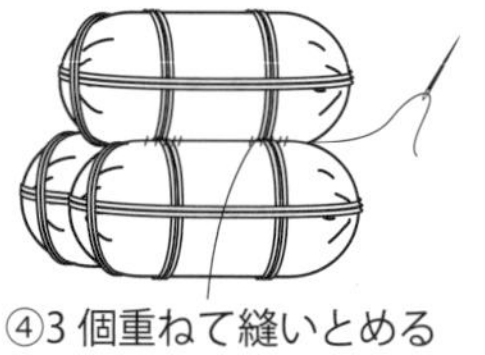

④3個重ねて縫いとめる

◉材料

傘　傘布15×110㎝　直径0.1㎝打ちひも（赤）4m　内径0.3㎝丸かん10個　直径30㎝傘1本　傘福用台1個　ニット用接着芯、手芸綿各適宜

五色玉　ちりめん5色各15×10㎝　キルト綿20×15㎝

米俵　布25×10㎝　金糸適宜

ひょうたん　布20×15㎝（へた、ひも飾り分含む）　直径0.1㎝打ちひも（紫）35㎝　キルト綿適宜

宝袋　表布、裏布各15×15㎝　直径0.1㎝打ちひも（金）20㎝

鯛　胴20×10㎝　尾びれ20×15㎝（胸びれ、背びれ、頭分含む）　直径5.5㎝はまぐり1個　直径0.5㎝動眼2個　キルト綿適宜

亀　甲羅10×10㎝　腹20×10㎝（頭、足、尾、藻分含む）　フリル70×5㎝　直径0.1打ちひも（緑）2m　直径0.2㎝ビーズ（紫）2個　金糸、厚紙各適宜

梅　花びら（赤、白）各20×20㎝（花芯分含む）　直径0.2㎝ビーズ（金）30個　金糸、当て布各適宜

鶴　胴（白）30×25㎝（羽表、頭表、尾表、口べり布、ひも飾り分含む）　羽裏（赤）20×20㎝（頭裏、尾裏分含む）　直径0.1㎝打ちひも（白）60㎝

だるま　頭（白）10×10㎝　胴（赤）20×10㎝　直径0.1打ちひも（金）、ペレット各適宜

毬　ちりめん2種各10×10㎝　直径3.5㎝スチロールボール1個　直径0.2㎝打ちひも（赤）適宜

◉作り方

①鶴、亀、ひょうたん、毬、鯛、だるま、米俵、梅（赤、白）、宝袋を各1個作る。

②五色玉を1個ずつ打ちひもにつける。

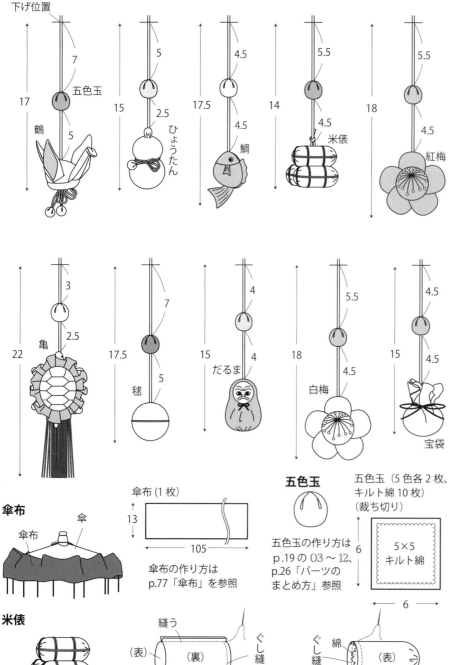

③打ちひもの先に各パーツをつける。
④傘の先に③を下げ、バランスを見ながらひもにパーツを固定する。
⑤傘布を作り、傘に掛ける。

ひょうたん

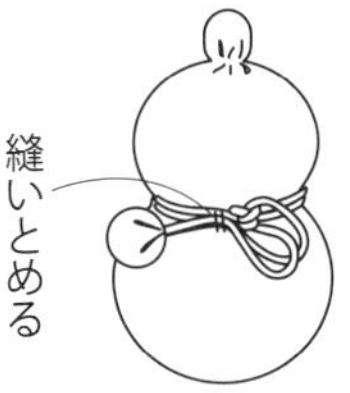

実（大、小各1枚）

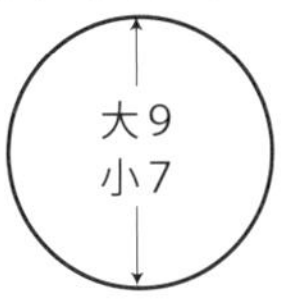

へた（1枚）

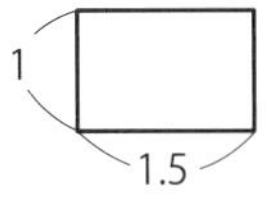

※すべて裁ち切り

ひも飾り（布、キルト綿各1枚）

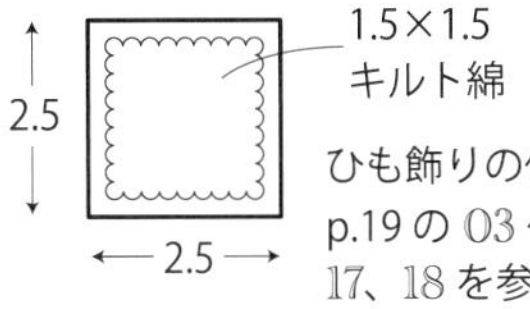

ひも飾りの作り方は
p.19の03～12、17、18を参照

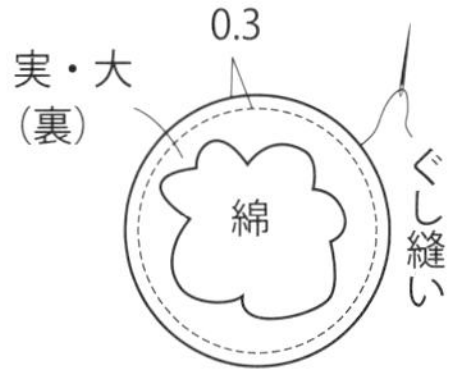

①実・大の周囲をぐし縫いし
綿を入れる

②糸を引き絞る
同様に実・小を作る

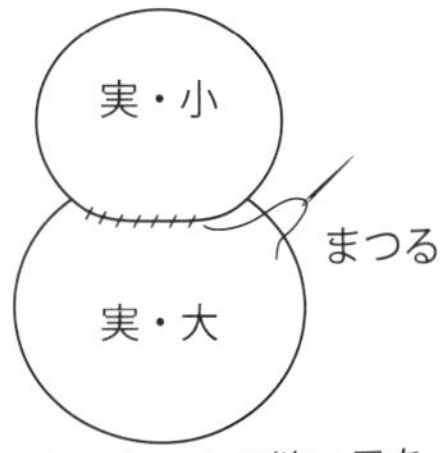

③実・大、小の縫い目を
合わせてまつる

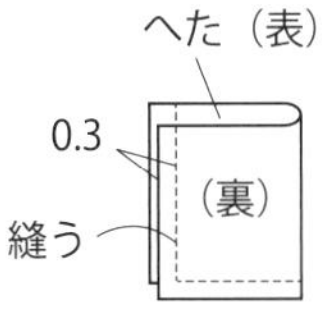

④へた布を中表に
二つ折りして縫い
表に返す

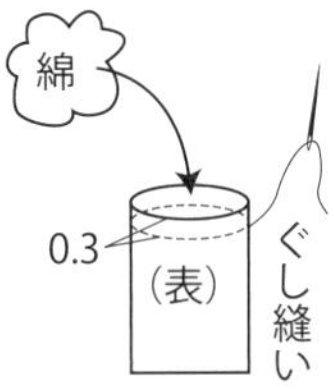

⑤返し口をぐし縫いし
綿を入れて
糸を引き絞る

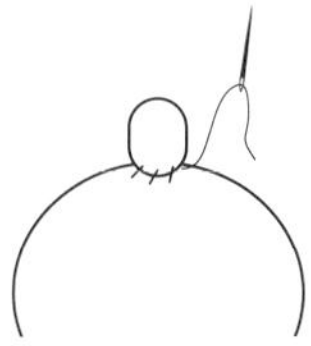

⑥実・小の上に
へたを縫いつける

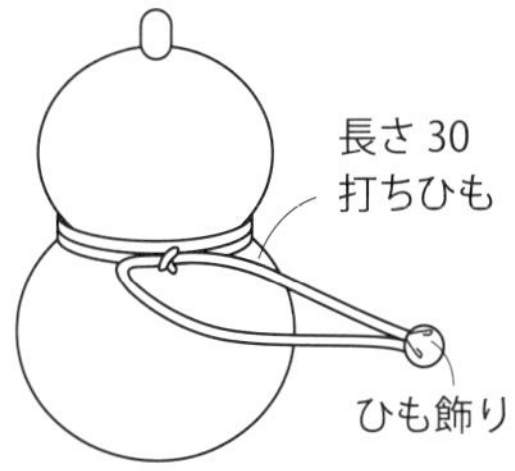

⑦実に打ちひもを巻き
ひも先に
ひも飾りをつける

宝袋

宝袋の作り方は
p.83「宝袋」を参照

宝袋（表、裏各1枚）U-❶

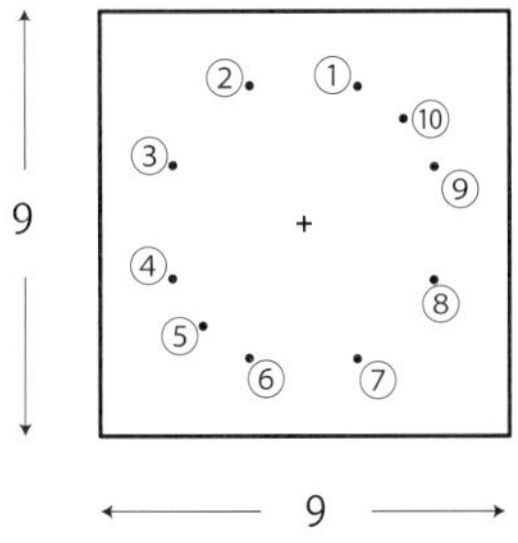

鯛

頭（2枚）

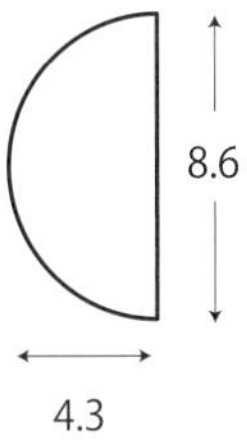

胴（2枚）

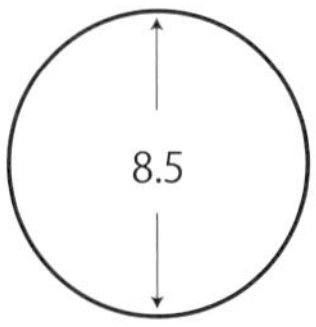

背びれ（1枚）

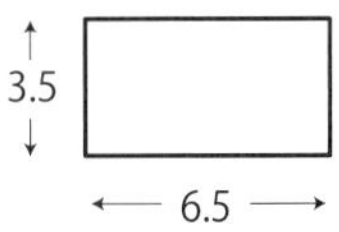

胸びれ（2枚）

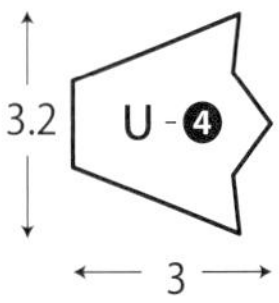

尾びれ（左右対称各1枚）

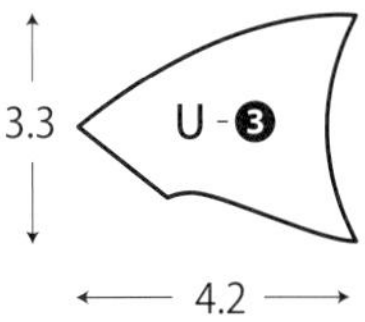

※すべて裁ち切り

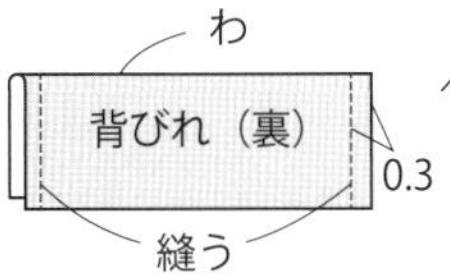

①背びれを中表に
二つ折りして縫う

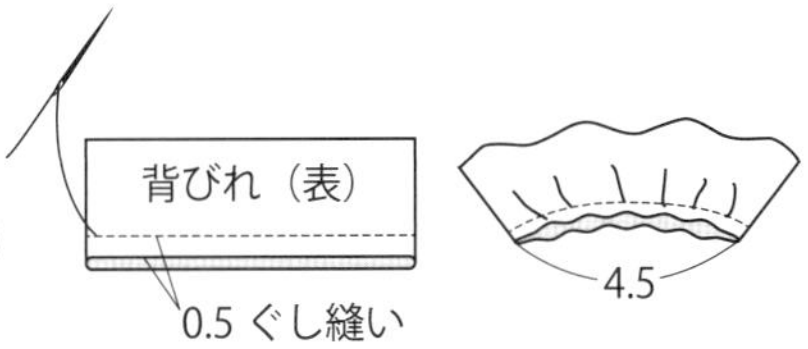

②表に返して裁ち目をぐし縫いし
糸を引き絞ってギャザーを寄せる

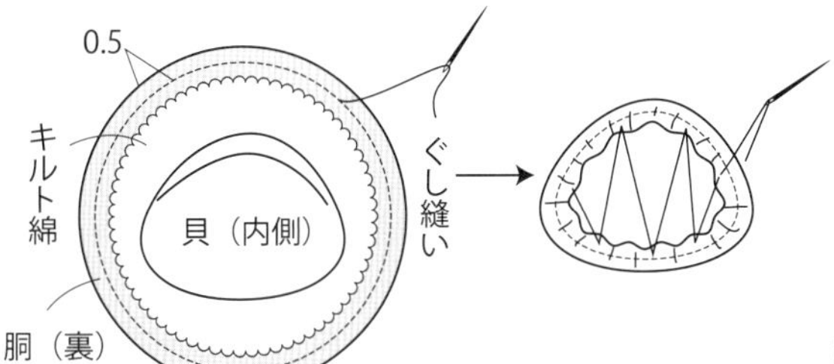

③胴布の周囲をぐし縫いし
キルト綿と貝を入れて引き絞り
糸を渡して縫いとめる
同様にもう1個作る

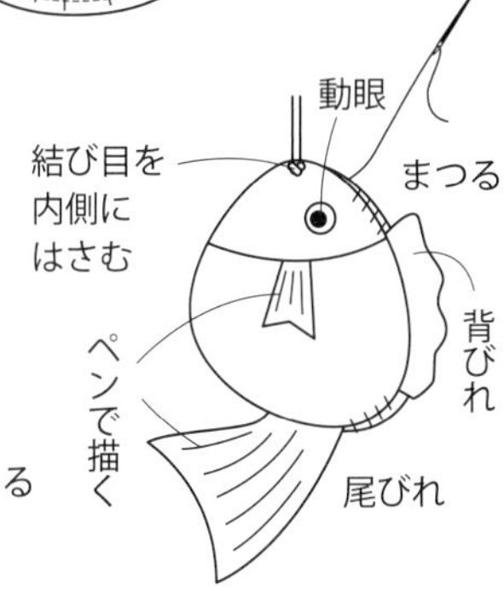

⑧背びれ、尾びれ、打ちひもを
ひと結びして⑦ではさみ
周囲をまつる
動眼を貼って胸びれ、
尾びれに線を描く

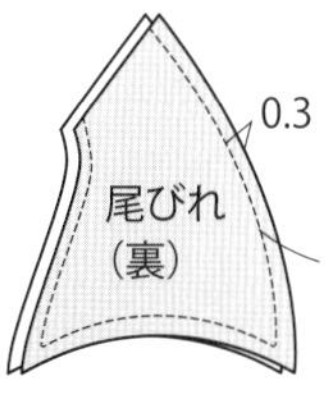

④尾びれを中表に
合わせて縫い
表に返す

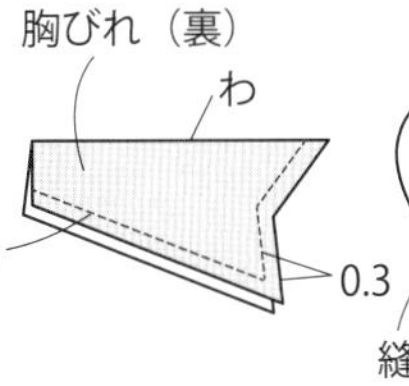

⑤胸びれを中表に
二つ折りして縫い
表に返す

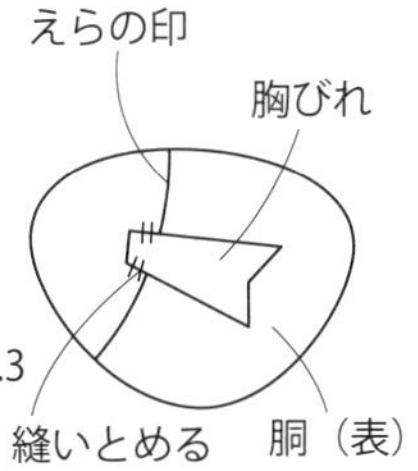

⑥胴のえらの線に
印をつけて
胸びれを縫いつける

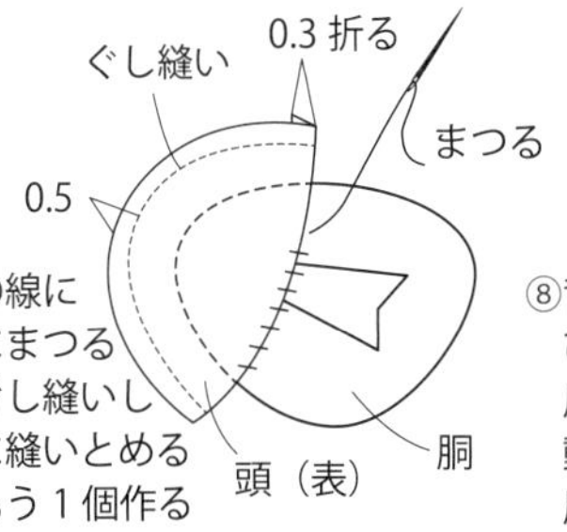

⑦頭布をえらの線に
合わせて胴にまつる
裁ち目側をぐし縫いし
胴布と同様に縫いとめる
左右対称にもう1個作る

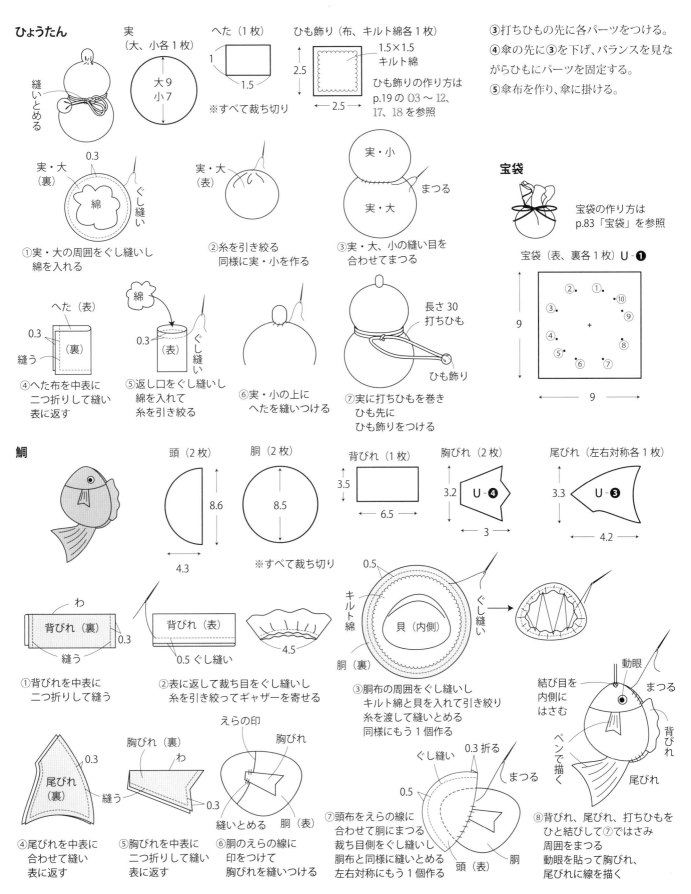

亀

甲羅（布 1 枚）
腹（布、厚紙各 1 枚）

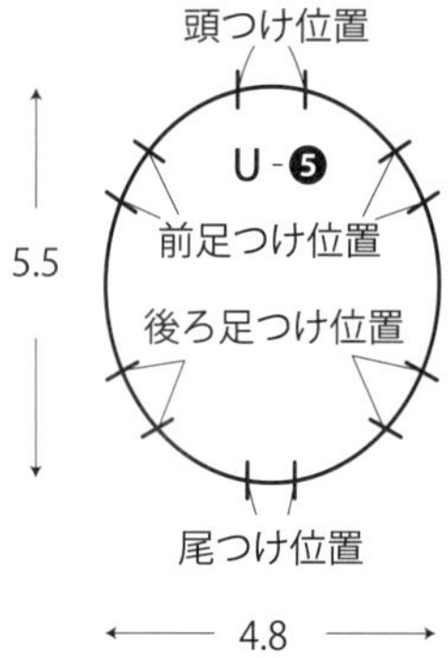

頭（2 枚）

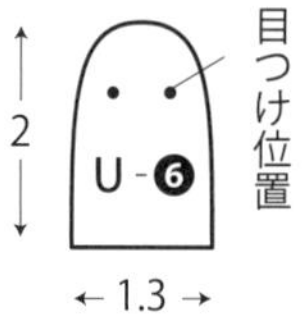

藻（1 枚）

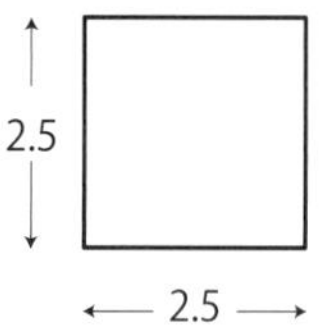

尾（左右対称各 1 枚）

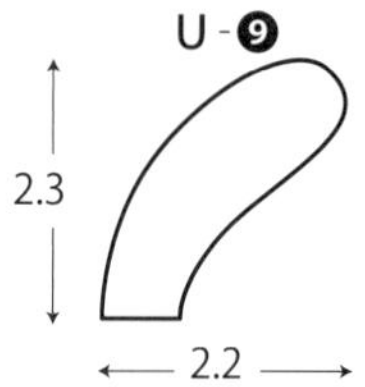

前足（4 枚）

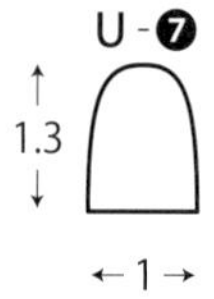

後ろ足（4 枚）

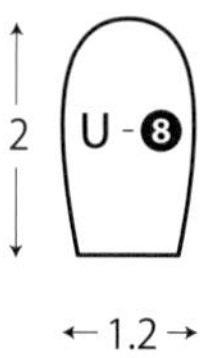

フリル（1 枚）（裁ち切り）

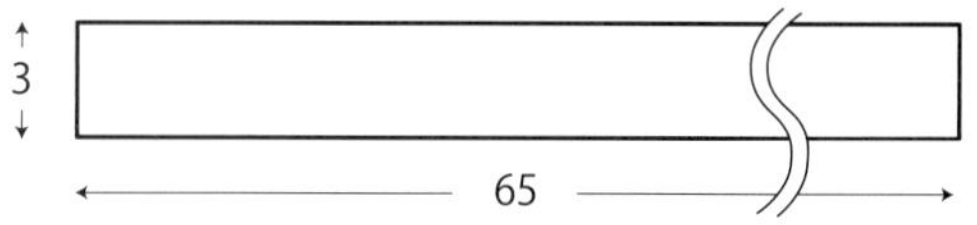

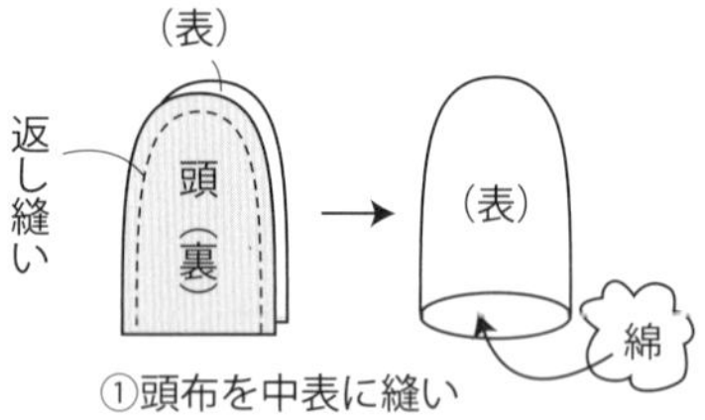

①頭布を中表に縫い
表に返して綿を入れる
同様に尾、足を作る

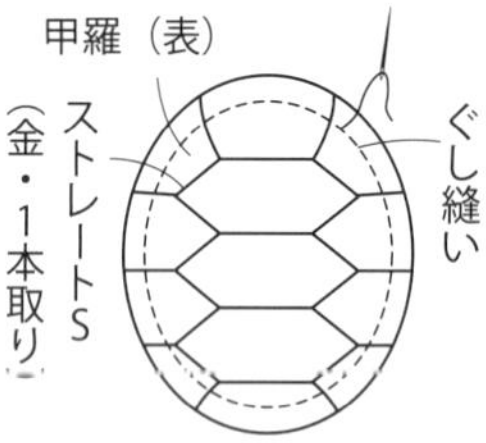

②甲羅に刺しゅうをし
周囲をぐし縫いする

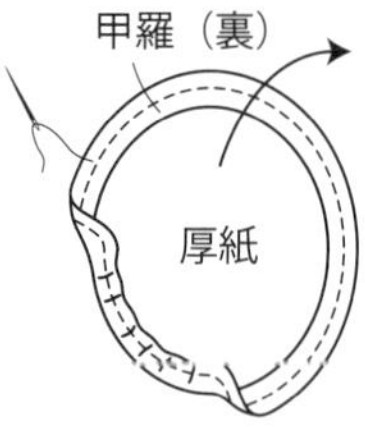

③厚紙を入れて糸を引き絞り
アイロンで形を整えて
厚紙をはずす

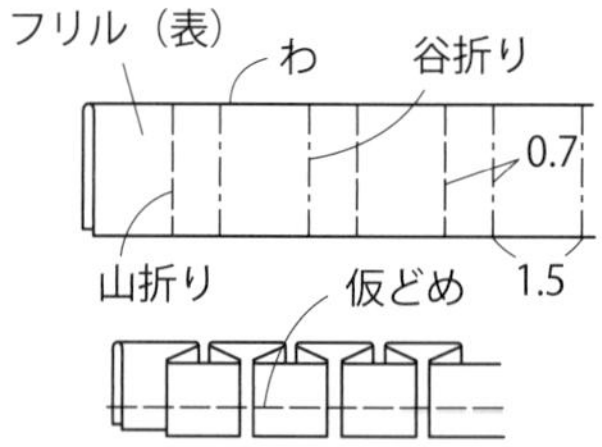

④フリル布を外表に二つ折りし
折り線のようにひだを作り
しつけで仮どめする

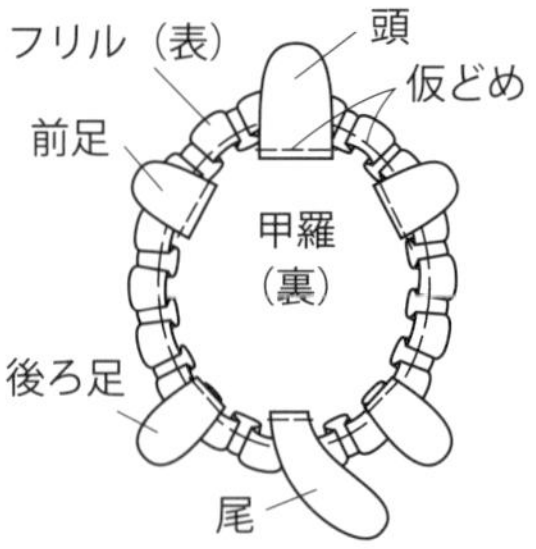

⑤甲羅の裏にフリルを仮どめし
フリルの上に頭、足、尾を
仮どめする

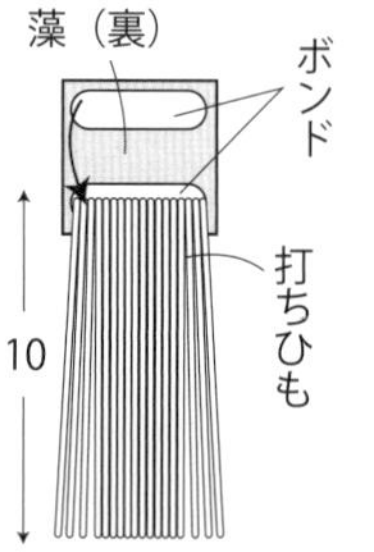

⑥藻布にボンドをつけ
打ちひも 16 本を
はさんで貼る

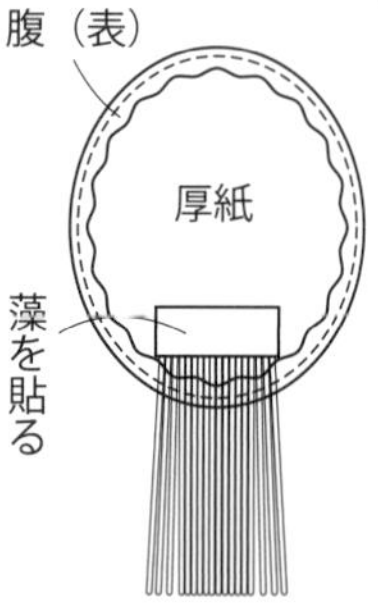

⑦甲羅と同様に厚紙を
入れて腹を作り
腹の裏に藻を貼る

⑧甲羅と腹を外表に
合わせて周囲をまつって
綿を入れる

⑨頭にビーズで目をつける

梅

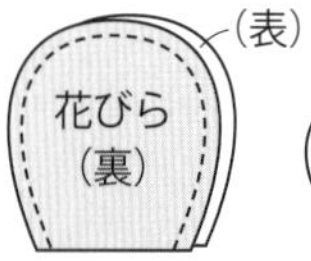

①花びらを
中表に縫い
表に返す

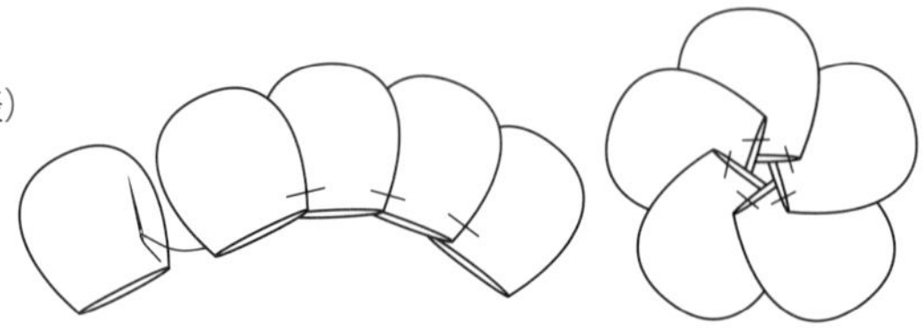

②花びらを 5 枚作り、輪に縫いつなぐ

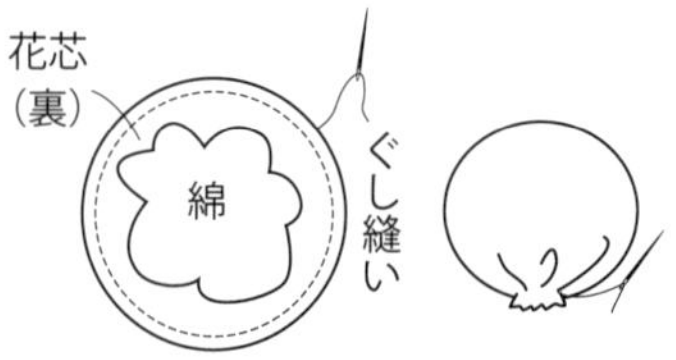

③花芯の周囲をぐし縫いし
綿を入れて引き絞る

花びら（赤、白各 10 枚）

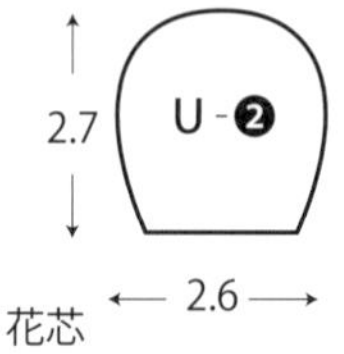

花芯
（赤、白各 1 枚）

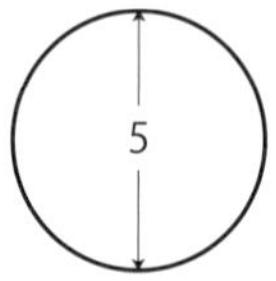

当て布（2 枚）

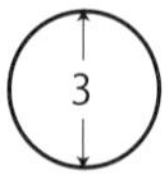

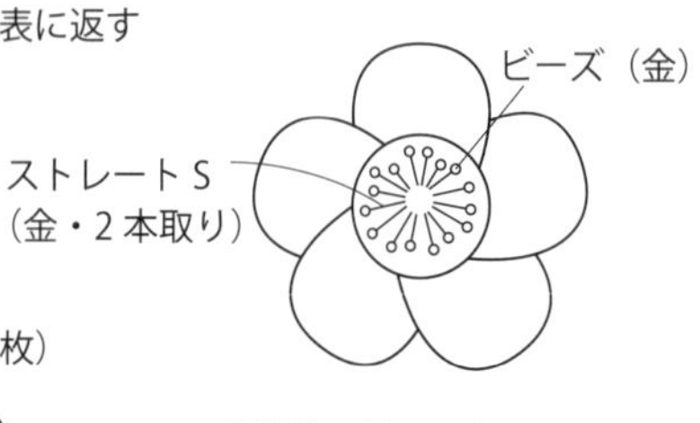

④花芯に刺しゅうをして
ビーズをつけ
花びらの中心に縫いつける

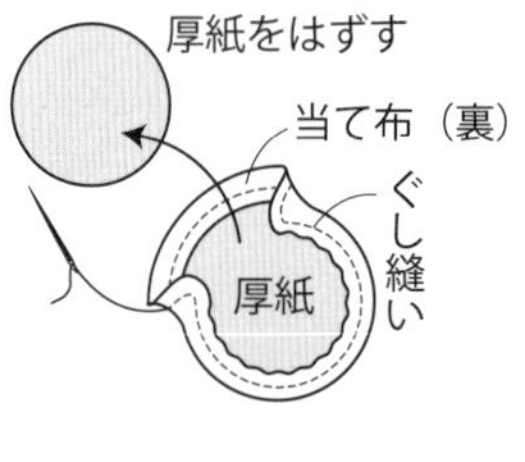

⑤当て布の周囲を縫い
厚紙を入れて引き絞る
形を整えて厚紙をはずす

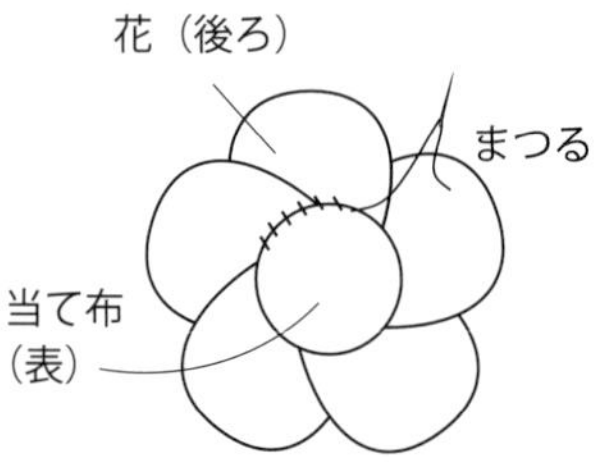

⑥花の後ろに当て布をまつる

鶴

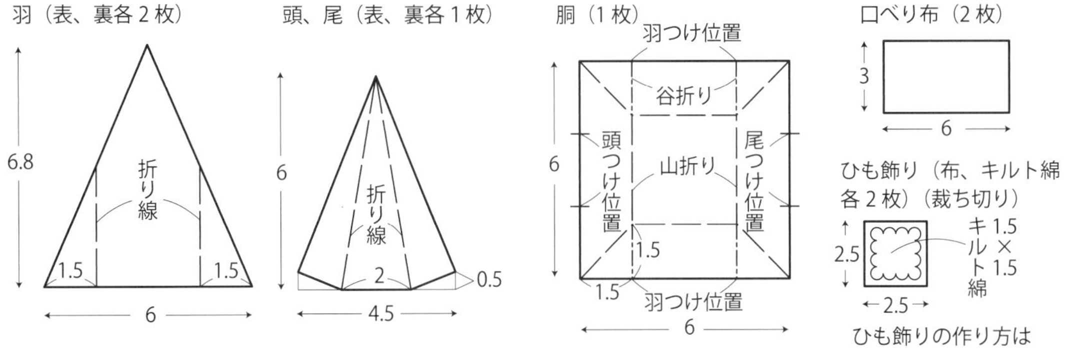

ひも飾りの作り方は p.19 の 03 〜 12、17、18 を参照

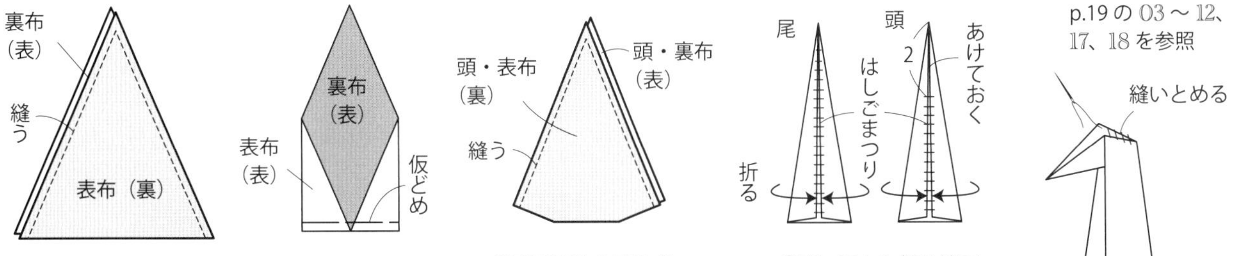

①羽の表布と裏布を中表に縫い、表に返す

②折り線で折って仮どめする

③頭の表布と裏布を中表に縫い、表に返す
同様に尾を作る

④頭、尾とも折り線で折ってまつる
頭は先端を残しておく

⑤頭は折り鶴の要領で折って縫いとめる

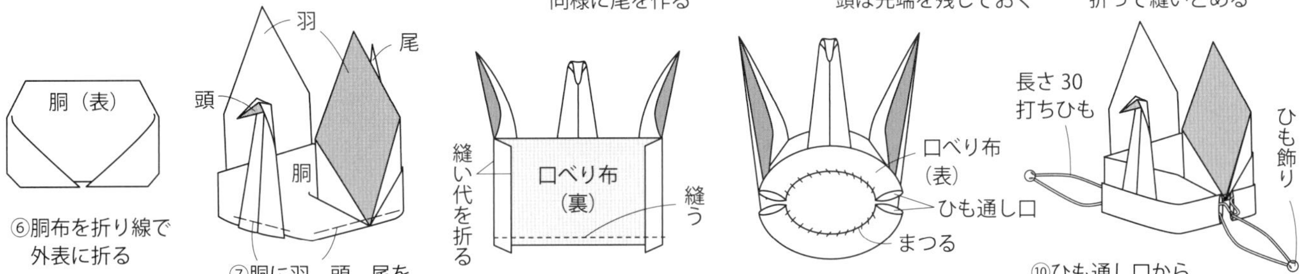

⑥胴布を折り線で外表に折る

⑦胴に羽、頭、尾を仮どめする

⑧口べり布を正面に中表に合わせて縫う

⑨口べり布の縫い代を折り二つ折りにして裏にまつる
同様にもう 1 枚つける

⑩ひも通し口から引き違いに打ちひもを通し
ひも飾りをつける
胴に綿を入れてひもを結ぶ

だるま

①p.52 の 02 〜 05 と同様に頭を作り顔を描く

③表に返して
ペレット、綿の順に
胴に入れ、頭を入れて
両面テープで貼る

④頭の上半分に胴をまつる
残りをぐし縫いして引き絞り
あご下にボンドで固定する

⑤あご下に
蝶結びした
打ちひもを貼る

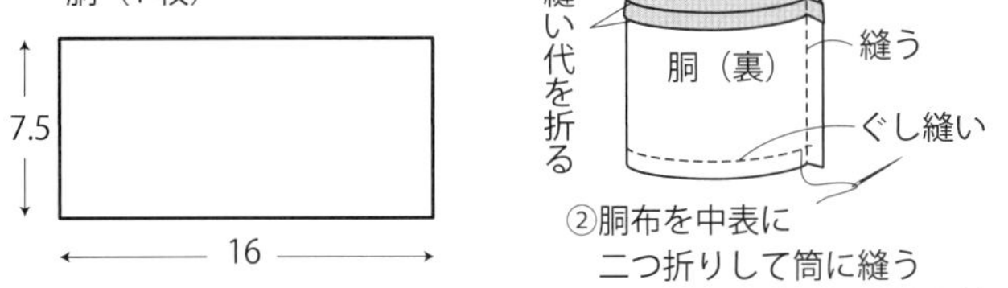

②胴布を中表に
二つ折りして筒に縫う
下端をぐし縫いして引き絞る

毬

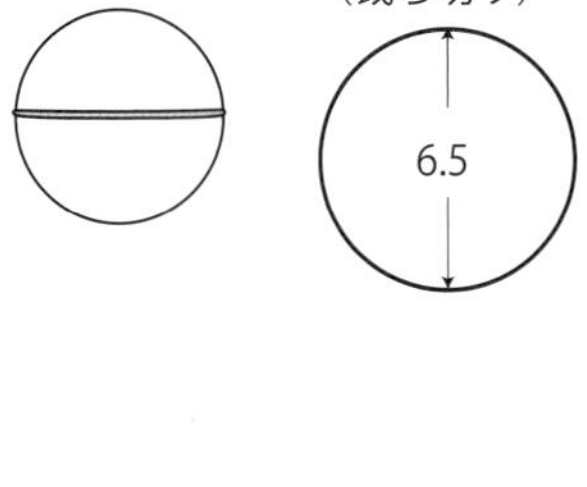

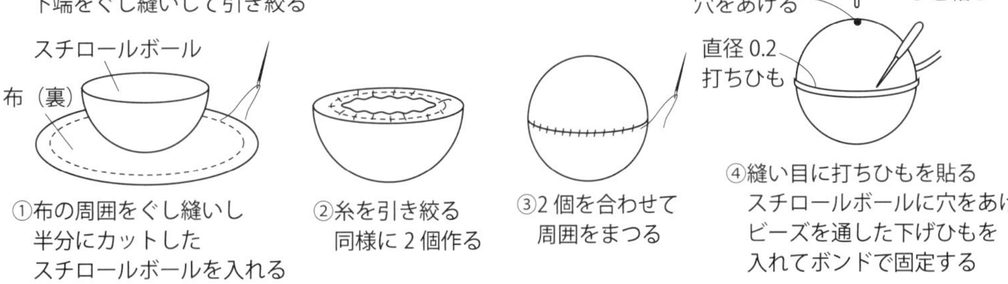

①布の周囲をぐし縫いし
半分にカットした
スチロールボールを入れる

②糸を引き絞る
同様に 2 個作る

③2 個を合わせて
周囲をまつる

④縫い目に打ちひもを貼る
スチロールボールに穴をあけ
ビーズを通した下げひもを
入れてボンドで固定する

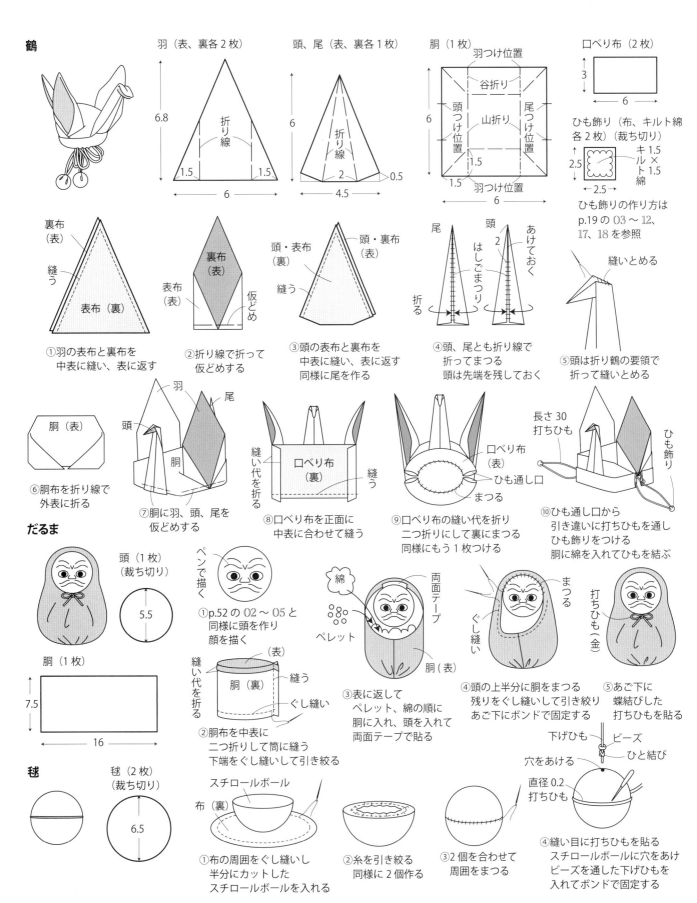

P.36 跳ねうさぎの熊手

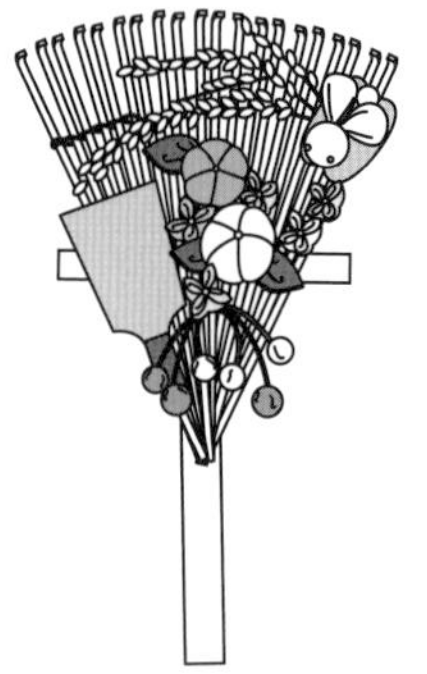

うさぎ・胴（左右対称各１枚）
※実物大型紙有

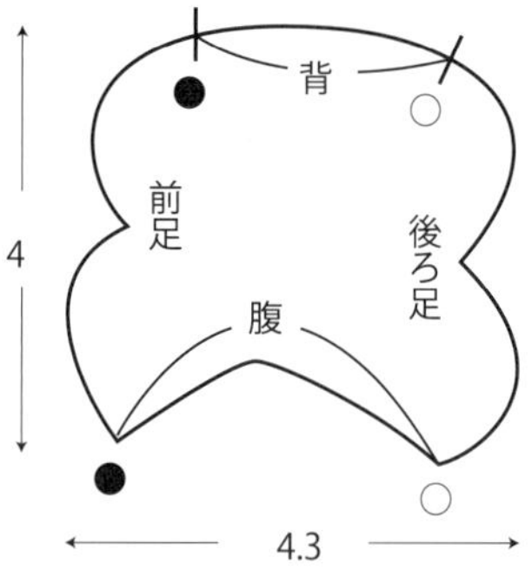

うさぎ・頭（1枚）

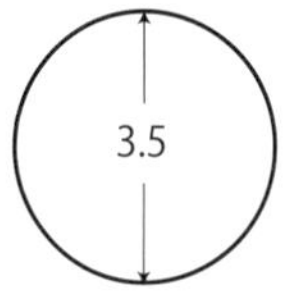

うさぎ・耳（2枚）

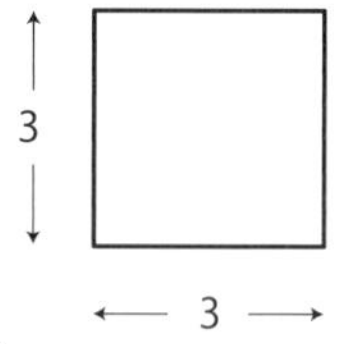

うさぎ・尾（布、キルト綿各１枚）

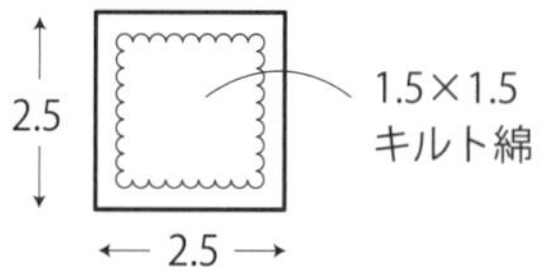

羽子板（表布、裏布、バルサ材、厚紙、キルト綿各１枚）※実物大型紙有

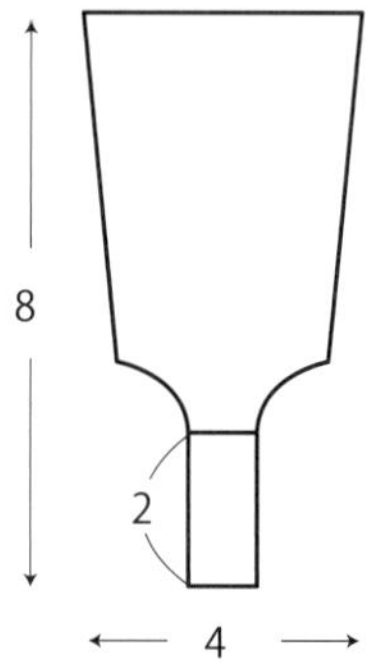

梅・花（赤、白各１枚）
葉（3枚）

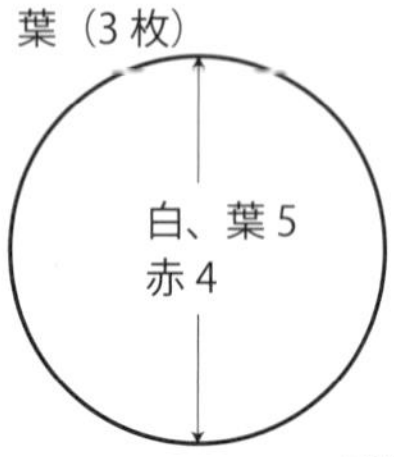

小花（布、キルト綿各５枚）

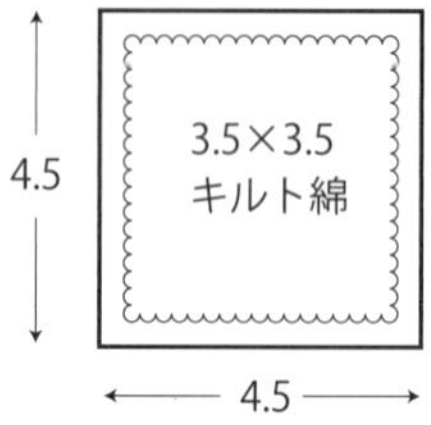

ひも飾り（布、キルト綿各６枚）

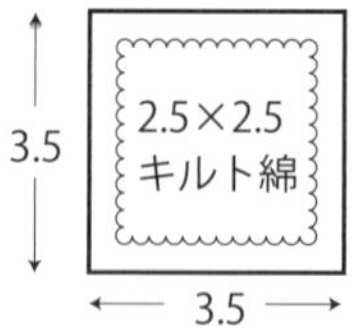

※跳ねうさぎの胴と羽子板の布以外すべて裁ち切り

羽子板・持ち手（1枚）（裁ち切り）

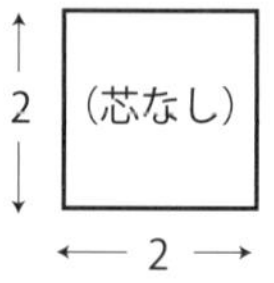

小花

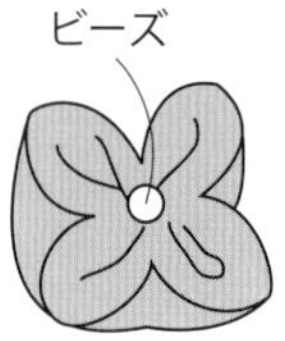

小花の作り方は
p.20「小花の作り方」を参照

ひも飾り

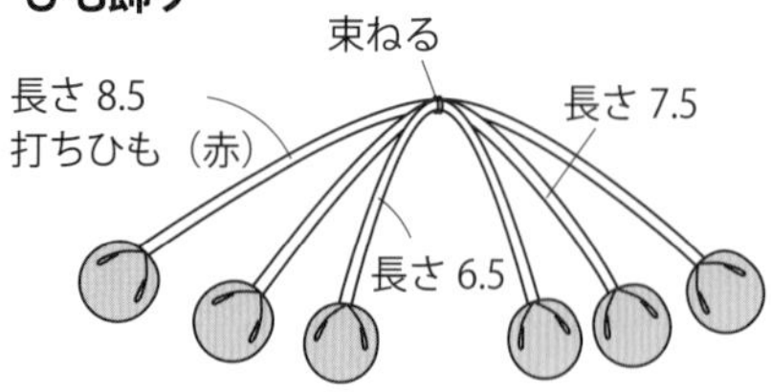

ひも飾りの作り方は
p.19 の 03 ～ 12、17、18 を参照して３本作る

◉材料

共通　23×14㎝熊手、稲穂各1本　ニット用接着芯、手芸綿各適宜

小花　ちりめんはぎれ各種　キルト綿15×10㎝　直径0.3㎝ビーズ（金）5個

ひも飾り　ちりめんはぎれ各種　キルト綿10×10㎝　直径0.1㎝打ちひも30㎝

羽子板　厚さ0.3㎝バルサ材10×5㎝　表布、裏布、キルト綿、厚紙各10×10㎝　持ち手布（赤、黒）各適宜

梅　花（赤、白）各10×10㎝　葉15×10㎝　直径0.2㎝ビーズ（金）2個　金糸適宜

跳ねうさぎ　頭（白）10×10㎝（耳、尾分含む）　胴10×15㎝　直径0.2㎝ビーズ（赤）2個　穴糸（赤）適宜

◉作り方

①跳ねうさぎ、羽子板、紅白梅、小花、ひも飾りを作る。
②熊手の右上に稲穂をつける。
③稲穂の上に跳ねうさぎをつける。
④熊手の左下に羽子板をつける。
⑤梅、ひも飾りをつける。
⑥各パーツの間を埋めるようにバランスよく小花をつける。

羽子板

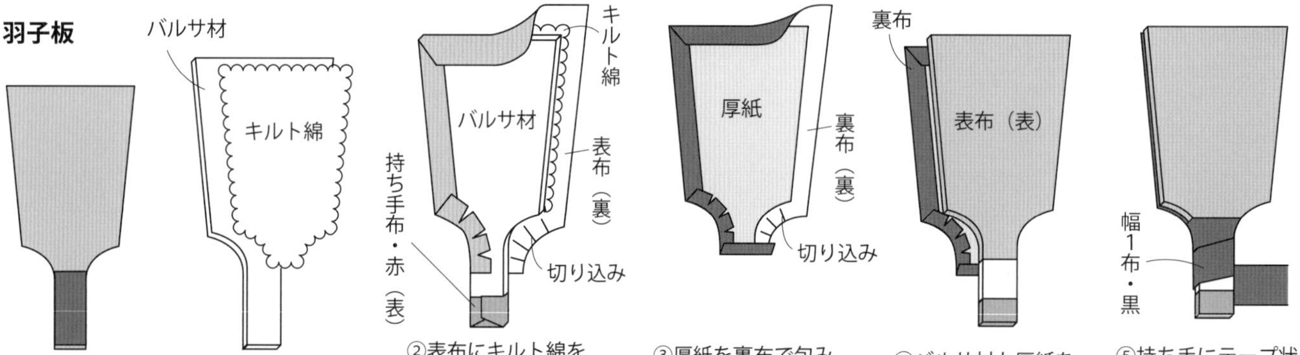

①バルサ材にキルト綿を貼る

②表布にキルト綿を下にして重ねのり代をボンドで貼る持ち手の先に布を貼る

③厚紙を裏布で包みのり代をボンドで貼る

④バルサ材と厚紙を外表に貼り合わせる

⑤持ち手にテープ状にカットした布を巻いて貼る

紅白梅

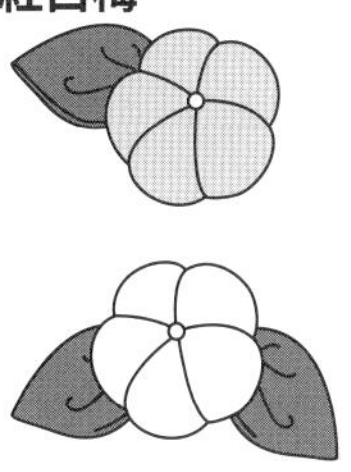

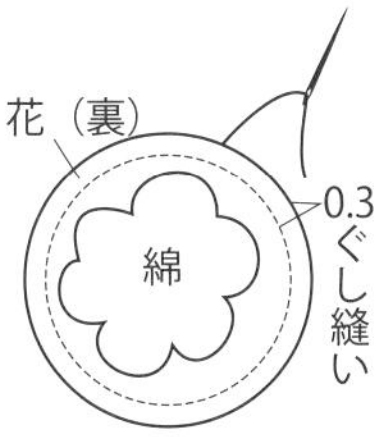

①花の周囲をぐし縫いし
綿を入れて引き絞る

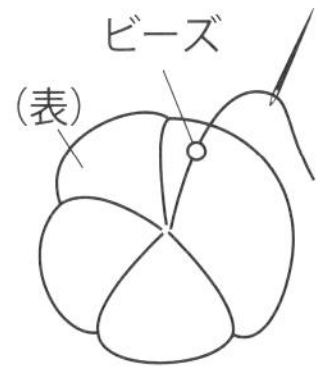

②中心から糸を出し
5 等分に糸を渡す
中心にビーズをつける

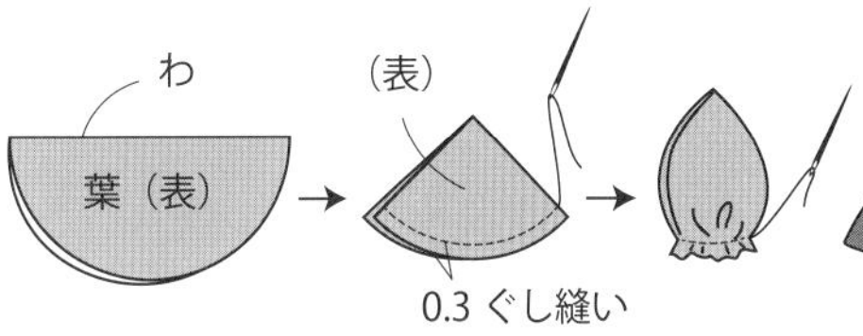

③葉布を外表に 2 回折り
裁ち目をぐし縫いして糸を引き絞る
3 枚作る

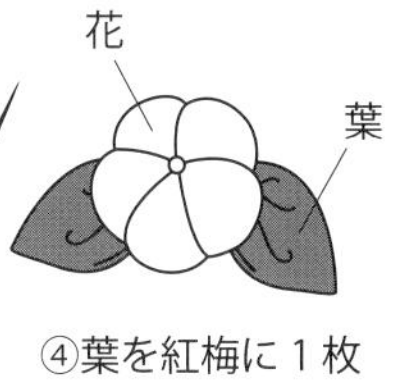

④葉を紅梅に 1 枚
白梅に 2 枚
縫いとめる

跳ねうさぎ

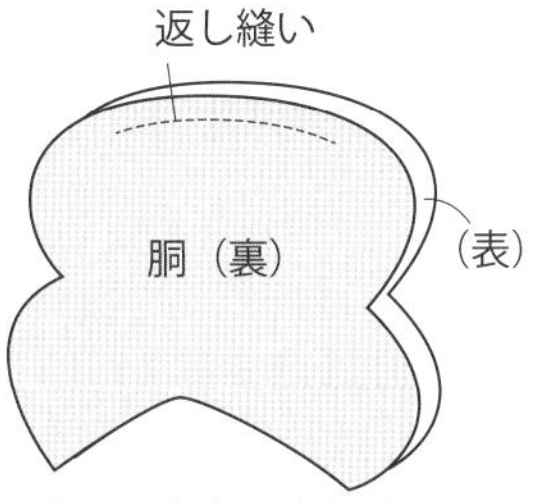

①胴を中表に合わせ
背を縫う

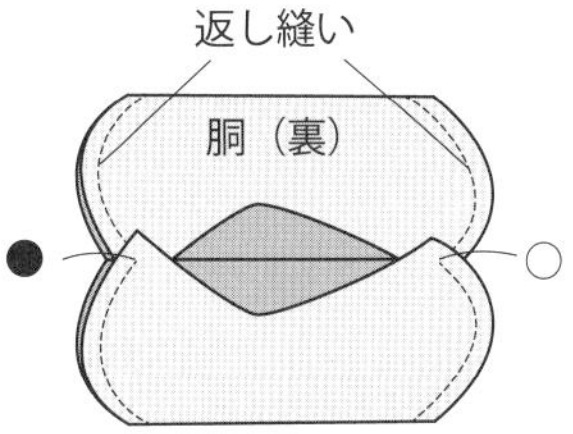

②同じ印同士を合わせて
たたみ直し
前足、後ろ足を縫う

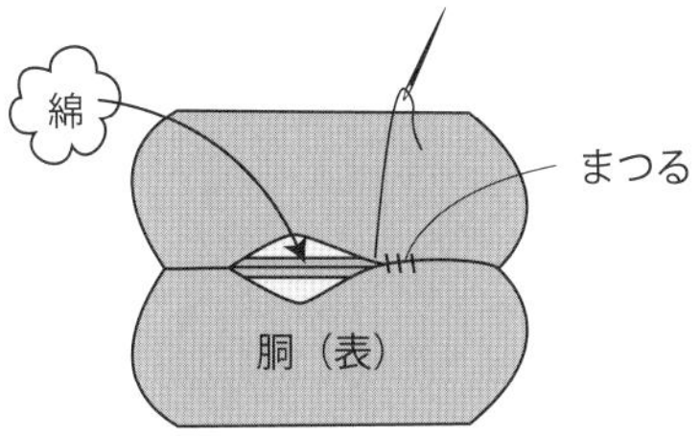

③表に返して綿を入れ
返し口をとじる

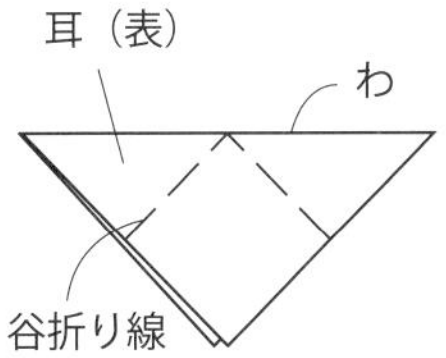

④耳布を外表に
三角に二つ折りする

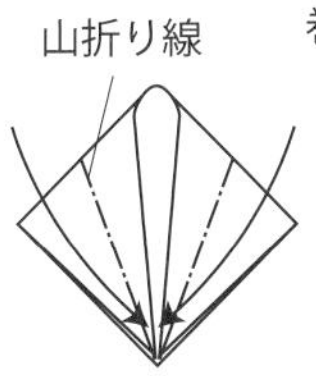

⑤④の谷折り線に
沿って左右の角を
突き合わせに折る

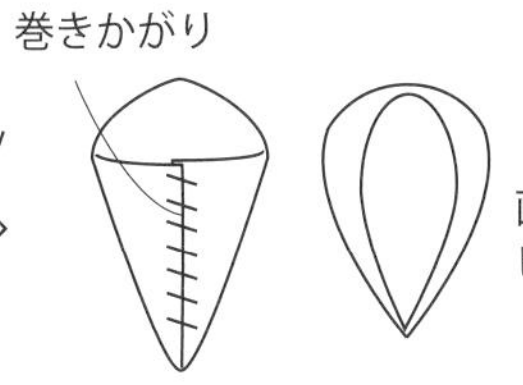

⑥⑤の山折り線に
沿って両端を折り
縫いとめる

⑦p.52 の 02 ～ 13 を
参照して頭を作り
耳を縫いとめる

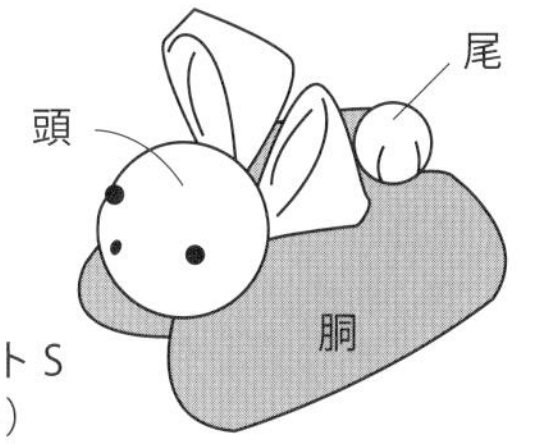

⑧p.19 の 03 ～ 12、17、18
を参照して尾を作り
胴に頭と尾を縫いとめる

⑨グルーガンなどを使って
市販の熊手に
バランスよく固定する

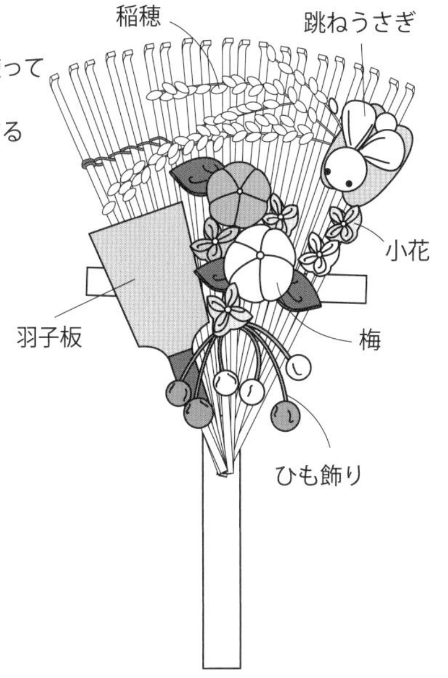

実物大型紙

羽子板

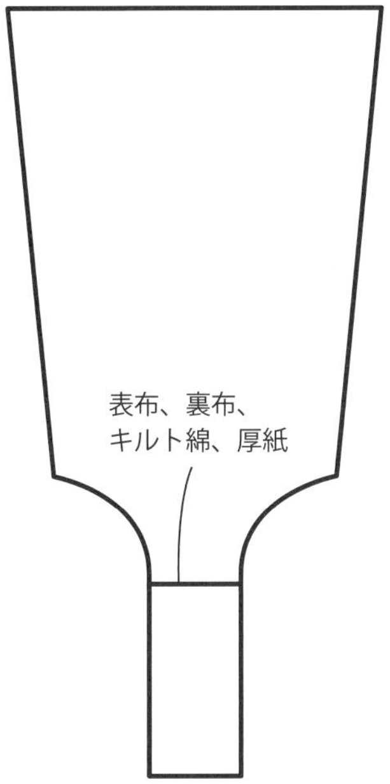

実物大型紙

跳ねうさぎ・胴

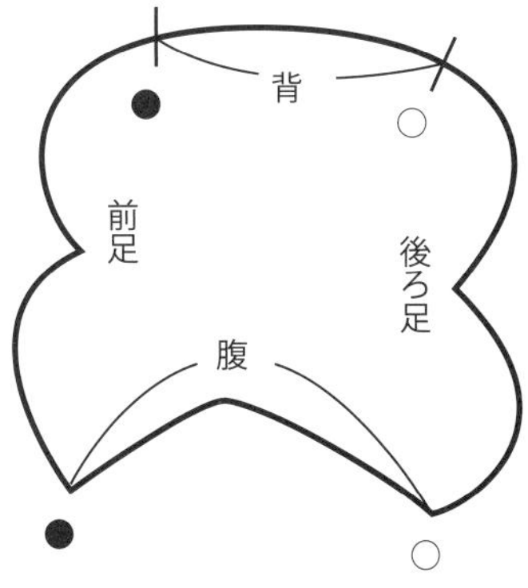

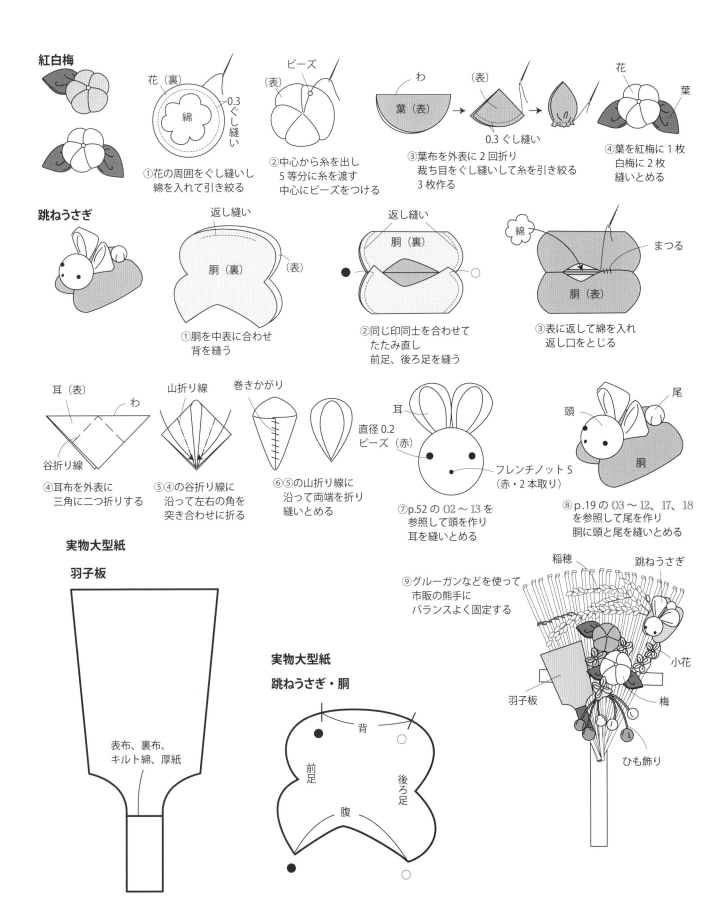

P.38

うさぎのおひな様

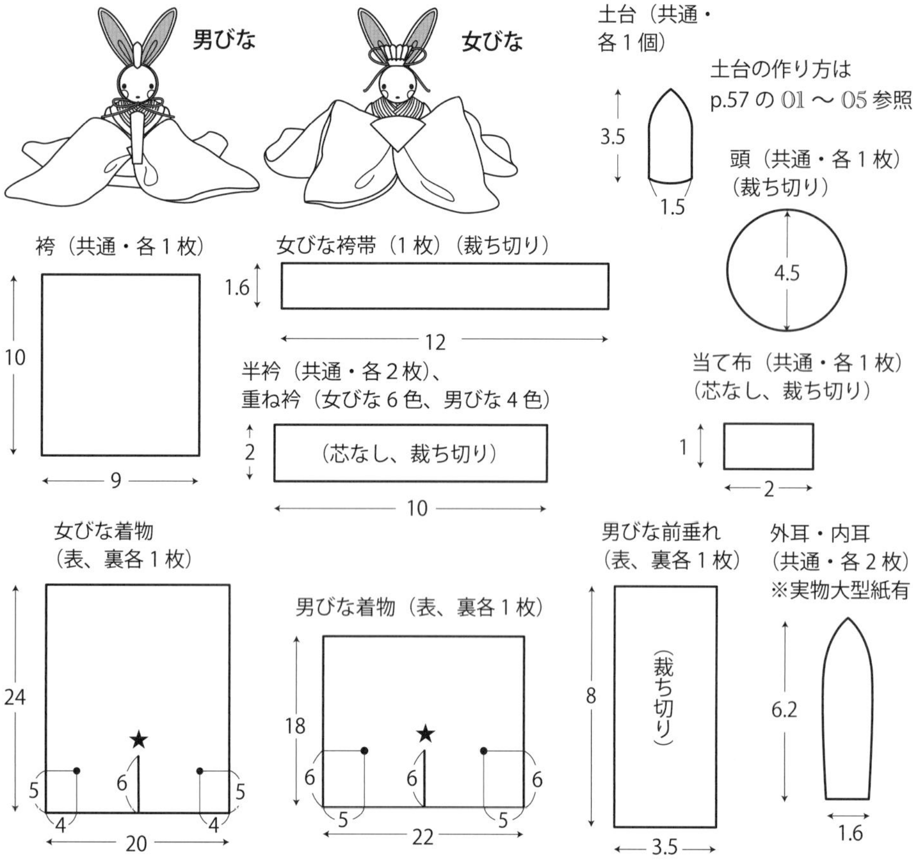

◉材料

共通　帯地、ちりめんはぎれ各種　頭（白）各15×15㎝（外耳、当て布、半衿、肩布分含む）　内耳（赤）各10×10㎝　袴各30×40㎝（着物裏、前垂れ、袴帯分含む）　つまようじ各1本　穴糸（赤）、金糸、厚紙、紙粘土、手芸綿、ほお紅各適宜

女びな　重ね衿6色各5×15㎝　着物表布25×30㎝　直径1㎝座金（金）1個　直径0.3ビーズ（赤）3個

男びな　重ね衿4色各5×15㎝　着物表布25×25㎝　直径0.3㎝ビーズ（赤）2個

◉作り方

①土台を作る。
②頭、耳を作る。
③土台に頭をつける。
④衿を重ねて貼る。
⑤袴、前垂れを作って着せる。
⑥着物を作り着せる。
⑦冠、烏帽子を作り、頭につける。
⑧しゃく、扇を作ってそれぞれつける。

袴の作り方

①中表に二つ折りし
両端を縫う

②マチを縫い
上端をぐし縫いし
表に返す

③胴に②を着せ
少量の綿を入れて
糸を引き絞り
重ね衿にまつる

④女びなは袴に
重ねて袴帯を巻く

頭、耳の作り方

頭、耳の作り方は
p.52「うさぎの作り方」参照
p.57の06～13、17を参し
土台に頭をつけて半衿、重ね衿までつける

男びな前垂れの作り方

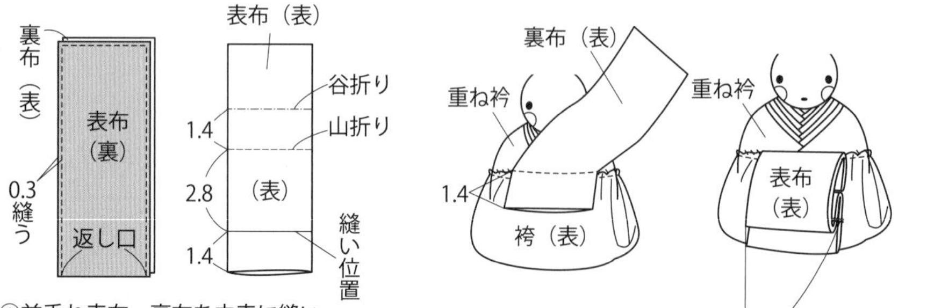

①前垂れ表布、裏布を中表に縫い
表に返す

②縫い位置を袴の上に
縫いとめる

③折り線通りに折り
縫いとめる

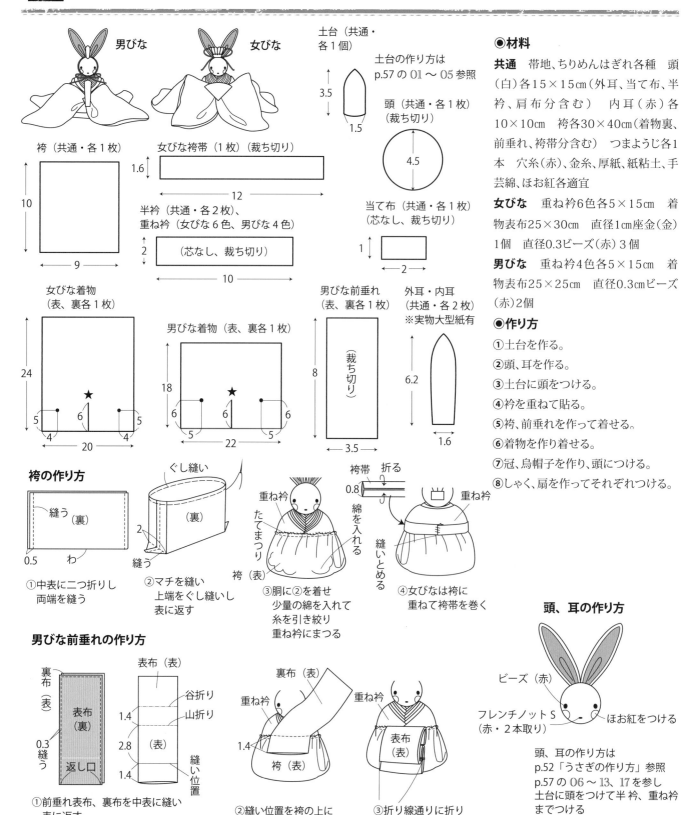

着物の作り方（共通）

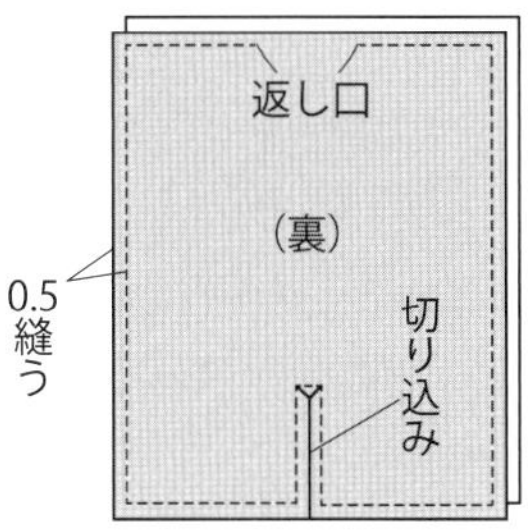

①表と裏を中表に縫い
表に返して返し口をとじる

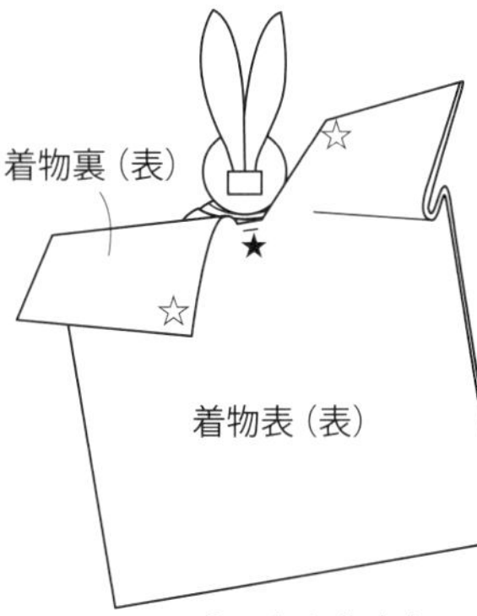

②★印を背中心に
縫いとめる

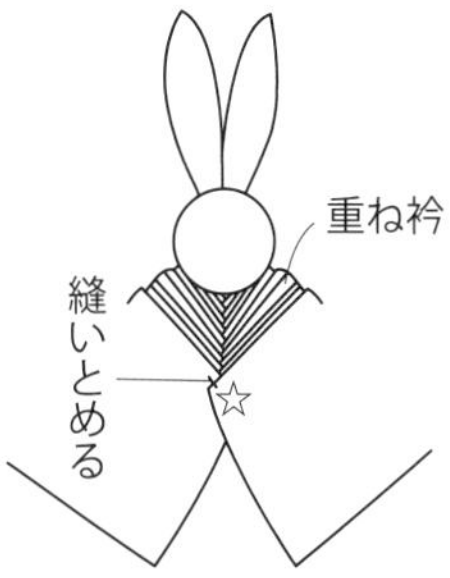

③☆印を前で合わせて
縫いとめる

④着物を折り上げて
折り山を背中心と脇で縫いとめる

⑤●印をひと針ずつすくって糸を引く

⑥突き合わせて
縫いとめる

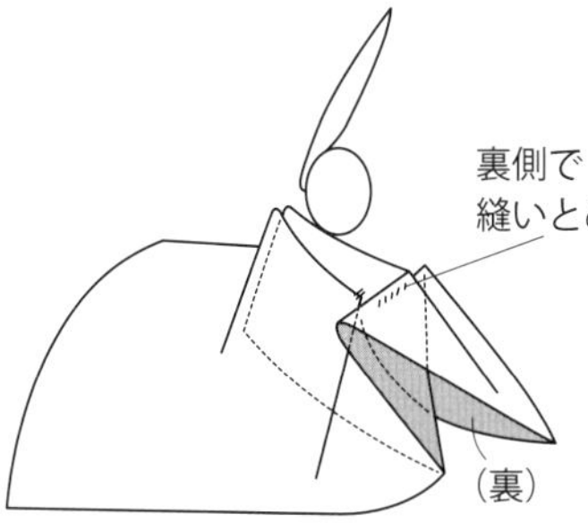

⑦袖の形を整えて縫いとめる

実物大型紙

烏帽子（2枚）

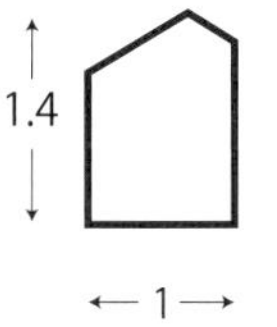

扇（布、厚紙各1枚）

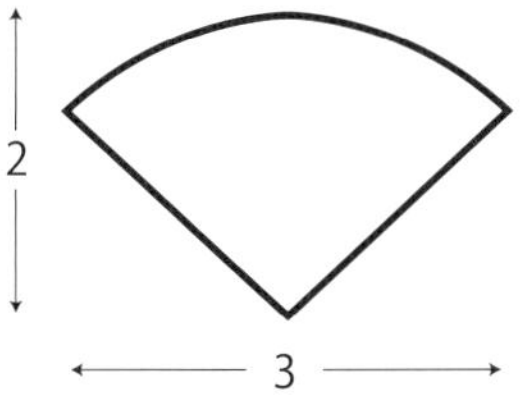

※厚紙は裁ち切り

しゃく（布、
厚紙各1枚）

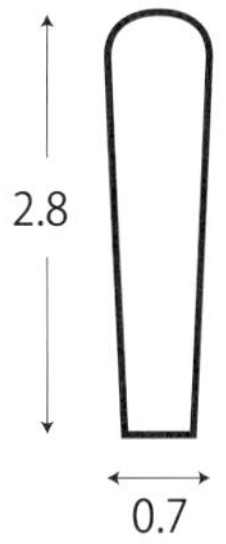

烏帽子の作り方

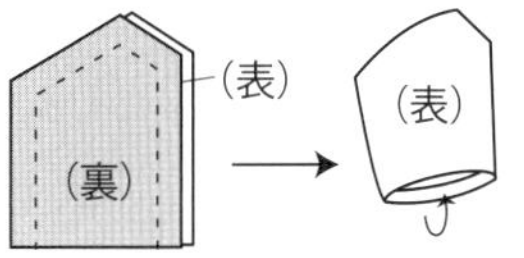

中表に縫い、表に返して
縫い代を内側に折る

扇、しゃくの作り方

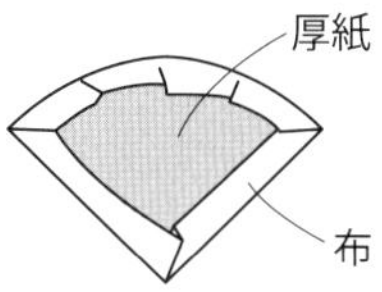

ひとまわり大きく裁った
布で厚紙をくるむ
同様にしゃくも作る

実物大型紙

外耳・内耳

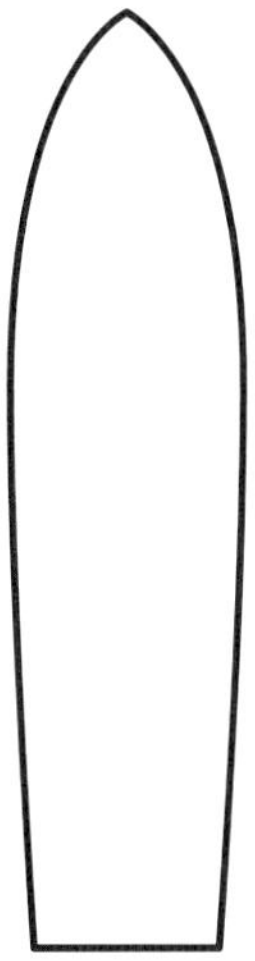

まとめ方

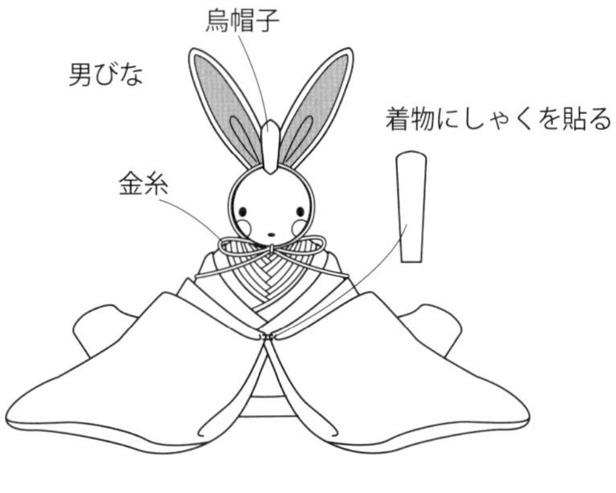

男びなは烏帽子を縫いとめ
烏帽子の下に金糸を通して
あごの下で結ぶ

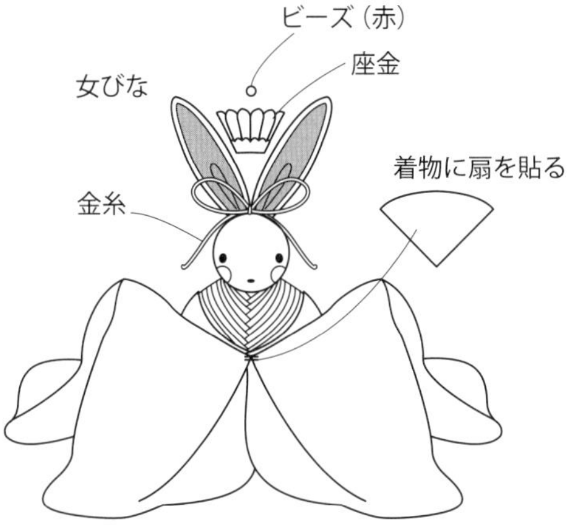

女びなは蝶結びした金糸を頭に貼り
座金とビーズを縫いとめる

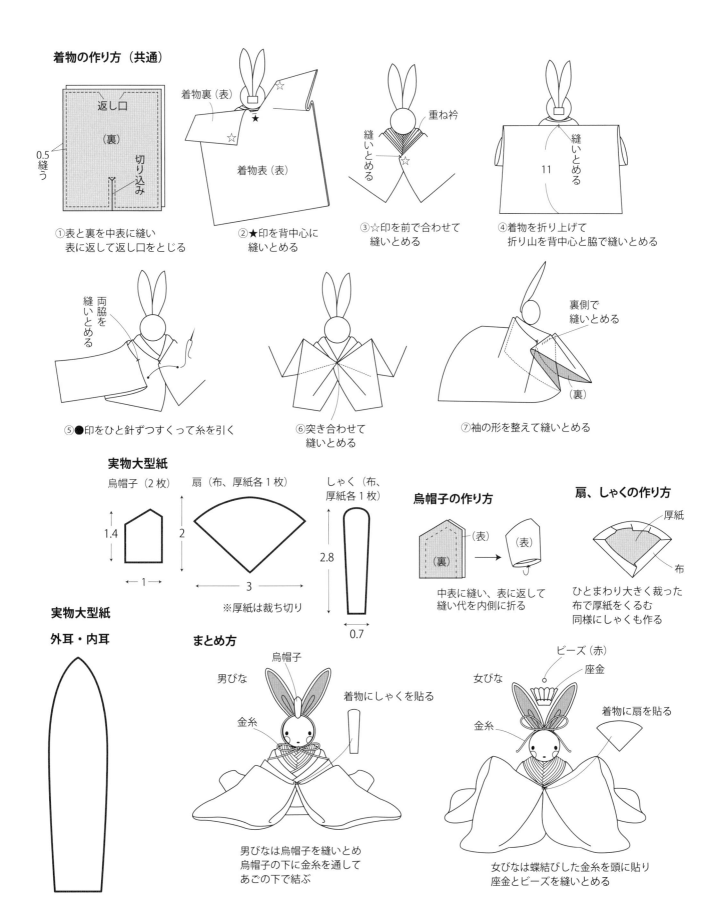

うさぎの新郎新婦

実物大型紙はとじ込み付録 表N-❶❷、裏Z-❶

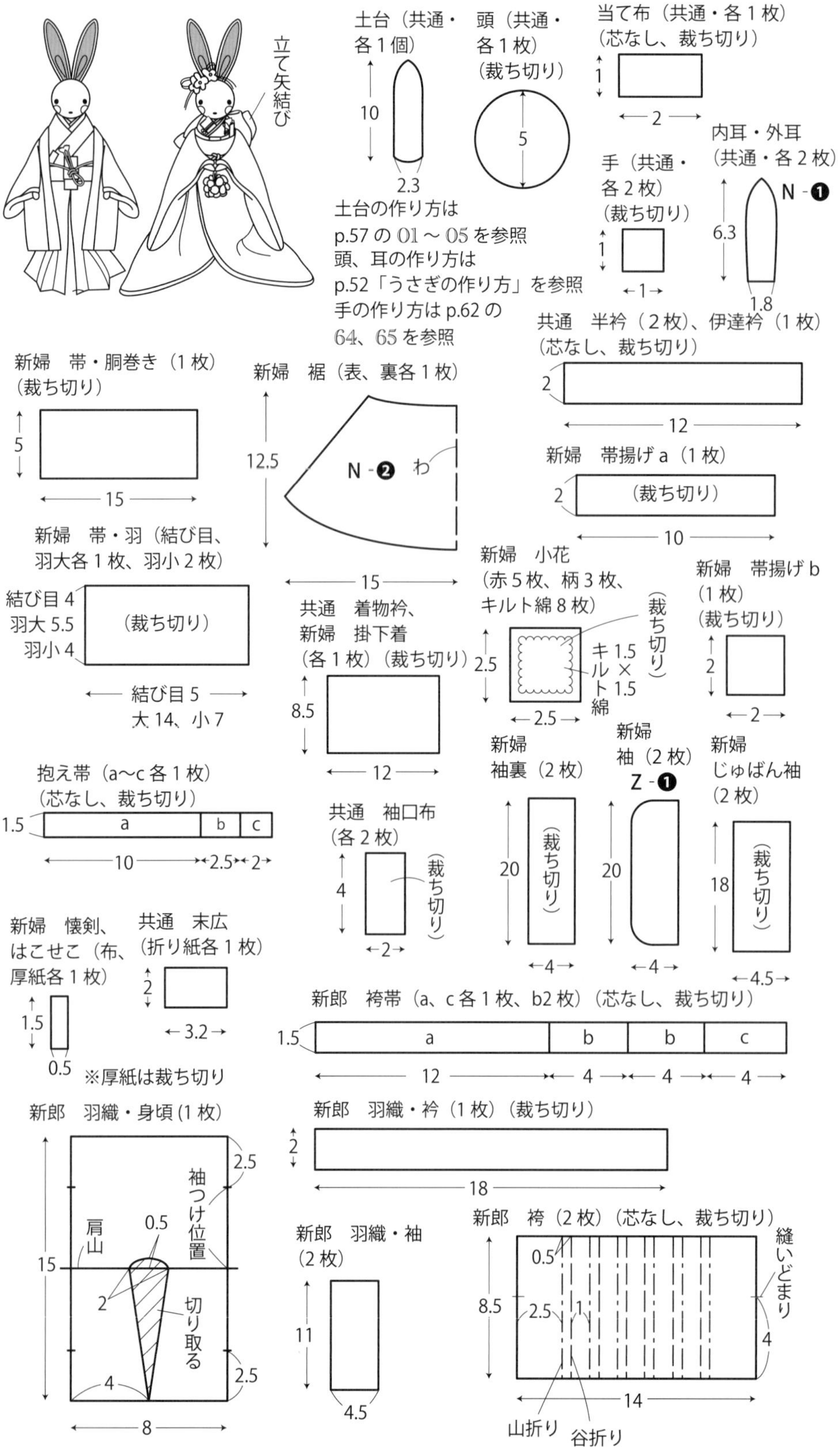

◉材料

共通 ちりめんはぎれ各種 頭(白)各15×15㎝(外耳、手、当て布、半衿、肩布分含む) 内耳(赤)各10×10㎝ 直径0.3㎝ビーズ(赤)各2個 つまようじ各1本 ニット用接着芯、穴糸(赤)、厚手接着芯、紙粘土、手芸綿、ほお紅各適宜

新婦 着物衿35×40㎝(裾表布、袖分含む) 裾裏布35×35㎝(袖裏、じゅばん袖、袖口分含む) 帯揚げ15×10㎝(伊達衿、抱え帯分含む) 掛下着15×10㎝ 帯・胴巻き用帯地20×20㎝(帯・羽、結び目分含む) 直径0.2㎝ビーズ(金)10個 直径0.1打ちひも(赤)、折り紙(金、赤)、金糸、キルト綿、厚紙各適宜

新郎 羽織・身頃30×25㎝(羽織・袖、衿、袖口布、着物衿分含む) 袴用帯地25×20㎝(袴帯分含む) 直径0.1㎝打ちひも(白)15㎝ 折り紙(白)適宜

◉作り方

①土台を作る。新婦は掛下着をつける。
②頭、顔、耳を作る。
③土台に頭をつける。
④③に衿、着物を重ねて縫いとめる。
⑤新婦は裾、新郎は袴を作り、着せる。
⑥新郎は羽織、新婦は帯を作って着せる。
⑦袖を作り、つける。
⑧手を作り、つける。
⑨新婦は花飾りを作り、頭につける。
⑩花バッグを作り、手に持たせる。
⑪小物を作ってつける。

新婦　裾の作り方

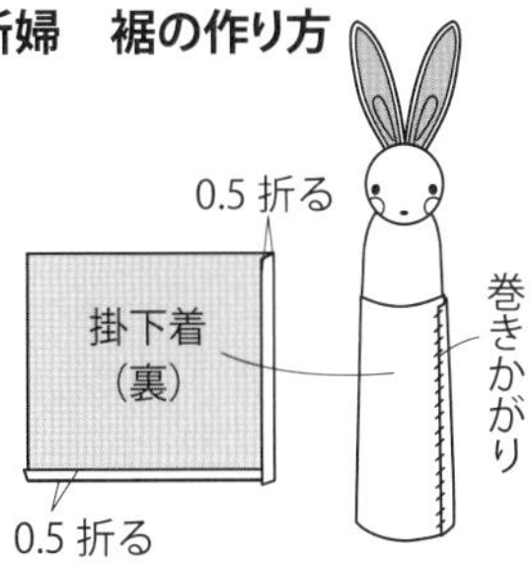

①p.57 の 06、07 を参照して
土台に頭をつけ
掛下着を巻いて縫いとめる

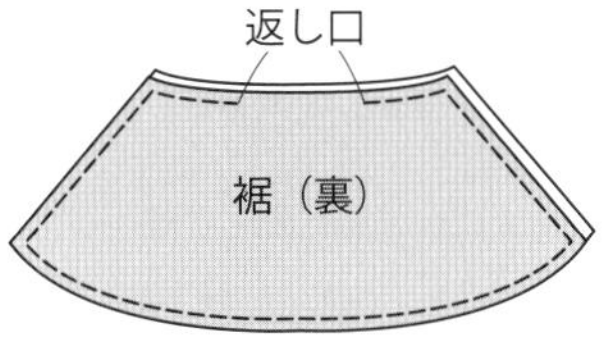

②裾表布、裏布を中表に縫い
表に返す

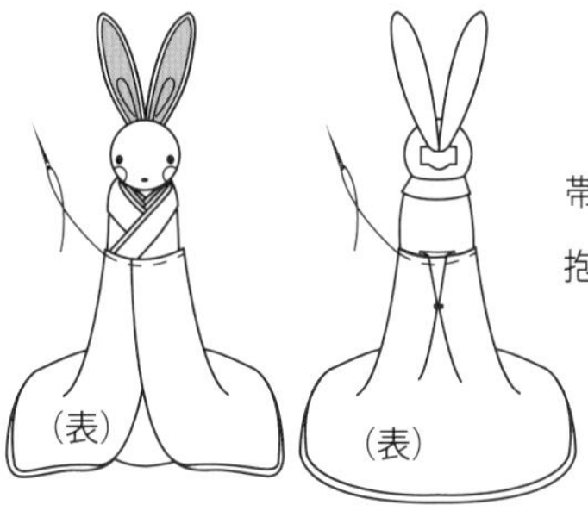

③p.57 の 08 ～ 21 を参照して
半衿を 2 枚と伊達衿、着物衿をつける
裾を胴に巻いて背側にタックを取り
縫いとめる

④p.59 の 32 ～ 38 を参照して
帯揚げを作る
p.63「立て矢結びの作り方」を
参照して帯を作る
抱え帯を作り帯の下端に巻き
後ろに結び目を貼る

末広（共通）、懐剣・はこせこ（新婦のみ）の作り方

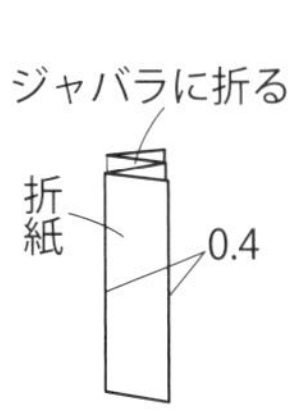

末広は折り紙を
ジャバラに折る

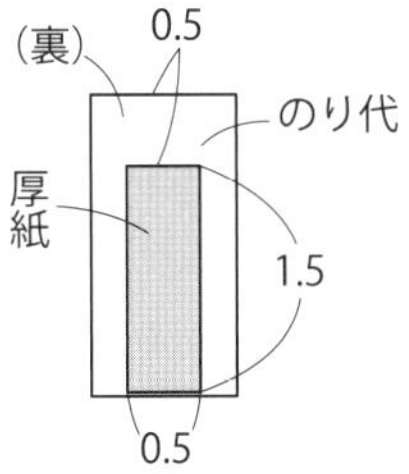

①懐剣、はこせこは
厚紙を布で包む

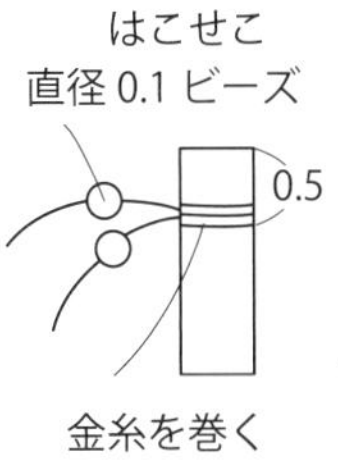

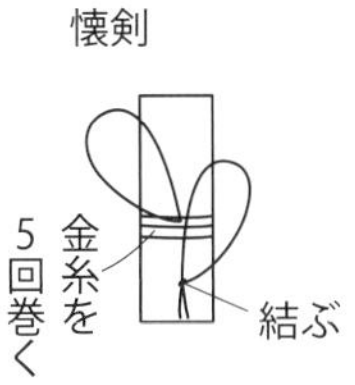

②懐剣、はこせこに
それぞれ金糸を巻き
はこせこにはビーズをつける

新婦まとめ方

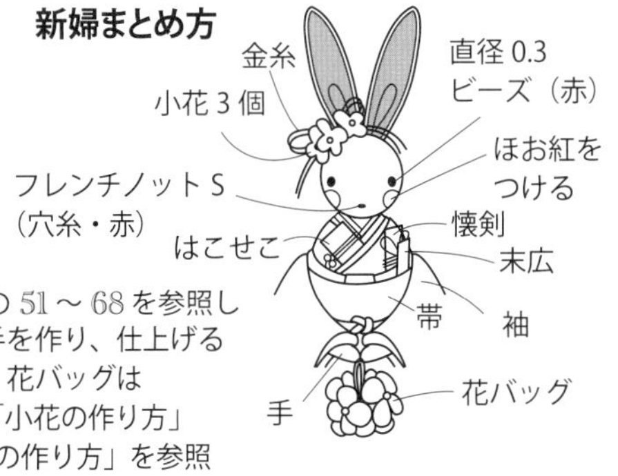

p.61 の 51 ～ 68 を参照し
袖、手を作り、仕上げる
小花、花バッグは
p.20「小花の作り方」
「花毬の作り方」を参照

新郎・袴帯、新婦・抱え帯の作り方（共通）

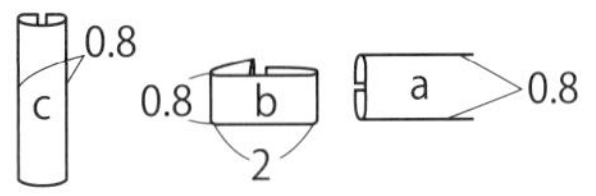

①a、b、c の長辺を折る
b はさらに左右を折り
突き合わせる

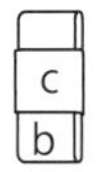

②b に c を巻いて
結び目を作る

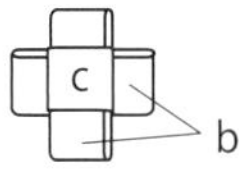

③袴帯はもうひとつの b に
②を十字に重ねて貼る

新郎　羽織の作り方

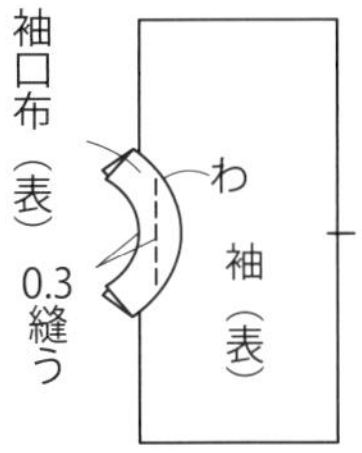

①袖口布を外表に
二つ折りして
袖布に重ねて縫う
同様に 2 枚作る

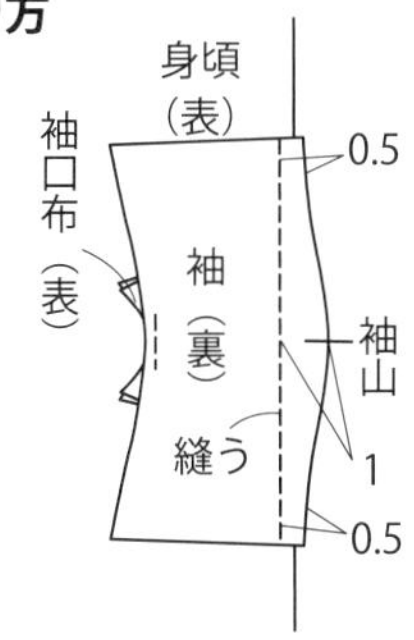

②身頃の肩山と
袖山を合わせ
中表に縫う

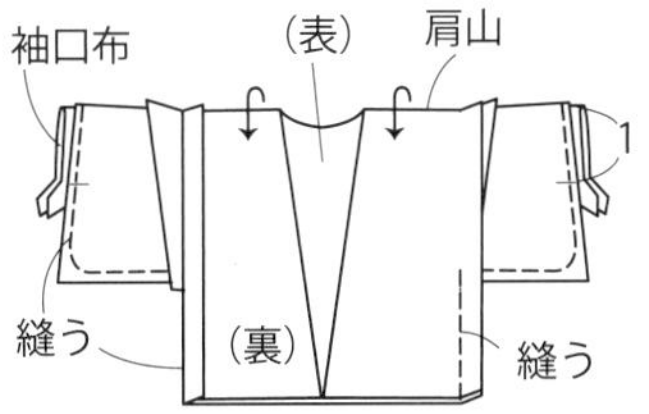

③肩山で中表に二つ折りし
袖口下～袖下と脇を縫う

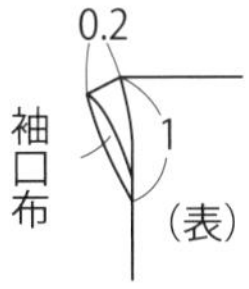

④表に返し
表から見えるように
袖口布を出す

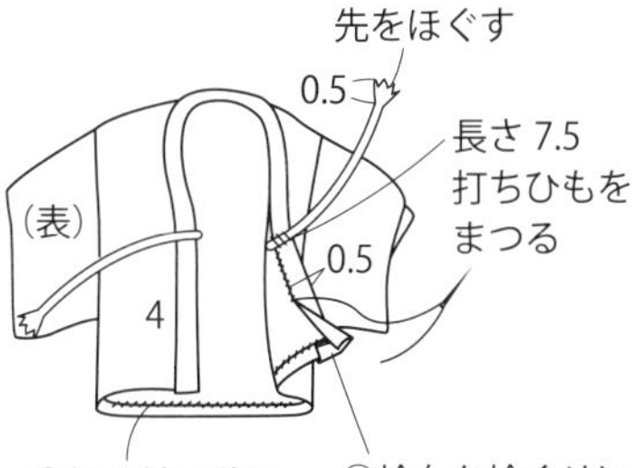

⑤裾の縫い代を
折ってまつる

⑥衿布を衿ぐりに
縫いつける

新郎　袴の作り方

②折り線でタックを取って
しつけをかける

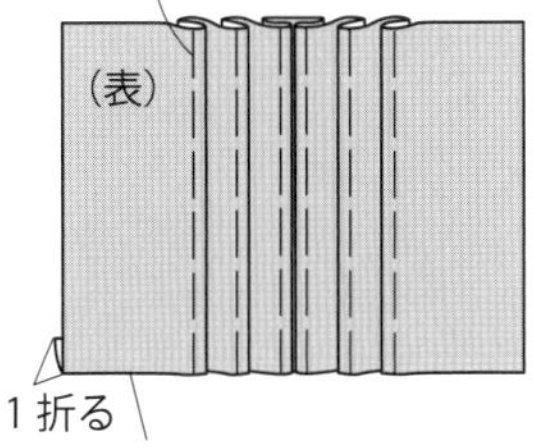

①裾の縫い代を折って
ボンドで貼る

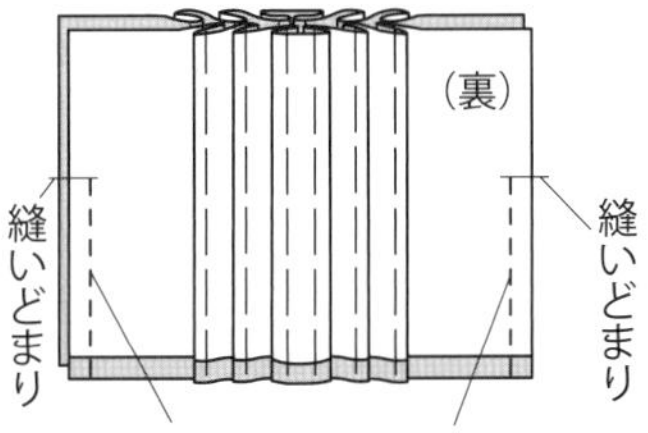

③2 枚を中表に合わせて
縫いどまりまで縫う

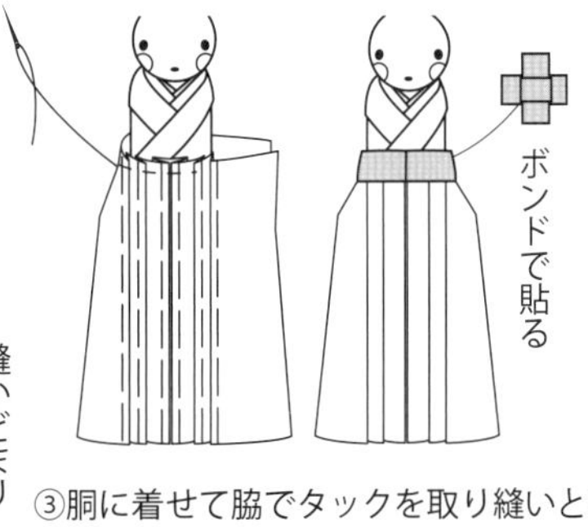

③胴に着せて脇でタックを取り縫いとめる
帯 a を袴の上に巻いて前で突き合わせ
結び目を貼る

新郎まとめ方

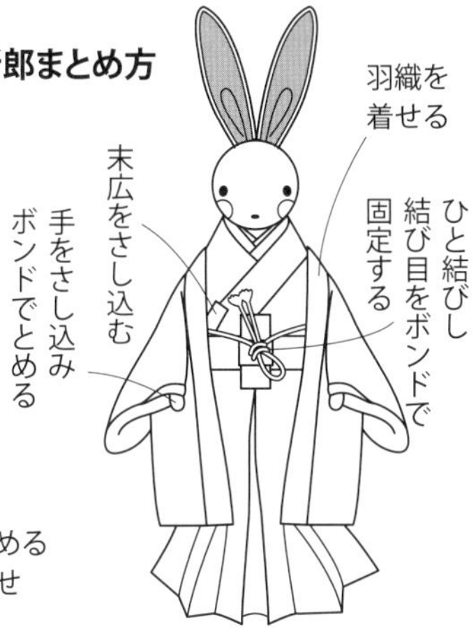

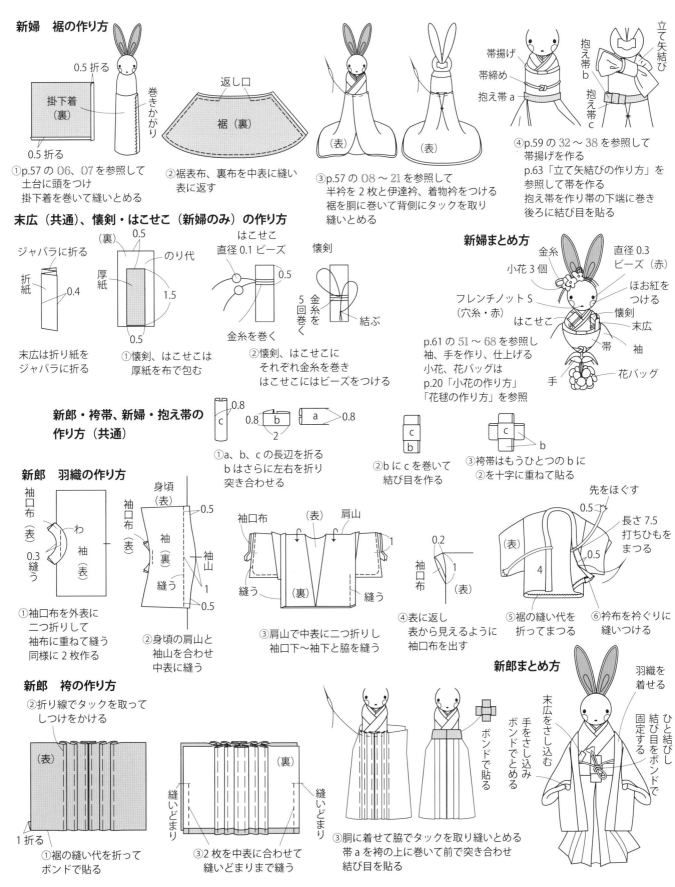

P.50 インコの七五三

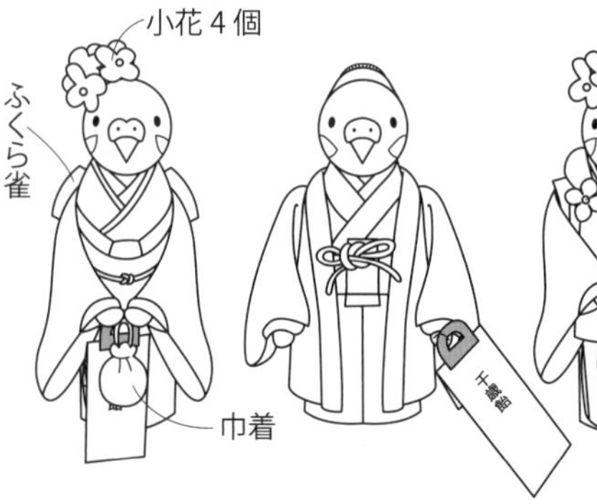

土台

頭（共通・各1枚）（裁ち切り）

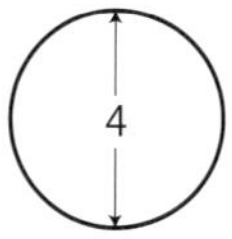

当て布（共通・各1枚）（芯なし、裁ち切り）

手（共通・各2枚）

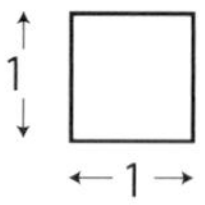

土台の作り方は
p.57の01～05を参照
頭の作り方は
p.52の02～05を参照
手の作り方は
p.62の64～66を参照

花（七歳、三歳・布、キルト綿各4枚）（裁ち切り）

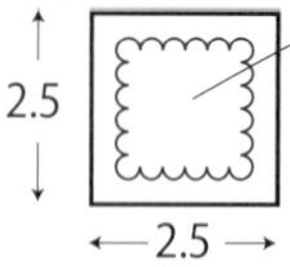

花の作り方は
p.20「小花の作り方」を参照

実物大型紙

鼻（五歳・1枚）　鼻（七歳、三歳・各1枚）　髪当て布（五歳・1枚）　ほお（共通・左右対称各1枚）

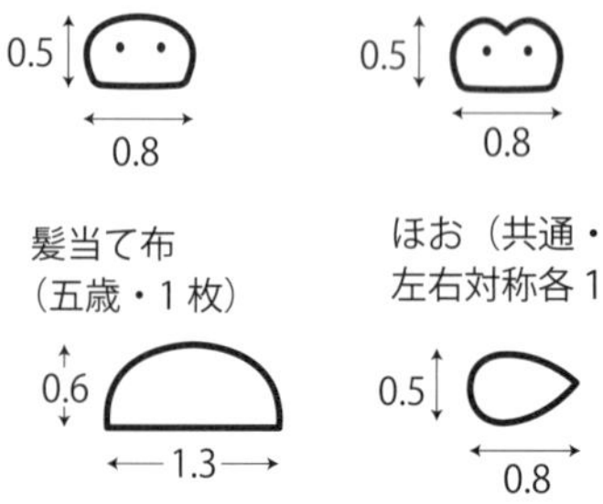

※鼻、ほお、くちばしん、当て布は芯なし、裁ち切り

くちばし（共通・各1枚）

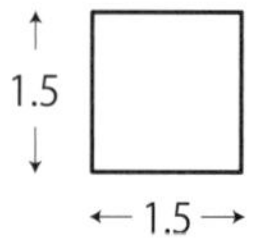

巾着（七歳、三歳・各1枚）

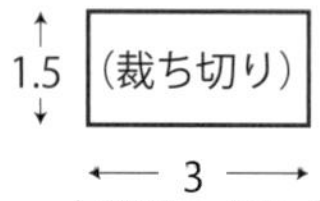

巾着はp.112「巾着の作り方」を参照

千歳飴・袋（共通・紙各1枚）

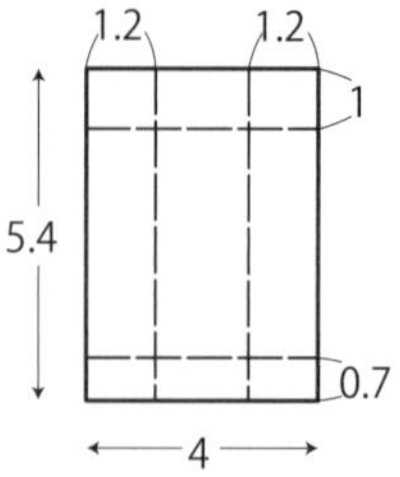

実物大型紙

千歳飴・持ち手（共通・紙各2枚）

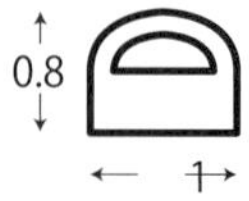

※千歳飴はすべて裁ち切り

七歳　帯・胴巻き、お太鼓（各1枚）

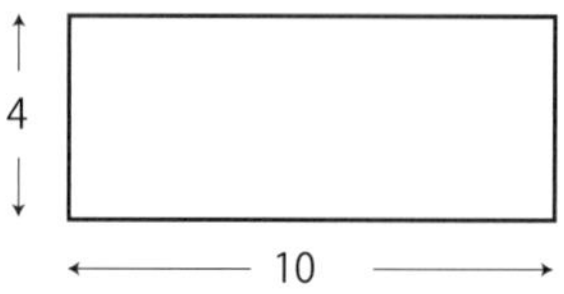

※帯はすべて裁ち切り

七歳　帯・羽（1枚）

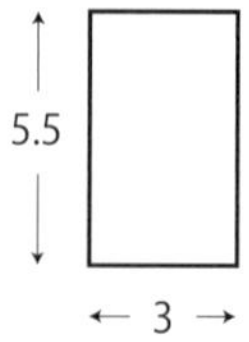

千歳飴の作り方

折り線通りに外表にたたみ
袋をはさんで持ち手を
貼り合わせる

三歳　被布身頃（2枚）（裁ち切り）

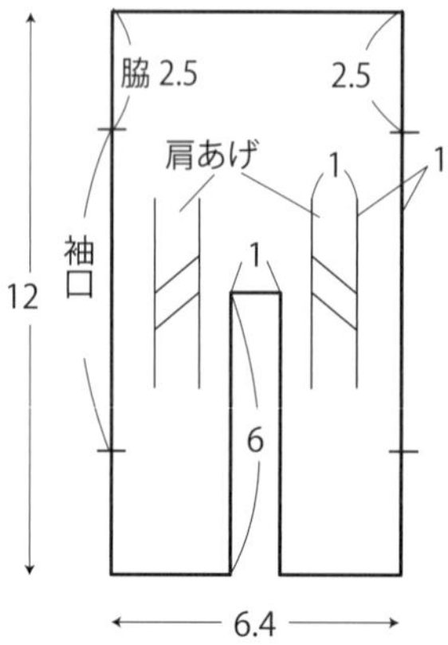

三歳　被布衿（1枚）

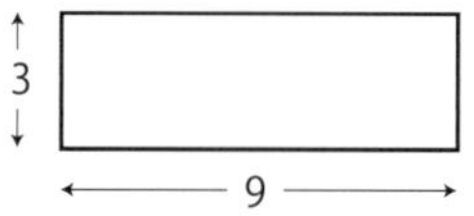

三歳　被布前（1枚）

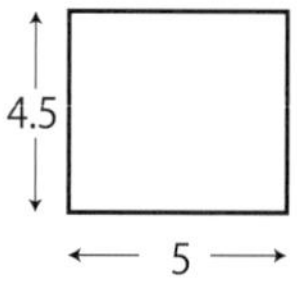

◉材料

共通　ちりめんはぎれ各種　頭(黄)各10×10cm(手、当て布、肩布分含む)　半衿(白)各5×10cm　つまようじ各1本　ニット用接着芯、厚手接着芯、紙粘土、手芸綿、各種紙各適宜

七歳・三歳共通　着物衿各25×20cm(裾表、袖分含む)　裾裏布各15×20cm(袖裏、じゅばん袖、袖口含む)　(七歳のみ)帯揚げ5×15cm(伊達衿分含む)　(七歳のみ)帯・胴巻き用帯地15×20cm(帯・羽根、お太鼓分含む)　(三歳のみ)被布15×15cm　直径0.2cmビーズ(赤)2個　直径0.2cmビーズ(金)4個　キルト綿適宜

五歳　羽織・身頃20×25cm(羽織袖、衿、袖口布、着物衿分含む)　袴用帯地15×20cm(袴帯分含む)　直径0.1cmビーズ(黒)2個　直径0.1cm打ちひも(カーキ)15cm　25番刺しゅう糸(黄)適宜

◉作り方

①土台を作る。
②頭、顔を作る。
③土台に頭をつける。
④衿、着物衿を重ねて貼る。
⑤七歳は着物の裾と帯、三歳は着物の裾、男の子は袴を作り着せる。
⑥三歳は被布を作って着せる。
⑦三歳、七歳に袖を作ってつける。
⑧五歳は羽織を作って着せる。
⑨七歳、三歳は花を作り、頭につける。
⑩小物を作り、手に持たせる。

◉作り方ポイント

・千歳飴の紙はパソコンなどで文字を印刷して作るとよい。

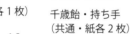

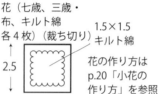

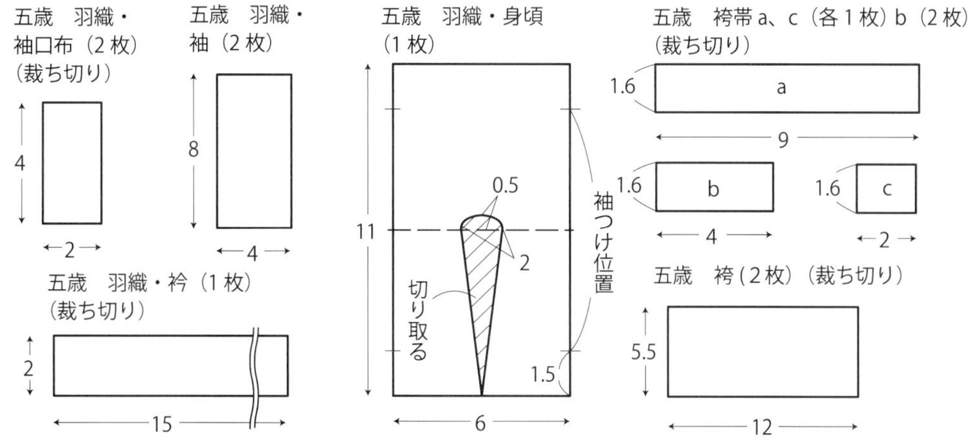

羽織の作り方は p.107「新郎　羽織の作り方」参照

※袴はすべて芯なし

七歳の作り方

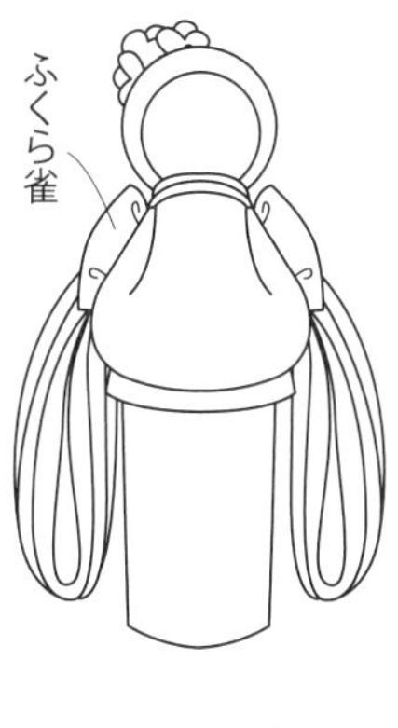

着物の用尺は p.56「着物の作り方」の（中）と同じで p.57 の 01 ～ 38、p.64「ふくら雀の作り方」、p.61 の 51 ～ 68 と同様に作る

顔の作り方

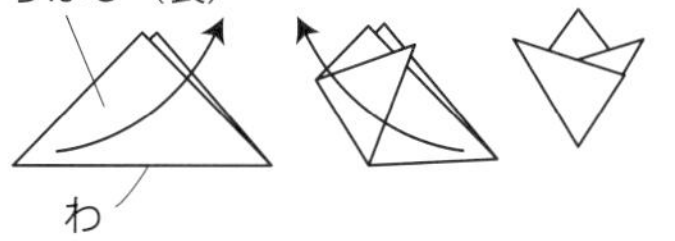

①くちばし布を外表に三角に二つ折りして左右の角を折る

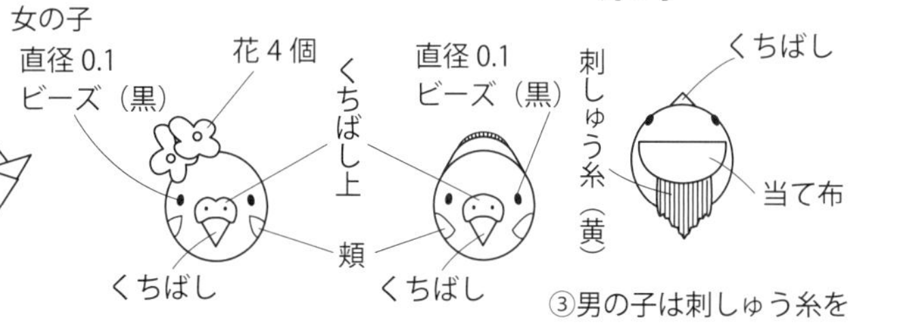

②くちばしと鼻を貼る
ほおは女の子は上向き
男の子は下向きに貼る

③男の子は刺しゅう糸を水で薄めたボンドで固めて頭に貼る
上から当て布をする

五歳　袴の作り方

着物衿、半衿の用尺は p.56「着物の作り方」の（中）と同じで
p.57 の 01 ～ 21 と同様に作っておく

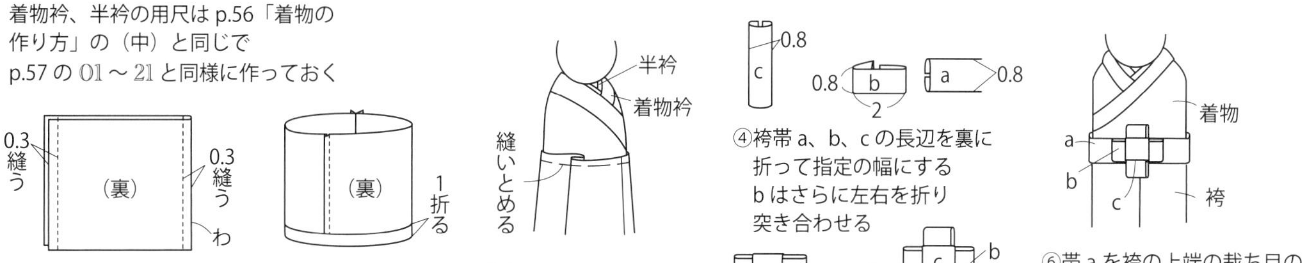

①中表に二つ折りして裁ち目と折り山を縫う

②裾を折り上げてボンドで貼る

③表に返して胴に着せ
胴に合わせて
脇でタックを取り
縫いとめる

④袴帯 a、b、c の長辺を裏に折って指定の幅にする
b はさらに左右を折り突き合わせる

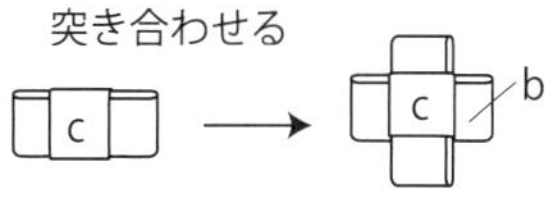

⑤b に c を巻いて結び目を作る
もうひとつの b と十字に重ねて貼る

⑥帯 a を袴の上端の裁ち目の上に重ねて巻き
前で突き合せて⑤を貼る
羽織を着せて手をつける

三歳　被布の作り方

着物の用尺は p.56「着物の作り方」の（中）と同じで
p.57 の 01 ～ 31 まで作り、被布を着せてから
p.61 の 51 ～ 68 と同様に作る

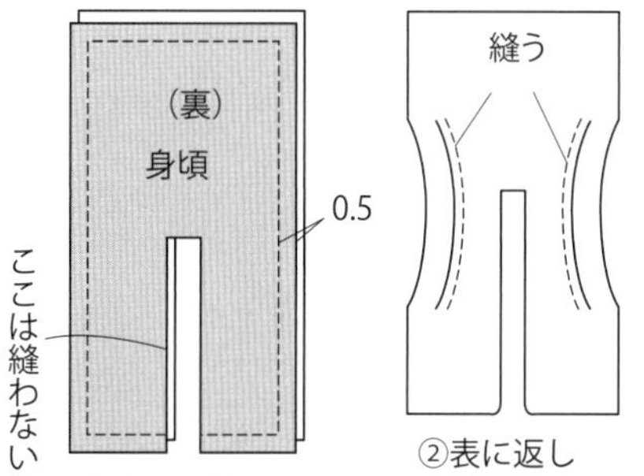

①身頃２枚を中表に縫う

②表に返し肩あげをつまんで縫う

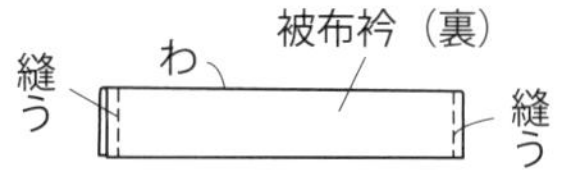

③被布衿を中表に二つ折りして左右を縫う

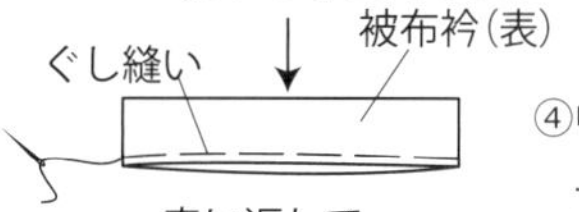

表に返して裁ち目を揃えてぐし縫いする

糸を引き絞る

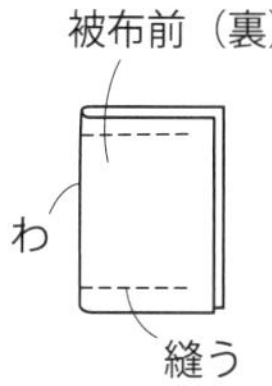

④中表に二つ折りして上下を縫いどまりまで縫う

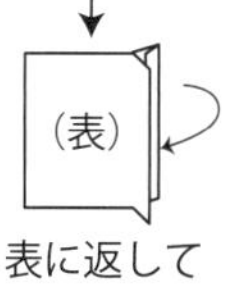

表に返して縫い代を折る

⑤被布前で身頃の衿ぐりの左側をはさんで縫い
衿を縫いつける
肩山から外表に二つ折りして脇を縫う

⑥胴に着せてまつり
袖口から袖をつけ
手をつける

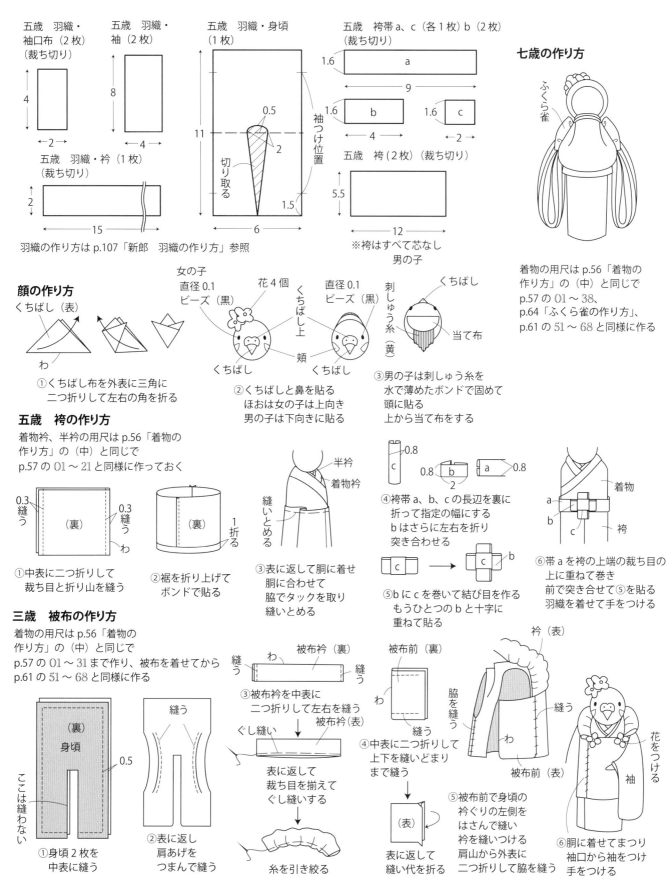

P.7、13

振袖ねこ、振袖うさぎ、振袖ぶた

振袖ねこ

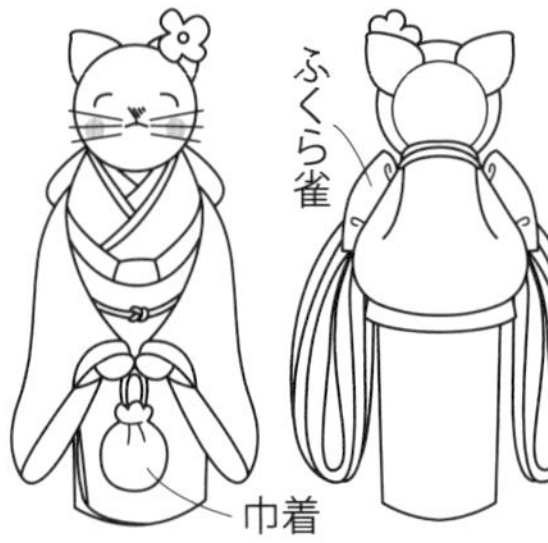

頭、耳の作り方は
p.54「ぶたの作り方」参照
胴、着物、帯ほかの着物の用尺は
p.56「着物の作り方」の（大）と同じ
p.57 の 01 〜 38、p.64「ふくら雀の作り方」、
p.61 の 51 〜 68 と同様に作る

猫・頭（1 枚）
（裁ち切り）

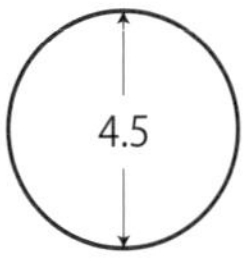

猫・耳（2 枚）
（裁ち切り）

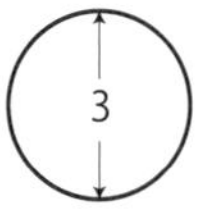

髪飾り（共通）（布、
キルト綿各 1 枚
または 2 枚）
（裁ち切り）

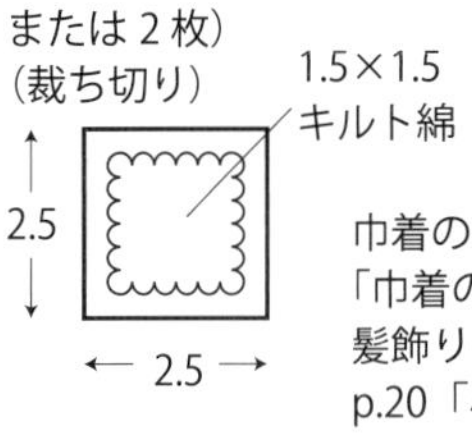

巾着（共通）
（各 1 枚）

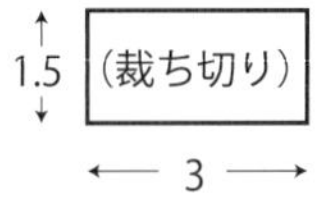

巾着の作り方は p.112
「巾着の作り方」参照
髪飾りの作り方は
p.20「小花の作り方」参照

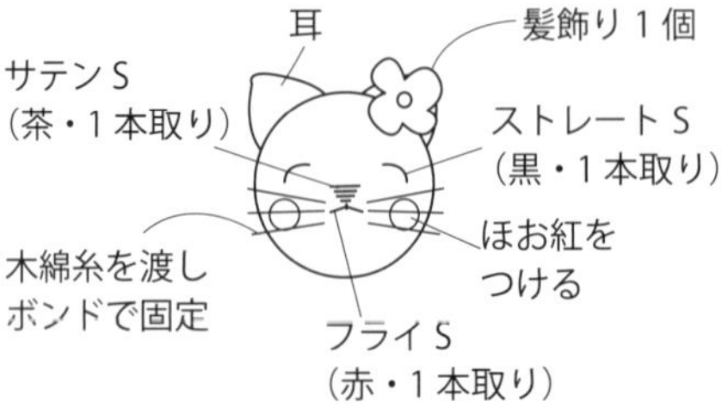

振袖うさぎ

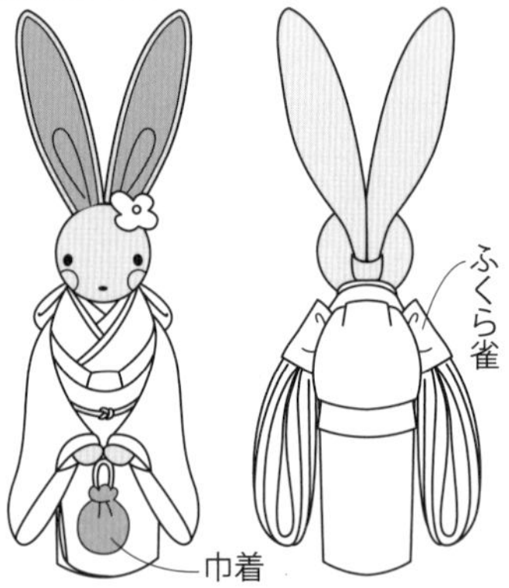

胴、着物、帯ほかの着物の用尺は
p.56「着物の作り方」の（大）と同じ
p.57 の 01 〜 38、
p.64「ふくら雀の作り方」、
p.61 の 51 〜 68 と同様に作る

頭（1 枚）
（裁ち切り）

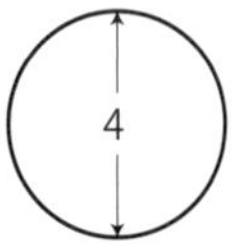

外耳、内耳（各 2 枚）
※実物大型紙有

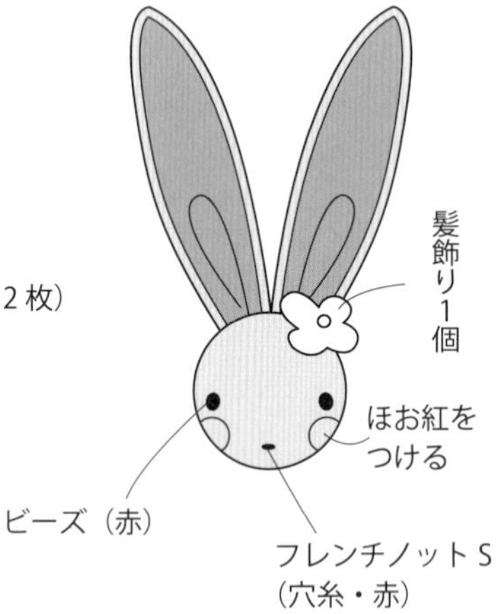

頭、耳の作り方は
p.52「うさぎの作り方」参照

振袖ぶた

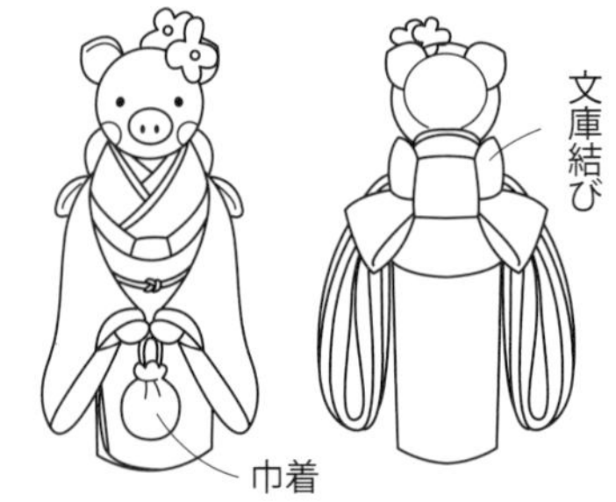

胴、着物、帯ほかの着物の用尺は
p.56「着物の作り方」の（大）と同じ
p.57 の 01 〜 68 と同様に作る
文庫結びの羽の大きさは好みで変える

頭（1 枚）
（裁ち切り）

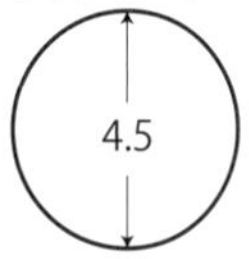

耳（2 枚）
（裁ち切り）

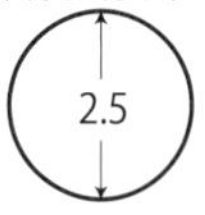

鼻（布、キルト綿
各 1 枚）（裁ち切り）

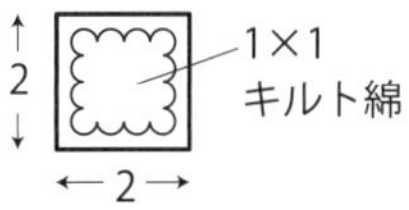

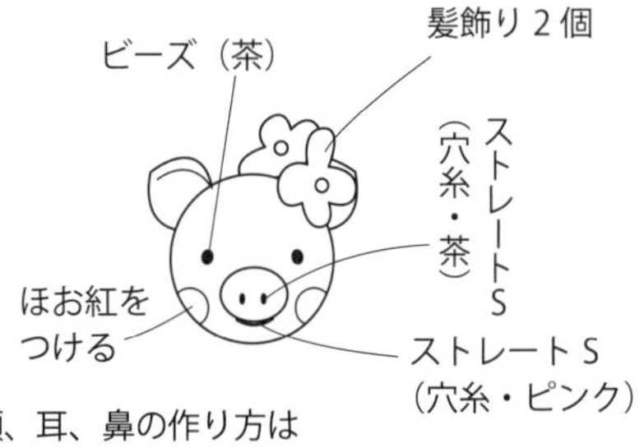

頭、耳、鼻の作り方は
p.54「ぶたの作り方」参照

◉材料

共通　振袖、帯結びの材料と用尺はp.56(大)を参照　直径0.2㎝ビーズ(金)各1個　ちりめんはぎれ、直径0.1打ちひも(赤)、キルト綿、ほお紅、穴糸(各色)各適宜

猫　頭(白)10×10㎝(耳、手、当て布分含む)　木綿糸(白)適宜

うさぎ　頭(ピンク)15×15㎝(外耳、手、当て布分含む)　内耳(赤)10×10㎝　直径0.3㎝ビーズ(赤)2個

ぶた　頭(薄オレンジ)15×10㎝(耳、手、鼻当て布分含む)　直径0.1㎝ビーズ(茶)2個

◉作り方(共通)

①土台を作る。
②耳、頭、鼻(ぶたのみ)を作り、顔を作って土台につける。
③衿、着物衿、裾を作り、②に着せる。
④帯を作り、つける。
⑤袖を作り、つける。
⑥小物を作り、つける。

実物大型紙

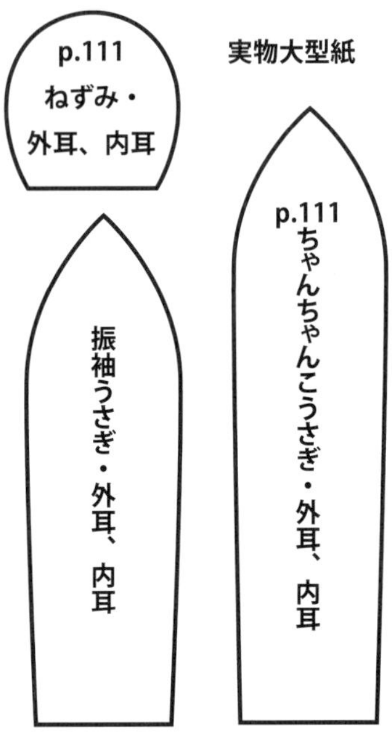

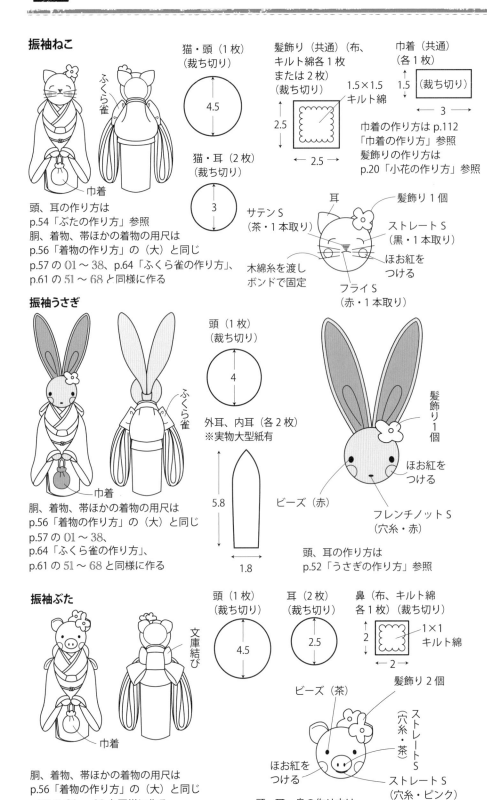

P.8, 13

ねずみ、ちゃんちゃんこうさぎ、ドレスぶた

実物大型紙は p.110

ねずみ

ねずみ・頭（1枚）

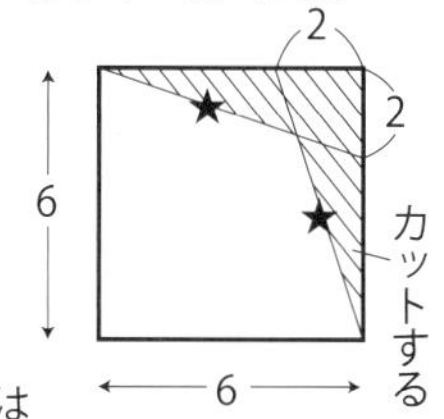

ねずみの頭の作り方は
p.112「ねずみ」参照

ねずみ・
尾（1枚）

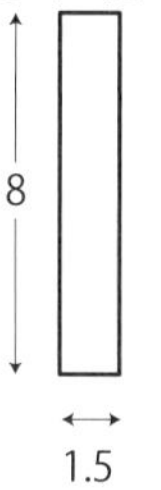

ねずみ・外耳、
内耳（各2枚）
※実物大型紙有

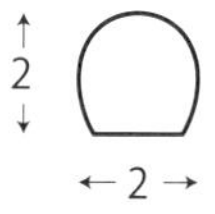

尾の作り方は p.70、
胴の作り方は
p.21 の 01 ～ 06 を参照

胴（共通・各1枚）
（裁ち切り）

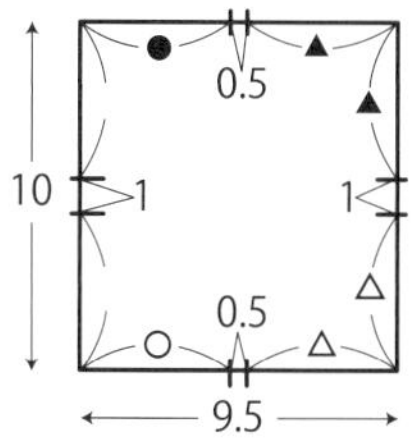

ちゃんちゃんこうさぎ

頭、耳の作り方は
p.52「うさぎの作り方」参照

うさぎ・頭（1枚）
（裁ち切り）

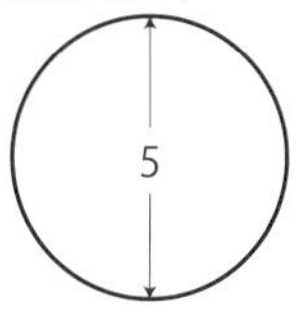

尾（布、キルト綿
各1枚）（裁ち切り）

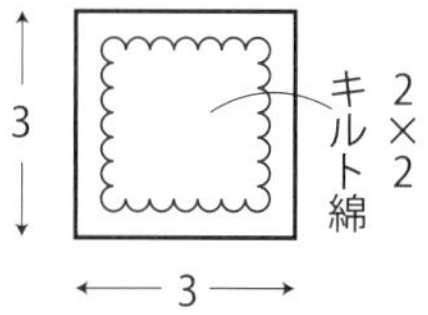

うさぎ・外耳、
内耳（各2枚）
※実物大型紙有

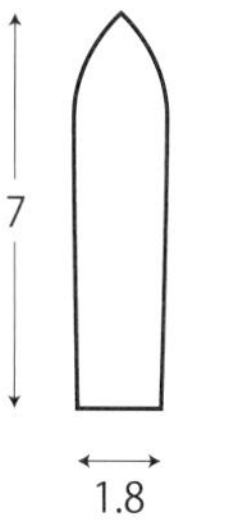

ちゃんちゃんこ
（共通・表、裏各1枚）

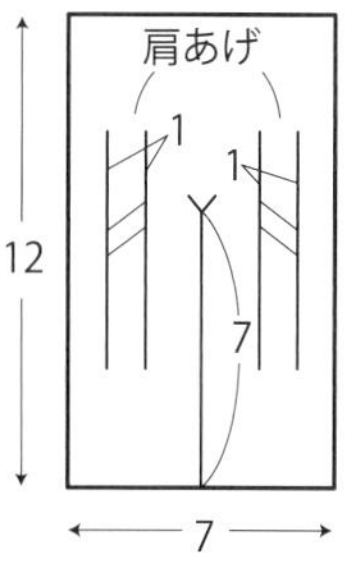

ちゃんちゃんこの
作り方は p.84「猿」参照

ドレスぶた

頭、耳、鼻の作り方は
p.54「ぶたの作り方」参照

ドレス身頃（1枚）

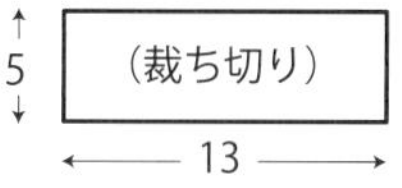

スカート（1枚）

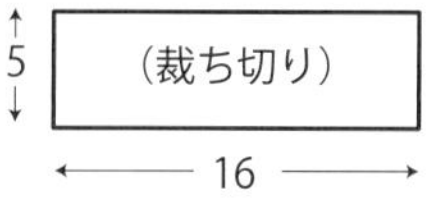

リボン（1枚）（裁ち切り）

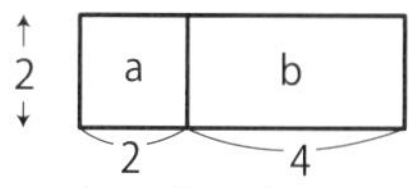

リボンの作り方は p.107
「新郎・袴帯の作り方」
①②を参照

＜ぶたのまとめ方＞

①スカートを中表に
二つ折りして
筒に縫う

②ウエストと裾を折って
縫い、ウエストは糸を
残しておく

③表に返して胴に着せ
糸を引き絞り
縫いとめる

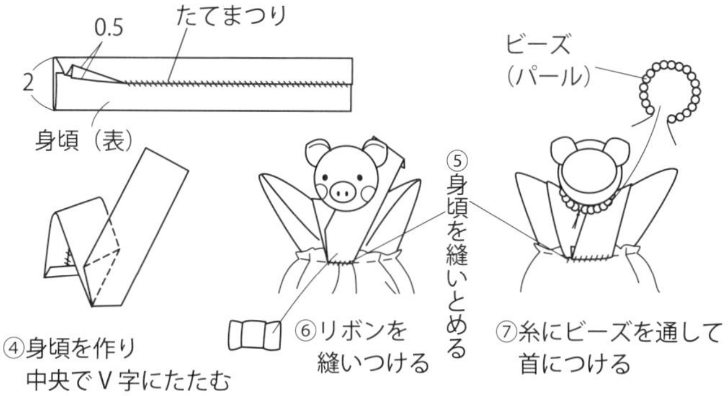

④身頃を作り
中央でV字にたたむ

⑥リボンを
縫いつける

⑦糸にビーズを通して
首につける

＜ねずみのまとめ方＞

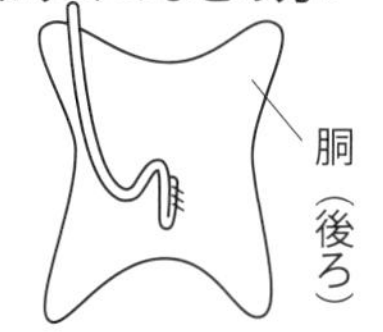

①尾を縫いとめる
ワイヤーを曲げて
形を整える

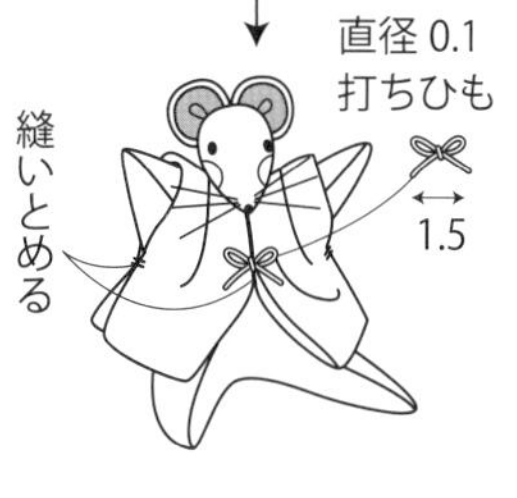

②頭をつけた胴にちゃんちゃんこを
着せて両脇を縫いとめる
蝶結びした打ちひもを縫いとめる

◉材料

共通　胴20×15㎝（頭、尾、鼻、外耳分含む）　ニット用接着芯、手芸綿、ほお紅各適宜

ねずみ　内耳（ピンク）10×5㎝　ちゃんちゃんこ表布、裏布各15×10㎝　直径0.1㎝ビーズ（黒）2個　#28ワイヤー10㎝　直径0.1㎝打ちひも、木綿糸（白）適宜

うさぎ　内耳（赤）10×10㎝　ちゃんちゃんこ表布、裏布各15×10㎝　直径0.3㎝ビーズ（赤）2個　直径0.2㎝ビーズ（金）1個　キルト綿適宜

ぶた　ドレス15×15㎝　直径0.1㎝ビーズ（茶）2個　直径0.3㎝パールビーズ19個　キルト綿適宜

◉作り方（共通）

①頭、耳を作る。
②胴、尾を作り、胴に頭と尾をつける。
③ちゃんちゃんこを作る。
④ちゃんちゃんこを胴に着せ、脇と前を縫いとめる。
⑤ぶたはスカートを作り、着せる。
⑥上身頃を作り、着せる。
⑦アクセサリーをつける。

＜うさぎのまとめ方＞

①ちゃんちゃんこを着せて
脇を縫いとめる

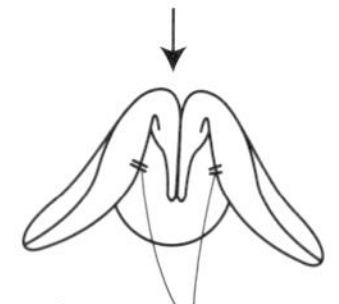

②耳を折って
頭に縫いとめる

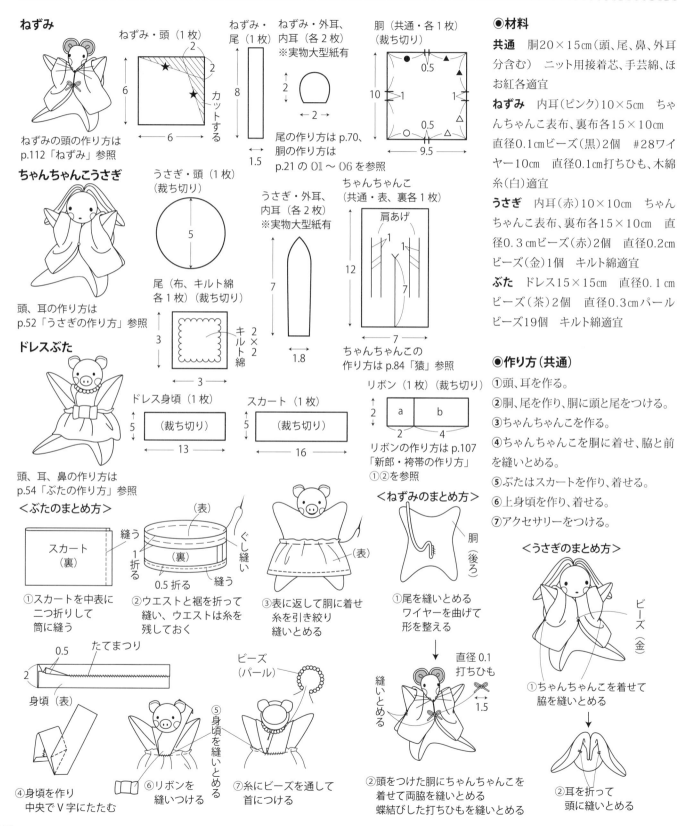

P.32　晴れ着姿の十二支

実物大型紙はとじ込み付録 裏Z-❶〜⓬

ねずみ（中）

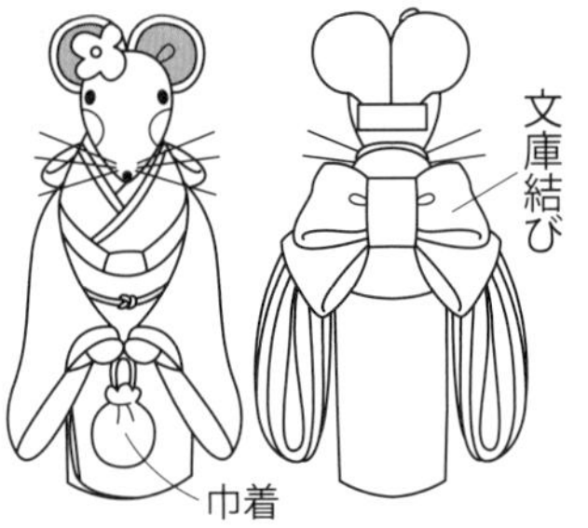

土台、着物、帯ほかの着物の用尺は
p.56「着物の作り方」の（中）と同じ
p.57 の 01 〜 68 と同様に作る
文庫結びの羽の大きさは好みで変える

頭（1枚）
（裁ち切り）

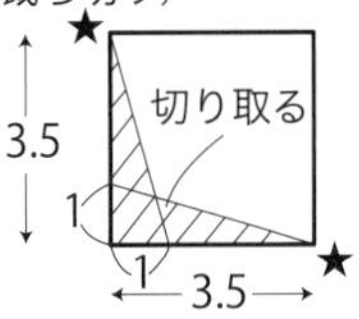

実物大型紙
外耳、内耳
（各1枚）

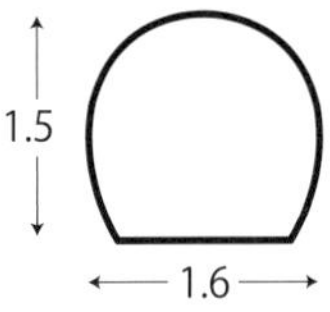

髪飾り（うさぎ、
いぬ、さる、ひつじ
以外の振袖人形共通・
布、キルト綿各1枚）
（裁ち切り）

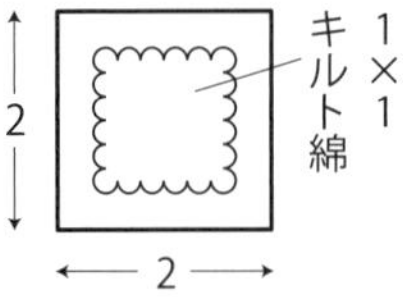

髪飾りの作り方は
p.20「小花の作り方」
を参照

巾着（うさぎ以外の
振袖人形共通・各1枚）
（裁ち切り）

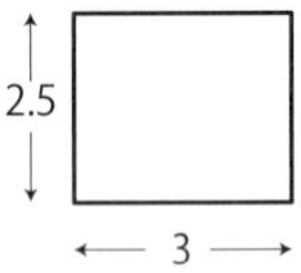

＜ねずみ・頭、顔の作り方＞

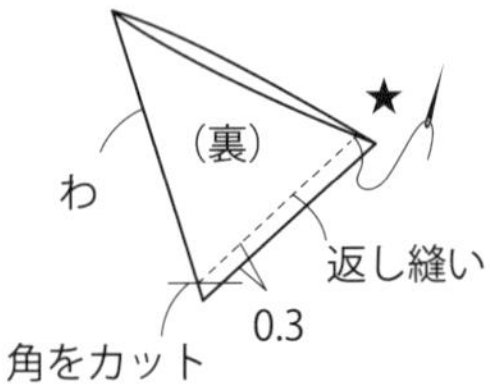

①★印同士を
中表に合わせて縫い
表に返す

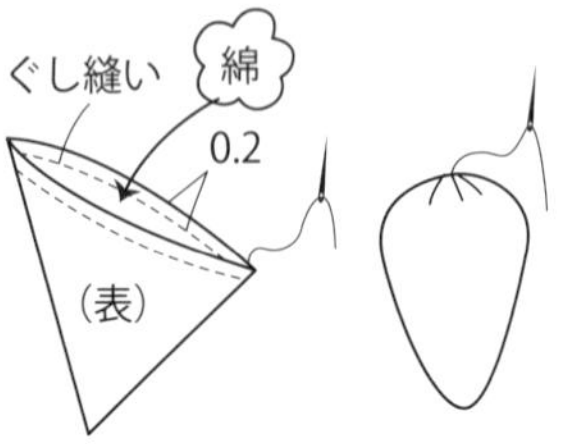

②返し口をぐし縫いし
綿と縫い代を内側に入れて
糸を引き絞る

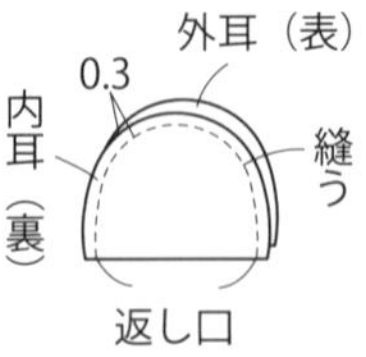

③内耳と外耳を
中表に縫う

④表に返して
薄く綿を入れ
返し口をとじる

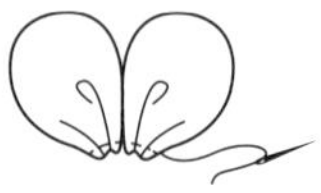

⑤耳を2枚作り
両耳の根元を合わせ
ぐし縫いして引き絞る

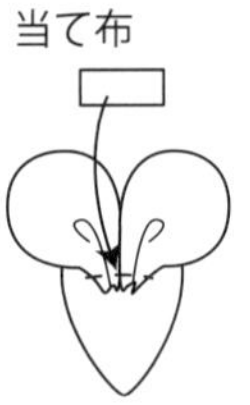

⑥頭の後ろに
縫いつけ
当て布を貼る

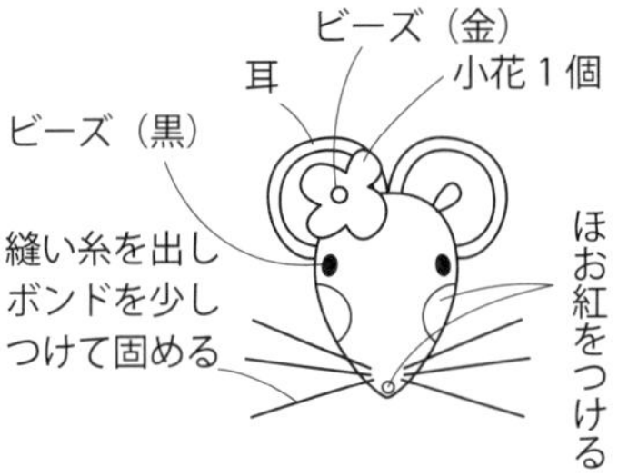

⑦ビーズで目をつける
p.70「顔の作り方」を
参照してひげをつける
ほおと鼻先にほお紅をつける

＜巾着の作り方（共通）＞

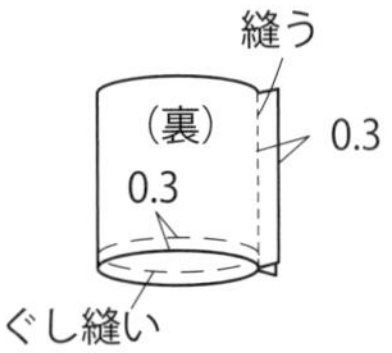

①中表に二つ折り
して縫い
糸を引き絞る

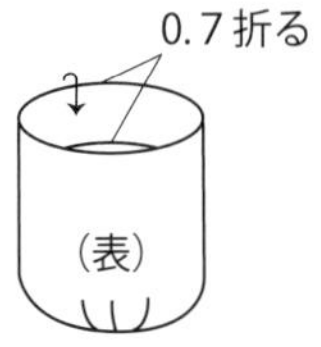

②表に返して
上端を折る

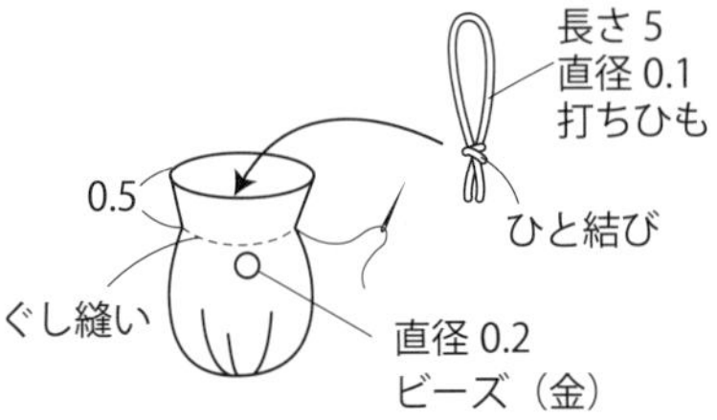

③上端をぐし縫いし
ひも先をひと結びした
打ちひもを入れて糸を引き絞る
ビーズを縫いとめる

◉材料

共通　土台、振袖、帯結びの材料と用尺はp.56参照　ちりめんはぎれ各種　巾着用直径0.1㎝打ちひも、ニット用接着芯、キルト綿、ほお紅各適宜

ねずみ　頭（白）15×15㎝（外耳、手分含む）　内耳10×10㎝　直径0.1㎝ビーズ（黒）2個　直径0.2㎝ビーズ（金）1個　木綿糸（白）適宜

うさぎ　頭（白）15×15㎝（外耳、手分含む）　内耳（赤）10㎝×10㎝　髪飾り、キルト綿各10×10㎝（花バッグ分含む）　直径0.3㎝ビーズ（赤）2個　直径0.2㎝ビーズ（金）8個　金糸、穴糸（赤）各適宜

とら　頭（黄）10×10㎝（外耳、手分含む）　内耳（赤）各5×5㎝　直径0.2㎝ビーズ（金）1個　木綿糸（白）、穴糸（黒、薄茶、ピンク）各適宜

ひつじ　頭（白）15×15㎝（外耳、手分含む）　内耳（薄ピンク）10×10㎝　髪飾り、キルト綿各10×10㎝（ひも飾り分含む）　直径0.1㎝ビーズ（茶）2個　直径0.2㎝ビーズ（金）3個　直径0.1㎝打ちひも（赤）10㎝　木綿糸（白）、穴糸（ピンク）各適宜

さる　頭（薄オレンジ）15×15㎝（耳、手分含む）　顔（薄ベージュ）5×5㎝（内耳分含む）　リボン10×10㎝　穴糸（黒、黄土色）適宜

うし　頭（薄茶）15×10㎝（外耳、手、鼻分含む）　内耳（薄ピンク）10×5㎝　直径0.1㎝ビーズ（黒）2個　直径0.2㎝ビーズ（金）1個　直径0.1㎝打ちひも（金）10㎝

たつ　頭（緑）10×10㎝（耳、手分含む）　直径0.2㎝ビーズ（金）1個　直径0.1㎝打ちひも（金、黄緑）各10㎝　#30ワイヤー、穴糸（黒、金、ピンク）各適宜

いのしし　頭（薄カーキ）15×10㎝（耳、手、鼻分含む）　内耳（薄緑）10×10㎝　直径0.1㎝ビーズ（黒）2個　直径0.2㎝ビーズ（金）1個

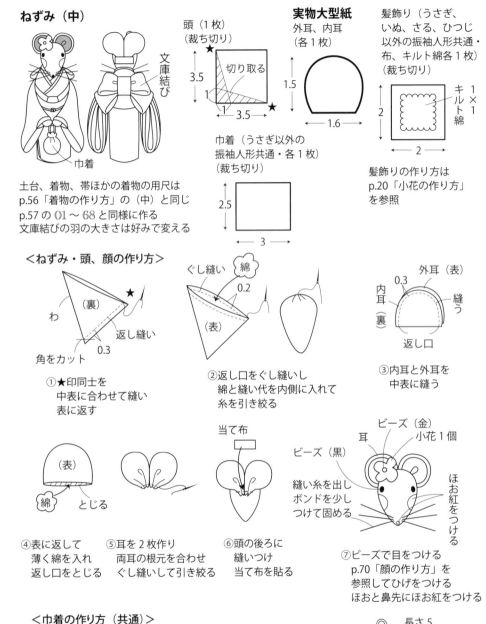

うさぎ（大）

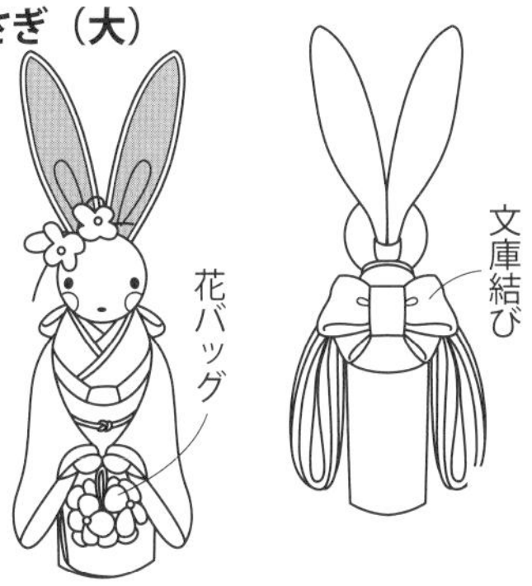

頭（1枚）
（裁ち切り）

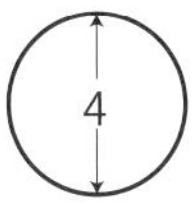

髪飾り（布、
キルト綿各2枚）
花バッグ（布、
キルト綿各6枚）
（裁ち切り）

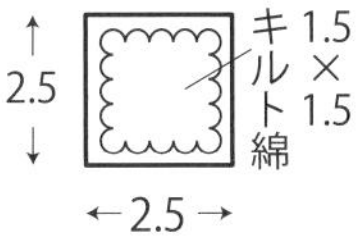

外耳、内耳
（各2枚）

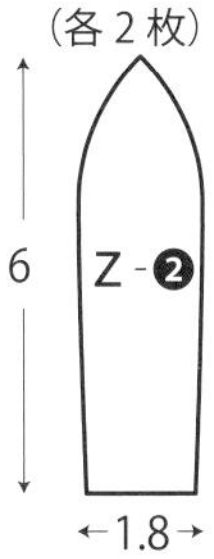

頭、耳の作り方は
p.52「うさぎの作り方」参照
髪飾りの作り方は
p.20「小花の作り方」参照

土台、着物、帯ほかの着物の用尺は
p.56「着物の作り方」の（大）と同じ
p.57 の 01 ～ 68 と同様に作る
文庫結びの羽の大きさは
好みで変える

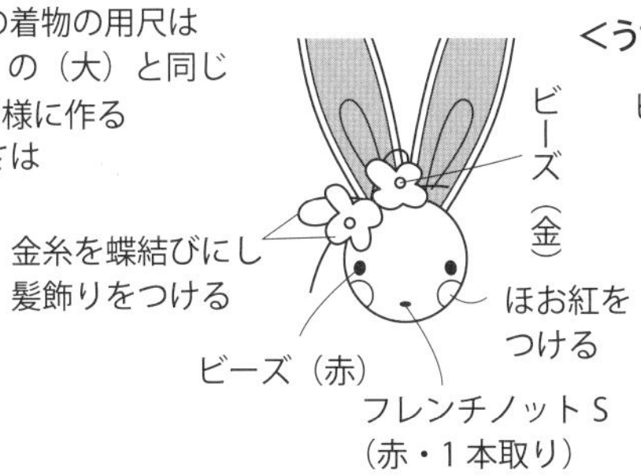

<うさぎ・花バッグの作り方>

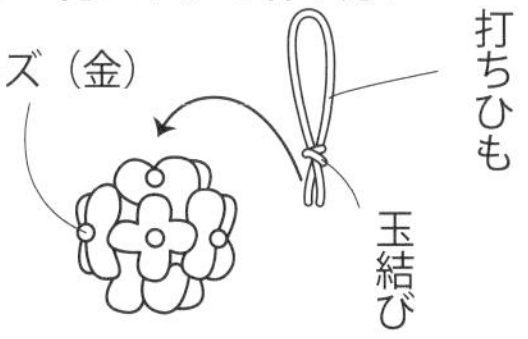

花バッグの作り方は p.20
「花毬の作り方」を参照

うま　頭（白）15×15㎝（耳、手、半衿分含む）　着物衿20×15㎝（袖、袖口分含む）　袴用帯地20×15㎝（帯分含む）　直径0.1㎝ビーズ（黒）2個　直径0.2㎝ビーズ（金）2個　手縫い用絹糸（白、朱）各適宜

へび　頭（白）15×15㎝（半衿分含む）　着物衿20×15㎝（袖、袖口分含む）　袴用帯地20×15㎝（帯分含む）　直径0.2㎝ビーズ（赤）2個　穴糸（ピンク）適宜

いぬ　頭（白）10×10㎝（手分含む）　耳（グレー）10×10㎝（口分含む）　直径0.3㎝ビーズ（黒）2個　直径0.2㎝ビーズ（金）1個　穴糸（黒）適宜

とり　頭（白）15×10㎝（手分含む）　くちばし（黄）5×5㎝　とさか（赤）10×10㎝（肉だれ分含む）　直径0.1㎝ビーズ（黒）2個

◉作り方（共通）

①土台を作る。
②頭、耳、鼻、口を作る。
③土台に頭をつける。
④衿を重ねて貼り、着物を着せる。
⑤裾を作り着せる。
⑥帯を作り、つける。
⑦袖、手を作り、つける。
⑧花飾り、巾着または花バッグを作り、つける。

とら（大）

頭（1枚）

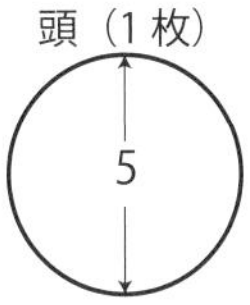

頭の作り方は
p.52 の 02 ～ 05
参照

実物大型紙

外耳・内耳
（各2枚）

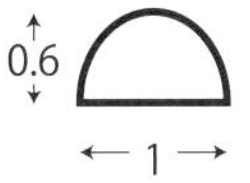

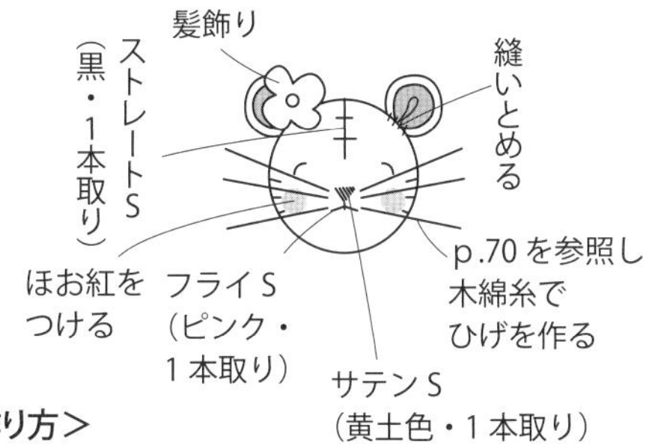

土台、着物、帯ほかの着物の用尺は
p.56「着物の作り方」の（大）と同じ
p.57 の 01 ～ 38、
p.64「ふくら雀の作り方」、
p.61 の 51 ～ 68 と同様に作る
巾着は p.112「巾着の作り方」参照

<とら・耳の作り方>

①内耳と外耳を
中表に縫う

②表に返して
薄く綿を入れ
返し口をとじる

③内耳を内側にして
つけ根を二つ折りし
縫いとめる
同様に2個作る

ひつじ（小）

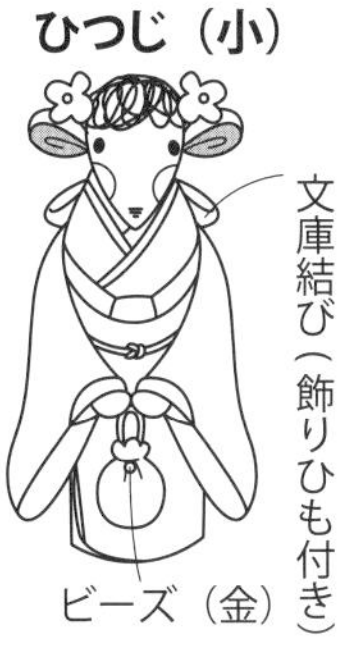

巾着は p.112
「巾着の作り方」を
参照して作り
ビーズをつける

頭（1枚）
（裁ち切り）

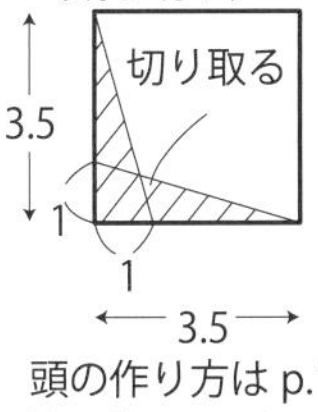

頭の作り方は p.112
「ねずみ」を参照
耳の作り方は「とら」
を参照

実物大型紙

内耳、外耳
（各2枚）

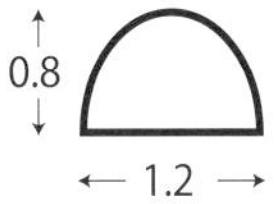

ひも飾り（布、
キルト綿各4枚）
（裁ち切り）

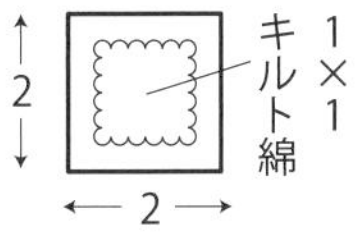

髪飾り（2枚）
（裁ち切り）

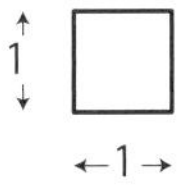

髪飾りは p.20
「小花の作り方」参照
ひも飾りは p.19 の 03 ～ 12、
17、18 を参照して
ひもの両端につける

<ひつじ・帯の作り方>

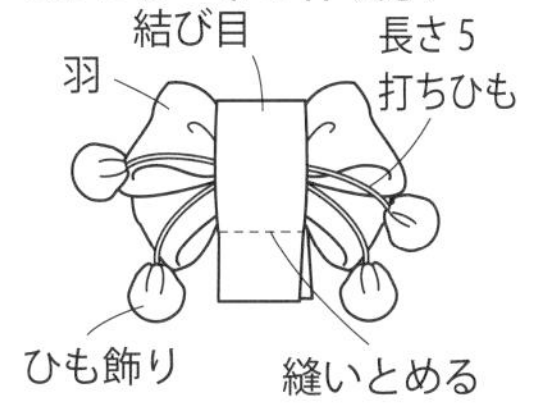

土台、着物、帯ほかの着物の用尺は
p.56「着物の作り方」の（小）と同じ
p.57 の 01 ～ 43 と同様に作り
飾りひもを重ねて
p.60 の 44 ～ 68 と同様に作る

内耳を下向きにして
耳を頭に縫いとめる
木綿糸で頭の毛を作る

さる（大）

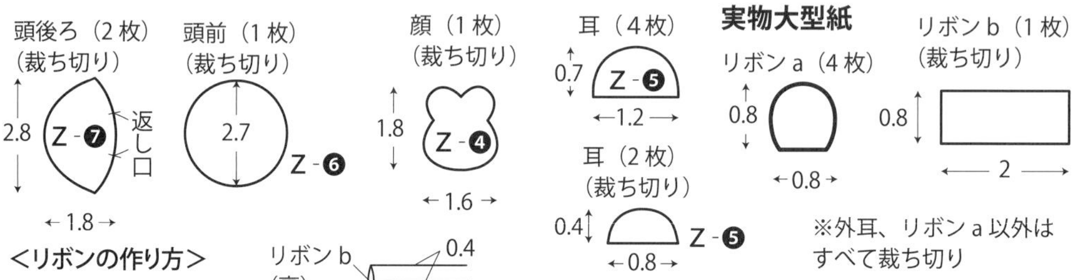

※外耳、リボンa以外は
すべて裁ち切り

頭、顔の作り方は
p.55「さるの作り方」参照
巾着は p.112「巾着の作り方」参照
土台、着物、帯ほかの着物の用尺は
p.56「着物の作り方」の（大）と同じ
p.57 の 01 ～ 68 と同様に作る
文庫結びの羽の大きさは好みで変える

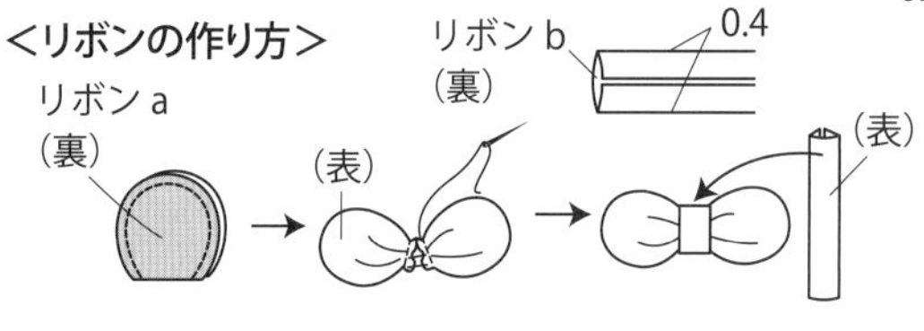

2 枚を中表に縫い、表に返す
同様に 2 個作り
ぐし縫いで 2 個をつなぐ

リボンbを折り
aの中心に巻く

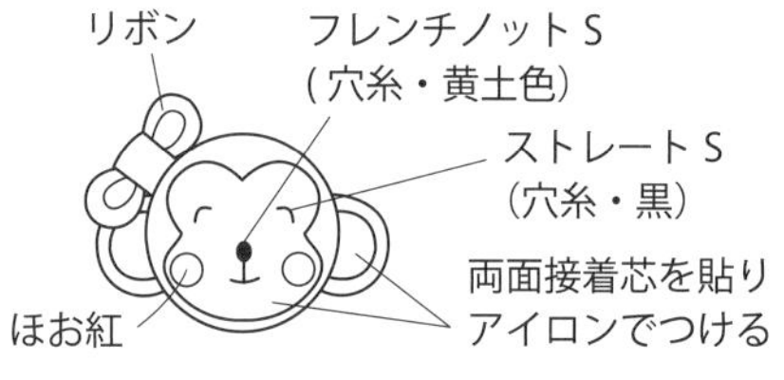

リボンを縫いとめる
ほお紅をつける

うし（大）

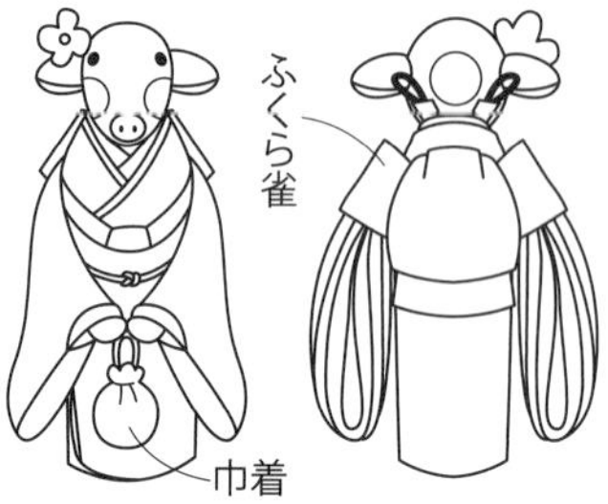

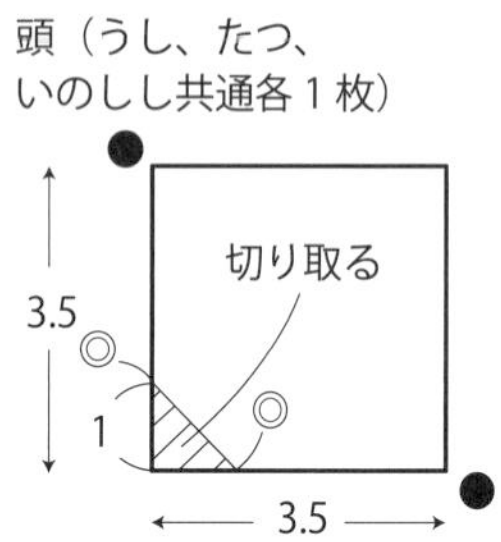

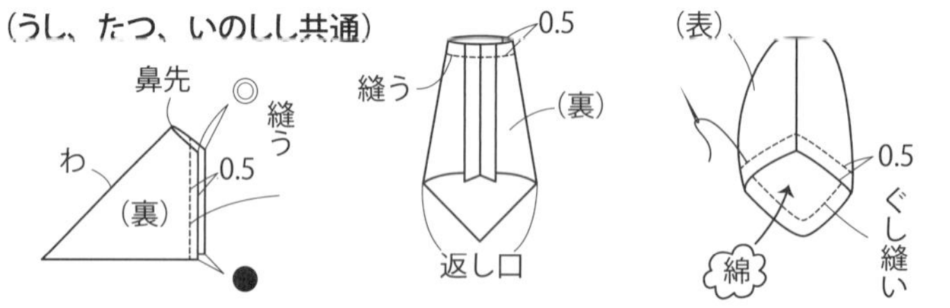

①同じ印同士を合わせて
中表に折り、縫う

②縫い目を中心にして
たたみ直し鼻先を縫う

③表に返して
返し口をぐし縫いし
綿を入れて引き絞る

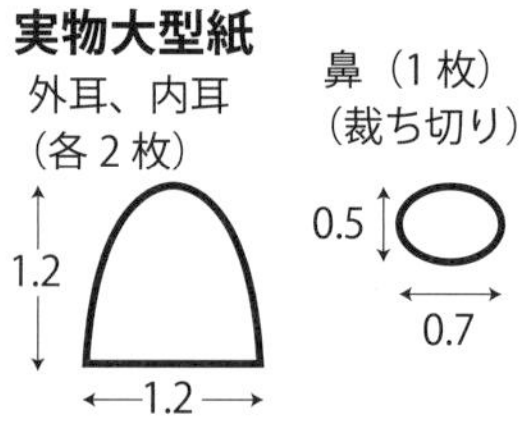

耳の作り方は p.113「とら」参照

巾着と髪飾りは p.112 参照
土台、着物、帯ほかの用尺は
p.56「着物の作り方」の（大）と同じ
p.57 の 01 ～ 38、
p.64「ふくら雀の作り方」、
p.61 の 51 ～ 68 と同様に作る

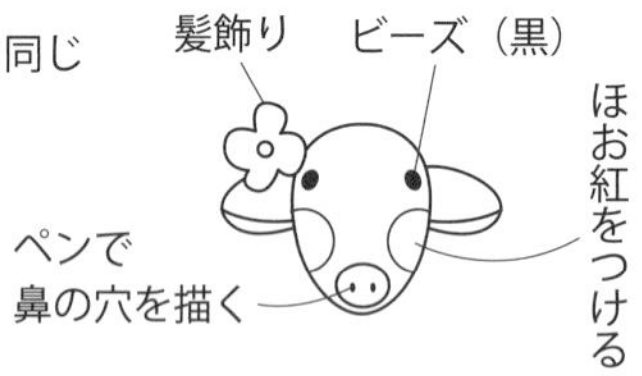

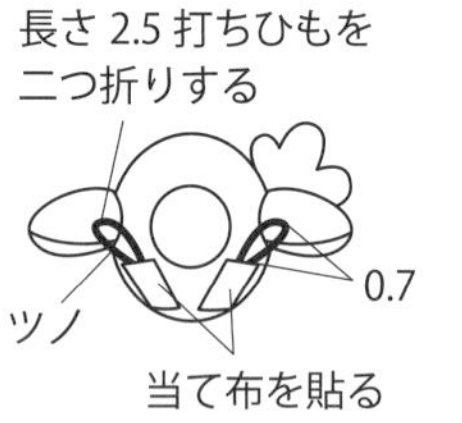

たつ（中）

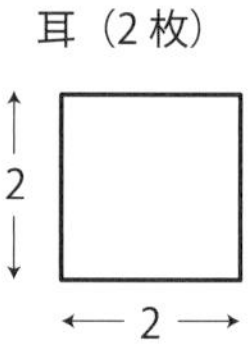

耳の作り方は
p.103「跳ねうさぎ」
④～⑥参照

巾着と髪飾りは p.112 参照
土台、着物、帯ほかの用尺は
p.56「着物の作り方」の（中）と同じ
p.57 の 01 ～ 68 と同様に作る
文庫結びの羽の大きさは好みで変える

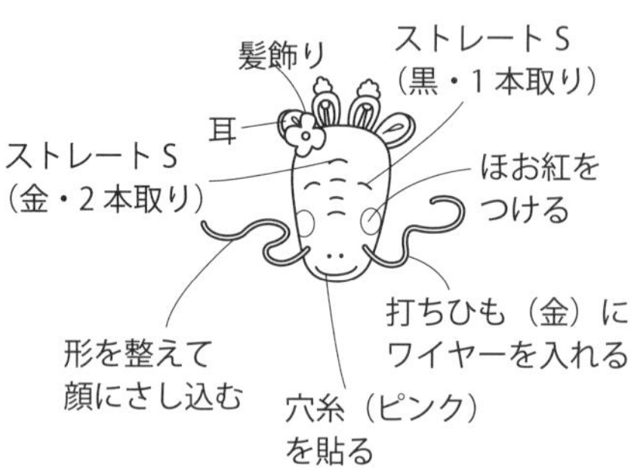

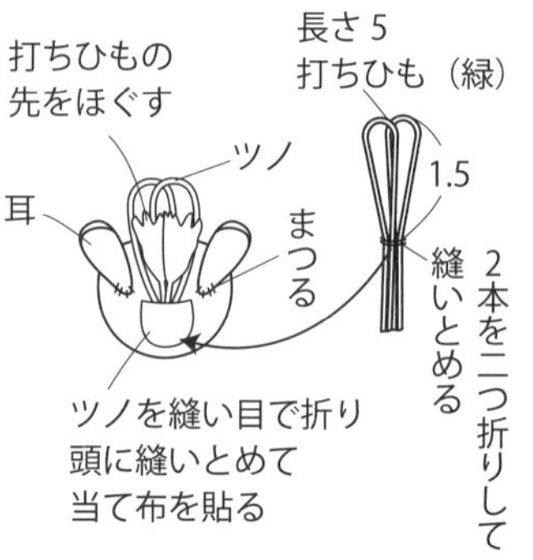

いのしし（大）

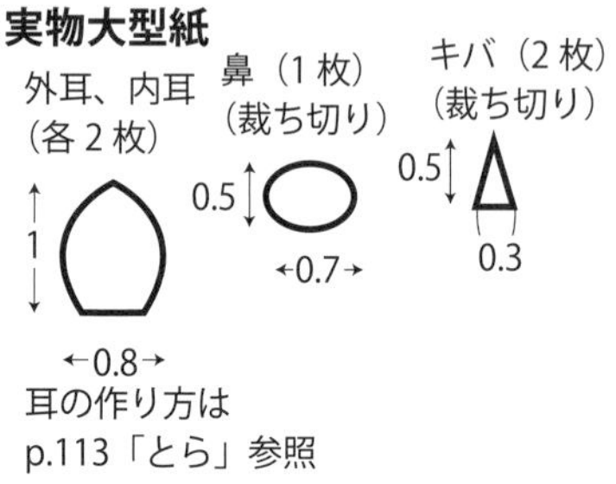

耳の作り方は
p.113「とら」参照

巾着と髪飾りは p.112 参照
土台、着物、帯ほかの用尺は
p.56「着物の作り方」の（大）と同じ
p.57 の 01 ～ 38、
p.64「ふくら雀の作り方」、
p.61 の 51 ～ 68 と同様に作る

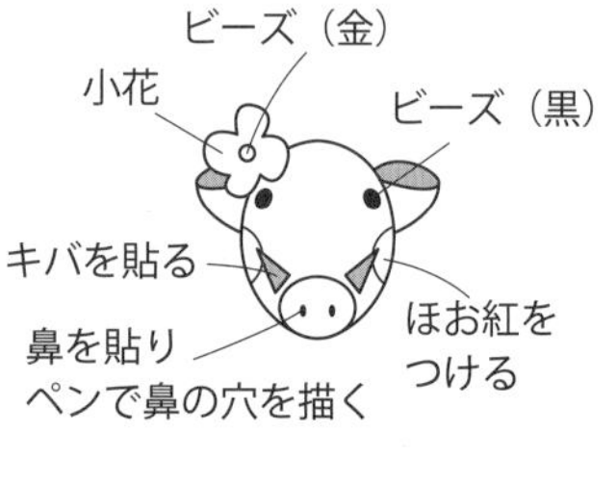

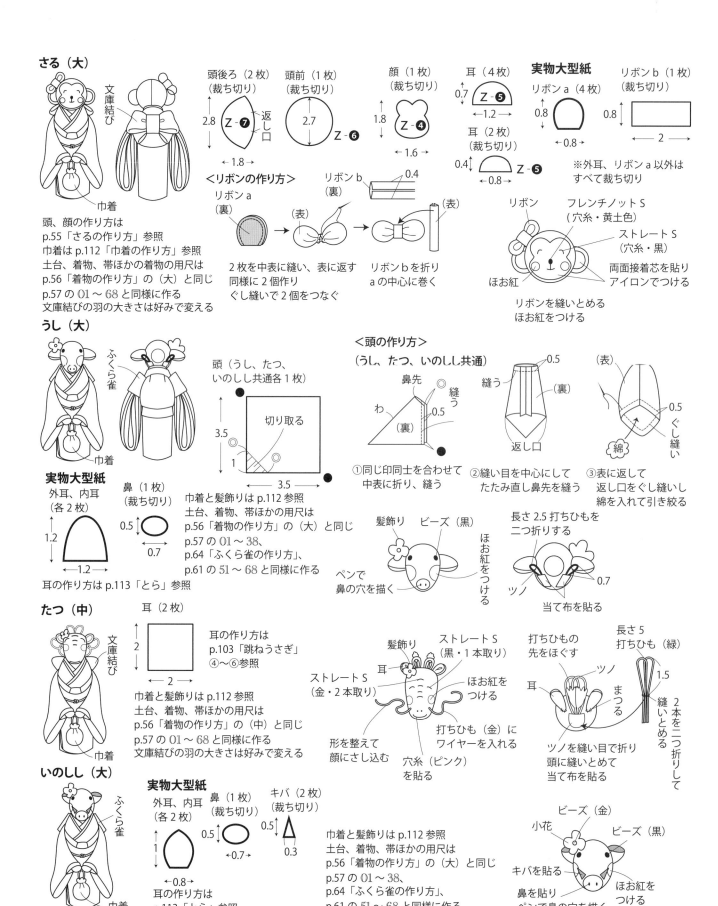

うま（男）

土台・うま、へび（共通）

頭（左右対称各１枚）

実物大型紙

耳（4枚）

袴（うま、へび各１枚）

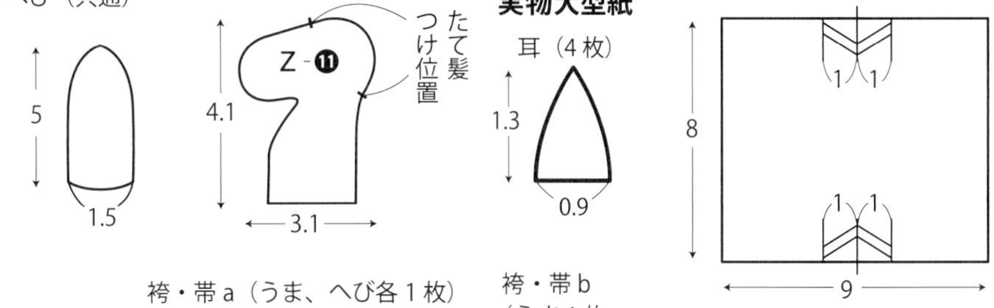

袴・帯 a（うま、へび各１枚）

袴・帯 b（うま１枚、へび２枚）

袴・帯 c（うま、へび各１枚）

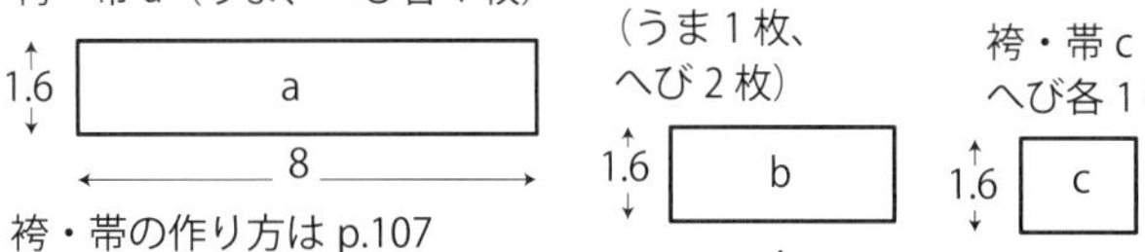

袴・帯の作り方は p.107「新郎・袴帯の作り方」参照

※袴・帯はすべて裁ち切り

＜耳の作り方＞

①2枚を中表に縫い表に返す

②返し口の縫い代を内側に折り返し口をとじる

③二つ折りにして縫う同様に２個作る

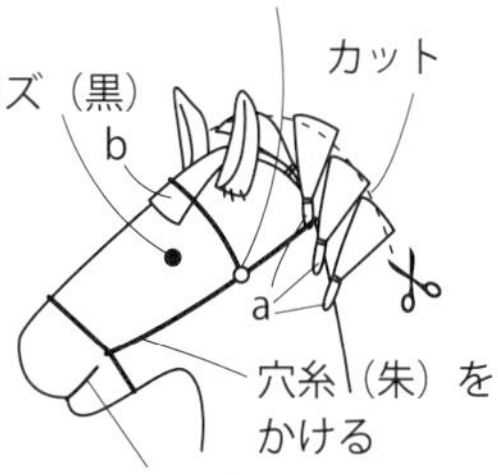

＜たて髪の作り方＞

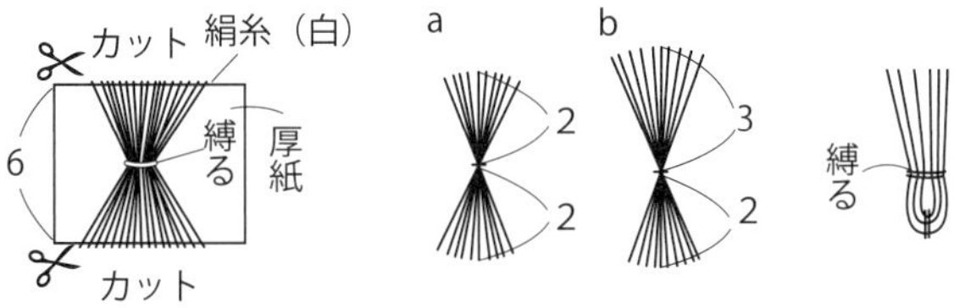

①厚紙に糸を20回巻き厚紙の表、裏で中心を縛る

②指定の長さにカットしaを３個、bを１個作る

③二つ折りして根元を縛る

＜頭の作り方＞

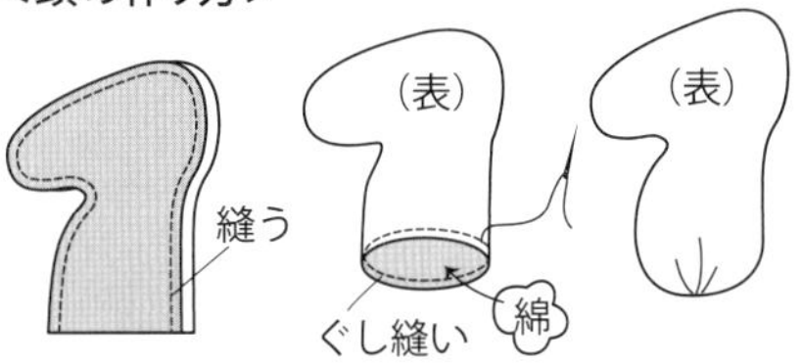

①2枚を中表に縫い表に返す

②返し口をぐし縫いし綿を入れて糸を絞る

③たて髪を頭の縫い目に沿って縫いつけるカットして整える

＜袴の作り方＞（うま、へび共通）

土台、着物衿、袖ほかの用尺は p.56「着物の作り方」の（男）と同じ p.57の01～21と同様に作る

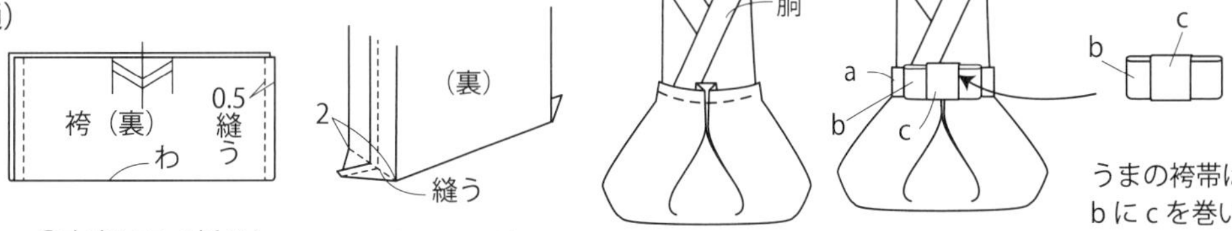

①中表に二つ折りし両端を縫う

②マチを縫い表に返す

③前、後中心にタックを取り胴に着せて縫いとめる帯aを巻いて結び目を貼る

うまの袴帯は b に c を巻いて結び目を作る

へび（男）

頭(1枚)

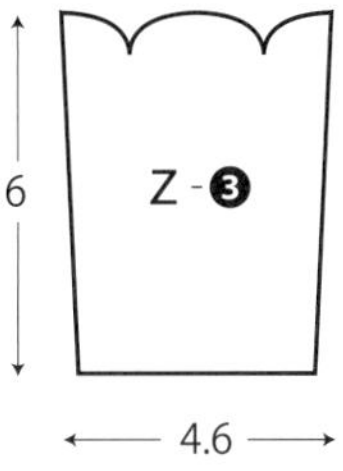

＜頭の作り方＞

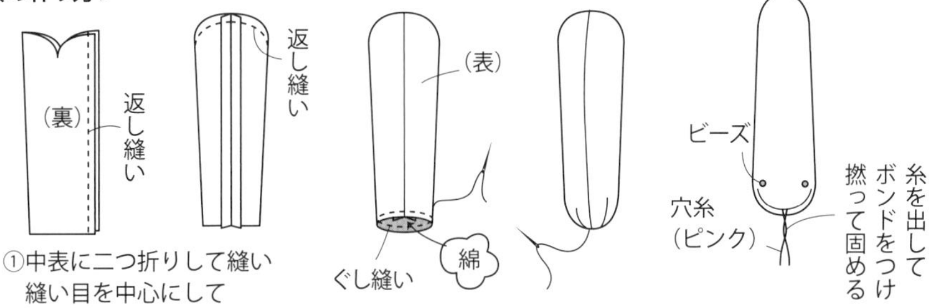

①中表に二つ折りして縫い縫い目を中心にしてたたみ直し、カーブを縫う

②表に返して返し口をぐし縫いし綿を入れて糸を絞る

③目と舌をつける

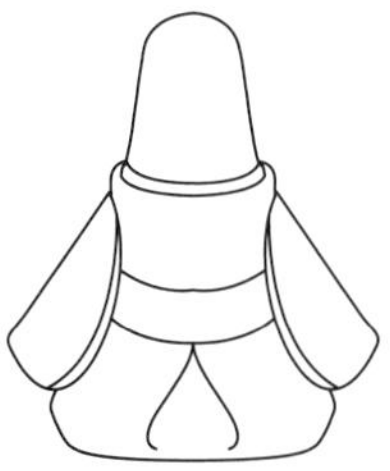

④首を曲げて衿元を糸で縫いとめる

⑤着物、袴を着せて帯をつける

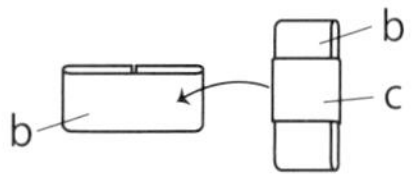

へびの袴帯は c を巻いた b の下に b を十字に重ねる

いぬ（大）

着物と帯の用尺と作り方は
p.114「さる」と同じ

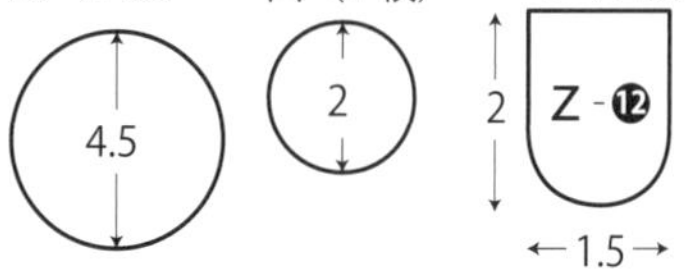

<耳の作り方>

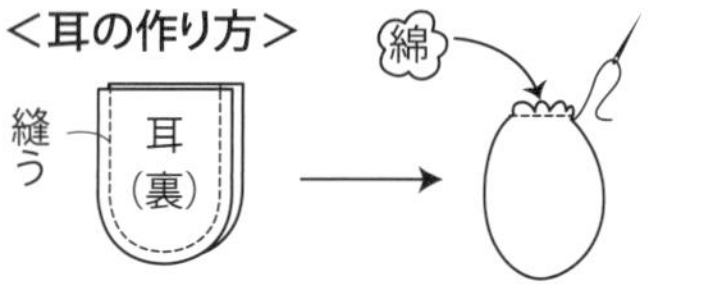

2枚を中表に縫い
表に返す

返し口をぐし縫いし
薄く綿を入れて
糸を引き絞る

<口の作り方>

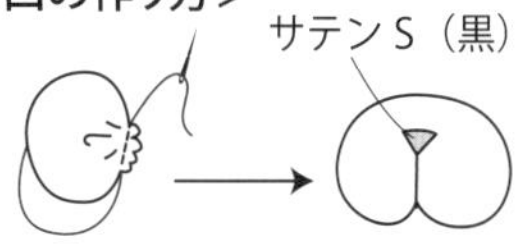

①糸を渡して口を割り
鼻を刺しゅうする

②頭に口を縫いつける

頭、口の作り方は
p.52の02～05参照
巾着は p.112参照
髪飾りの用尺は p.113「うさぎ」参照
作り方は p.20「小花の作り方」参照

とり（大）

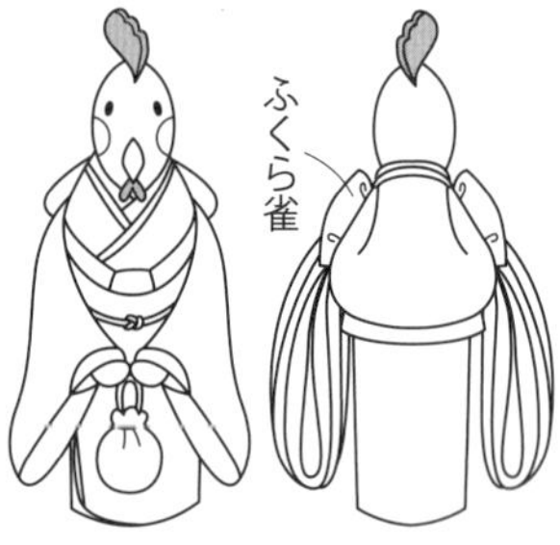

着物と帯の用尺と作り方は
p.114「うし」と同じ

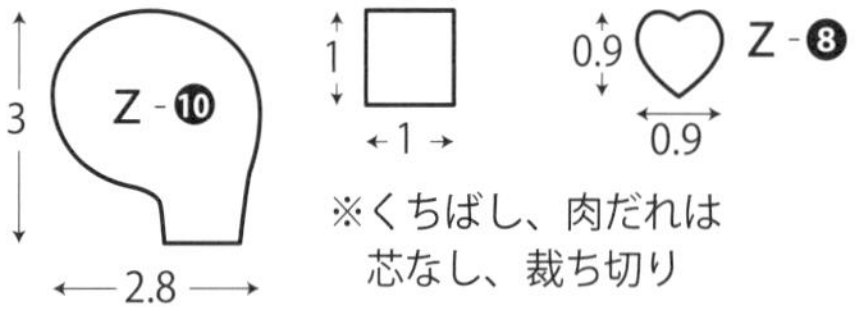

※くちばし、肉だれは
芯なし、裁ち切り

とさか
（左右対称各1枚）

とさかを中表に縫い
表に返す

<頭、顔の作り方>

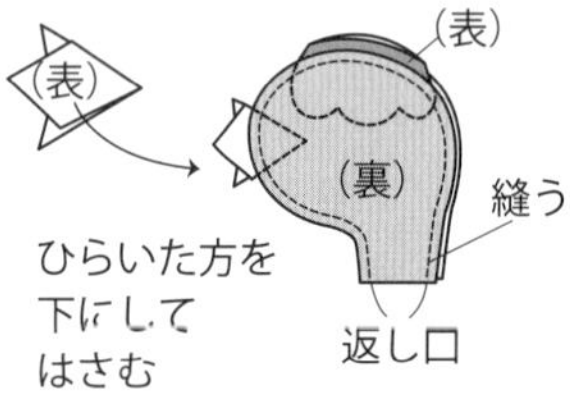

①とさかとくちばしをはさみ
頭を中表に縫って表に返す
くちばしの作り方は
p.109「顔の作り方」①を参照

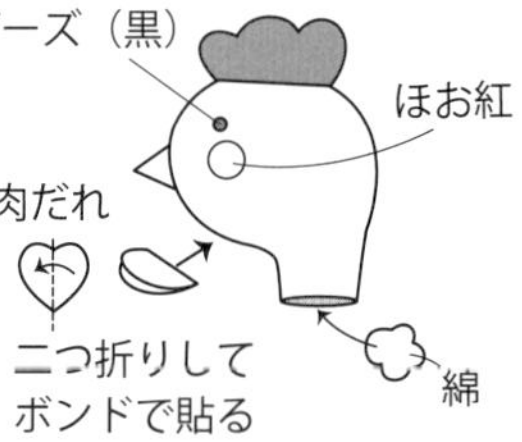

②綿を入れて返し口をとじる
目と肉だれをつけ
ほお紅をつける

P.8 かえる

実物大型紙はとじ込み付録 表 a-❶

土台は p.56「着物の作り方」の（小）、
裾以外の着物、帯の用尺は（中）と同じ
頭の作り方は p.52の02～05参照
胴、着物の作り方は P.57の01～21参照
p.107「裾の作り方」を参照して裾を着せ
p.59の32～69と同様に作る

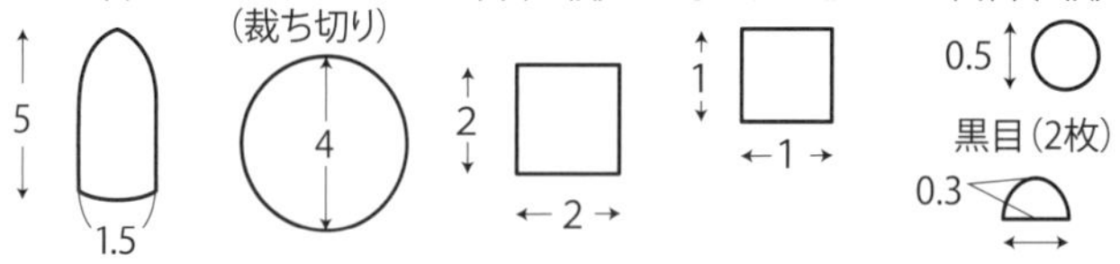

※頭、裾以外はすべて芯なし、裁ち切り

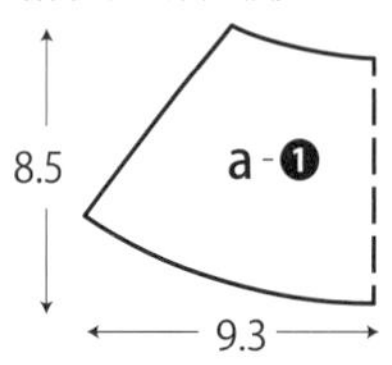

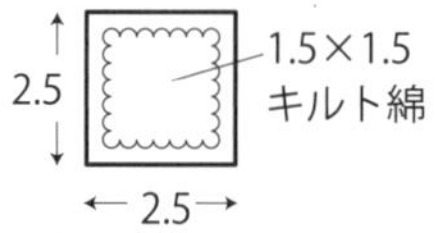

バッグの作り方は
p.113「花バッグの
作り方」参照

◉材料

ちりめんはぎれ各種　頭(緑)10×10㎝(目、手分含む)　着物衿35×25㎝(袖、裾表布含む)　半衿(白)10×5㎝　じゅばん袖15×10㎝　帯揚げa、b10×5㎝　裾裏布20×25㎝(伊達衿、袖裏、袖口分含む)　帯用帯地15×20㎝　つまようじ1本　直径0.1㎝打ちひも(緑)25㎝　ニット用接着芯、厚紙、紙粘土、手芸綿、キルト綿、穴糸(ピンク)、ほお紅各適宜

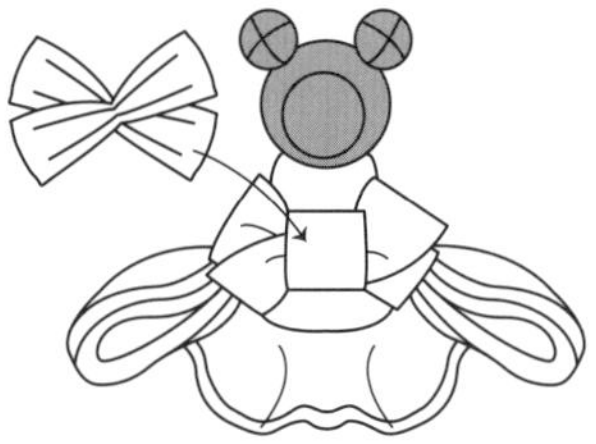

帯は p.60の43、44で
羽根を交差させて
結び目でまとめる

<頭、顔の作り方>

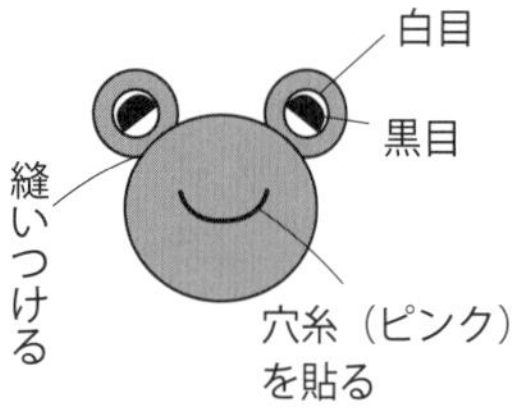

p.19の03～12、17、18を
参照して目を作り
白目と黒目を貼って頭に縫いつける
口に穴糸を貼る

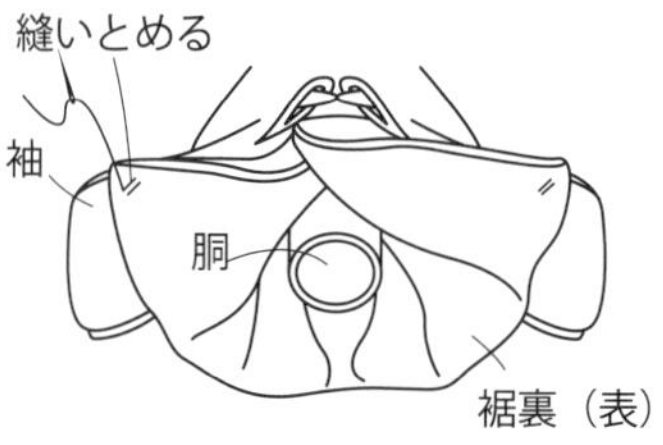

着物の裾を開き
袖の裏に縫いとめる

◉作り方

①土台を作る。
②頭、目を作り、土台につける。
③衿、着物衿を重ねて貼る。
④裾を作り着せ、帯を作る。
⑤袖、手を作り、つける。
⑥花バッグを作り、手に持たせる。
⑦着物裾を開き、袖裏に縫いとめる。

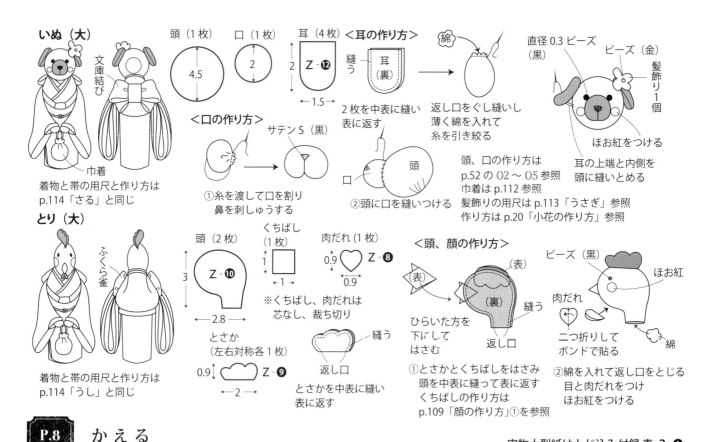

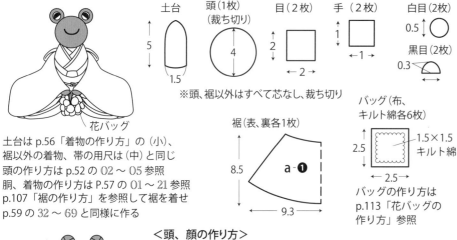

十二支・午

実物大型紙はとじ込み付録 表G-❶〜❺

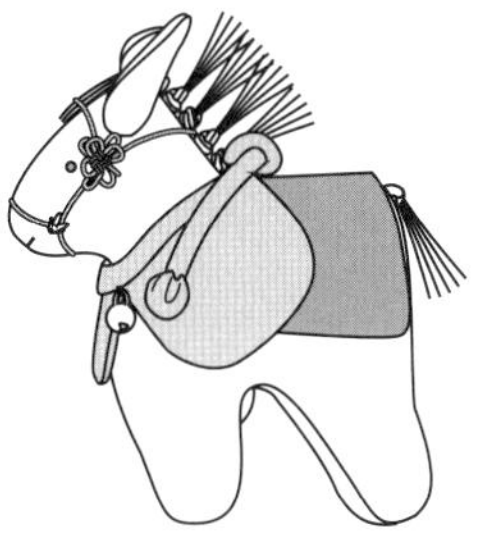

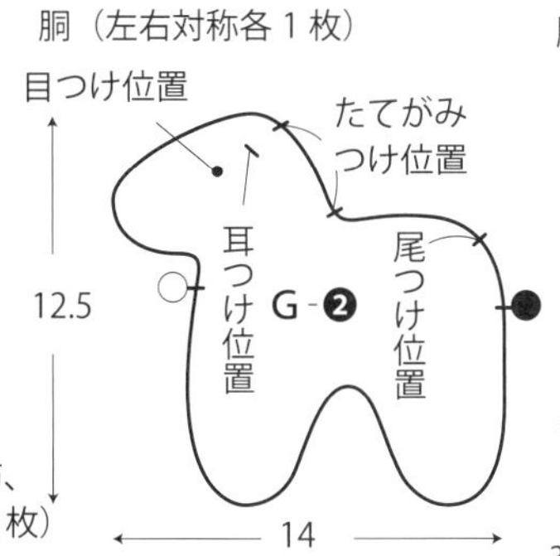

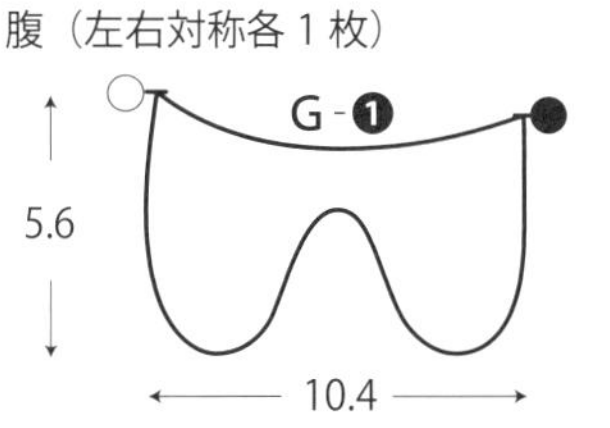

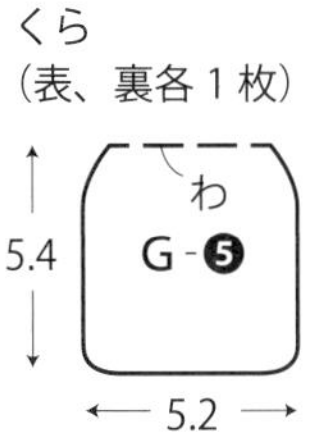

くらの作り方は
p.125参照

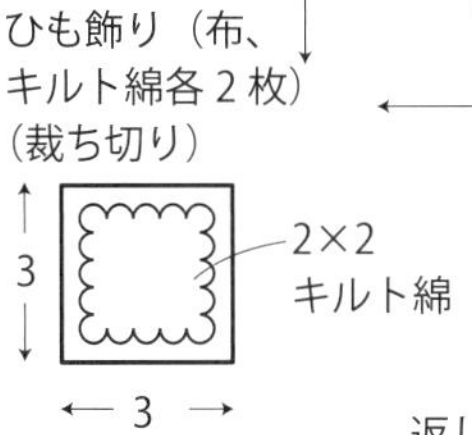

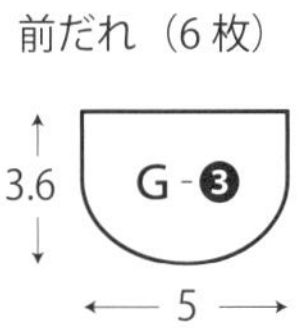

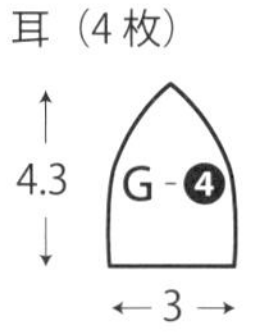

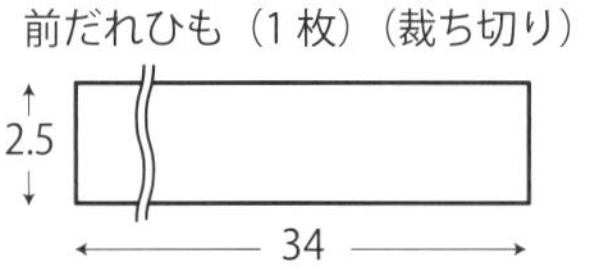

◉材料

胴（白）35×35㎝（腹、耳分含む）　前だれ（赤）35×20㎝（ひも、ひも飾り、くら裏布分含む）　くら表布（柄）15×10㎝　直径0.3㎝ビーズ（黒）、直径0.2㎝ビーズ（金）、直径0.5㎝座金（金）、直径1㎝鈴（金）各2個　直径2㎝菊結び2個　手縫い用絹糸（白）1巻　直径0.2㎝打ちひも（赤）、ニット用接着芯、キルト綿、手芸綿各適宜

◉作り方

①腹を中表に合わせて縫う。
②胴を中表に背側○〜●を縫う。
③胴と腹を中表に合わせて足を縫い、表に返して綿を入れる。
④耳を作り、つける。
⑤目をつける。
⑥たてがみと尾を作り、つける。
⑦打ちひもを顔に掛ける。
⑧飾り結びと座金を⑦のつぎ目に貼る。
⑨くら、前だれを作ってつける。

腹、胴の作り方

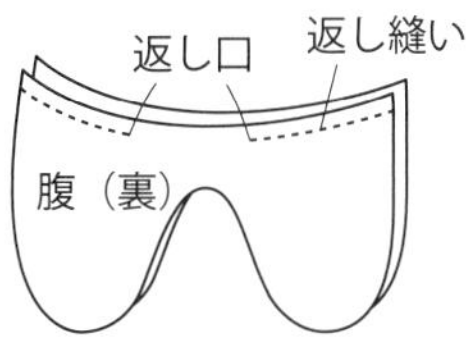

①腹を中表に縫い
外表にたたみ直す

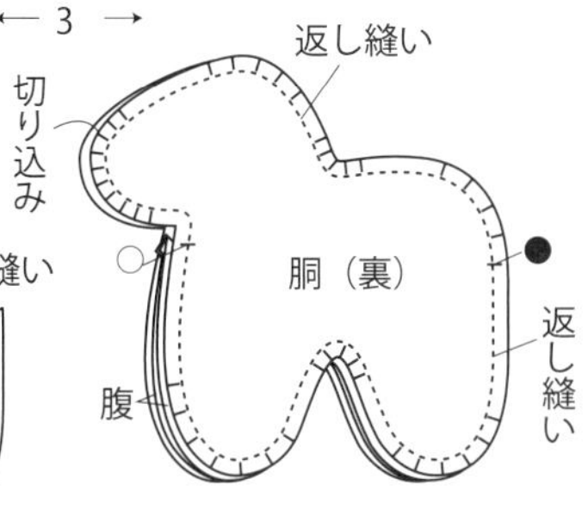

②p.121「腹、胴の作り方」
②〜④を参照して
○〜●まで背側を縫う
胴と腹を縫い、綿を入れる

耳の作り方

①耳2枚を
中表に縫い
表に返す

②返し口を巻いて
縫いとめる
左右対称に2個作る

尾、たてがみの作り方

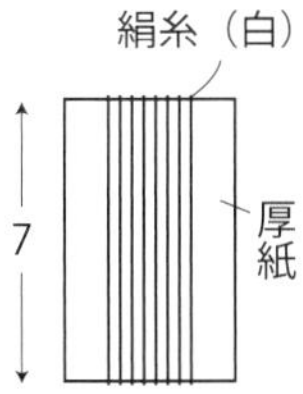

①厚紙に絹糸を
30回巻く

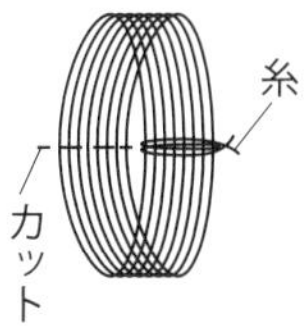

②厚紙を外して
糸で縛り
輪をカット

③ひとまとめにして
中心をひと結びする

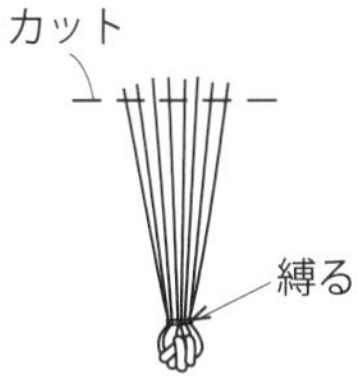

④二つ折りして根元を糸で縛り
長さを切りそろえる
同様に6個作る

前だれの作り方

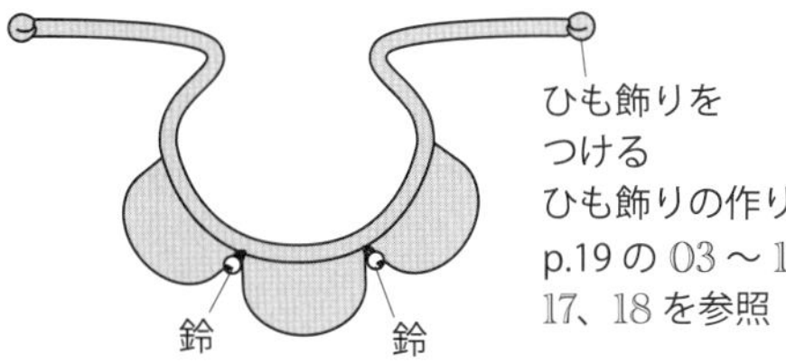

p.124「前だれの作り方」を参照して
前だれ3枚作り、ひもではさんでまつる
前だれの間に鈴、ひも先にひも飾りをつける

まとめ方

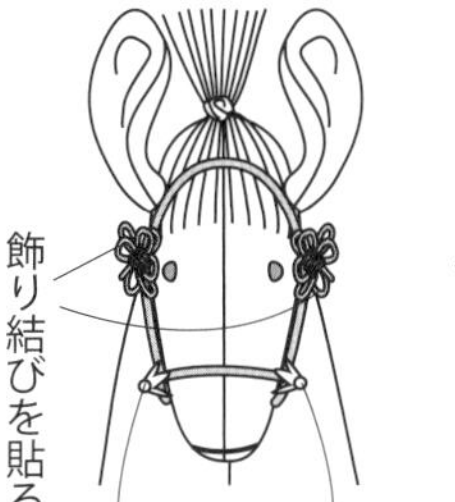

座金とビーズ（金）を
重ねて縫いつける

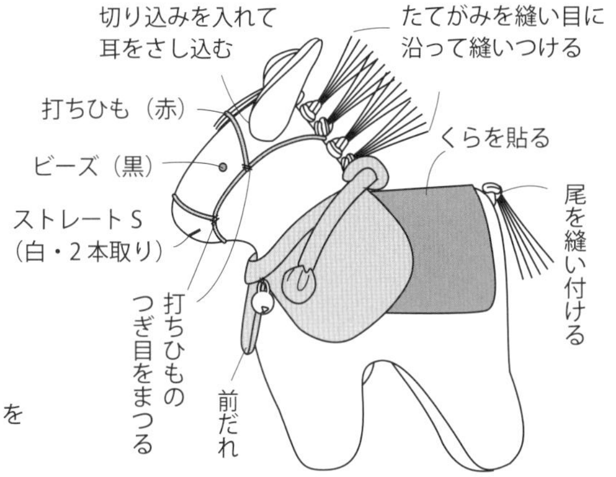

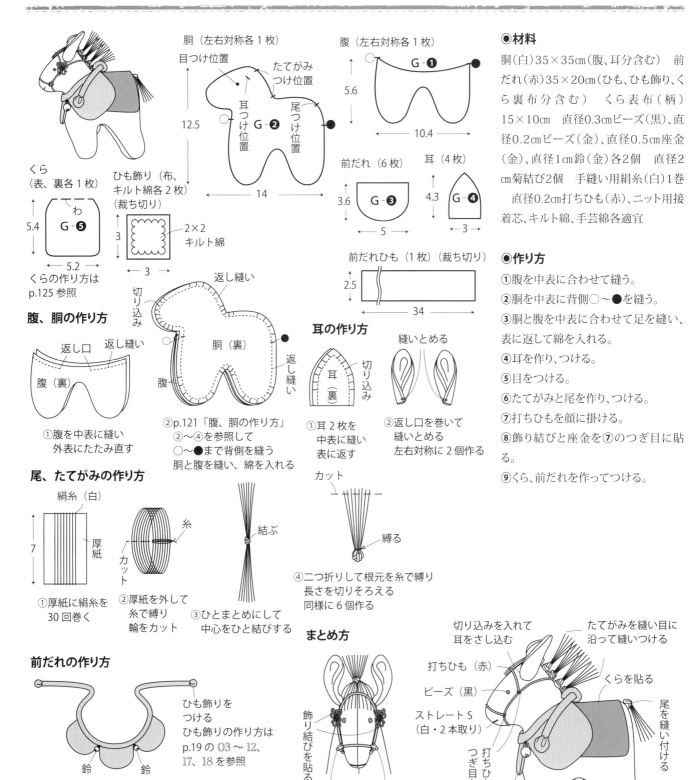

P.30、31　十二支・子、卯

実物大型紙はとじ込み付録 表A-❶❷、B-❶❷

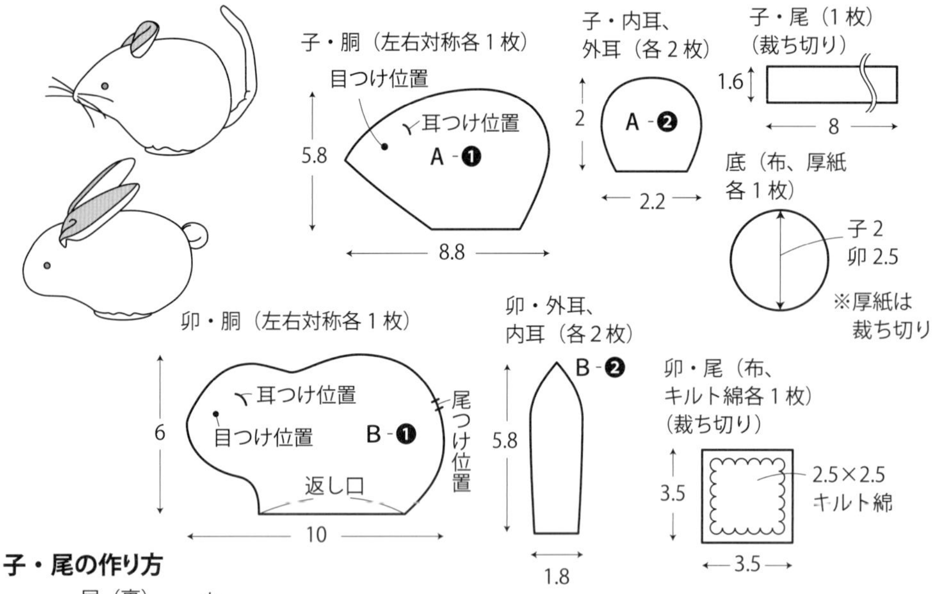

子・尾の作り方

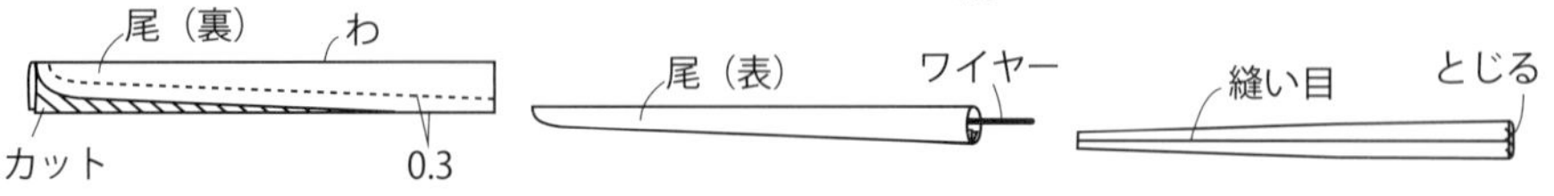

①中表に二つ折りして先を細く縫う
縫い代の余分はカットする

②表に返して
ワイヤーを入れる

③縫い目を中心にたたみ直し
返し口をとじる

胴の作り方（共通）

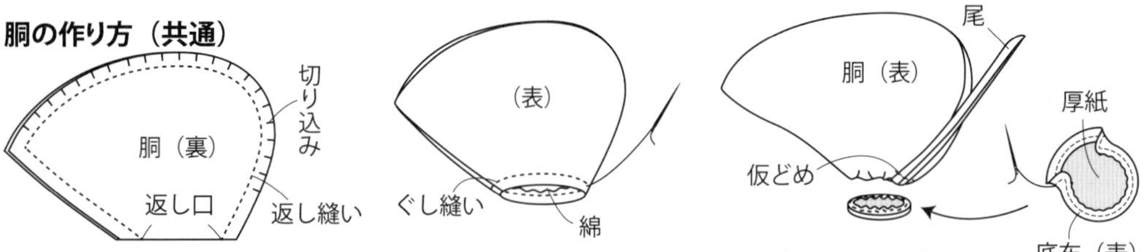

①胴を中表に縫い
表に返す

②返し口をぐし縫いし
綿を入れて引き絞る

③子は尾をはさんで
底を縫いつける
卯は底のみ縫いつける

耳の作り方（共通）

①内耳と外耳を
中表に縫う

②表に返す

③返し口をしばる

子・まとめ方

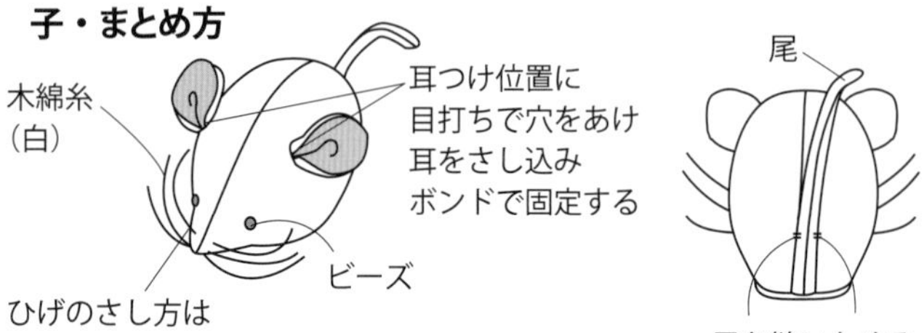

ひげのさし方は
p.70「顔の作り方」参照

尾を縫いとめる

卯・まとめ方

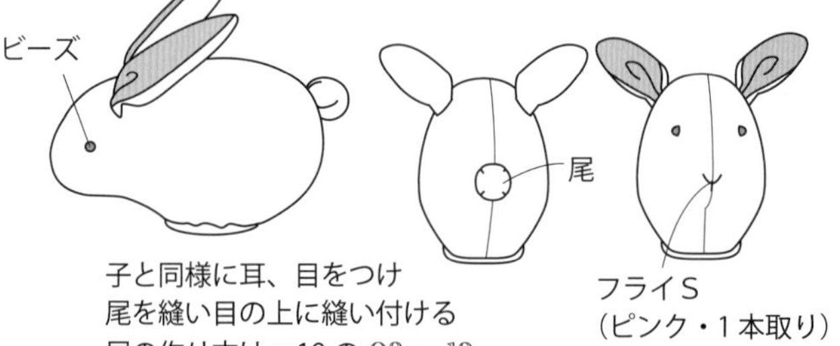

子と同様に耳、目をつけ
尾を縫い目の上に縫い付ける
尾の作り方はp.19の03～12、
17、18を参照

フライS
（ピンク・１本取り）

◉材料

子　胴(白)25×15㎝(外耳、尾、底分含む)　内耳(ピンク)10×5㎝　直径0.3㎝ビーズ(赤)２個　ニット用接着芯、手芸綿、木綿糸(白)、＃24ワイヤー、厚紙各適宜

卯　胴(白)25×20㎝(外耳、尾、底分含む)　内耳(赤)15×10㎝　直径0.3㎝ビーズ(赤)２個　ニット用接着芯、手芸綿、キルト綿、穴糸(ピンク)、厚紙各適宜

◉作り方(共通)

①胴を作り、子は尾を作る。
②耳を作る。
③子は尾を胴に仮どめする。
④底を作り、つける。
⑤胴に目と耳をつける。
⑥子はひげをつけ、卯は尾を作ってつける。

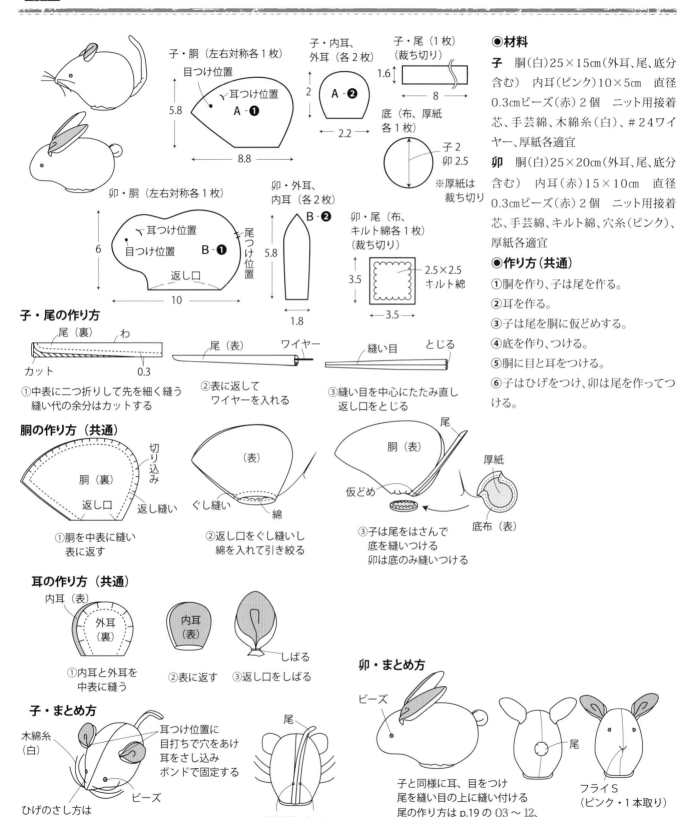

P.30 十二支・酉

実物大型紙はとじ込み付録 表 J-❶〜❼

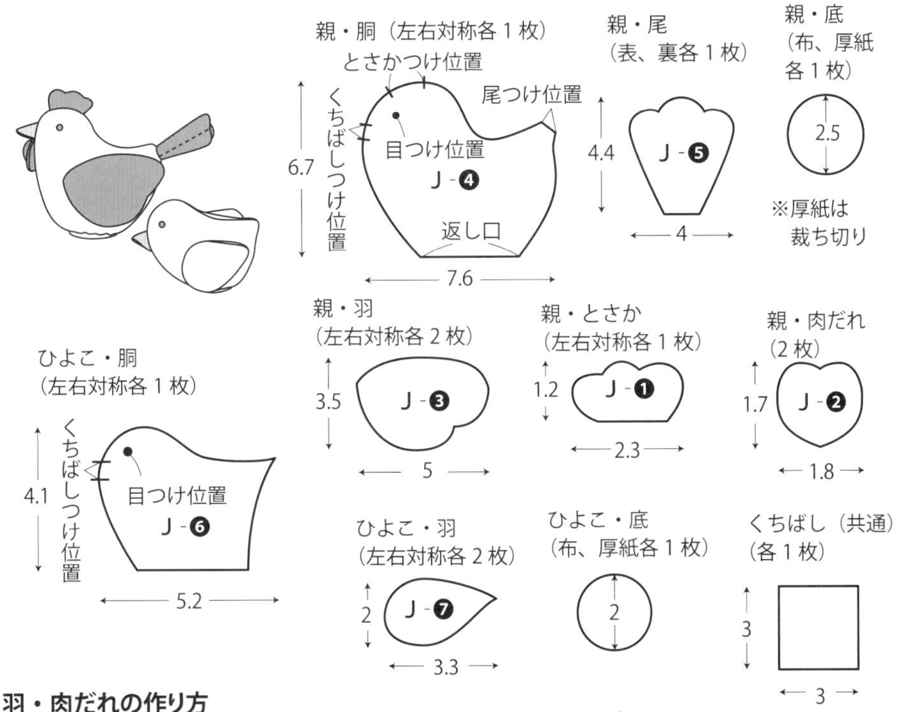

●材料

共通 直径0.3cmビーズ(黒)各2個 ニット用接着芯、手芸綿、厚紙各適宜

親 胴(白)20×15cm(底分含む) 羽(柄)25×15cm(尾分含む) とさか(赤)10×10cm(肉だれ分含む) くちばし(黄)5×5cm

ひよこ 胴(黄)20×15cm(底、羽分含む) くちばし(ピンク)5×5cm

●作り方

①とさか、肉だれ、羽、尾を作る。
②くちばし、とさか、尾をはさんで胴を中表に縫う。
③表に返して綿を入れ、返し口をとじる。
④底を縫いつける。
⑤胴にビーズで目をつけ、羽と肉だれをつける。

羽・肉だれの作り方
①羽を中表に合わせて縫い表に返す
②返し口をとじる 同様に肉だれを作る

とさかの作り方

①とさかを中表に合わせて縫う
②表に返し綿を薄く入れる

尾の作り方

①尾を中表に合わせて縫う
②表に返して刺しゅうする
③二つ折りして縫いとめる

くちばしの作り方

①くちばし布を外表に二つ折りする
②突き合わせに三角に折る
③二つ折りする

まとめ方
①胴にくちばし、とさか、尾をはさんで中表に縫う ひよこはくちばしをはさんで縫う

肉だれは胴の縫い目に重ねて縫いつける

②表に返して綿を入れ底を作ってつける 羽、目、肉だれをつける

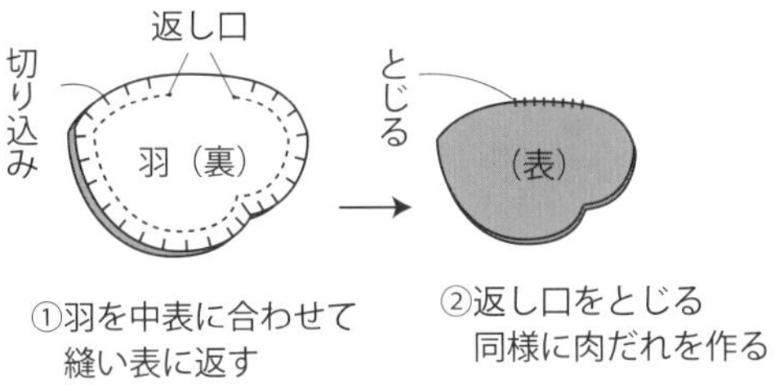

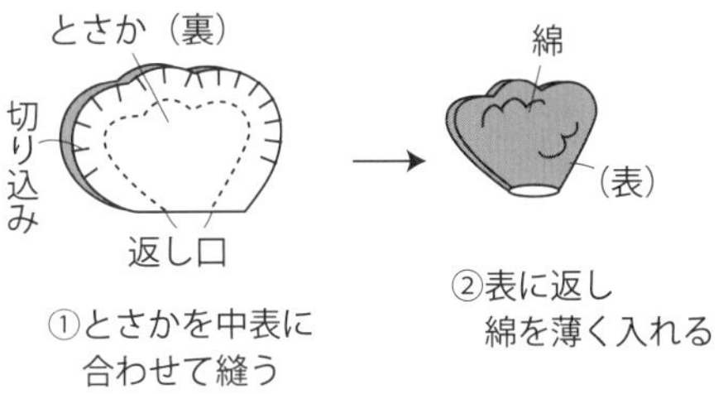

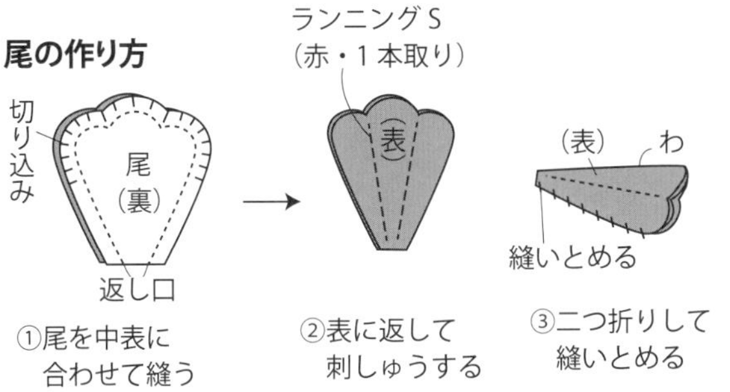

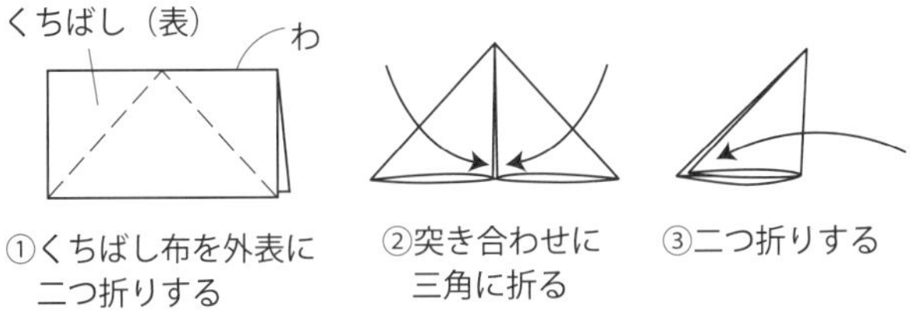

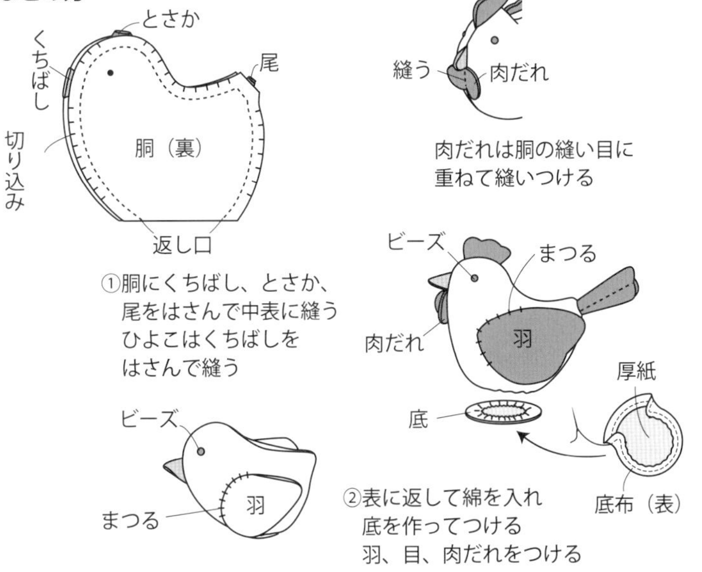

十二支・寅

実物大型紙はとじ込み付録 表D-❶〜❺

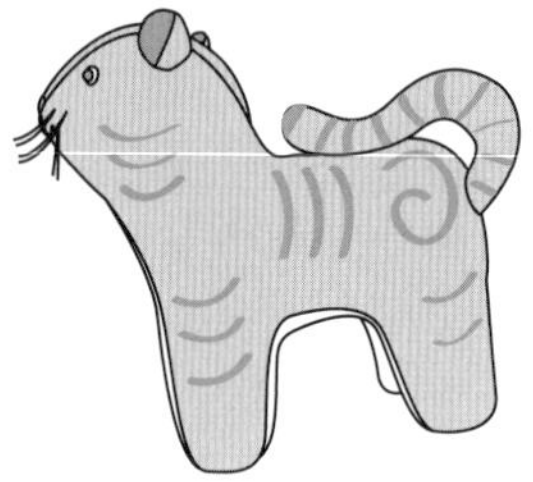

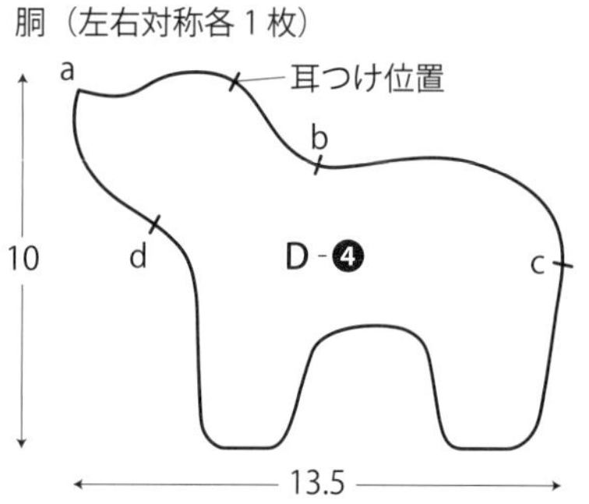

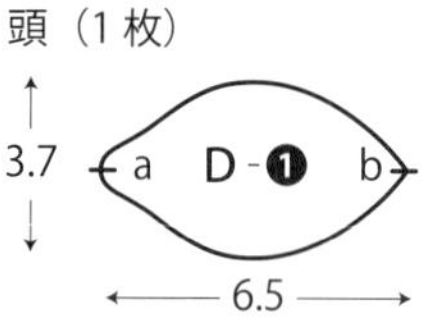

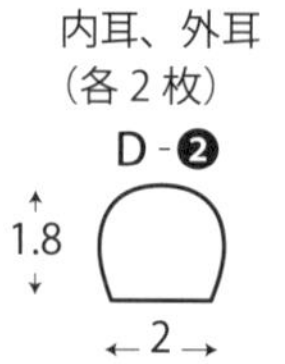

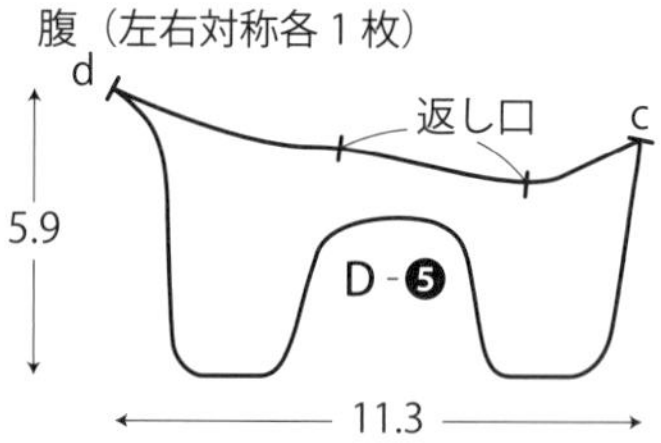

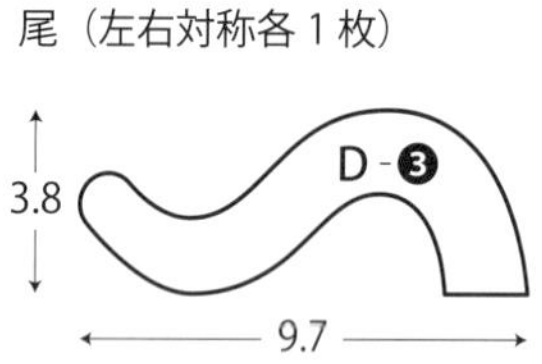

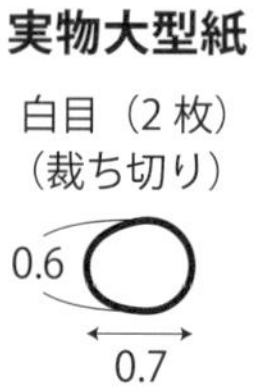

◉材料

胴（黄）30×25㎝（頭、外耳、尾分含む）　腹用（白）20×20㎝（白目分含む）　内耳（赤）10×5㎝　直径0.4㎝ビーズ（黒）2個　ニット用接着芯、木綿糸（黒）、穴糸（こげ茶）、手芸綿、アクリル絵の具（黒）各適宜

◉作り方

①腹を返し口を残して中表に縫う。
②胴と頭を中表に合わせてa〜bまで縫う。
③②の胴をb〜c、a〜dを縫う。
④胴と腹を中表に合わせて足を縫い、表に返して綿を詰める。
⑤耳と尾を作って縫いつける。
⑥白目を貼り、ビーズ（黒）を縫いつける。
⑦鼻と口を刺しゅうする。
⑧ひげをさして根元をボンドでとめる。
⑨アクリル絵の具で縞模様を描く。

腹、胴の作り方

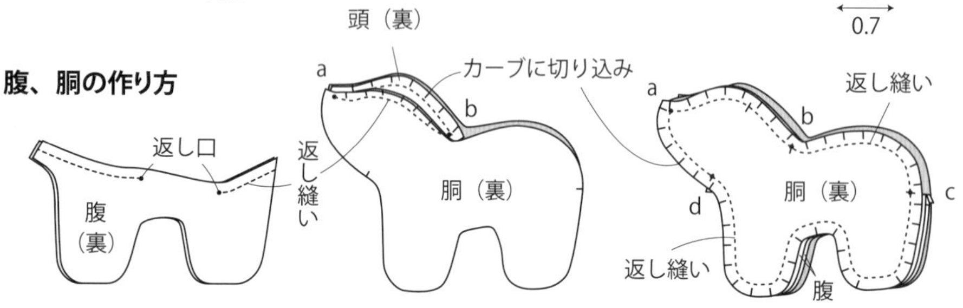

①腹2枚を中表に合わせて返し口を残して縫う

②胴2枚と頭を中表に合わせてa〜bまで縫う

③②の胴をb〜c、a〜dまで縫う
p.121「腹、胴の作り方」③④を参照して胴と腹を縫い、綿を入れる

耳の作り方

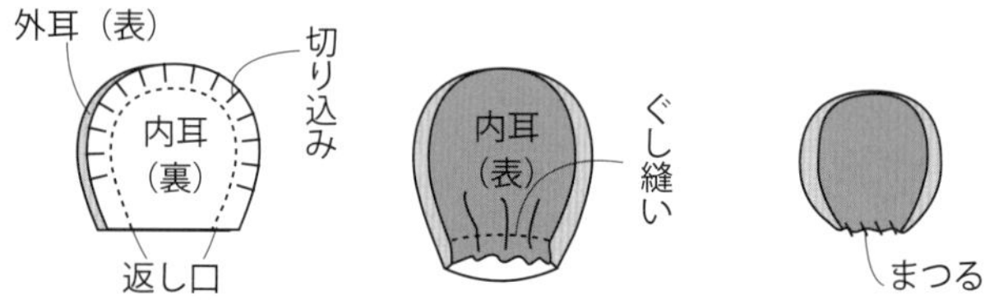

①内耳と外耳を中表に縫う

②表に返し内耳のみぐし縫いして軽く絞る

③縫い代を内側に折ってまつる

尾の作り方

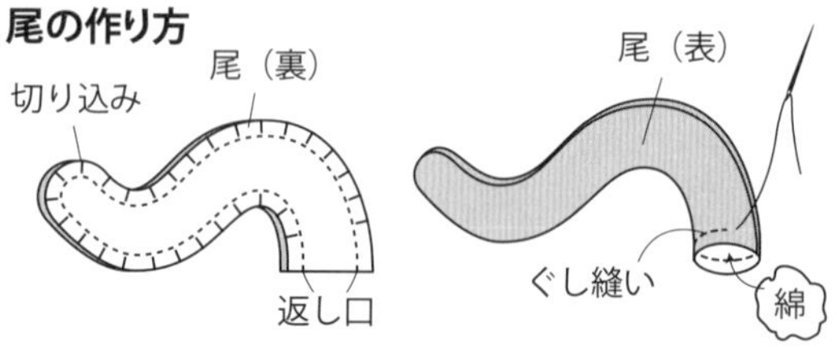

尾2枚を中表に合わせて返し口を残して縫う

表に返して綿を入れ返し口を縫い絞る

まとめ方

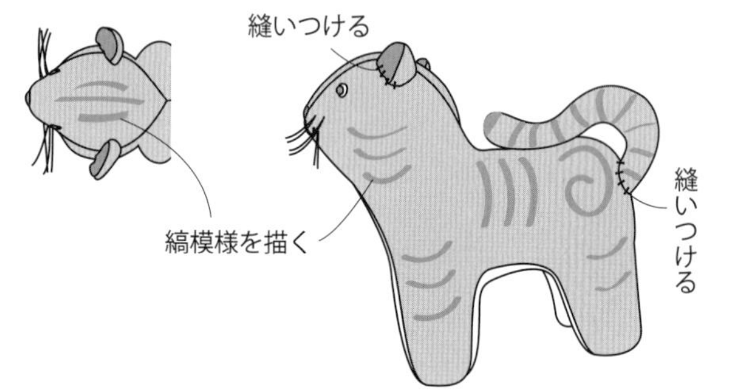

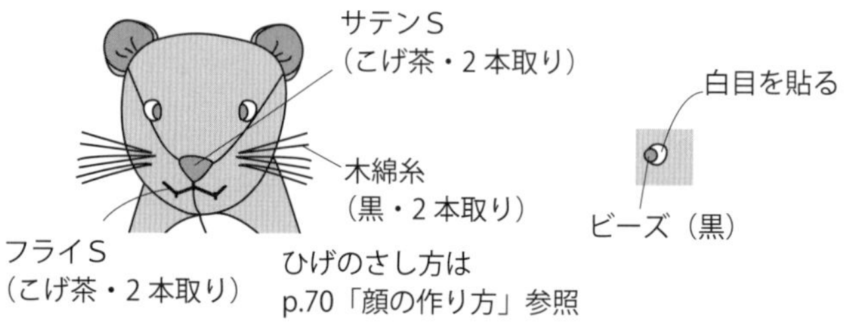

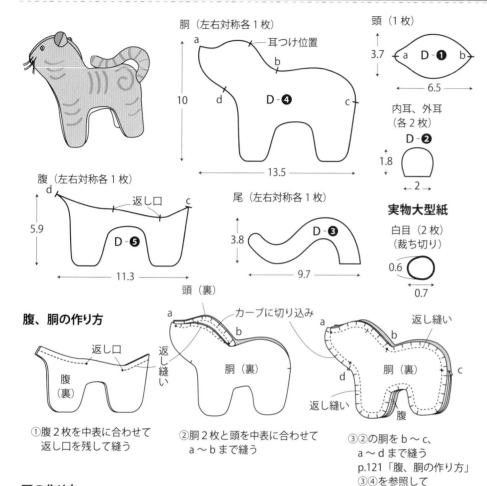

P.31 十二支・亥

実物大型紙はとじ込み付録 表L-❶～❺

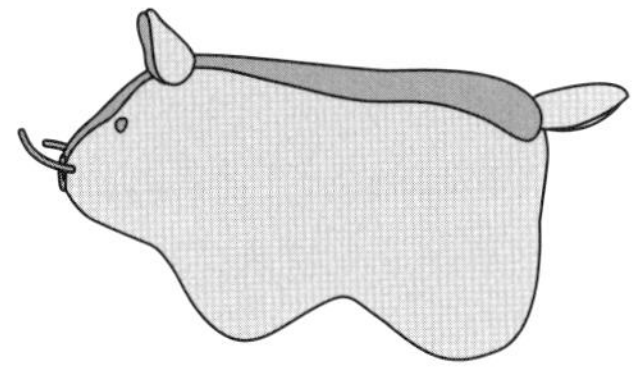

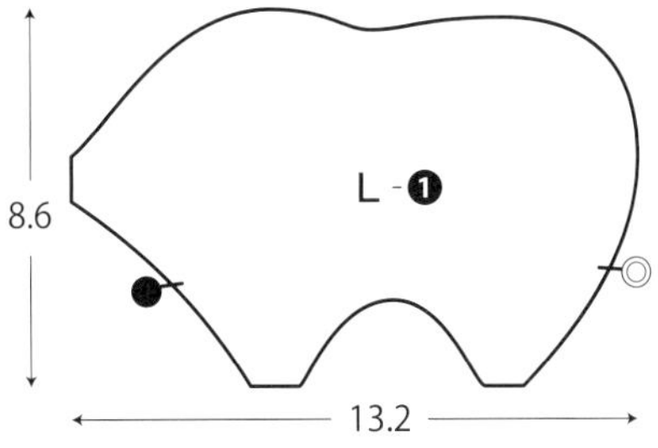

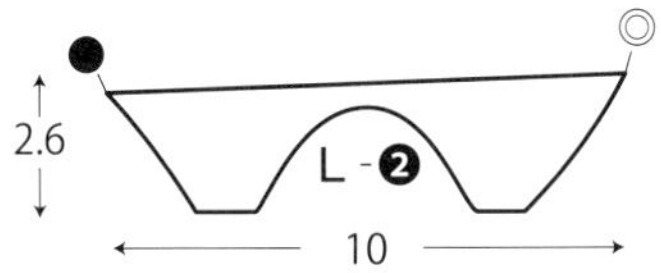

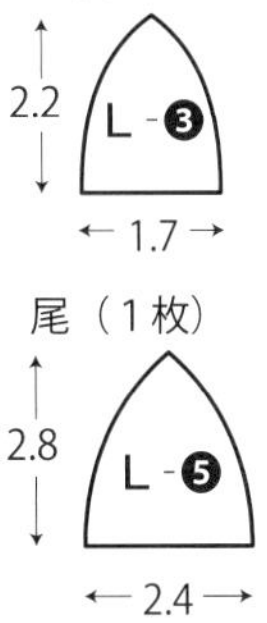

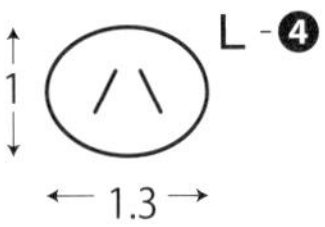

◉材料

キバ用はぎれ（こげ茶）　胴（薄茶）25×25㎝（外耳、尾分含む）　背（柄）20×15㎝（内耳、鼻分含む）　直径0.3㎝ビーズ（黒）２個　ニット用接着芯、手芸綿、厚紙、＃20ワイヤー、穴糸（黒）適宜

◉作り方

①腹を中表に縫う。
②胴を中表に合わせて背を縫う。
③胴と腹を中表に合わせて足を縫い、表に返して綿を詰める。
④耳、尾を作り、胴につける。
⑤背布を作り、胴の背にまつる。
⑥鼻を作って貼る。
⑦目にビーズをつける。
⑧キバを作ってさし込む。

◉作り方ポイント

・背布は胴の仕上がりサイズに合わせて作る。

腹、胴の作り方

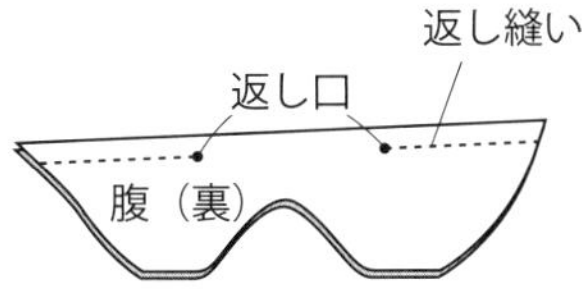

①腹２枚を中表に合わせて
返し口を残して縫う

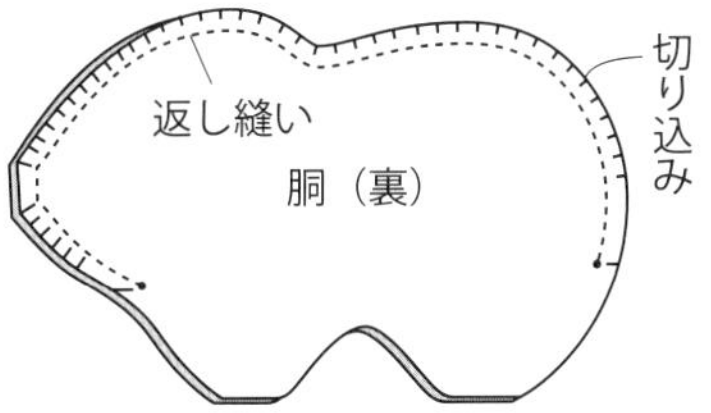

②胴２枚と頭を中表に合わせて
●～◎まで背側を縫う

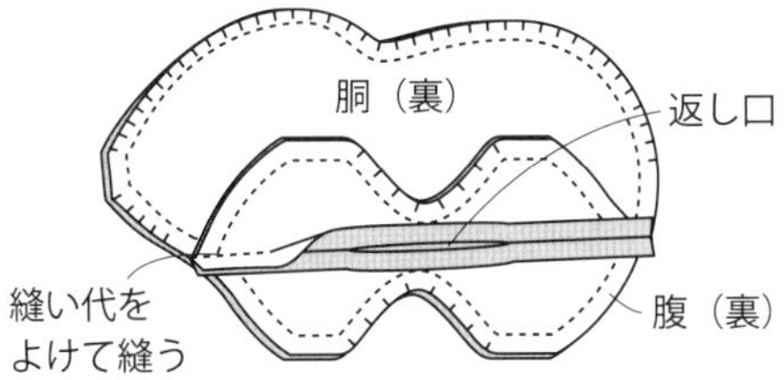

③胴と腹を中表に合わせ
足を縫う

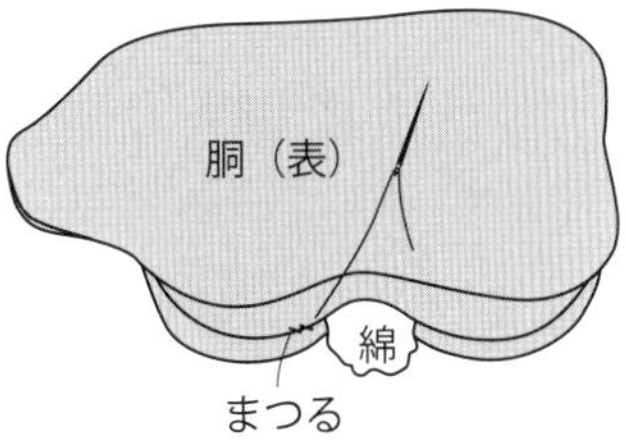

④表に返して綿を入れ
返し口をとじる

尾の作り方

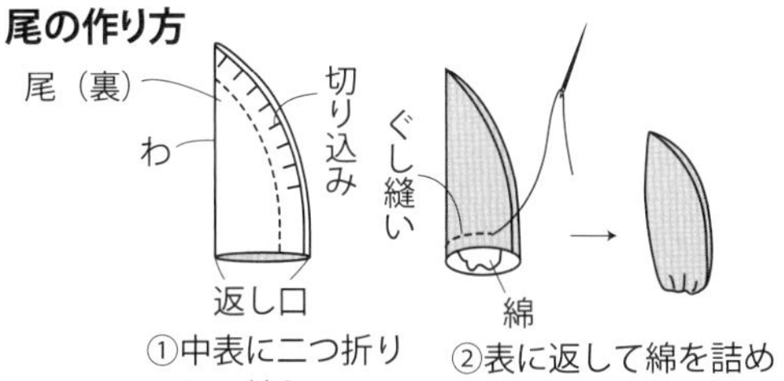

①中表に二つ折り
して縫う
②表に返して綿を詰め
縫い絞る

耳の作り方

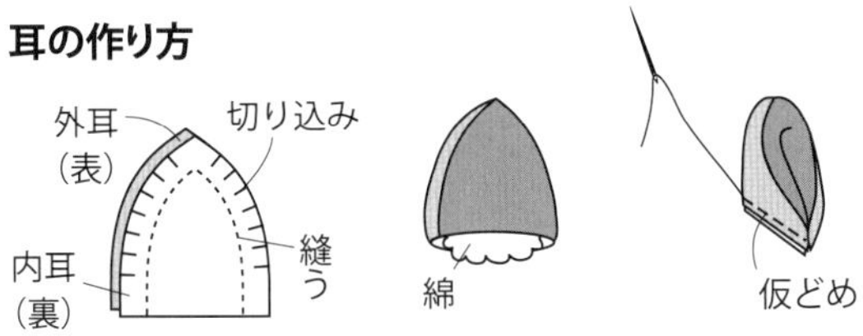

①内耳と外耳を
中表に縫う
②表に返して
軽く綿を入れる
③縦に二つ折りして
返し口を仮どめする

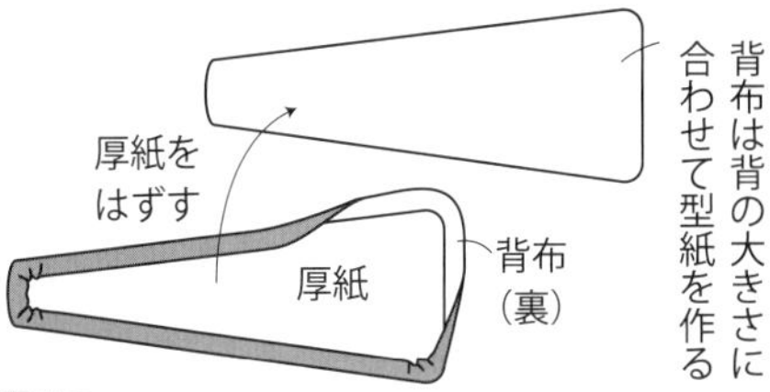

内側に厚紙を当てて
縫い代をアイロンで
整えて厚紙をはずす

キバの作り方

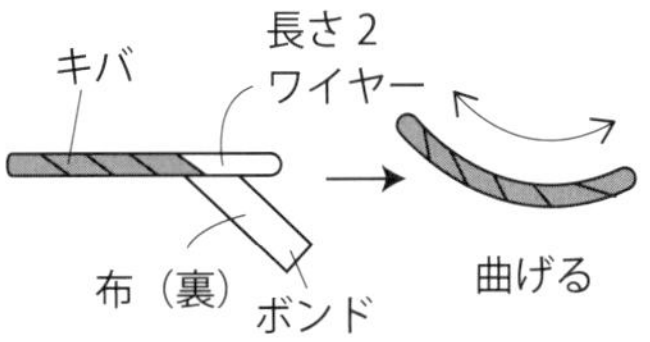

カットしたワイヤーに
テープ状にカットした布を巻いて貼る

まとめ方

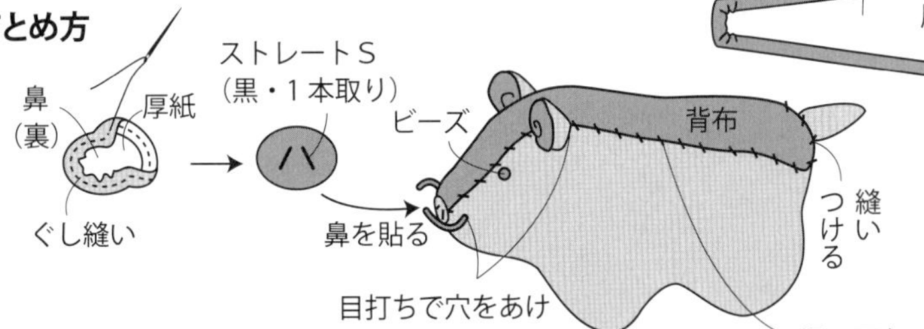

目打ちで穴をあけ
耳、キバをさし込み
ボンドで固定する

胴に耳をつけてから
背布をまつる

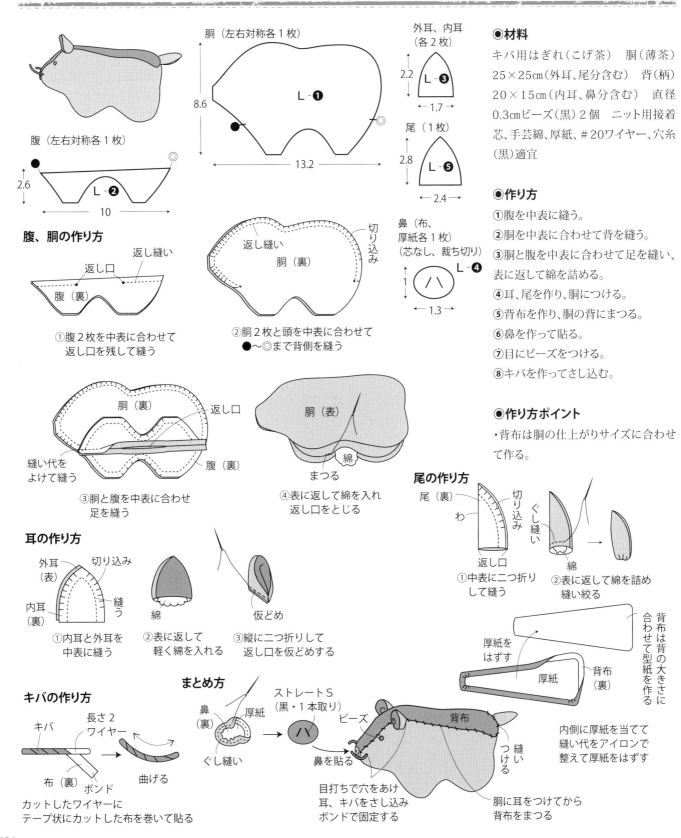

十二支・辰

実物大型紙はとじ込み付録 表E-❶〜❼

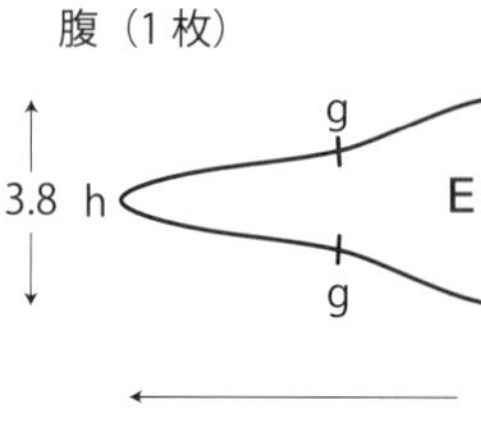

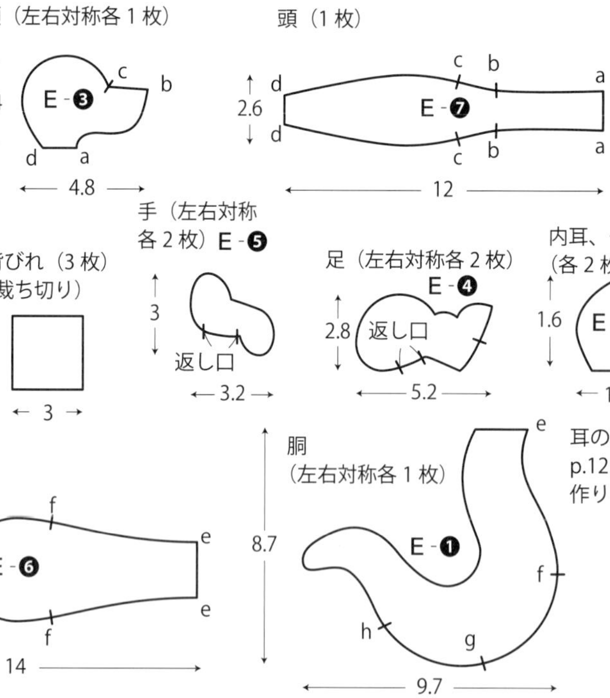

耳の作り方はp.121「耳の作り方」参照

◉材料

胴30×35cm（顔、頭、外耳、手、足分含む）　腹20×15cm（背びれ、内耳分含む）直径0.3cmビーズ（黒）2個　ニット用接着芯、直径0.2cm打ちひも（金）、直径0.3cm打ちひも（薄茶）、穴糸（白、黒）、＃28ワイヤー、手芸綿各適宜

◉作り方

①背びれ、手、足、耳を作る。
②背びれをはさんで胴と腹を中表に縫い、表に返して綿を入れる。
③顔と頭を中表に合わせてa〜dまで縫い、表に返して綿を入れる。
④頭に耳をつける。
⑥白目、鼻を刺しゅうし、ビーズで目をつける。
⑦ひげとツノを作り、頭につける。
⑧打ちひもをほぐしてたてがみを作る。
⑨胴に頭、手、足を縫いつける。

背びれの作り方

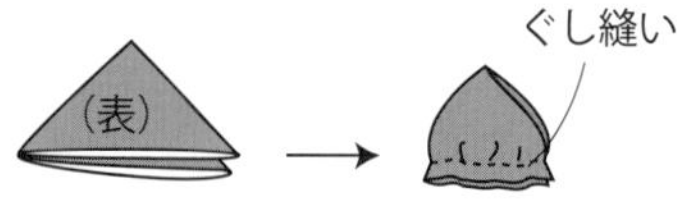

外表に三角に2回折る → 裁ち目側をぐし縫いして絞る

手、足の作り方

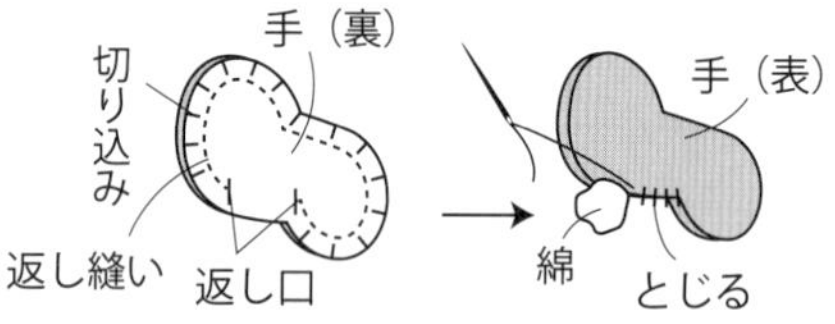

手を中表に縫い表に返す

綿を入れて返し口をとじる同様に足も作る

胴の作り方

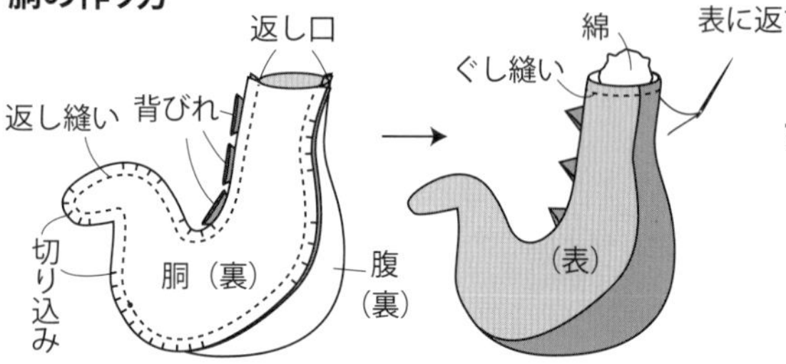

胴と腹を中表に合わせてe〜hを縫い背びれをはさんで背を縫う

表に返して返し口をぐし縫いし綿を入れて引き絞る

頭の作り方

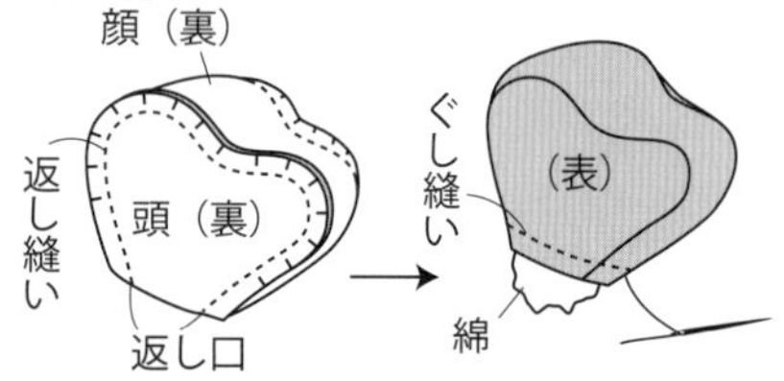

顔と頭のa〜dを中表に合わせて縫い表に返す

返し口をぐし縫いし綿を入れて引き絞る

まとめ方

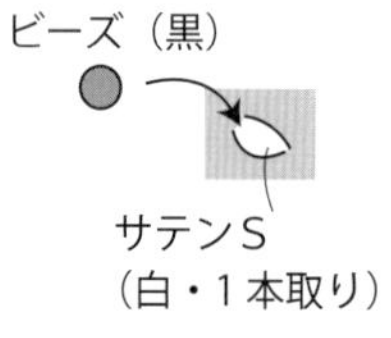

白目を刺しゅうしてビーズで黒目をつける

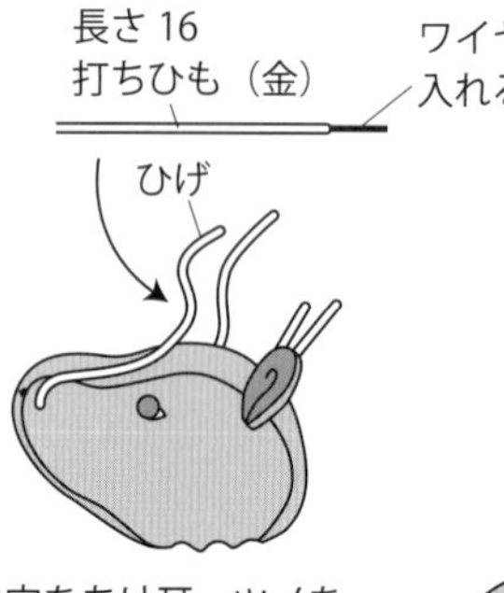

頭に穴をあけ耳、ツノをさし込んでボンドで固定するひげは鼻先にさし通して形を作る

胴に頭と手、足を縫いつける

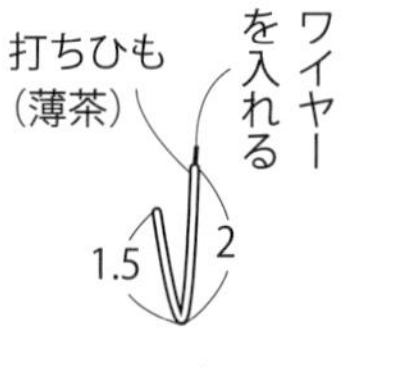

ツノは打ちひもにワイヤーを入れて折る

ストレートS（黒・2本取り）

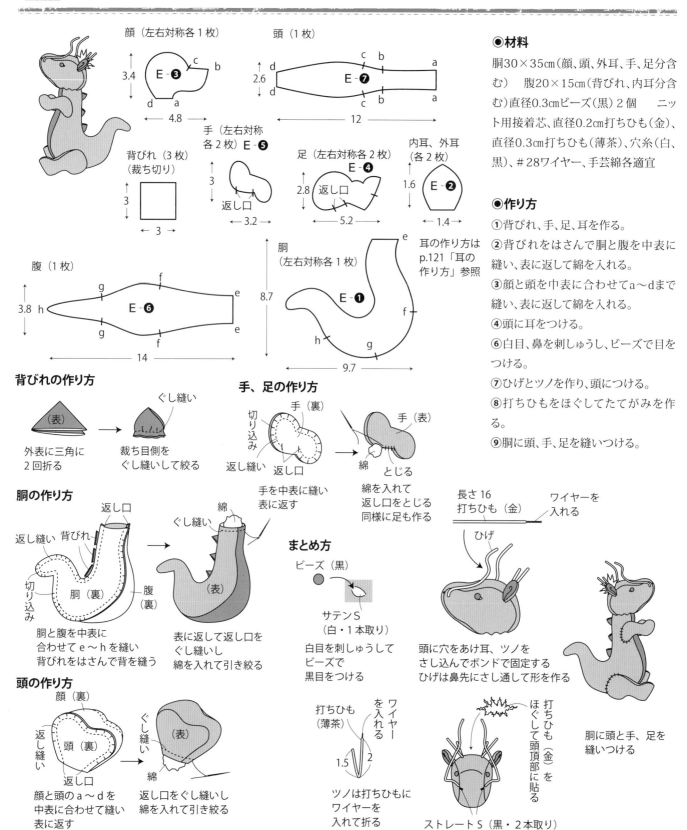

十二支・巳

実物大型紙はとじ込み付録 表F-❶～❸

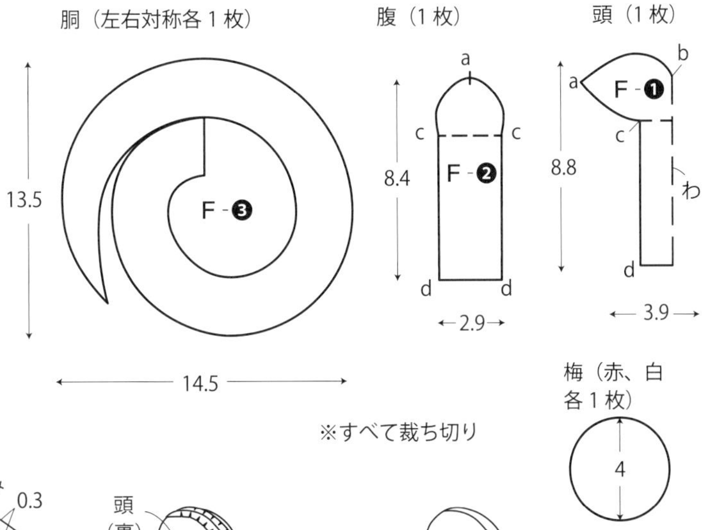

◉材料

胴（白）30×40㎝（頭、腹分含む）　梅（赤、白）各5×5㎝　直径0.3㎝ビーズ（赤）２個　直径0.2㎝ビーズ（金）2個　ニット用接着芯、直径0.1㎝打ちひも（金）、直径0.2㎝打ちひも（赤）、金糸、穴糸（赤）、手芸綿各適宜

◉作り方

①頭を縫う。
②頭と腹を中表に合わせて縫い、綿を入れて返し口をとじる。
③胴を作る。
④頭と胴を縫いつける。
⑤口を刺しゅうして目をつける。
⑥打ちひもを結んで、胴に縫いつける。
⑦梅の花を2個作り、胴につける。

頭、腹の作り方

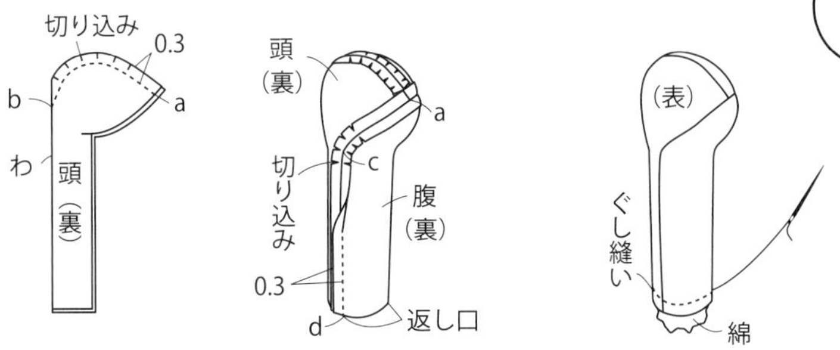

①頭を中表に合わせて a～b を縫う

②頭と腹を中表に合わせ a～c～d を縫う

③表に返して返し口をぐし縫いし綿と縫い代を入れて引き絞る

胴の作り方

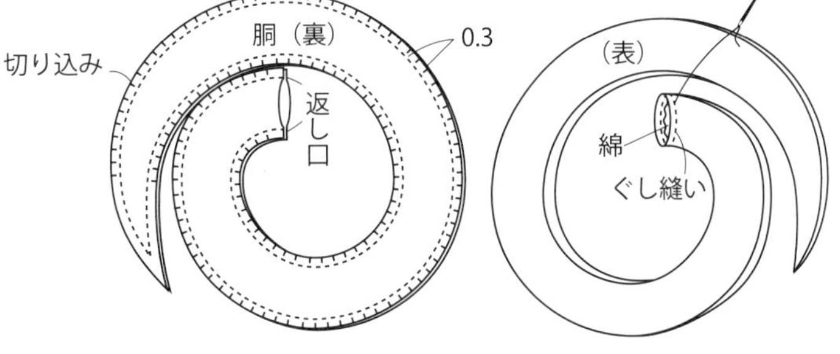

①胴を中表に合わせて縫い表に返す

②返し口をぐし縫いし綿を入れて糸を引き絞る

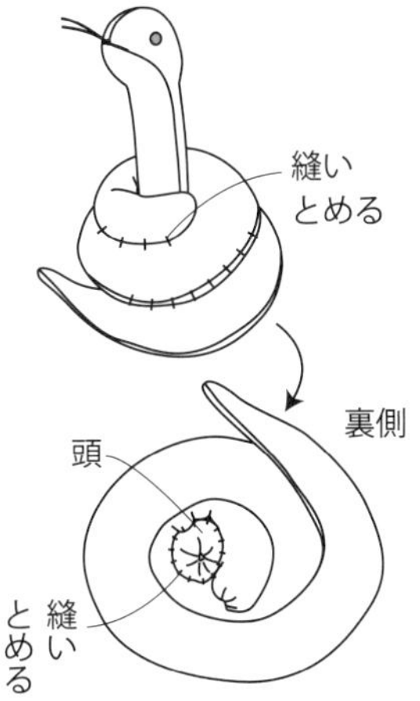

③胴をとぐろを巻いた形に整えて頭を縫いとめる

梅の作り方

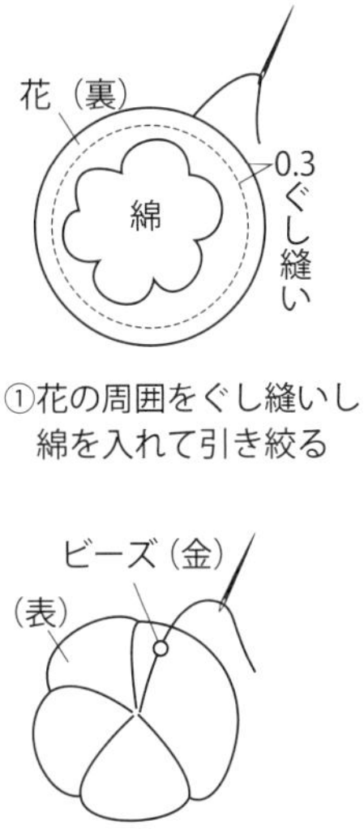

①花の周囲をぐし縫いし綿を入れて引き絞る

②中心から糸を出し 5等分に糸を渡す 中心にビーズをつける

まとめ方

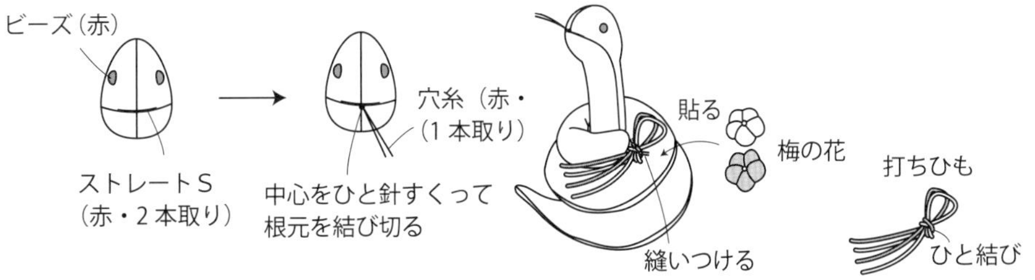

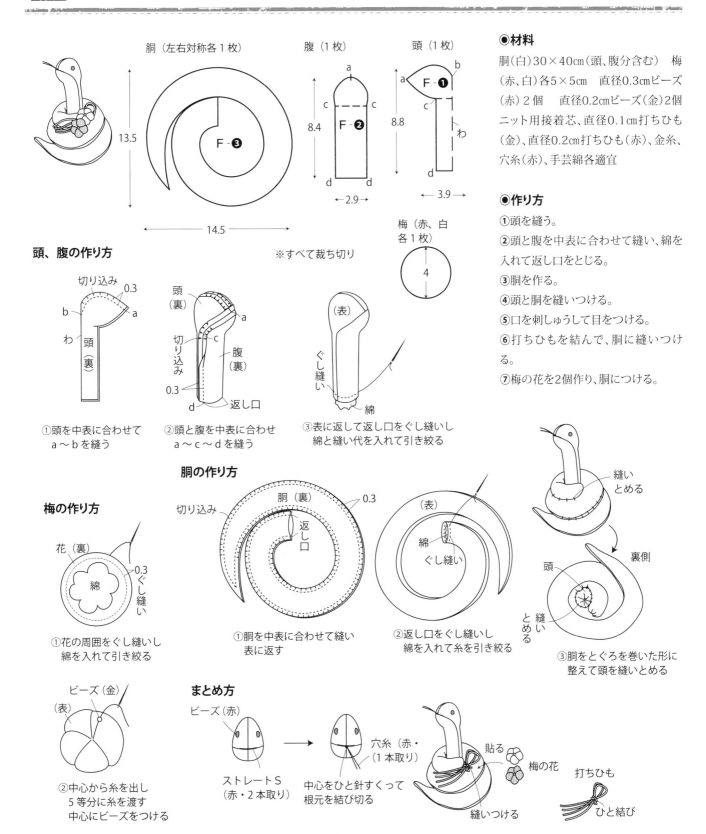

十二支・戌

実物大型紙はとじ込み付録 表K-❶～❾

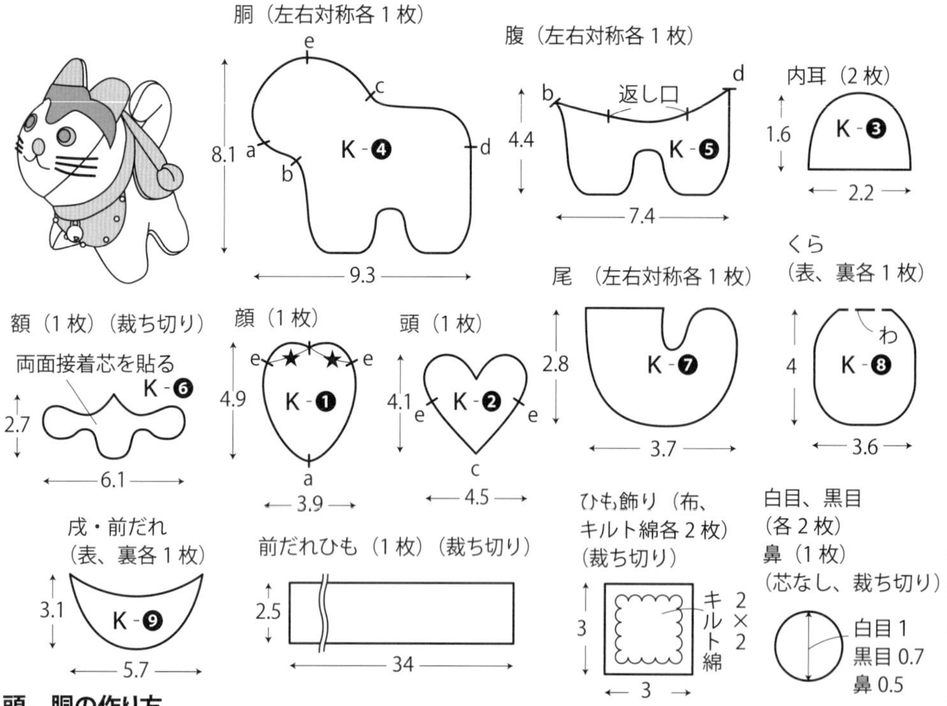

◉材料

ちりめんはぎれ(青)　胴(白)30×25cm(頭、顔、腹、尾分含む)　内耳(赤)15×15cm(前だれ裏布、くら裏布、ひも飾り分含む)　前だれ表布35×15cm(くら表布、前だれひも分含む)　額(黒)10×5cm(黒目分含む)　直径0.2cmビーズ(金)7個　直径0.8cm鈴1個　ニット用接着芯、金糸、穴糸(ピンク)、手芸綿、キルト綿、両面接着芯各適宜

◉作り方

①頭と内耳を中表に縫う。
②顔と内耳を中表に縫う。
③②と胴2枚をそれぞれ中表に合わせてa～e、e～cまで縫う。
④胴のa～b、c～dを縫う。
⑤腹を中表に縫う。
⑥④と⑤を中表に合わせてb～dを縫い、表に返す。
⑦⑥に綿を入れ、返し口をとじる。
⑧顔に額を両面接着芯で貼り、目、鼻、口、ひげをボンドでつける。
⑨尾を作って縫いつける。
⑩くら、前だれを作ってつける。

頭、胴の作り方

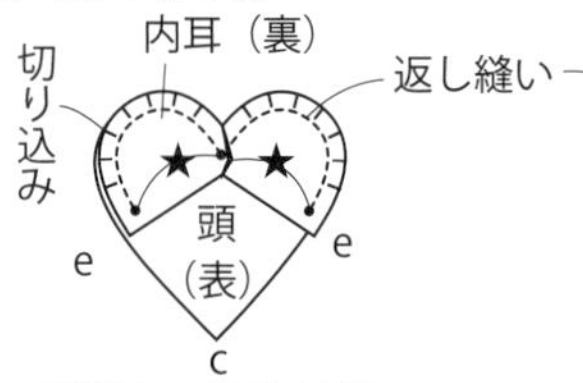

①頭と内耳を中表に合わせて縫う

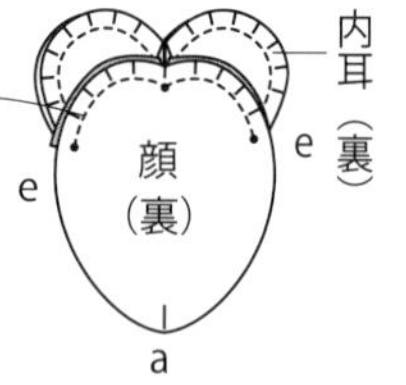

②顔と①の★印同士を中表に合わせて縫う

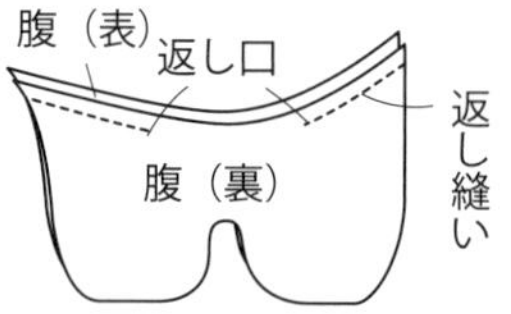

③腹を中表に縫う

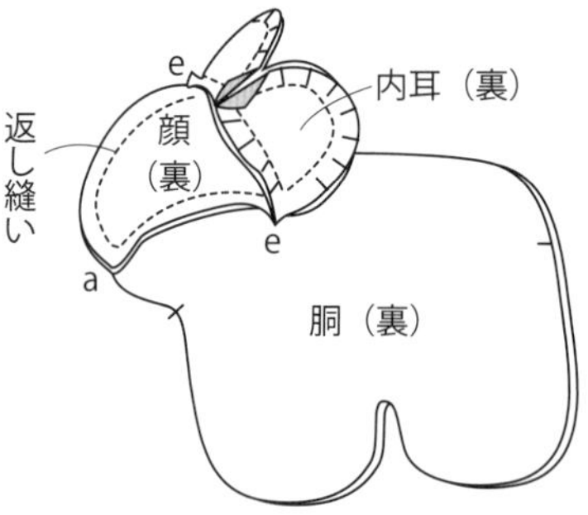

④胴2枚と顔を中表に合わせてa～eを縫う

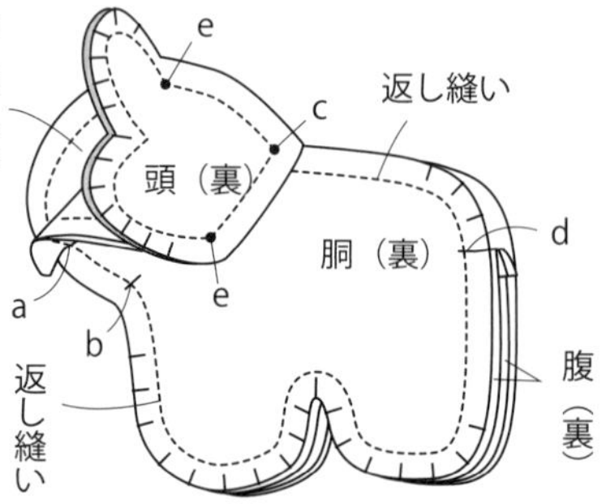

⑤胴と頭を合わせてe～cを縫う
胴のa～b、c～dを縫う
p.121「腹、胴の作り方」③④を参照して胴と腹を中表に合わせて足側のb～dを縫い、綿を入れる

前だれの作り方

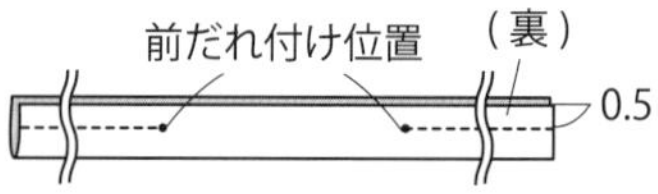

①ひもを中表に二つ折りして前だれつけ位置を残して縫い表に返す

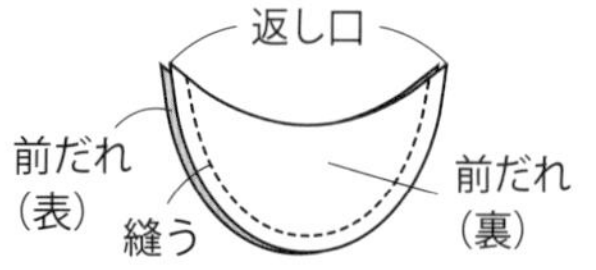

②前だれ2枚を返し口を残して中表に縫って表に返す

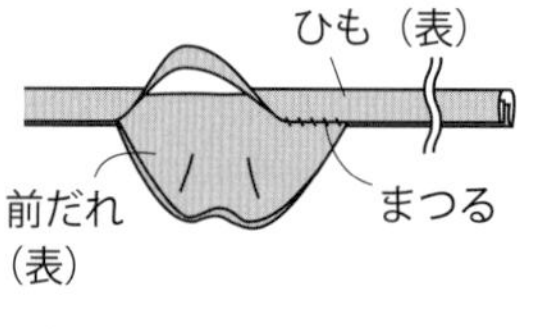

③ひもに前だれをはさんでまつる

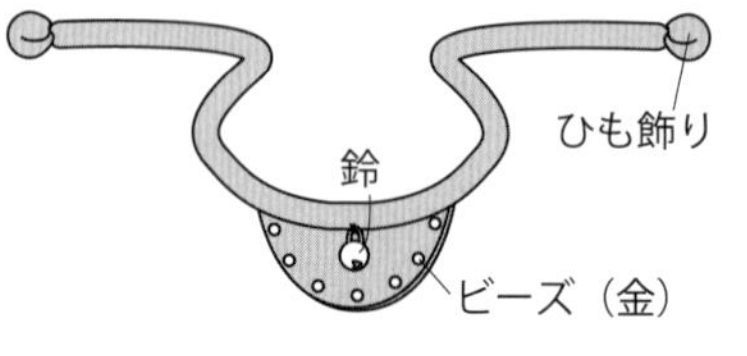

④p.19の03～12、17、18を参照してひも飾りをつける
前だれに鈴、ビーズをつける

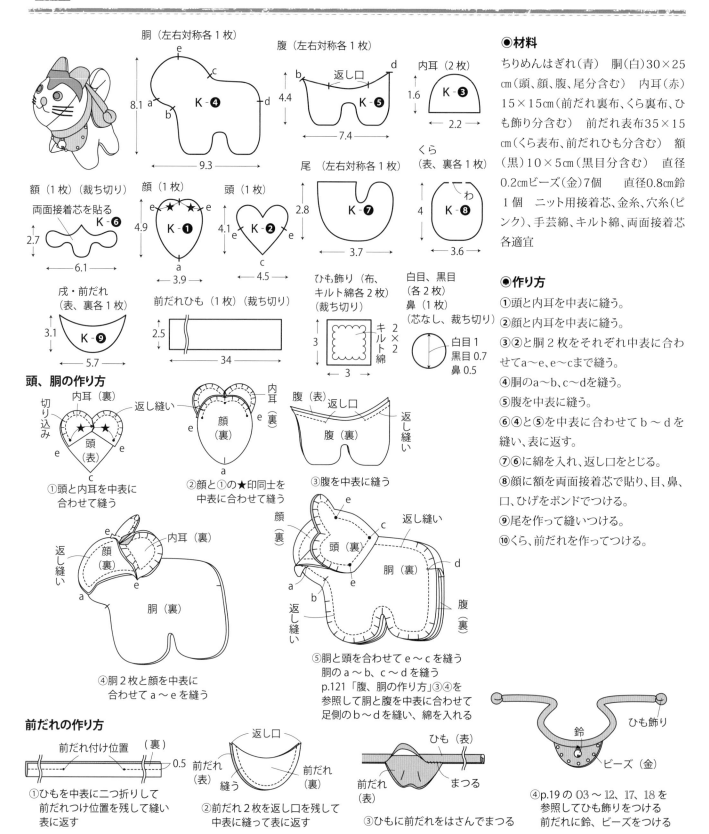

くらの作り方

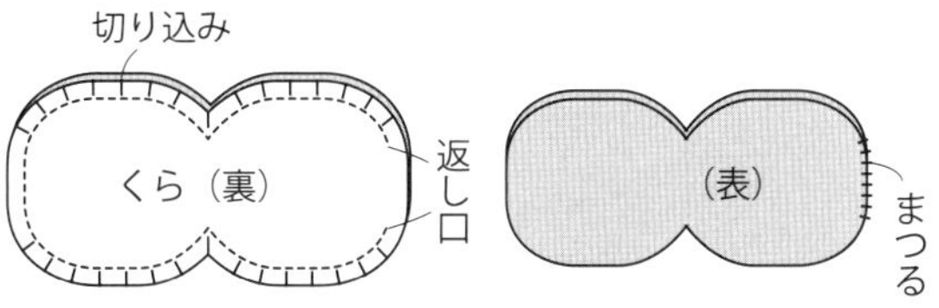

中表に縫う

表に返して
返し口をとじる

まとめ方

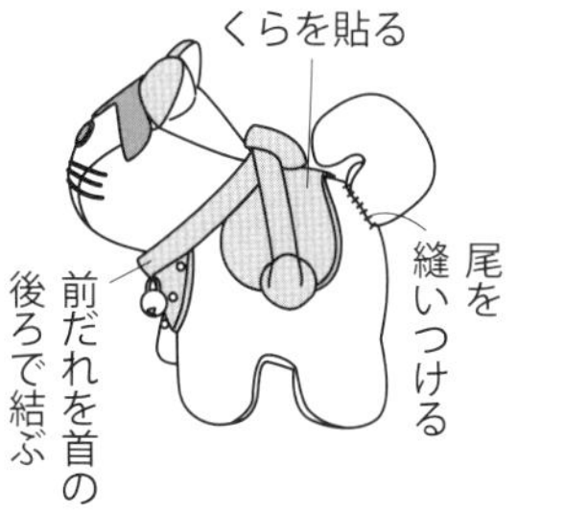

尾は p.120「尾の作り方」を参照

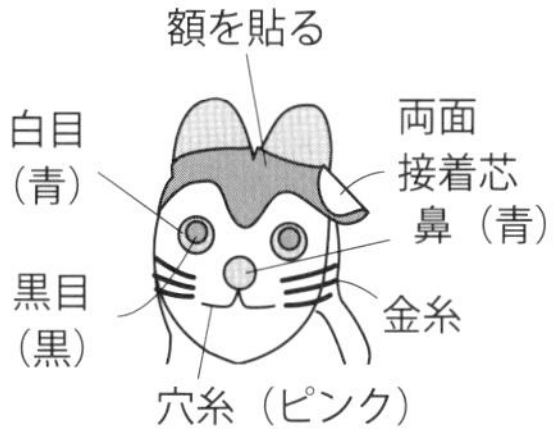

目、鼻は裁ち切り、
口、ひげは糸をカット
してボンドで貼る

P.31 十二支・未

実物大型紙はとじ込み付録 表H-❶〜❹

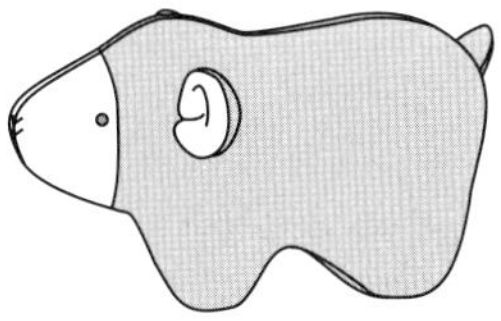

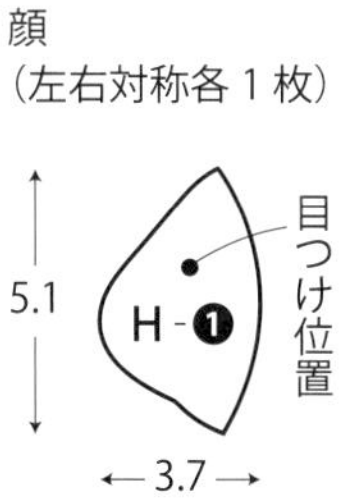

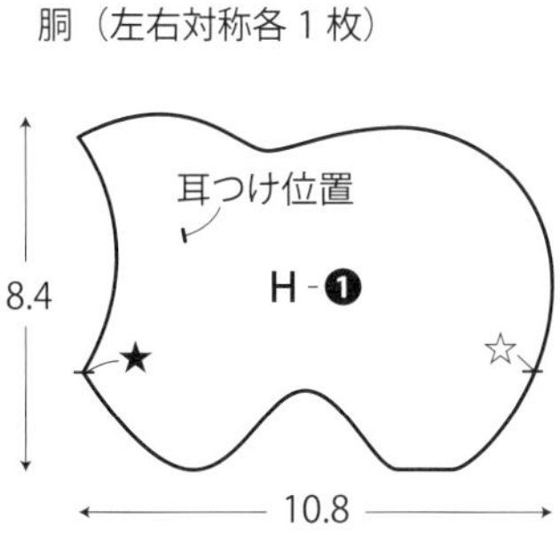

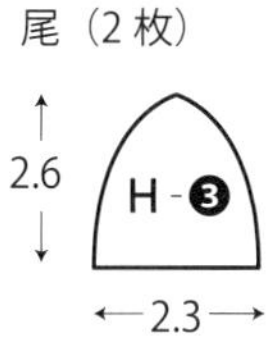

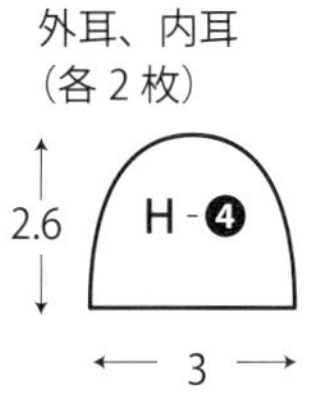

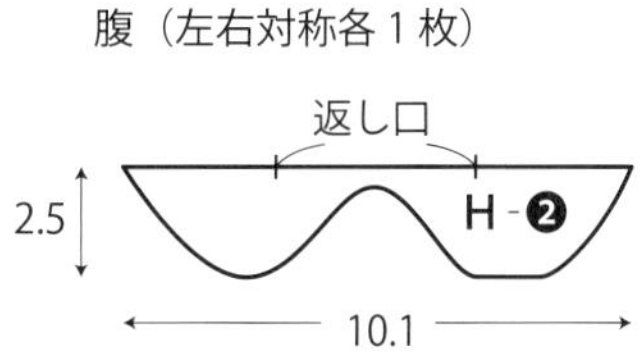

◉材料

胴30×25㎝（腹、外耳、尾分含む）
顔（薄オレンジ）15×15㎝（内耳分含む）直径0.3㎝ビーズ（黒）２個　ニット用接着芯、手芸綿、穴糸（薄茶、黄土色）各適宜

◉作り方

①耳と尾を作る。
②顔と胴を縫い合わせる。
③腹を縫う。
④胴と腹を中表に合わせて尾をはさんで縫い、表に返して綿を入れる。
⑤耳と尾を作り、胴につける。
⑥目にビーズをつけ、口と鼻を刺しゅうする。

尾の作り方

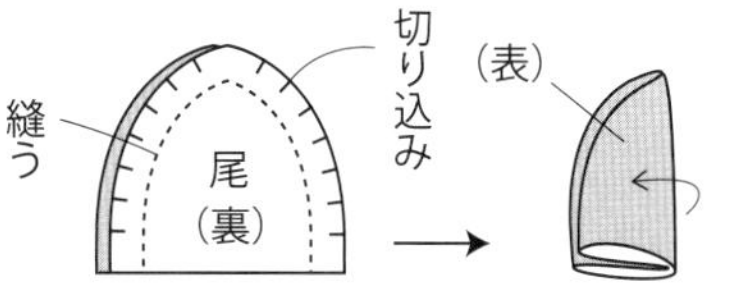

中表に縫い
表に返す

縦に
二つ折りする

耳の作り方

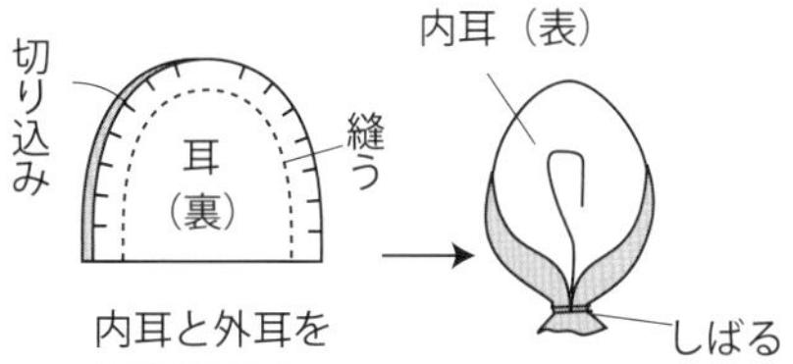

内耳と外耳を
中表に縫い
表に返す

返し口をしばる

胴の作り方

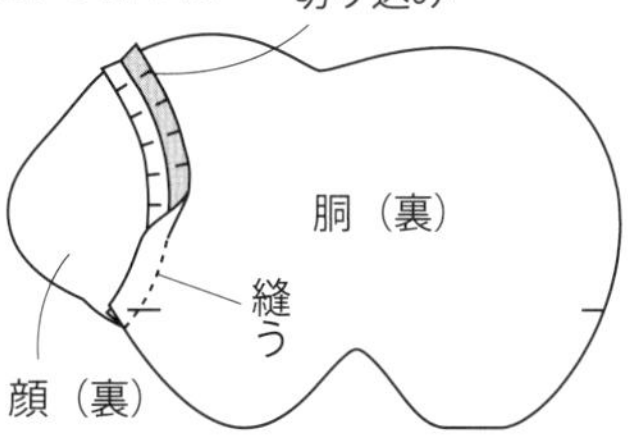

①顔と胴を中表に縫い
ひらく
左右対称にもう１枚作る

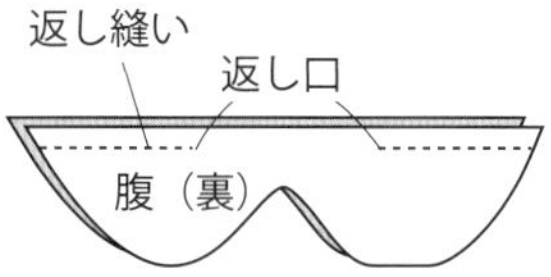

②腹２枚を中表に縫う

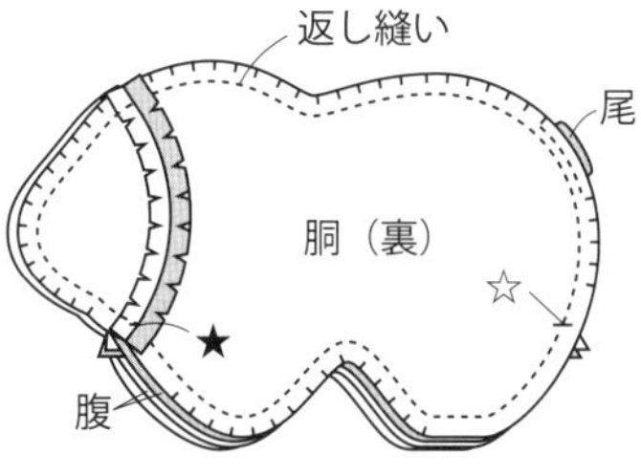

③胴を中表に合わせて尾をはさみ
p.121「腹、胴の作り方」
②〜④を参照して
胴★〜☆まで背側を縫う
胴と腹を縫い、綿を入れる

まとめ方

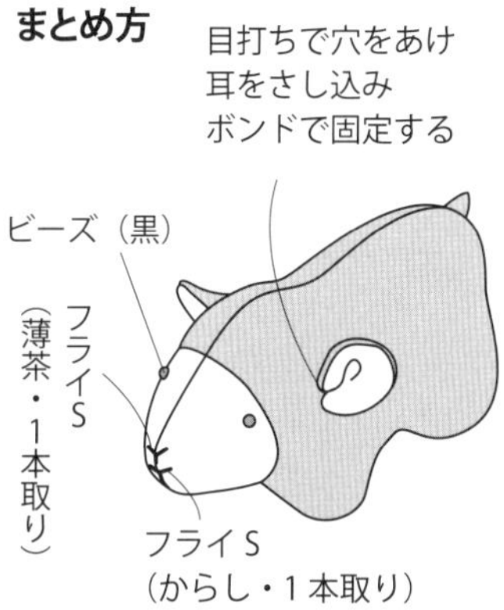

十二支・丑

実物大型紙はとじ込み付録 表C-❶～❼

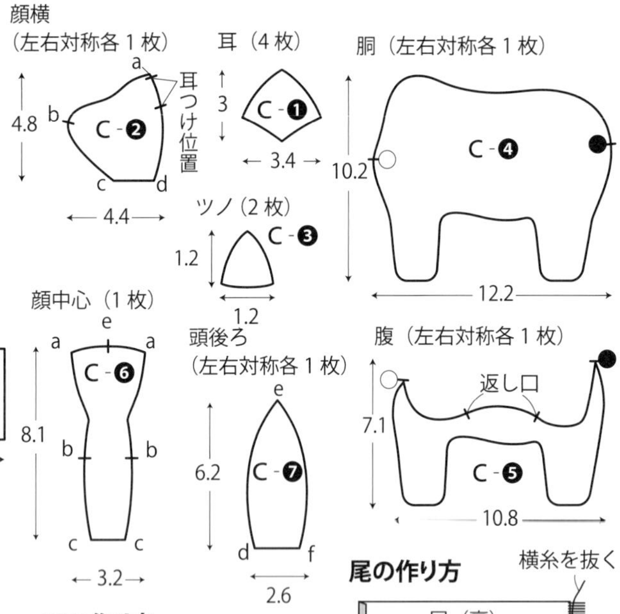

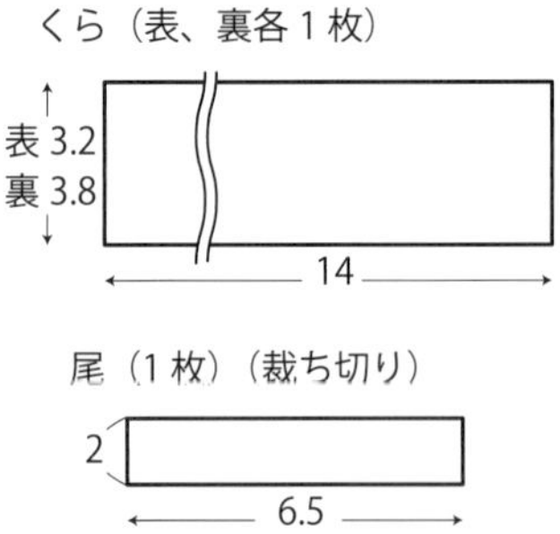

尾の作り方

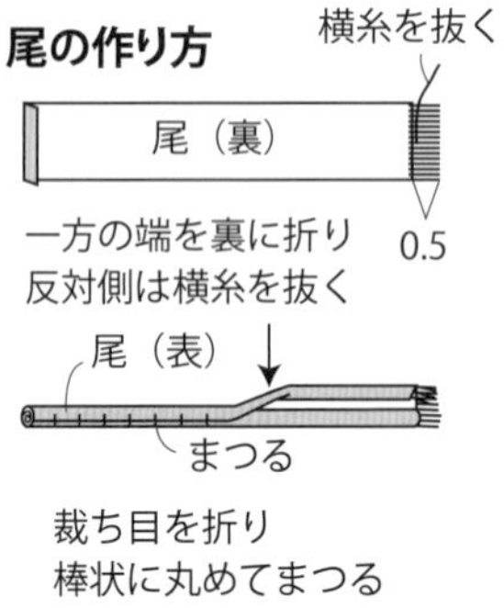

ツノの作り方

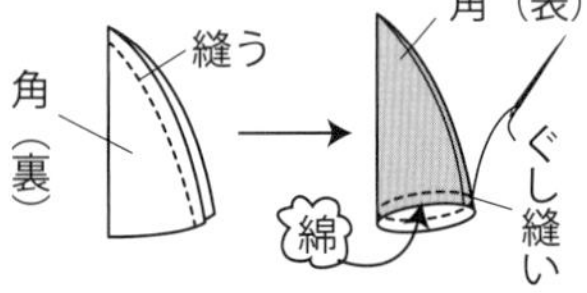

中表に二つ折りして縫い
表に返して返し口をぐし縫いし
綿を入れて引き絞る

耳の作り方

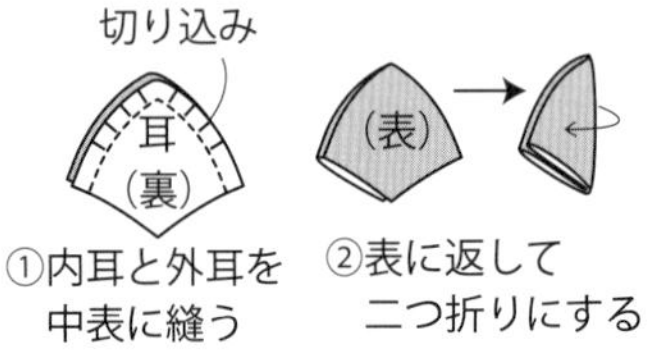

頭の作り方

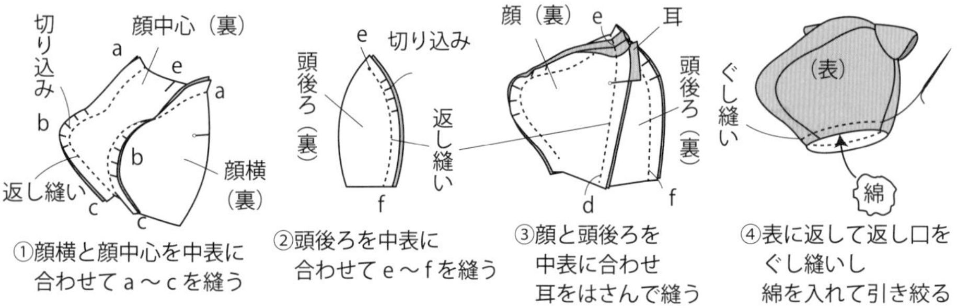

胴の作り方

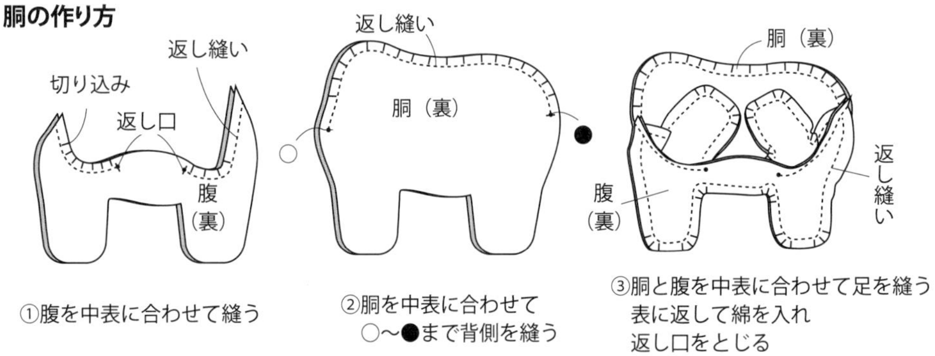

◉材料

胴35×40㎝（顔横、顔中心、頭後ろ、腹、外耳、尾分含む）　内耳（柄）20×15㎝（くら裏布分含む）　ツノ（グレー）5×5㎝　くら表布20×10㎝　直径0.3㎝ビーズ（黒）2個　直径0.6㎝鈴2個　外径0.8㎝丸かん1個　直径0.4㎝打ちひも（黄緑）2m　ニット用接着芯、穴糸（黒、白）、手芸綿、稲穂各適宜

◉作り方

①耳、ツノ、尾の各パーツを作る。
②顔横と顔中心を縫う。
③頭後ろを縫う。
④耳をはさんで②と③を縫う。
⑤④に綿を入れ、返し口をとじる。
⑥顔に表情を作る。
⑦腹を縫う。
⑧胴の背側を縫う。
⑨胴と腹を縫い、綿を入れる。
⑩⑨に⑥をつける。
⑪くらを作って背につける。
⑫打ちひもを背中に掛けて結ぶ。
⑬鈴をつけて稲穂を飾る。

くらの作り方

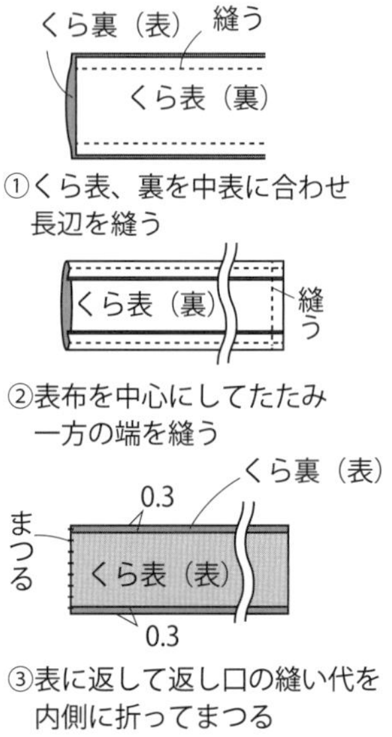

①くら表、裏を中表に合わせ
長辺を縫う

②表布を中心にしてたたみ
一方の端を縫う

③表に返して返し口の縫い代を
内側に折ってまつる

まとめ方

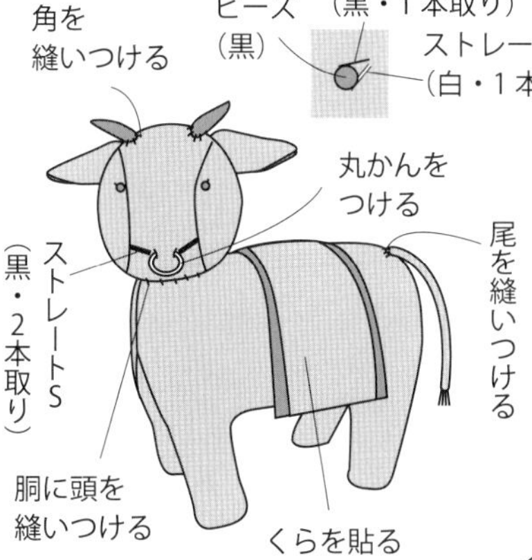

ひもの掛け方

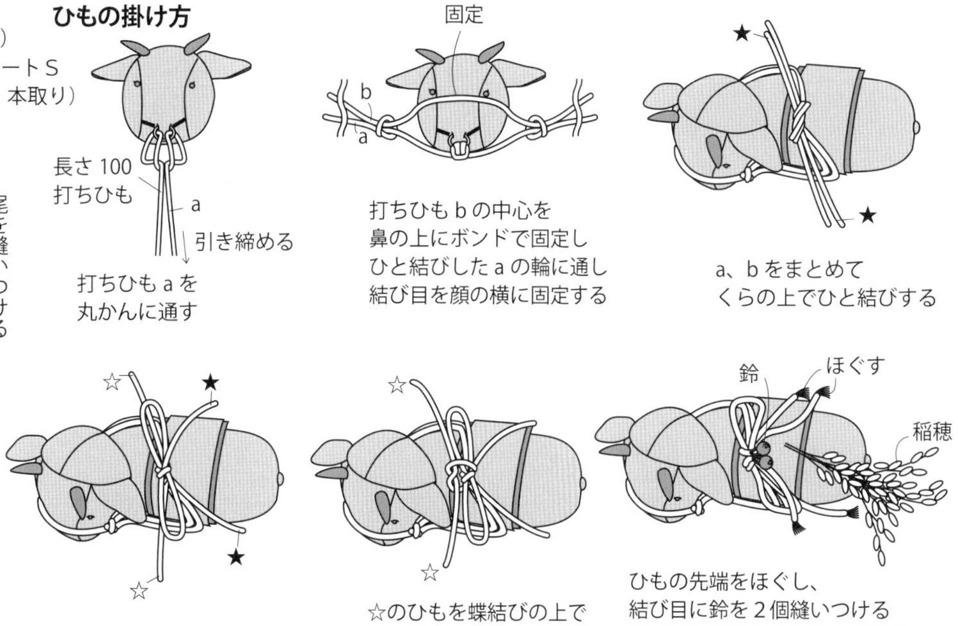

打ちひもaを
丸かんに通す

打ちひもbの中心を
鼻の上にボンドで固定し
ひと結びしたaの輪に通し
結び目を顔の横に固定する

a、bをまとめて
くらの上でひと結びする

★のひもで蝶結びする

☆のひもを蝶結びの上で
ひと結びする

ひもの先端をほぐし、
結び目に鈴を2個縫いつける
結び目に稲穂をさし込んで飾る

P.30 十二支・申

実物大型紙はとじ込み付録 表 I-❶～❻

胴の作り方は
p.21の01～06を参照
尾の作り方は
p.84「猿」を参照
頭・顔の作り方は
p.55「さるの作り方」を参照

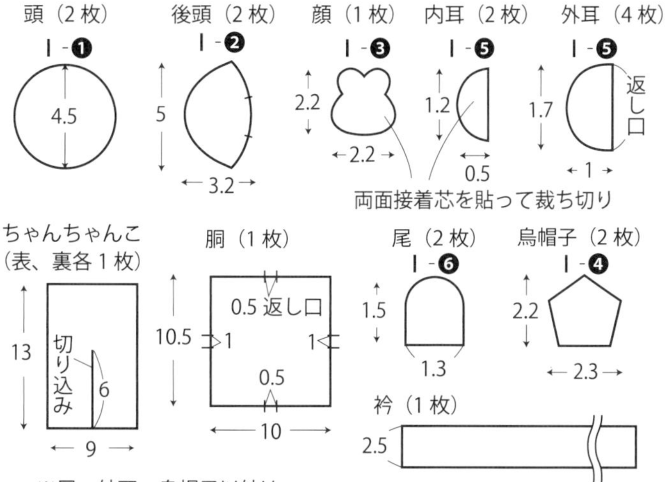

※尾、外耳、烏帽子以外は
すべて裁ち切り

◉材料

胴（薄茶）20×20㎝（頭、尾、外耳分含む） 内耳5×5㎝（顔分含む） ちゃんちゃんこ表布、裏布各10×15㎝ 烏帽子用帯地10×5㎝ 直径0.1㎝ビーズ（茶）2個 直径1㎝鈴2個 ニット用接着芯、両面接着芯、直径0.1㎝打ちひも（赤、紫）、手芸綿、穴糸（黄土色）、ほお紅各適宜

◉作り方

①耳、頭を作り、顔を作る。
②胴、尾を作り、頭をつける。
③ちゃんちゃんこ、烏帽子を作り、着せる。
④ 鈴を手に持たせる。

ちゃんちゃんこの作り方

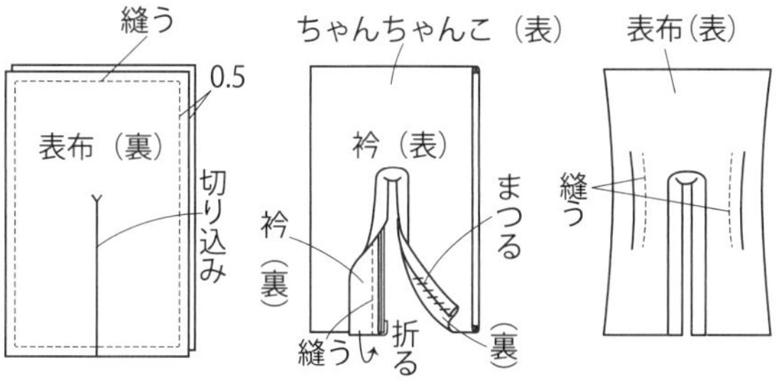

中表に周囲を縫い
切り込みを入れる

表に返して切り込みに
衿を縫いつける

肩あげを
つまんで縫う

まとめ方

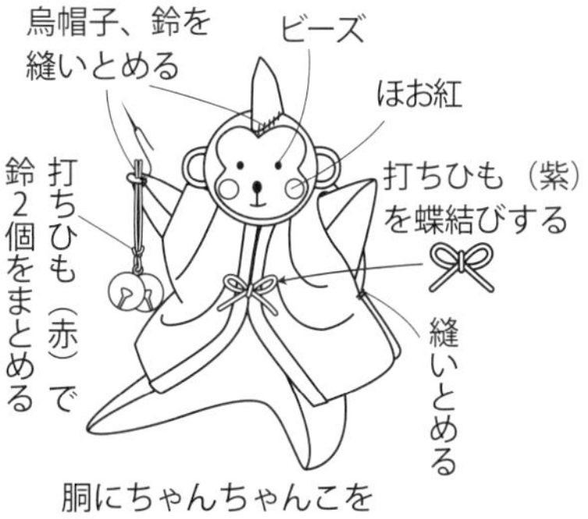

胴にちゃんちゃんこを
着せて両脇を縫いとめる

烏帽子の作り方

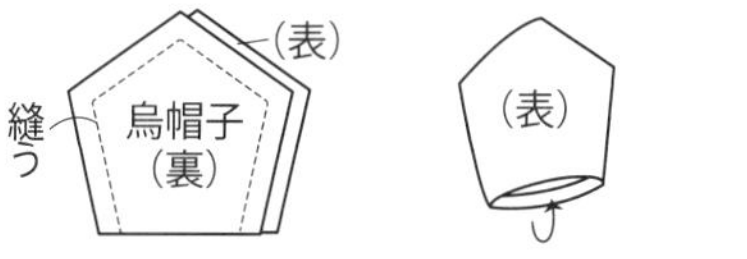

中表に縫い
表に返す

縫い代を内側に折る

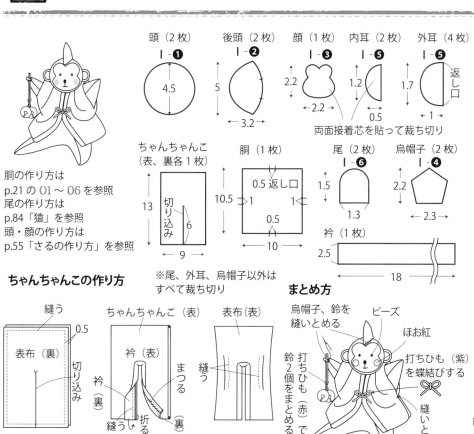

Profile

定森朗子、美保、加奈
(さだもりろうこ、みほ、かな)

奈良市在住。
2003年3月より、お細工物の制作を始める。
百貨店やギャラリーへ出展、
またインターネットでの販売も。
wafu@naraaisai.com
http://naraaisai.com
TEL／FAX ：0742-51-5613

傘福用の傘と台、つるし飾り台、
ミニ衣桁などを通信販売しております。
サイズ、価格等、詳細は上記連絡先へ
お問い合わせ下さい。

Staff

撮影	林　均
デザイン	橘川幹子
作図・イラスト	市原葉子、八十田美也子
企画・編集	近藤美幸（青青編集）

ちりめん小物《こもの》からつるし飾《かざ》りまで　かわいい縁起物《えんぎもの》55作品《さくひん》
福々《ふくふく》ちりめん動物《どうぶつ》　NDC594

2016年10月17日　発　行
2021年 4 月 1 日　第 7 刷

著　者　定森朗子《さだもりろうこ》、美保《みほ》、加奈《かな》
発行者　小川雄一
発行所　株式会社 誠文堂新光社
〒113-0033　東京都文京区本郷3-3-11
（編集）電話03-5800-3614
（販売）電話03-5800-5780
https://www.seibundo-shinkosha.net/

印刷・製本　大日本印刷株式会社

©2016, Rouko Sadamori,Miho Sadamori,Kana Sadamori.　Printed in Japan

検印省略
本書掲載記事の無断転用を禁じます。
万一落丁、乱丁本の場合は、お取り替えいたします。

本書に掲載された記事の著作権は著者に帰属します。これらを無断で使用し、展示・販売・レンタル・講習会等を行うことを禁じます。
本書のコピー、スキャン、デジタル化等の無断複製は、著作権法上での例外を除き、禁じられています。本書を代行業者等の第三者に依頼してスキャンやデジタル化することは、たとえ個人や家庭内での利用であっても著作権法上認められません。

JCOPY ＜（一社）出版者著作権管理機構 委託出版物＞
本書を無断で複製複写（コピー）することは、著作権法上での例外を除き、禁じられています。本書をコピーされる場合は、そのつど事前に、（一社）出版者著作権管理機構（電話 03-5244-5088／FAX 03-5244-5089／e-mail:info@jcopy.or.jp）の許諾を得てください。

ISBN978-4-416-71622-9